Gabriele Klein / Gisela Kreie /
Maria Kron / Helmut Reiser

Integrative Prozesse in Kindergartengruppen

Über die gemeinsame Erziehung von
behinderten und nichtbehinderten Kindern

DJI Materialien

Reihe: Integration behinderter Kinder

Das Deutsche Jugendinstitut e.V. (DJI) ist ein zentrales sozialwissenschaftliches Forschungsinstitut auf Bundesebene mit den Abteilungen Jugendhilfe/Jugendpolitik, Jugend und Arbeit, Familie/Familienpolitik, Dokumentation, Sozialberichterstattung, Medien und neue Informationstechnologien sowie Elementarerziehung.Es führt sowohl eigene Forschungsvorhaben als auch Auftragsforschungsprojekte durch.
Die Finanzierung erfolgt überwiegend aus Mitteln des Bundesministeriums für Jugend, Familie, Frauen und Gesundheit und im Rahmen von Projektförderung aus Mitteln des Bundesministeriums für Bildung und Wissenschaft. Weitere Zuwendungen erhält das DJI von den Bundesländern und Institutionen der Wissenschaftsförderung.
Das Projekt "Interaktionsprozesse in integrativen Kindergartengruppen mit behinderten und nicht behinderten Kindern" wurde in der Zeit vom 1.5.82 bis zum 30.6.85 im Auftrag des Hessischen Ministers für Arbeit, Umwelt und Soziales durchgeführt. Es wurde vom Bundesminister für Bildung und Wissenschaft — Förderungskennzeichen A 6119.00 – gefördert.

Alleinauslieferung: Juventa Verlag Weinheim und München
© 1987 DJI Verlag Deutsches Jugendinstitut
Umschlagfoto: Georg Reichle, Darmstadt
Satz: Johanna Sausse, München
Druck: MaroDruck, Augsburg
Printed in Germany
ISBN 3-87966-252-5

INHALTSVERZEICHNIS

Seite

1	KONZEPTION DER UNTERSUCHUNG	11
1.1	Untersuchungsauftrag	11
1.1.1	Stand der Forschung zur Integration im Elementarbereich	11
1.1.2	Ziele des Auftraggebers	15
1.1.3	Zur Verwendung des Begriffs „Behinderung"	18
1.2	Untersuchungsfeld	18
1.2.1	Stand der Integrationspraxis im Elementarbereich	18
1.2.2	Die drei am Modellversuch beteiligten Kindergärten	22
1.3	Theoretische Grundlagen	29
1.3.1	Aspekte der Verwendung des Begriffs „Integration"	29
1.3.2	Grundlagen unserer Auffassung von Integration	34
1.3.3	Integrative Prozesse	37
1.3.4	Vergleich mit anderen Konzepten	42
1.4	Untersuchungsmethode	50
1.4.1	Ausgangslage	50
1.4.2	Untersuchungsinstrumente	55
1.4.3	Durchführung	59
1.4.4	Ebenen der Auswertung	61
2	ERGEBNISSE	64
2.1	Entwicklung der Kinder	64
2.1.1	Gesamtübersicht	64
2.1.2	Ulrike	73
2.1.3	Tommy	89
2.1.4	Heiko	95
2.1.5	Almut	101
2.1.6	Claudia	112
2.1.7	Marc	121

Seite

2.1.8	Karola	132
2.2	Erscheinungsweisen der Interaktionen und ihre Bedeutung für die Kinder	142
2.2.1	Nebeneinander/Nichtbefassen	143
2.2.2	Bezugnahme auf emotional-kognitiver Ebene	149
2.2.2.1	Suche nach Vorstellungen, Erklärungsversuche bezüglich des Anders-Seins anderer Kinder	149
2.2.2.2	Imitieren, Ausprobieren	155
2.2.3	Einseitige Kontaktaufnahme	161
2.2.3.1	Zuwendende emotionale Impulse	162
2.2.3.2	Versorgen	167
2.2.3.3	Aufforderung	173
2.2.3.4	Abweisende emotionale Impulse	178
2.2.3.5	Geborgenheit holen/geben	183
2.2.4	Komplexere Interaktionen	184
2.2.4.1	Zufälliges Miteinander	185
2.2.4.2	Zuwendung, Nähe, Zärtlichkeit suchen/geben	189
2.2.4.3	Gemeinsame Aktivitäten auf der Basis eines gemeinsamen Interesses	196
2.2.4.4	Gemeinsame Aktivitäten ohne Bezug auf die Bedürfnisse/Möglichkeiten des anderen	202
2.2.4.5	Abweisen, Ausgrenzen, Abgrenzen	207
2.2.4.6	Versorgen/sich versorgen lassen	214
2.2.5	Gemeinsame Aktivität mit der Erzieherin	221
2.3	Struktur und Dynamik der Gruppen	224
2.3.1	Gruppe I	225
2.3.2	Gruppe II	236
2.3.3	Gruppe III	245
2.3.4	Gruppe IV	254
2.3.5	Gruppe V	262
2.3.6	Gruppe VI	271
2.4	Rückkopplungstagung mit den Erzieherinnen	281
2.4.1	Unterschiede und Gemeinsamkeiten der integrativen Kindergartenarbeit	281

Seite

2.4.2	Spezifische Situationen und spezifisches Erzieherverhalten	286
2.4.3	Austausch über die wissenschaftliche Begleitung und die Relevanz der Ergebnisse	289
3	SCHLUSSFOLGERUNGEN	294
3.1	Integrative Prozesse auf psychischer Ebene	294
3.1.1	Kinder	294
3.1.2	Erzieher	303
3.1.3	Eltern	312
3.2	Integrative Prozesse in der Gruppe und ihre Bedeutung für das Erzieherverhalten	318
3.2.1	Wandel der Gruppenstruktur: Tradition und Rhythmus	318
3.2.2	Spezifische Konstellationen in integrativen Gruppen	327
3.3	Integrative Prozesse auf institutioneller und gesellschaftlicher Ebene	340
3.3.1	Institutionsspezifische Einstellungen	340
3.3.2	Zur Definition des Klientels	343
3.3.3	Personelle Bedingungen integrativer Prozesse	346
3.3.4	Der integrative Kindergarten im Kontext gesellschaftlicher Wertvorstellungen	347
LITERATURVERZEICHNIS		351

GELEITWORT

„Gemeinsame Förderung und Erziehung behinderter und nichtbehinderter Kinder im Kindergarten" — hinter diesem nüchternen Arbeitstitel verbirgt sich eine der erstaunlichsten und zugleich erfreulichsten Entwicklungen der Sozial- und Bildungspolitik der letzten Jahre. Das Zusammenleben von Behinderten und Nichtbehinderten im Kindergarten hat sich in verschiedenen Formen in allen Bundesländern so bewährt, daß das, was Anfang der 80er Jahre als mutige Versuche engagierter Träger, Erzieher/innen und Eltern begann, heute schon zum festen Bestandteil des Erziehungs- und Bildungswesens zu rechnen ist.
Dies ist nicht nur ein Verdienst der unmittelbar Beteiligten sowie der Verantwortlichen in den Verbänden und in den Behörden. Wissenschaftliche Forschung hat den Aufbau integrativer Kindergärten unterstützt und fachlich abgesichert.
Dies ist in vorbildlicher Weise im Modellversuch „Interaktionsprozesse in integrativen Kindergartengruppen mit behinderten und nichtbehinderten Kindern" geschehen, dessen wissenschaftliche Begleitung das Institut für Sonder- und Heilpädagogik der Johann Wolfgang Goethe-Universität in meinem Auftrag durchgeführt hat. Prof. Dr. Helmut Reiser und seinen Mitarbeiterinnen gebührt unser aller Dank für die geleistete Arbeit.
Der Abschlußbericht des Projekts wird hiermit vorgelegt und allen Interessierten zugänglich gemacht. Er vermittelt nicht nur einen Einblick in die innere Struktur integrativer Gruppen, sondern stellt zugleich einen wichtigen Beitrag zur Weiterentwicklung der Kindergartenpädagogik insgesamt dar. Ich bin zuversichtlich, daß er dazu ermutigen wird, die gemeinsamen Lebensfelder für Behinderte und Nichtbehinderte konsequent auszubauen.

Armin Clauss
Hessischer Sozialminister

VORWORT

Als unsere Projektgruppe im Jahre 1982 vom Hessischen Sozialministerium den Auftrag zur wissenschaftlichen Begleitung integrativer Kindergartengruppen übernahm, waren wir dabei, eine achtjährige Versuchsarbeit an Grundschulen auszuwerten und abzuschließen. In diesem Grundschulversuch war es uns um die integrative Betreuung von Grundschulkindern bei Lern— und Verhaltensstörungen gegangen. Eine weitere Vorerfahrung war die wissenschaftliche Begleitung des integrativen Kindergartens der Evangelisch—Französisch—Reformierten Gemeinde in Frankfurt am Main, die mein Kollege R. Meier und ich in den Jahren 1979 und 1980 geleitet hatten. Eine der wichtigsten Erkenntnisse aus diesen vorhergehenden Untersuchungen lautete: Integration beginnt im Kindergarten. Die Arbeit in der Grundschule hatte uns gezeigt, daß die Institution Grundschule kaum zu verändern ist, solange sie der Funktion der Selektion und einer Vorstellung gleichschrittigen Lernens verhaftet bleibt. Im Kindergarten finden wir dagegen ein pädagogisches Feld, das sich von einer sozialpädagogischen Aufgabenstellung her definiert. Sowohl der verengte schulbezogene Begriff des Lernens als erzwungene Gleichförmigkeit des Denkens wie auch die Funktion der Selektion haben hier nichts zu suchen.
Hier bietet sich die Möglichkeit, Erfahrungen des gemeinsamen Lebens und Lernens vor dem Überhandnehmen gesellschaftlich bestimmter Zwänge zu sammeln. Diese Chance bietet sich den Kindern in einem für ihre Entwicklung grundlegenden Zeitabschnitt. Wir denken, daß Kinder mit diesen Erfahrungen auch aufgeschlossener sind für die Weiterführung der gemeinsamen Erziehung im Schulalter.
Wir als Pädagogen fanden die Erfahrung vieler Erzieher bestätigt, daß sich durch die gemeinsame Erziehung im Kindergarten unsere Auffassungen über Behinderungen und deren notwendige Folgen veränderten und unsere Annahmen über die Eigenaktivitäten des Kindes in einer förderlichen Umgebung bekräftigt wurden.

Diese Erkenntnisse gelten auch für das Schulalter. Aus diesen Einsichten folgt, daß wir erneut eine grundlegende Veränderung des schulischen Lernens und die Einbeziehung behinderter Kinder in den Lebens- und Lernzusammenhang der Grundschule fordern.
Heute wird diese Forderung von Elterngruppen vorgetragen, die aus integrativen Kindergärten hervorgegangen sind. Auch in diesem pragmatischen Sinne beginnt die Integration im Kindergarten.
Mit Abschluß dieses Berichts bereitet sich unsere Projektgruppe auf die Übernahme der wissenschaftlichen Begleitung integrativer Grundschulklassen vor. So wird sich unsere Arbeit kontinuierlich fortsetzen.
Unsere Vorerfahrungen im Grundschulversuch und im Kindergarten haben uns auch gelehrt, was unsere spezielle Funktion als Wissenschaftler in dem Prozeß der Vertiefung und Ausdehnung der integrativen Erziehung ist. Wir legen großen Wert darauf, Nähe und Distanz zu der von uns begleiteten Praxis auszubalancieren und transparent zu machen. Unser Weg ist weder die distanzierte Evaluation noch die mitbeteiligte Handlungsforschung. Unser Beitrag ist stets dem Wahrheitskriterium verpflichtet, d.h. dem Versuch, möglichst wahrheitsgemäß die Realität zu beschreiben und zu analysieren, die wir begleiten. Hierzu ist ein Austausch von empathischer Nähe und kritischer Distanz erforderlich, so daß kritische Nähe und emphatische Distanz entstehen können. Wie wir diese Vorstellungen methodisch umsetzen, ist aus unserem Bericht ersichtlich.
Hier ist es an der Stelle, denen zu danken, die unsere Arbeit in diesem Sinne ermöglicht haben. In den Erziehern, Erzieherinnen, Leitern, Leiterinnen der von uns betreuten Kindergärten fanden wir die kompetenten Partner, die unser Vorgehen erforderte. Das Hessische Sozialministerium als Auftraggeber gewährte uns volle Unterstützung und Handlungsfreiheit. Der seltene Freiraum für Selbstkritik und Kritik am eigenen pädagogischen und politischen Konzept wurde uns eigeräumt. Gerade

weil die integrative Erziehung in ihrer quantitativen Ausdehnung sowie ihrer qualitativen Erweiterung auf die Grundschule eine Fülle ungelöster Probleme aufwirft, ist dieser Freiraum erforderlich. Jeder Reformversuch kann — so lehrt die Geschichte der Pädagogik — in sein gerades Gegenteil umschlagen. Wir sehen unseren spezifischen Beitrag als Wissenschaftler darin, den Freiraum für solidarische Kritik zu nutzen und diejenigen Fragen aufzuspüren, die bei den Beteiligten den Prozeß der Erkenntnis des eigenen Handelns vorantreiben.

                        Frankfurt am Main
                        im September 1985

                   Professor Dr. Helmut Reiser

1 KONZEPTION DER UNTERSUCHUNG

1.1 Untersuchungsauftrag

1.1.1 Stand der Forschung zur Integration im Elementarbereich

Die Entwicklung der integrativen Erziehung im Kindergarten in der Bundesrepublik Deutschland wurde von verschiedenen wissenschaftlichen Untersuchungen begleitet. So liegen neben Erfahrungsberichten aus der praktischen integrativen Arbeit (vgl. 1.2.1) auch Forschungsergebnisse vor, von denen die wichtigsten hier dargestellt werden sollen.

Die Untersuchungen des Deutschen Jugendinstituts (DJI) in München sind in erster Linie zu nennen. Im Auftrag des Bundesministers für Bildung und Wissenschaft wurde 1979 das Projekt 'Integration von Kindern mit besonderen Problemen' eingerichtet. Die Forschungsgruppe entfaltete eine fruchtbare Tätigkeit mit Erhebungen, Tagungen, Untersuchungen, Gutachteraufträgen und Publikationen. In der ersten Arbeitsphase der Projektgruppe standen die Bestandsaufnahme, der Informationsaustausch und die Frage nach dem 'Wie' von Integration im Mittelpunkt. Die wissenschaftlichen Untersuchungen des DJI sowie der im folgenden noch genannten anderen Forschungsgruppen erbrachte stets, daß Integration im Elementarbereich mit positiven Ergebnissen für behinderte und nichtbehinderte Kinder in Modellversuchen realisierbar ist. Die abstrakte Frage nach dem 'Für und Wider' der Integration, welche die öffentliche Diskussion teilweise bewegt, stand deshalb bei der praktischen und wissenschaftlichen Arbeit rasch außerhalb der Diskussion. Bedeutender sind die Fragestellungen nach den Bedingungen, den Realisierungshilfen den verschiedenen Zugangswegen und Varianten, sowie deren Voraussetzungen und Folgen.

In seiner zweiten Projektphase wandte sich das DJI deshalb detailliert Fragen zu, die die Analyse der Einzelunterbringung

behinderter Kinder im Regelbereich, die Entwicklung im Sonderbereich, den Zusammenhang von Bedarfssituationen und dem System vorhandener Betreuungsangebote innerhalb einer Region sowie die Sicherung der Kontinuität integrativer Erziehung betrafen. Dabei untersuchte die Projektgruppe zu verschiedenen Gesichtspunkten einzelne Regionen, z. B. Raum Augsburg, Kassel, Hamburg, Emden und vergab Gutachteraufträge, z. B. die Untersuchung in Kassel durch Christiane und Adrian Kniel (Kniel, 1984). Diese Untersuchung ergab, daß bei einer Dunkelziffer von 45 % ebenso viele behinderte Kinder in Regelkindergärten wie in Sonderkindergärten untergebracht sind. Die Befürchtungen einer 'Sündenbockrolle' oder Vernachlässigung behinderter Kinder im Regelkindergarten bestätigten sich nicht. Jedoch zeigte sich ein auffälliges Defizit im Hinblick auf Fortbildung, Bezahlung, Koordination und Therapie. Der Tendenz nach wird dieses Ergebnis auch in den Untersuchungsergebnissen des DJI in der Region Augsburg bestätigt. Hier werden auf die Frage nach Voraussetzungen, die zur Integration Behinderter im Regelbereich erfüllt sein müßten, genannt: zusätzliche personelle Kapazität, Veränderung der Gruppengröße und Ausbau der Kooperation von Fachkräften. Es gibt wenig Anzeichen dafür, daß für die Betreuung eines behinderten Kindes an den bestehenden Rahmenbedingungen etwas geändert wurde. Nach Einschätzung des Deutschen Jugendinstitutes könnten sich Verbesserungen auf diesem Gebiet auch günstig auf andere Forderungen auswirken, wie z.B. nach einer engen Kooperation mit den Eltern oder nach entsprechenden Fortbildungsmöglichkeiten.
In diesem Zusammenhang ist auch unsere Untersuchung zur Unterbringung von behinderten Kindern in Regeleinrichtungen in Hessen zu sehen.

Neben den Berichten des DJI liegen zu einzelnen integrativen Kindergärten Zwischenberichte oder Ergebnisse wissenschaftlicher Begleituntersuchungen vor. So erfolgte 1979 bis 1980 eine wissenschaftliche Begleitung des integrativen Kindergartens der *Evangelischen Französisch-Reformierten Gemeinde in Frankfurt* durch eine Projektgruppe unter Leitung von Prof. Meyer und Prof. Reiser. Durch begleitende Beobachtungen, Analysen von Videoaufnahmen und Interviews wurde der Prozeß der Integration beschrieben und eine positive Verhaltens— und Einstellungsänderung bei den Kindern, den Erziehern und den Eltern festgestellt (Evangelische Französisch—Reformierte Gemeinde, (Hrsg.) 1983 und 1984).

Ebenfalls 1979 bis 1980 wurde eine wissenschaftliche Begleitung von einer Arbeitsgruppe im Referat Behindertenhilfe beim Senator für Familie, Jugend und Sport, Berlin, in der *Kindertagesstätte Adalbertstraße* in Berlin - Kreuzberg durchgeführt. Es ging dabei um die genaue Überprüfung der Erfahrungen und darum, unter Umständen deren Umsetzung auf andere Einrichtungen in die Wege zu leiten. Aus dem unveröffentlichten Bericht (Der Senator für Schulwesen, Jugend und Sport, Berlin, Juni 1982) geht hervor, daß der Integrationsversuch nicht zuletzt dank des persönlichen Engagements der beteiligten Erzieher als gelungen bezeichnet werden kann. Behinderte sowie nichtbehinderte Kinder profitieren voneinander, und die Interaktionen der Kinder untereinander machten die in Sondergruppen häufig nötige ständige Anregung bzw. Mitwirkung der Erzieher entbehrlicher.

Für eine längerfristige institutionelle Stabilisierung von Integrationsvorhaben hält die wissenschaftliche Begleitung einige Modifikationen und Verbesserungen für unabdingbar:

— Die Reduzierung der Gruppengröße von 15 (10 und 5) auf 12 (9 und 3) Kinder wird vorgeschlagen. Dabei wird auf die Bedeutung der Vielfalt der Interaktionsmöglichkeiten und der fördernden Wirkung der Kindergruppen verwiesen.

— Von den drei behinderten Kindern kann ein Kind schwer behindert oder ein behindertes Kind im Krippenalter sein. Es wird betont, daß in der Konzeption der wissenschaftlichen Begleitung keine Unterscheidung zwischen integrationsfähigen bzw. schwerbehinderten Kindern gemacht wird.

— Die Aufnahmekriterien nichtbehinderter Kinder in eine Integrationsgruppe sind dahingehend zu modifizieren, daß deren Eltern die gemeinsame Erziehung mit behinderten Kindern ausdrücklich wünschen und unterstützen. Auf diese Weise soll das 'Integrations—Potential' gestärkt werden.

— Zwei Erzieher pro Gruppe, Altersheterogenität (zum Teil bereits Kinder im Krippenalter) und eine bessere Ausstattung (pro Kind werden 80,—— DM im Jahr für Spiel— und Beschäftigungsmaterial angesetzt) sollen weiterhin grundlegende Bedingungen integrativer Arbeit sein.

In der wissenschaftlichen Begleitung der integrativen Arbeit im Kindertagesheim der *Dietrich-Bonhoeffer-Gemeinde in Bremen-Huchting,* unter der Leitung von Prof. Feuser, geht es um mehr als um die Dokumentation der Erziehungsarbeit. Im Zentrum des Interesses stehen Fort- und Weiterbildung, Beratung und Supervision der an integrativer Kindergartenarbeit Beteiligten. Die Handlungskompetenz der Mitarbeiter soll durch Gespräche aufgrund von Verhaltensbeobachtungen und Videoaufnahmen verbessert werden. Für dieses Projekt liegt ein Zwischenbericht (Feuser, 1984) vor, in dem unter anderem die Forderung nach Stützpädagogen — das sind umfassend behindertenpädagogisch qualifizierte Fachkräfte — gestellt wird, die neben den pädagogischen Qualifikationen in der Lage sind, das Team zu koordinieren, zu beraten und hausinterne Fortbildung anzuleiten. Der Stützpädagoge sollte keiner Kindergartengruppe zugeordnet, am besten gar nicht direkt dem Träger unterstellt sein. Für den Erzieher wird eine behindertenpädagogische Qualifikation auf sozialpädagogischem Niveau gefordert. Langfristig soll die Trennung von Sonder— und Regelpädagogik aufgehoben und eine gemeinsame Pädagogik angestrebt werden. Nach Feuser sind die als Mißstände zu bezeichnenden derzeitigen Rahmenbedingungen im Regelkindergarten zu beseitigen.

In einem vom Ministerium für Soziales, Gesundheit und Umwelt in Rheinland—Pfalz durchgeführten Modellversuch sollen die im integrativen Kindergarten des *Kinderneurologischen Zentrums in Mainz* in den vergangenen zwölf Jahren gemachten Erfahrungen beschrieben und ausgewertet werden. Die allgemeinen Ziele des Modellprojekts werden im Zwischenbericht für das erste Jahr des Modellversuchs 1983/84 genannt: Es geht nicht darum, neue Methoden einzuführen und zu erproben, sondern die bisher geleistete Arbeit und die jetzige Situation soll beschrieben werden und in ihren wesentlichen Strukturen erfaßbar und auf andere Kindergärten übertragbar gemacht werden. Um genauere Informationen über die Situationen der Kindergärten und der Kinder zu erhalten und gezielte Hilfe und Fortbildungen anbieten zu können, wurde eine Fragebogenerhebung durchgeführt. Arbeitstagungen sollen weitere Erkenntnisse liefern. Um die Erfahrungen auf unterschiedliche Gegebenheiten übertragen zu können, sollen unter anderem Beratungskriterien und Fortbildungskonzepte zur integrativen Arbeit entwickelt werden. Damit sollen Erziehungskräfte im Regelkindergarten und Sonderkindergarten für die Aufgabe der Betreuung behinderter bzw. nichtbehinderter Kinder unter Kooperation mit pädagogischen, ärztlichen und therapeutischen Fachkräften qualifiziert werden. Außerdem sollen Träger der verschiedenen zuständigen Organisationen und Institutionen bei der Planung und Durchführung einer gemeinsamen Erziehung von behinderten und nichtbehinderten Kindern unterstützt werden.

1.1.2 Ziele des Auftraggebers

Im Zuge der bundesweiten Auseinandersetzung mit Integration im Elementarbereich entschied der Hessische Sozialminister 1982, mit dem wissenschaftlich begleiteten Modellversuch 'Interaktionsprozesse in integrativen Kindergartengruppen mit behinderten und nichtbehinderten Kindern' neue Akzente zu setzen. Er nahm dabei die zunehmenden Bemühungen verschiedener Kindergärten in Hessen auf, behinderte und nichtbehinderte Kinder gemeinsam zu betreuen.

Ziel der unter Leitung von Prof. D. H. Reiser, Institut für Sonder- und Heilpädagogik, Universität Frankfurt, im Auftrag des Hessischen Sozialministers durchgeführten wissenschaftlichen Begleitung ist es, integrative Ansätze zu unterstützen, indem modellartig in drei ausgewählten hessischen Kindergärten Integrationsprozesse dokumentiert und hemmende und fördernde Faktoren beschrieben werden.

Die von 1982 bis 1985 in dem Projekt wissenschaftlich begleiteten Kindergärten sind von ihrer Organisationstruktur und Entstehungsgeschichte her typisch für das Spektrum integrativer Institutionen in der Bundesrepublik.

Es sind dies

— die Sondereinrichtung, die sich für nichtbehinderte Kinder öffnet (Frankenberg)

— die Kombination von Regel— und Sondereinrichtung mit zwei Trägerschaften (Darmstadt)

— die Neugründung einer integrativen Einrichtung (Frankfurt).

Ergänzend zu dem fast parallel laufenden Projekt des DJI, das sich mit einer sehr weitgespannten Bestandsaufnahme der zur Zeit in der Bundesrepublik vorhandenen integrativen Einrichtungen und der Analyse von deren Rahmenbedingungen befaßt, soll das hessische Projekt anhand der Darstellung des konkreten kindlichen Verhaltens in drei Kindergärten aufzeigen, inwieweit und in welcher Form Integration stattfindet. Gegenstand der Forschung sind die Dokumentation und Analyse der Mikroprozesse der Integration innerhalb von gemischten Kindergartengruppen.

Es geht dem Auftraggeber darum, mit diesem Forschungsvorhaben die integrativen Arbeitsformen im sozialpädagogischen Bereich weiter abzusichern, also über das 'Wie' der Integration aus der unmittelbaren Praxis mehr zu erfahren. Außerdem soll dabei die Übertragbarkeit dieser bestehenden modellhaften Integrationsvorhaben in Hessen reflektiert werden. Besonderer Schwerpunkt liegt hierbei, ähnlich wie in den Modellversuchen in Bremen und Rheinland—Pfalz, auf einer möglichen Modifizierung der Aus— und Weiterbildung der sozialpädagogischen Fachkräfte, um diese für integrative Erziehung umfassender zu qualifizieren.

Ein weiteres Anliegen des Hessischen Sozialministers ist es, Untersuchungsergebnisse fortlaufend parallel zu ihrer Erarbeitung mit dem Deutschen Jugendinstitut auszutauschen, um den überregionalen Aspekt in die regionalen Erhebungen miteinfließen zu lassen.

Außerdem wurden bei überregionalen Arbeits- und Fortbildungsbegegnungen Zwischenergebnisse und allgemeine Erkenntnisse zu Integration bereits während des Projektverlaufs zur Diskussion gestellt und auf die Praxis bezogen.

Nach Abschluß des Modellversuchs sollen die Erkenntnisse über eine Informationsbroschüre der Reihe 'Kindergarten — der Hessische Sozialminister informiert' Ende 1985 bundesweit zugänglich gemacht werden.

Schon während des Untersuchungszeitraumes wurden für die bereits vorhandenen und fortlaufend entstehenden integrativen Kindergartengruppen vom Hessischen Sozialminister im August 1983 in Abstimmung mit der Projektgruppe ‚vorläufige Richtlinien für integrative Gruppen in Sonderkindergärten und Regelkindergärten im Lande Hessen' erlassen, um eine mehrjährige Erprobung integrativer Arbeitsformen zu ermöglichen.

Der Hessische Sozialminister sieht die zusätzliche Aufgabe integrativer Erziehung im Elementarbereich darin, behinderten und nichtbehinderten Kindern gemeinsame Erfahrungsfelder und Lernanreize zu bieten, die sie in ihrer Persönlichkeitsentwicklung fördern und an das Miteinander gewöhnen, um dadurch die Eingliederung Behinderter in die Gemeinschaft zu erleichtern.

Einen umfassenden Beitrag zur Erhellung der bei integrativer Erziehung ablaufenden Prozesse sollen die nun vorliegenden Untersuchungsergebnisse leisten.

1.1.3 Zur Verwendung des Begriffs ‚Behinderung'

Durch die Aufgabenstellung und die Bestimmungen des Bundessozialhilfegesetzes ist die Verwendung der Begriffe 'behinderte Kinder' bzw. 'nichtbehinderte Kinder ' vorgegeben. Obwohl uns diese Begriffe in ihrer Bedeutung fragwürdig geworden sind (s. Kap. 3.3.2), sind wir genötigt, sie durchgehend zu verwenden. Wir verstehen unter behinderten Kindern pragmatisch diejenigen, die von den Kindergärten als behindert aufgenommen wurden und für die somit höhere finanzielle Aufwendungen geleistet werden. Eine darüber hinausgehende Definition oder Abgrenzung ist mit unserer Begriffsanwendung nicht intendiert.

1.2 Untersuchungsfeld

1.2.1 Stand der Integrationspraxis im Elementarbereich

Der Kindergarten ist der Erziehungsbereich, in dem die Ansätze zur Integration am weitesten gediehen sind. Schon 1981 sprach das Deutsche Jugendinstitut von sechzig Einrichtungen in der Bundesrepublik und Westberlin, in denen bereits — in unterschiedlichen Formen — behinderte und nichtbehinderte Kinder gemeinsam betreut wurden; seither hat sich ihre Zahl langsam, ab ständig weiter erhöht. Hinzu kommt die bundesweit noch unbekannte Zahl der Regelkindergärten, in denen einzelne behinderte Kinder betreut werden.

Nebeneinander, teils auch in Diskussion miteinander, haben sich **verschiedene Betreuungsformen** herausgebildet. Sie haben sich zum einen in bestehenden Regeleinrichtungen, in Sonderkindertagesstätten oder in Zusammenarbeit einer Regel— und einer Sondereinrichtung entwickelt. Zum anderen sind Einrichtungen neu gegründet worden, um eine gemeinsame Erziehung der Kinder zu ermöglichen.

Je nach historischer Entwicklung werden in einigen dieser Kindergärten behinderte Kinder mit bestimmten Behinderungen aufgenommen, in anderen Einrichtungen wird in dieser Hinsicht nicht spezifiziert.

— Bei den integrierten Formen existieren Gruppen behinderter und Gruppen nichtbehinderter Kinder nebeneinander in einem Gebäude/einer Einrichtung. Die pädagogischen Betreuer arbeiten in der Regel mit Konzepten der Begegnung zwischen behinderten und nichtbehinderten Kindern und initieren regelmäßige Kontakte zwischen den Kindern.

— Im integrativen Kindergarten gibt es nur gemischte Gruppen behinderter und nichtbehinderter Kinder.

— Häufig sind auch verschiedene Betreuungsformen in derselben Einrichtung. Eine oder mehrere Gruppe(n) des Kindergartens setzt/setzen sich aus behinderten und nichtbehinderten Kindern zusammen. In den anderen Gruppen der Einrichtungen werden behinderte *oder* nichtbehinderte Kinder betreut Neben integrativen Gruppen gibt es also in demselben Kindergarten auch solche mit nur behinderten Kindern.

— In manchen Regelkindergärten wird ein einzelnes behindertes Kind in einer Gruppe ohne wesentliche Änderung der Gruppen— und Rahmenbedingungen betreut.

Die rechtlichen Grundlagen der Integration im Kindergarten sind uneinheitlich.
Nach dem Jugendwohlfahrtsgesetz (JWG) hat jedes Kind einen Erziehungsanspruch; Aufgabe des Kindergartens ist es, die Erziehung in der Familie zu unterstützen.
Kindergartengesetze oder andere Vereinbarungen der Länder regeln im einzelnen, wie die Kosten des Kindergartenbesuchs (Betriebskosten) aufzubringen sind. Zusätzlich gibt es Regelungen zum Bau und zu den Einrichtungen (Investitionskosten).
Nach dem Bundessozialhilfegesetz (BSHG § 39) haben Kinder, die 'nicht nur vorübergehend körperlich, geistig oder seelisch

wesentlich behindert sind', einen Anspruch auf Eingliederungshilfe.
In wenigen Bundesländern gibt es (vorläufige) Richtlinien (vgl. die hessische Entwicklung, s.u.), die die anzustrebenden Bedingungen für Integrationsgruppen festhalten, teilweise ist eine zusätzliche Finanzierung aus Landesmitteln damit verbunden. In vielen Fällen müssen jedoch noch Finanzierungslücken mit Sondermitteln oder durch Spenden gedeckt werden.

Im allgemeinen hat sich durchgesetzt, daß die *Gruppenstärke* integrativer Gruppen gegenüber dem (Landes–) Durchschnitt erniedrigt und/oder die *personelle Besetzung* mit Fach– oder Hilfskräften erhöht ist. Vielfach ist auch die *Material- und Raumausstattung* integrativer Gruppen verbessert worden.

Der Einbezug therapeutischer und rehabilitativer Maßnahmen ist uneinheitlich. Zum Teil finden solche Maßnahmen nur außerhalb des Kindergartens statt, sie werden aber auch innerhalb von Einrichtungen angeboten. Hier arbeiten die Kindergärten teilweise mit ambulanten Diensten oder Fachkräften aus Sonderkindergärten, zum Teil mit selbständigen Therapeuten zusammen; in wenigen Fällen gehören entsprechende Fachkräfte zur personellen Besetzung des Kindergartens selbst.

Im Bereich der *Fortbildung, Beratung und Supervision* u.a. von Erzieherinnen, die integrativ arbeiten, gibt es extreme Unterschiede sowohl im Ausmaß der zu erreichenden bzw. wahrgenommenen Unterstützung als auch in ihrer Organisation. Zum Teil organisieren sich die Kindergärten bzw. die dort Arbeitenden selbst die nötigen Supervisionen, Arbeitskreise oder Veranstaltungen, teilweise gibt es trägerinterne oder trägerübergreifende Fortbildungsangebote. Vielfach beklagen jedoch die Erzieher die noch fehlende Unterstützung in diesem Bereich.

Die relative Ausweitung integrativer Betreuung im Kindergarten in diesem Jahrzehnt wurde in einigen Bundesländern durch eine sich ändernde Einstellung der zuständigen Ministerien und ihren angeschlossenen Ämtern mitbegünstigt; die treibende Kraft einzelner Initiativen ist jedoch weiterhin Grundvoraussetzung zur Gründung einer integrativen Einrichtung bzw. der Umgestaltung einer bestehenden Einrichtung in eine integrative. Die Initiativen gehen von Eltern, Erziehern, oder Trägervereinen aus, häufig von einer Mischgruppe dieser Personenkreise (vgl. die Entwicklung der drei hessischen Modellkindergärten). Von ihrem besonderen Engagement hängt immer noch wesentlich die Praxis integrativer Betreuung ab.

Die spezielle hessische Entwicklung gemeinsamer Betreuung behinderter und nichtbehinderter Kinder in einer Kindergartengruppe:
Vor etwa zehn Jahren kamen in verschiedenen Städten unabhängig voneinander die ersten Überlegungen zur integrativen Kindergartenbetreuung in das Stadium der konkreten Planung bzw. Umsetzung; in Frankenberg, Frankfurt und Darmstadt wurden die ersten integrativen Gruppen etabliert. Dieser Prozeß hatte jeweils seine kindergartenspezifische Ausprägung (vgl. Punkt 1.2.2). Im Zuge ihrer Entwicklung nahmen die Kindergärten sporadischen Kontakt untereinander auf; gemeinsame Richtlinien existierten zunächst nicht.

Zum 1.5.1982 beauftragt der Hessische Sozialminister unsere Projektgruppe mit der wissenschaftlichen Begleitung der integrativen Arbeit dieser Einrichtungen. Gleichzeitig erhielten diese Einrichtungen nun als Modellkindergärten zusätzliche Personal— und Sachmittel aus Landesmitteln. Neben diesen 'Pilot'—Einrichtungen bildeten sich im folgenden noch einige weitere integrative Gruppen/Kindergärten.

Ein Erlaß vom 2.8.1983 (StAnz. 1983, S. 1704) gibt die Grundlagen an, nach denen im weiteren mit Unterstützung des Landes integrative Gruppen erprobt werden sollen (Erlaß siehe Anhang). Die Richtlinien benennen Ziele integrativer Betreuung, den (un-

beschränkten) Kreis der aufzunehmenden Kinder, das Verhältnis behinderter/nichtbehinderter Kinder in einer Gruppe, Betreuungszeit, Gruppengröße, Personal— und Sachausstattung und Betreuungszeiten; nach diesen Kriterien soll die Förderung integrativer Gruppen erfolgen. Ein Förderungserlaß (StAnz. 1984, S. 2146) regelt die Bezuschussung der integrativen Gruppen; Gruppen, die nach den Richtlinien arbeiten, erhalten aus Landesmitteln einen Zuschuß von 15.000,— DM jährlich.
Bis Oktober 1984 wurde bereits für 25 integrative Gruppen die finanzielle Förderung beantragt bzw. bewilligt. Mittelfristig sind in Hessen 50 integrative Gruppen auf dieser Basis geplant. Einrichtungen, die nicht nach den Richtlinien arbeiten, sind möglich und existieren, werden jedoch nicht aus Landesmitteln finanziell gefördert.

Zu erwähnen bleibt noch, daß auch in Hessen häufig behinderte Kinder einzeln in Regeleinrichtungen untergebracht sind. (Die Ergebnisse einer vom Hessischen Ministerium an unsere Projektgruppe in Auftrag gegebene Bestandsaufnahme sind in einem gesonderten Bericht abgehandelt, siehe Ergänzungsstudie).
Desweiteren entwickelten/entwickeln sich gerade aus dem Kreis von Eltern, Erzieherinnen und Trägern heraus, die in irgendeiner Form an der integrativen Betreuung im Kindergarten beteiligt waren/sind, Anstöße zur integrativen Beschulung behinderter und nichtbehinderter Kinder. Im Schuljahr 1985/86 werden an verschiedenen Standorten in Hessen die ersten integrativen Klassen eingerichtet werden.

1.2.2 Die drei am Modellversuch beteiligten Kindergärten

a)   DARMSTADT

In einem von der Stadt Darmstadt errichteten gemeinsamen Gebäude wurden 1975 eine Regelkindertagesstätte der Katholischen Gemeinde St. Elisabeth und eine Sonderkindertagesstätte der

Lebenshilfe eröffnet. Integration, wie es sie heute gibt, war damals nicht vorgesehen. Eine erste integrative Gruppe mit Kindern der Regel— und der Sonderkindertagesstätte wurde Ende 1979 hauptsächlich durch die Initiative zweier Mitarbeiterinnen gebildet, Mitte 1980 kam eine zweite Gruppe hinzu. So ergibt sich bis heute folgende Aufteilung in dem Kindergartenkomplex: In dem Gebäude werden sechs Kindergruppen betreut — eine Gruppe mit acht behinderten Kindern (Lebenshilfe) und drei Regelgruppen mit je ca. 22 nichtbehinderten Kindern (St. Elisabeth), außerdem zwei integrative Gruppen mit je vier behinderten und elf nichtbehinderten Kindern. Nach Abrechnung und nach sonstigen verwaltungstechnischen Angelegenheiten werden die insgesamt acht behinderten Kinder beider integrativer Gruppen wie eine Sondergruppe der Lebenshilfe behandelt, entsprechend die 22 nichtbehinderten Kinder beider integrativer Gruppen wie eine Regelgruppe von St. Elisabeth.

Die Leitung beider Kindertagesstätten erfolgt getrennt, Angelegenheiten der integrativen Gruppen werden gemeinsam abgesprochen.

Die Gruppen sind räumlich und sachlich sehr gut ausgestattet. Jede der beiden integrativen Gruppen hat einen größeren Gruppenraum mit einem angeschlossenen kleineren, sogenannten Intensivraum, für alle Gruppen steht außerdem ein großer Turnraum zur Verfügung. Um den Kindergartenkomplex liegt ein großes Freigelände mit Spielgeräten, Hängen, Hecken und Bäumen für die Freispiele der Kinder.

Die Leitungen der beiden verwaltungstechnisch eigenständigen Kindergärten haben jeweils einen Büroraum. Für alle Mitarbeiter ist außerdem ein kleiner Personalraum eingerichtet, der noch teilweise für die Unterbringung von Materialien (neben einem extra Materialienraum) mitbenutzt wird. Die nichtbehinderten Kinder der integrativen Gruppe kommen aus der näheren Umgebung des Kindergartens. Eltern, die ihre Kinder in der Einrichtung von St. Elisabeth anmelden, können mitentscheiden, ob ihr Kind in eine Regel— oder integrative Gruppe kommt. Die meisten der Eltern, die sich für die integrative Gruppe entscheiden, sind eher der Mittelschicht zuzuordnen. Die behinderten Kinder werden aus ganz Darmstadt, z.T. auch aus umliegenden Orten in den Kindergarten gebracht. Hier gibt es keine dominierenden Schichtzugehörigkeiten. Beide Gruppen sind altersgemischt; in jeder Gruppe sind Kinder mit verschiedenen Behinderungen. Für die behinderten Kinder gilt eine Besonderheit: Nach ihrer Anmeldung für eine Einrichtung der Lebenshilfe werden sie zunächst für etwa ein Jahr in einer Sondergruppe betreut (im gleichen Kindergarten oder in einer zweiten Sonderkindertagesstätte der Lebenshilfe in Darmstadt). Wird ein Platz in einer integrativen Gruppe frei, entscheiden die Erzieherinnen beider Gruppen, welches Kind von seinen Bedürfnissen und der jeweiligen Situation der Gruppen her am besten in der integrativen Gruppe aufgehoben ist. Natürlich müssen auch die Eltern dem Wechsel zustimmen. In jeder integrativen Gruppe arbeiten eine Erzieherin der Lebenshilfe, eine Erzieherin von St. Elisabeth und eine Praktikantin. Nach einigen anfänglichen Schwierigkeiten bzw. Unklarheiten über die Aufsichtspflicht und Zuständigkeiten für die jeweiligen Kinder wurde eine Regelung gefunden, nach der jede Erzieherin für alle Kinder in der praktischen Gruppenarbeit sowie bei den gelegentlichen Ausflügen die Aufsicht übernehmen kann.

Die Leiterin der Einrichtung von St. Elisabeth arbeitet in einer der Regelgruppen. Der Leiter der Einrichtung der Lebenshilfe ist freigestellt; er ist auch für die zweite Darmstädter Kindertagesstätte der Lebenshilfe zuständig. Außerdem arbeiten noch Zivildienstleistende im Bereich der Lebenshilfe. Sie sind keiner speziellen Gruppe zugeordnet und im wesentlichen für den Fahrdienst zuständig.
Therapien finden generell außerhalb des Kindergartens statt. (Kurz nach Ende unserer Beobachtungszeit hat sich dies geändert. Jetzt arbeitet stundenweise eine Krankengymnastin im Kindergarten, mit einer Teilzeitstelle auch eine Kraft mit heilpädagogischer Ausbildung.)

Die nichtbehinderten Kinder werden von den Eltern gebracht und geholt; für sie gelten die Öffnungszeiten des Regelkindergartens, die Kinder können durchgehend von 7.00 Uhr bis 17.00 Uhr betreut werden.

Die integrative Gruppe beginnt um 9.00 Uhr, wenn die behinderten Kinder mit dem Bus gebracht werden und endet nach dem Mittagessen. Kommen andere Kinder früher, werden sie aus verschiedenen Gruppen zusammengefaßt und von einem Frühdienst betreut.

Gegen Mittag werden die ersten nichtbehinderten Kinder abgeholt. Um 12.00 Uhr ist Mittagessen. Etwa um 12.30 Uhr löst sich die integrative Gruppe auf. Die behinderten Kinder aller Gruppen werden nun bis 15.30 Uhr gemeinsam betreut; die nichtbehinderten Kinder, die auch nachmittags im Kindergarten bleiben, werden ebenfalls aus verschiedenen Gruppen zusammengefaßt und bis zum Abholen betreut.

Diese Regelung mit Frühdienst — integrative Gruppe — Nachmittagsdienst ist notwendig, weil die Arbeitszeit der Mitarbeiterinnen beider Kindergärten eine durchgehende Betreuung der Kinder bei konstanter Aufteilung der Gruppen von 7.00 bis 17.00 Uhr nicht zuläßt. Im allgemeinen haben aber die Kinder, die auch nachmittags im Kindergarten bleiben, weniger Probleme mit dem Gruppenwechsel als oft vermutet wird.

In beiden integrativen Gruppen gibt es jeweils im regelmäßigen Turnus bestimmte Aktivitäten und Unternehmungen wie Turnen, Schwimmen und kleine Ausflüge.

Alle Mitarbeiter beider Gruppen sowie die Leiterin und der Leiter der beiden Einrichtungen treffen sich zu regelmäßigen Besprechungen; inzwischen findet regelmäßig ein Supervisionstermin statt.

Etwa monatlich wird zu einem Elternabend eingeladen, wobei die Zahl der Eltern, die sich beteiligen, schwankt. Die erzieherische Arbeit in den Kindergruppen erfolgt nicht nach einem starren pädagogischen Konzept. Allgemein gesagt steht soziales Lernen im Vordergrund, aber auch auf die Einzelförderung der Kinder wird deutlich Wert gelegt.

b) FRANKENBERG

In dem nordhessischen Frankenberg machte die Situation der Kindergärten in den 70er Jahren eine Änderung nötig. Für die Regelkindergärten gab es lange Wartelisten; neue Kindergartenplätze waren erforderlich. Eine Sondergruppe von etwa zehn sogenannten 'schwerbehinderten' Kindern wurde seit Jahren in einem Provisorium betreut, was nicht mehr länger tragbar schien. Die Stadt Frankenberg und das Lebenshilfewerk entschlossen sich zu einer gemeinsamen Lösung. Durch verschiedene Kontakte, u.a. zu Hellbrügge in München, wurde die Idee einer integrativen Einrichtung geboren. In Trägerschaft des Lebenshilfewerkes Kreis Waldeck-Frankenberg e.v. siedelte der Kindergarten am Rande der Stadt und wurde am 1.10.1980 eröffnet.

Der Kindergarten ist räumlich großzügig angelegt und sehr gut ausgestattet. Jeder Gruppe steht ein großer Gruppenraum zur Verfügung; daneben gibt es einen großen Turnraum und drei Therapieräume. Ein langer Flur wird abwechselnd von den Gruppen als Spielfläche miteinbezogen. Ein weiterer Raum ist als 'Matschraum' zu benutzen. Die verschiedenen Gruppen gehen regelmäßig in das nebenan gelegene Schwimmbad des Behindertenzentrums. Ein offenes Freigelände um das Gebäude steht für die Kinder zur Verfügung. In der Einrichtung werden fünf altersgemischte Gruppen betreut. Richtzahlen für die Gruppe sind zehn nichtbehinderte und fünf behinderte Kinder (verschiedene Behinderungen); da der Kindergarten die flächendeckende Versorgung eines großen ländlichen Umkreises gewährleisten muß, sind gelegentlich auch sechs behinderte Kinder in einigen Gruppen.
Die nichtbehinderten Kinder kommen aus der Stadt Frankenberg. Durch die flächendeckende Versorgung für behinderte Kinder gehören deren Eltern verschiedenen gesellschaftlichen Schichten an; die Eltern der nichtbehinderten Kinder aus der Stadt Frankenberg sind überwiegend der Mittelschicht zuzurechnen.

Jede Kindergruppe wird von zwei Bezugspersonen betreut, d.h. von einer Erzieherin und einem/r Erzieher/in oder Jahrespraktikanten/in. Außerdem arbeiten noch Zivildienstleistende und eine Küchenhilfe im Kindergarten. Die Leiterin ist freigestellt. Zusätzlich arbeiten eine Logopädin und eine Krankengymnastin mit ganzer Stelle im Kindergarten in eigenen Therapieräumen, stundenweise arbeitet eine zweite Krankengymnastin in der Einrichtung.

Behinderte Kinder werden im allgemeinen mit Kleinbussen der Lebenshilfe abgeholt und nach Hause gebracht; für manche Kinder ergibt sich eine Fahrzeit von zwei Stunden. Wenige behinderte Kinder werden von ihren Eltern gebracht und abgeholt, ebenso alle nichtbehinderten Kinder.

Die Kinder können durchgehend (mit Mittagessen) von 8.00 Uhr bis 15.00 Uhr betreut werden; manche Kinder werden jedoch schon am Ende des Vormittags abgeholt.

Die Betreuer/innen treffen sich regelmäßig zu Mitarbeiterbesprechungen. Ebenso finden Elternabende statt, die Beteiligung der Eltern schwankt jedoch sehr stark. Innerhalb des Kindergartens besteht grundsätzliche Übereinstimmung darin, daß soziales Lernen und die individuelle Entwicklung der Kinder im Mittelpunkt stehen. Es wird häufig mit Montessori–Materialien gearbeitet, ohne jedoch das Montessori–Konzept zur prinzipiellen Richtlinie der pädagogischen Arbeit zu machen.

c) FRANKFURT

Träger des integrativen Kindergartens ist die Evangelische Französisch–Reformierte Gemeinde Frankfurt, die es als ihre Hauptaufgabe im sozialpädagogischen Bereich sieht, diesen Kindergarten zu fördern. Die Finanzhoheit der Gemeinde gestattet es, über die Verwendung der ihr zur Verfügung stehenden finanziellen Mittel frei zu entscheiden.

Bereits vor zehn Jahren begannen die Vorbereitungsarbeiten mit Besuchen integrativer Einrichtungen in München und Mainz sowie von Sonderkindergärten, mit Gesprächen und Diskussionen in der Gemeinde und mit Fachleuten.

Unter engagierter Beteiligung der Initiatoren wurde der Kindergarten geplant und gebaut, am 1.10.1977 wurde die Einrichtung eröffnet. Zunächst begannen die Mitarbeiterinnen mit einer Gruppe von zehn nichtbehinderten und fünf behinderten Kindern, ein halbes Jahr später wurde bereits die dritte Gruppe eingerichtet. Die Gruppen sind altersgemischt; die behinderten Kinder haben die verschiedenartigsten Einschränkungen. Anfangs gab es noch Schwierigkeiten, die Eltern nicht behinderter Kinder zu finden, die bereit waren, ihr Kind mit behinderten Kindern zusammen aufwachsen zu lassen, jedoch nach kurzer Zeit gab es schon Wartelisten.

Von der räumlichen und sachlichen Ausstattung her stehen Kindern und Erzieherinnen viele Möglichkeiten offen. Neben den drei Gruppenräumen kann die Küche für gemeinsame Frühstücke einer Gruppe mitbenutzt werden. Drei weitere (kleinere) Räume stehen als Spiel- bzw. Therapieräume zur Verfügung, außerdem ein Turnraum und ein Therapiebecken; ein Freigelände für die Kinder gehört ebenfalls zur Einrichtung. Neben dem Büro der Leiterin gibt es einen Personalraum für alle Mitarbeiter.

Das Einzugsgebiet bringt es mit sich, daß die Eltern der Kinder überwiegend der Mittelschicht angehören. Die Kinder werden auf Eigeninitiative der Eltern hin angemeldet, behinderte Kinder jedoch auch durch Vermittlung von Kinderärzten, Therapeuten, des Gesundheitsamtes, der Sonderkindergärten. Sie kommen aus dem gesamten Stadtgebiet Frankfurts (einschließlich der Vororte), während die nichtbehinderten Kinder vorwiegend in der näheren Umgebung der Einrichtung wohnen.
In jeder Gruppe sind drei Bezugspersonen (eine Erzieherin, eine Jahrespraktikantin, ein Zivildienstleistender). Besonders betont

wird die Bedeutung des Zivildienstleistenden, der nicht nur Fahrdienst macht, sondern auch in den Gruppen mithilft. Das männliche Element, das üblicherweise im Kindergarten zu kurz kommt, ist somit in den Gruppen vertreten. Die Leiterin ist von der Gruppenarbeit freigestellt. Verschiedene Therapeuten arbeiten stundenweise in dem Kindergarten: eine Logopädin, eine Spieltherapeutin, eine Krankengymnastin. Zusätzliche Unterstützung bei Krankheit und Urlaub wird von Gemeindemitgliedern angeboten, die den Kindern inzwischen bekannt sind. Behinderte Kinder werden mit dem Bus hin- und zurückgebracht, die anderen Kinder werden von den Eltern gebracht bzw. abgeholt.

Die Betreuung im Kindergarten ist von 8.15 bis 16.00 Uhr möglich. Manche Kinder werden — vor allem zu Beginn ihrer Kindergartenzeit — bereits ab 13.00 Uhr abgeholt.

Regelmäßige Mitarbeiterbesprechungen, Supervision sowie Fortbildung der Bezugspersonen haben einen hohen Stellenwert. Die pädagogische Arbeit ist am Situationsansatz orientiert. Es findet eine intensive Elternarbeit statt, zu der beispielsweise monatliche Gruppenelternabende und regelmäßige Hausbesuche gehören.

1.3 Theoretische Grundlagen

1.3.1 Aspekte der Verwendung des Begriffs ‚Integration'

In der gegenwärtigen Diskussion um die Integration Behinderter wird der Begriff 'Integration' sehr unterschiedlich verwendet. Manche Mißverständnisse der Diskussionen mögen allein schon auf den verschiedenen Sprachgebrauch zurückzuführen sein.

Zum Beispiel sind im Brockhaus unter dem Stichwort 'Integration (lateinisch: Herstellung einer Einheit), Zusammenschluß, Bildung übergeordneter Ganzheiten' sieben verschiedene Begriffsbedeutungen angegeben, je nach dem Wissensgebiet, in dem der Begriff verwendet wird: Biologie, Mathematik, Philosophie, Soziologie, Politik, Psychologie, Wirtschaft (Brockhaus 1979, Band 5, S. 561 f.).

Pädagogik ist dabei nicht aufgeführt; die pädagogischen Verwendungen lehnen sich an die unterschiedlichen Begriffsbestimmungen z.B. in Philophie, Soziologie, Politik und Psychologie an und differieren entsprechend.

Bezeichnend sind für uns die unterschiedlichen Akzente in der soziologischen und psychologischen Bedeutung. Für die Soziologie läßt sich der Akzent auf den Vorgang setzen, mit dem ein soziales System sich intakt erhält, indem zentrifugale, systemsprengende Kräfte eingebunden, z.b. in Funktionen zurückgeholt werden. Dies kann z.B. im Bereich abweichenden Verhaltens und Behinderungen auch durch Ausgrenzung geschehen; die Maßnahme, daß bestimmte Personen in besondere Anstalten verbracht werden (Gefängnisse, psychiatrische Kliniken, Behinderteneinrichtungen) kann dazu beitragen, das Gesamtsystem zu stabilisieren, obwohl die Personen selbst desintegriert werden. Soziale Gewalt wird hier also nicht an sich als desintegrativ beurteilt, sofern sie systemkonform wirkt.

Anders in der Psychologie. Hier bezeichnet Integration den Zusammenhang von seelischen und physischen Einzelfunktionen der Persönlichkeit. Aus psychoanalytischer Sicht läßt sich präzisieren: Integration bezeichnet den Vorgang, bei dem abgewehrte oder abgespaltene Teile der Persönlichkeit in die psychische Verfügung des Subjektes zurückgeholt werden. Unterdrückung dieser Anteile führt langfristig zu deformierten Erscheinungen wie Verdrängung, Abspaltung, Projektion, zu sozialer Verarmung oder psychischer Erkrankung.

In der gegenwärtigen pädagogischen Diskussion wird der Begriff Integration wohl eher in einer positiven Wertschätzung verwendet (siehe auch die Übersicht, die Haupt
gibt, in: Bleidick (Hrsg.) 1985, S. 155 f.), zumindest was die Integration der Behinderten betrifft, die ja das erklärte Ziel aller rehabilitativen Konzepte ist, auch derjenigen, die mit separierenden Betreuungsformen arbeiten. Bei der Verwendung des

Begriffs in Bezug auf Ausländer wird jedoch rasch der Januskopf des Begriffs wieder deutlich, denn eine zwangsweise Integration ausländischer Kinder durch das deutsche Schulsystem ist ja durchaus denkbar und gefährdet deren durch ihr Elternhaus mitbestimmte kulturelle Identität, das heißt, ihre innerpsychische Integration.

Wenn von der Integration Behinderter als Ziel aller Sonderpädagogik gesprochen wird, dann ist zumeist die sogenannte gesellschaftliche Integration angesprochen als ein Zustand des Eingegliedertseins nach Abschluß der Kindheit und Ausbildung, wobei das Eingegliedertsein sich oft auf die Arbeitstätigkeit und die Wohnsituation reduziert. Der P r o z e ß der Sozialisation wird dabei oft ausgeklammert; es handelt sich um die Angabe eines Zustandes als Ziel.

Wenn dagegen von der Integration behinderter Kinder gesprochen wird, so ist damit zumeist eine organisatorische Maßnahme angesprochen, nämlich die gemeinsame Unterbringung behinderter und nichtbehinderter Kinder in einer Gruppe z. B. im Kindergartenbereich, in der Schule, im Freizeitbereich. Auch hier handelt es sich um eine Zustandsangabe, die jedoch — anders als die gesellschaftliche Integration — administrativ angeordnet werden kann.

Der Begriff Integration beinhaltet jedoch noch viel weitergehende Aspekte. So ist für die Evangelische Französisch—Reformierte Gemeinde, die in Hessen den ersten integrativen Kindergarten und als Vorreiter der integrativen Erziehung auch die erste integrative Grundschule Hessens eingerichtet hat, 'Integration ..... ein Grundwert, der zum Aufbau einer menschengerechten Gesellschaft unentbehrlich scheint' (Mittelmann 1984, S.4). Integration zielt hiernach auf die Verinnerlichung von Wertorientierungen, die den Menschen dazu befähigen, 'soziale Rollen zu übernehmen und sich seinen Mitmenschen gegenüber im Sinne Jesu Christi zu verhalten' (ebenda).

Für die Interaktion in den Kindergruppen ergibt sich von daher die Zielvorstellung, einen wechselseitigen Lernvorgang zu initieren, 'durch den übersteigerte Selbstwertgefühle ebenso korrigiert werden können wie Unwertgefühle — zugunsten einer vorurteilsfreien und angstfreien Kommunikation. Der Abbau von Überlegenheits— bzw. Unterlegenheitsgefühlen ...... ist demnach das Hauptziel' (aus der Vereinbarung über eine erste wissenschaftliche Begleitung zwischen der Gemeinde und den Projektleitern R. Meier und H. Reiser, 1979, zitiert nach Ev. Fr.—Ref. Gemeinde 1983, S. 16).

In den Äußerungen der Evangelischen Französisch—Reformierten Gemeinde wird der — im erziehungswissenschaftlichen Sinne — normative Aspekt der Begriffsverwendung besonders deutlich.

Vom normativen Aspekt sprechen wir, wenn das Erziehungsgeschehen von obersten Wertvorstellungen her beurteilt wird (siehe auch Bleidick 1985, S. 69 f.). Eine solche Beurteilung hat einen zweischneidigen Charakter. Wird sie — wie in der Praxis der Evangelischen Französisch—Reformierten Gemeinde — als Maßstab an das e i g e n e Verhalten gerichtet, so wirkt sie in hohem Maße motivierend und führt zu energischen Anstrengungen, die Erziehungs v e r h ä l t n i s s e im Sinne der jeweiligen Wertvorstellungen zu verändern. Hierin liegt die politische Stoßkraft der Integrationsdiskussion, die in der Gestaltung des Erziehungsalltags humane Wertvorstellungen durchsetzen will. Die weitergehenden Ansprüche richten sich an die für die Gestaltung von Rahmenbedingungen von Stellen, die für Erziehung verantwortlich sind.

Richtet sich dagegen die normative Beurteilung gegen die am Erziehungsvorgang beteiligten Personen, so hat das bedenkliche Folgen. Äußerungen und Verhaltensweisen von Kindern, Eltern und Erziehern werden dann ungeachtet der jeweiligen sozialen Situation und der subjektiven Bedeutung des Geschehens von starren Verhaltensvorschriften her beurteilt. Erziehungsmaßnahmen wie Lob und Tadel werden dazu eingesetzt, um Kinder zu einem Verhalten zu nötigen, das als sozial oder rücksichtsvoll bewertet wird, wobei deren Impulse und Bedürfnisse miß-

achtet werden. In den von uns untersuchten Kindergärten konnten wir eine derartige Integrationspraxis mit moralischem Erziehungsdruck nicht feststellen; in der Integrationsdiskussion sind jedoch derartige Tendenzen vor allem in den Medien und Werbepublikationen häufig festzustellen.
Über den normativen Aspekt hinaus verbinden sich mit dem Begriff Integration auch noch weitergehende und — zumindest derzeit noch — diffuse Vorstellungen von einer neuen oder besseren Erziehungspraxis. Sie kommen zum Beispiel in den Idealvorstellungen von Erziehung zum Ausdruck, wie sie in unseren Interviews deutlich werden, und wie sie auch 1981 auf einer Fachtagung des Deutschen Jugendinstituts formuliert wurden.

„Integration" wird hier mit einer bestimmten „Haltung" verbunden, die Voraussetzung ist, und in der auch partnerschaftliche Zusammenarbeit und gleichberechtigte Teamarbeit enthalten ist (DJI 1981, S. 62/S. 190f.). Hier wird Integration mit weiteren pädagogischen Idealvorstellungen verknüpft.

Es zeichnet sich eine Entwicklung ab, die bei den integrativen Schulkonzepten besonders deutlich wurde: Unter dem Stichwort 'Integration' werden Vorstellungen einer anderen, besseren Pädagogik subsumiert, da diese sich als Voraussetzung für die Praxis integrativer Erziehung erweisen.
In diesem Konzept kann Integration zu einem Oberbegriff miteinander zusammenhängender pädagogischer Vorstellungen werden, die sich für die gemeinsame Betreuung behinderter und nichtbehinderter Kinder als Vorbedingung erweisen oder als förderlich angesehen werden. Wird dieser Komplex von Vorstellungen auf Erziehung überhaupt angewendet, könnte sich ein neues Paradigma der Pädagogik, das heißt eine neue zusammenhängende Frageweise, Denkstruktur und Lösungsmethode entwickeln (Deppe—Wolfinger 1985).

In vielen Diskussionsbeiträgen, die aus integrativen Erziehungsvorhaben selbst kommen, ist deutlich spürbar, daß durch die

Aufhebung der Trennung von Regelerziehung und Sondererziehung Grundfragen der Erziehung aktualisiert werden, wie der Ausgleich zwischen Individuum und Gruppe, das Verhältnis von Gleichheit und Ungleichheit, der Widerspruch zwischen Selbstwertgefühl und gesellschaftlich definierter Tüchtigkeit. Die 'Dialektik von Gemeinsamkeit und Besonderheit, vom Miteinander des Verschiedenen kommt prägnant in der Parole der italienischen Integrationbewegung zum Ausdruck: Tutti ugali — tutti diversi (Alle sind gleich — alle sind verschieden)' (Deppe—Wolfinger 1985, S. 19). In der dialektischen Auffassung von Integration wird die gemeinsame Erziehung behinderter und nichtbehinderter Kinder als politische Vorentscheidung gesehen, auf deren Basis die pädagogische Grundfrage von Gleichheit und Ungleichheit in Bezug auf Behinderungen neu gestellt werden kann.

1.3.2 Grundlagen unserer Auffassung von Integration

Auch wir als Forscher stehen innerhalb normativer Vorentscheidungen, die unsere Auffassung vom gesellschaftlichen Zusammenleben, von Erziehung und von persönlicher und kollektiver Entwicklung betreffen. Da es nach unserer Ansicht keine wertneutrale erziehungswissenschaftliche Forschung geben kann, bemühen wir uns, die normativen Grundlagen unseres Denkens transparent zu machen.
Wir gehen davon aus, daß die möglichst weitgehende Gemeinsamkeit in der Betreuung behinderter und nichtbehinderter Kinder eine demokratische Selbstverständlichkeit sein sollte:

Der Anspruch jedes Menschen, ungehindert Zugang zu allen gesellschaftlichen Einrichtungen zu haben, ist der unbestrittene Ausgangspunkt aller Überlegungen. Dieser zunächst abstrakte Anspruch wird konkretisiert durch den Grundsatz der Nichtdiskriminierung, wie ihn z.B. in den USA die Bürgerrechtsbewegung erstritten hat. Demnach ist eine Form der Versorgung, Behandlung, Unterbringung, Beschulung etc., die ihn am wenigsten von allen anderen Menschen absondert, ein Recht jedes Menschen (Least Restrictive Environment). Dieser Rechtsgrundsatz führt in den Vereinigten Staaten aufgrund des politischen Systems nicht ohne weiteres zum gewünschten Erfolg; dennoch formuliert er die gedankliche Grundlage des Prozesses der Normalisierung, der z.B. in den skandinavischen Ländern schon früher begonnen hatte. Eine Absonderung eines Kindes aus der Gruppe, die ungeachtet des Geschlechts, der Rasse, des sozialen Herkommens etc. für alle Kinder z.B. im Kindergarten angeboten wird, ist nur insoweit statthaft, als dies für die Entwicklung des Kindes unbedingt erforderlich ist, weil durch keine andere, weniger absondernde Maßnahme die Entwicklung gesichert werden kann.

In der Bundesrepublik ist derzeit diese klare politische Ausgangslage weder gedanklich noch praktisch durchgesetzt. Um den Bestand an Sondereinrichtungen abzusichern, wird immer wieder der Nachweis gefordert, daß die integrative Erziehung besser sei als die separierende. Die Beweispflicht wird damit auf den Kopf gestellt. Unterstützt wird diese Position durch ein in den Schulgesetzen am klarsten ausgedrücktes Einteilungsschema von Kindern nach ihren Defiziten, indem z. B. der Besuch einer der 'Eigenart' des Kindes entsprechenden Sonderschule durch Schulpflichtgesetze festgeschrieben wird.
Für uns ist die gemeinsame Erziehung behinderter und nichtbehinderter Kinder z.B. im Kindergarten die normale Ausgangslage. Von daher stellt sich die Frage, welche Maßnahmen ergriffen werden müssen, damit die optimale Entwicklung jedes Kindes gewährleistet werden kann. Unseres Ermessens haben die bereits erwähnten bisherigen Erfahrungen mit integrativen Gruppen gezeigt, daß die optimale Entwicklung behinderter Kinder in diesem Rahmen grundsätzlich gesichert werden kann.
Die Frage, ob ein Kind sich in einer integrativen Gruppe optimal entwickeln kann, entscheidet sich an den Rahmenbedingungen und Hilfen, die dafür bereitgestellt werden können. Politischer Auftrag muß es deshalb sein, die weitestgehende Unterstützung

bereit zu stellen, damit keine Separierung erfolgen muß. Dennoch kann es möglich sein, daß ein Kind über längere Strecken eine Einzelbehandlung benötigt; dies rechtfertigt jedoch logischerweise keinesfalls separierende Gruppenbildungen.
Unsere Fragestellung zielt deshalb nicht auf die Legitimität der integrativen Erziehung, sondern auf ihre Gestaltung. Dabei ist es durchaus denkbar, daß eine mangelhafte Ausstattung die integrative Erziehung mißlingen läßt. Somit ist es auch unser Ziel, die erforderlichen Resourcen zu beschreiben.
In unserer Grundauffassung der psychischen Entwicklung teilen wir die psychoanalytischen Annahmen. Aus diesem Verständnis dürfen Emotionen und Bedürfnisse nicht unterdrückt werden, sondern müssen sich in ihrem dynamischen Zusammenhang entlang der Lebensinteressen des Kindes strukturieren. Hauptkriterium der humanen Entwicklung ist die wachsende Verfügung des Individuums über sich selbst, die Entwicklung der Verantwortung für sich selbst und das Wachstum selbstregulierender Kräfte.
Wir gehen von der Dialektik der Prozesse und der Vieldeutigkeit einzelner konkreter Handlungen aus. Es erscheint uns der Struktur und Dynamik von Entwicklungen nicht angemessen, von Wertorientierungen her bestimmte Verhaltenserwartungen oder Erziehungsmaßnahmen abzuleiten. Wir beobachten Realität deshalb nicht mit vorgegebenen Kriterien — wie etwa prosoziales, integratives, antisoziales oder desintegratives Verhalten —, sondern sinnverstehend (siehe Untersuchungsmethode).

Die Wertschätzung des Lebendigen als Orientierungsbasis (siehe Cohn 1984, S 357 ff. und Haupt, in: Bleidick 1985, S. 188) gebietet gleichermaßen die Rückbesinnung auf den einmaligen Wert jedes Menschen, wie sie eine Normierung von Verhaltenserwartungen ausschließt:

> 'So ist die Integration eine Aufgabe, die auch für Selbstkonzept, Identität und Lebensqualität der Nichtbehinderten von zentraler Bedeutung ist. Deutlich ist, daß es sich hierbei

um einen länger dauernden Prozeß handelt, der bereits eingeleitet ist, der aber intensiv unterstützt werden muß.'
(Haupt, in: Bleidick 1985, S. 188).

1.3.3 Integrative Prozesse

Um den Untersuchungsgegenstand theoretisch faßbar und konkret beschreibbar machen zu können, konzentrieren wir uns auf 'integrative Prozesse', die sinnverstehend aus den Szenen der Interaktionen in integrativen Gruppen erschlossen werden können.
Es erwies sich für uns als notwendig, integrative Prozesse theoretisch präzise fassen zu können. Als Grundlage diente uns unser 1983 (Gutberlet u.a.) und 1984 (Reiser u.a.) vorgestelltes Modell der Integration, das uns jedoch in verschiedener Hinsicht verbesserungsbedürftig erschien. So sprechen wir heute von integrativen P r o z e s s e n , um die Dynamik des Geschehens zu betonen. Wir arbeiteten die Dialektik der integrativen Prozesse verstärkt heraus: Die gesellschaftliche Dialektik von Gleichheit und Ungleichheit findet ihre Entsprechung in der Dialektik der Interaktionen, in denen die Person zugleich autonom und interdependent ist (Ruth C. Cohn 1984, S. 357). Sie schlägt sich nieder in der Ambivalenz der psychischen Dynamik.
Im Interaktionsmodell der Themenzentrierten Interaktionen fanden wir einen Rahmen, der die gesellschaftliche Ebene, die psychoanalytische Interaktionstheorie der Einigungsprozesse nach Alfred Lorenzer (1976, S. 218—276) und unsere pädagogischen Grundannahmen zu verbinden mag.

Als integrativ im allgemeinsten Sinn bezeichnen wir diejenigen Prozesse, bei denen 'Einigungen' zwischen widersprüchlichen innerpsychischen Anteilen, gegensätzlichen Sichtweisen, interagierenden Personen und Personengruppen zustande kommen. Einigungen erfordern nicht einheitliche Interpretationen, Ziele und Vorgehensweisen, sondern vielmehr die Bereitschaft, die

Positionen der jeweils anderen gelten zu lassen, ohne diese oder die eigene Position als Abweichung zu verstehen. Einigung bedeutet den Verzicht auf die Verfolgung des Andersartigen und stattdessen die Entdeckung des gemeinsam Möglichen bei Akzeptanz des Unterschiedlichen.

Martin Buber beschreibt den inneren Vorgang der Einigung als dialogisches Verhältnis, das entsteht, wenn ich die Wirklichkeit meines Dialogpartners aus seiner Position heraus erfassen kann, ohne meine Wirklichkeit und meine Sicht der Dinge zu verlassen. So bildet sich die Wirklichkeit der Begegnung, die stets wieder in der Bewegung des Zurückgehens auf die je einzelnen Positionen zerfällt und durch Akte der 'Umfassung', d.h. der Erfahrung der Gegenseite, wieder gebunden wird (1960, S. 35 ff.).
In Bubers Beschreibung wird deutlich, daß es sich um einen dialektischen Prozeß handelt. Wir betonen, daß gemeinsames Handeln, das die Interessen der Interaktionspartner berücksichtigt, Einigungen voraussetzt, und daß Handlungsversuche Einigungen hervorbringen können. Die dialektisch verschränkten Pole dieses Vorgangs nennen wir Annäherung und Abgrenzung. Die Bewegungen der Annäherung und Abgrenzung bedingen sich gegenseitig: Streckenweise kann es aber z.B. möglich sein, daß zwischen Personen Distanz erreicht werden muß, damit die Abgrenzung des Einzelnen gelingen kann, die erforderlich ist, um eine Annäherung einzuleiten und auszuhalten.
Dies ist leicht zu verdeutlichen an dem Beispiel eines Kindes, das aus dem fürsorglichen Schutz der Mutter in eine Kindergartengruppe eintritt und dort eine größere Zumutung an Selbstständigkeit erfährt. In dieser Situation kann sich das Kind von dem mütterlichen Schutz zunehmend unabhängiger machen. Um eine neue und gleichberechtigtere Nähe mit der Mutter einzupendeln, wird es Strecken der Distanzierung von der früheren Form der Nähe benötigen. Mutter und Kind werden im normalen Fortgang der Entwicklung immer wieder neue Einigungen auf bestimmte Formen gemeinsamen Fühlens, Verstehens Handelns und Miteinander—Umgehens finden, in denen Nähe

und Distanz gemäß den Bedürfnissen beider neu eingependelt werden.

Eine höhere Stufe der Entwicklung der Beziehung zwischen Mutter und Kind ist zugleich durch eine größere Nähe im Sinne eines besseren Verstehens des anderen wie auch durch eine größere Distanz im Sinne einer gelungeneren Abgrenzung der Personen gekennzeichnet.

Bei Mißlingen der Einigungsversuche kann auf der einen Seite die symbiotische Verschmelzung stehen, auf der anderen Seite die Entfremdung der Personen voneinander und von sich selbst. In Zuständen der Verschmelzung wird Abgrenzung unmöglich, in Zuständen der Entfremdung wird keine Annäherung mehr gestattet. Diese gegensätzlich erscheinenden Fehlentwicklungen sind doch darin gleich, daß sie nur durch massive Abwehr aufrechterhalten werden können.

Da Annäherung ohne Abgrenzung nicht möglich ist, kann z. B. aus einer Szene, in der ein Kind von einem anderen abgelehnt wird, nicht unmittelbar geschlossen werden, welchen Stellenwert diese Situation in der Beziehung beider zueinander hat; d.h. die integrative Wirkung einzelner Situationen und Ereignisse ist erst aus dem Kontext der Entwicklung der Beziehung zu erschließen.

Idealtypisch können vier Ebenen der integrativen Prozesse unterschieden werden.

1. Die innerpsychische Ebene ist die Grundlage aller folgenden Ebenen insofern, als ohne sie auf allen weiteren Ebenen keine Einigungen gelingen können.

2. Die interaktionelle Ebene der Einigungsprozesse baut auf ihr auf; zugleich ist die Möglichkeit, miteinander etwas zu tun zu haben, die reale Grundlage aller integrativen Prozesse und inso-

fern auch die Voraussetzung der Prozesse auf der innerpsychischen Ebene.
Die interaktionelle Ebene umfaßt so den Aspekt der Gruppenbeziehungen wie auch den Aspekt des gemeinsamen Handelns an einer Sache.

3. Auf der institutionell bestimmten Ebene geht es um den in Erziehungskonzepten gefaßten und durch Einrichtungen repräsentierten Sachauftrag der Erziehung. Hier liegt mit der Einrichtung der integrativen Gruppen die administrative Grundlage der Integration, die ohne integrative Prozesse auf der innerspychischen und der interaktionellen Ebene jedoch wirkungslos bleibt.

4. Auf der gesellschaftlichen Ebene liegen die normativen Grundlagen integrativer Prozesse. Die Berücksichtigung dieser Grundlagen verringert die Gefahr der Selbstüberforderung der Pädagogen, wenn sie sich zur Aufgabe setzen, einen Lern- und Lebensraum herzustellen, in dem der Widerspruch zwischen ungleichen Voraussetzungen und gleichen Bedürfnissen und Rechten — bei Kindern wie bei Erwachsenen — aufgehoben ist. Pädagogen können nach unseren Beobachtungen keinen derartigen Raum schaffen, da die gesellschaftlich vorgegebenen Wertungen individueller Leistungsunterschiede in den Selbstdefinitionen der Individuen, auch im Selbsterleben der Kinder, unauflöslich verwoben wird.

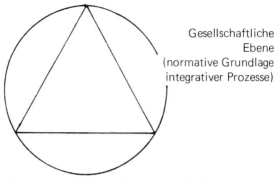

Institutionelle Ebene
(Administrative Grundlage integrativer Prozesse)

Gesellschaftliche Ebene
(normative Grundlage integrativer Prozesse)

Innerpsychische Ebene
(Personenbezogene Grundlage integrativer Prozesse)

Interaktionelle Ebene
(Handlungsbezogene Grundlage integrativer Prozesse)

Die vier Ebenen stehen miteinander in einem dynamischen Wechselspiel.

Bei den integrativen Prozessen auf der innerpsychischen Ebene geht es um die Akzeptanz. Wir gehen davon aus, daß die Wahrnehmung von Behinderung und/oder unerwünschten Verhaltensweisen Wünsche, Ängste und Aggressionen auslöst.

Akzeptanz wird dann möglich, wenn die Person ihre widersprüchlichen Empfindungen und Impulse zueinander in Beziehung bringt, ohne eigene Anteile verdrängen oder verleugnen zu müssen.
Die innerpsychische Verarbeitung wird beeinflußt von der Realität der Interaktionen, von den institutionellen Vorgaben und den

normativen Einwirkungen aus dem gesellschaftlichen Umfeld. Es ist offensichtlich, daß institutionelle Aussonderung den realen Kontakt verunmöglicht und deshalb innerpsychische Verarbeitungsprozesse erschwert (wenngleich nicht ganz und gar verhindert, weil die Absonderung z.B. in einem Sonderkindergarten nicht total ist und hier auch die Phantasietätigkeit eine große Rolle spielt). Nicht ganz so offensichtlich ist, daß die institutionelle Aussonderung einer gesellschaftlichen Norm entspricht, die versucht, die Dialektik von Gleichheit und Ungleichheit durch starre Einteilungen von Individuen zum Stillstand zu bringen. Die institutionelle Einbeziehung behinderter Kinder garantiert dagegen keineswegs schon die Realisierung von Interaktionen, ja auch sie kann zur Vermeidung innerpsychischer Verarbeitungsprozesse genutzt werden, wenn nämlich versucht werden sollte, die Behinderung zu verleugnen oder ihre Bedeutung herunterzuspielen.

Die Fehlentwicklungen zur Entfremdung und zur Verschmelzung finden sich auf allen vier Ebenen wieder; integrative Prozesse auf *einer* Ebene allein müssen langfristig unwirksam bleiben, weil durch den dynamischen Zusammenhang aller Ebenen der dialektische Prozeß von Annäherung und Abgrenzung von jeder Ebene her störanfällig ist. Andererseits können integrative Prozesse von jeder Ebene her angestoßen werden.

1.3.4 Vergleich mit anderen Konzepten

Wir sind in der Zeit der Modifikation und Präzisierung unseres Modells nicht nur von unseren eigenen Arbeiten, sondern auch von der vielfältigen Diskussion zur Integration angeregt worden. Zur Verdeutlichung unseres jetzigen Standes, auf dessen Grundlage der Forschungsbericht erstellt wurde, ziehen wir deshalb einige wenige neuere Äußerungen anderer Wissenschaftler heran, die uns geeignet erscheinen, unser Modell in die Diskussion einzureihen.

1983 veröffentlichte Kobi einen Vorschlag, den vieldeutigen Begriff Integration durch eine Gliederung in drei Stufen der Realisation und in sechs Ebenen zu konkretisieren. Dieser Vorschlag erschien zu diesem Zeitpunkt deshalb hilfreich, weil deutlich zwischen der proklamatorischen, der modellhaften und der praktizierten Realisationsstufe unterschieden wurde, sowie die verschiedenen Ebenen, auf denen Integration realisiert werden kann, benannt wurden. Die erste Ebene, die physisch–ökologische, sei am leichtesten zu bewerkstelligen, die zweite, die terminologisch–begriffliche schon schwieriger, noch schwieriger die dritte, die administrativ–bürokratische; es folgt die vierte, die sozial–kommunikative, danach die fünfte, die curricular–funktionelle und schließlich die sechste, die lern–/lehrpsychologische Ebene. In diesem Modell bewegt sich unser Praxisfeld auf der vierten Ebene, der sozial–kommunikativen, und auf der Realisationsstufe der praktizierten Integration.

Bei genauerem Hinsehen werden jedoch Schwächen dieser pragmatischen Einteilung deutlich. Die Anordnung der Ebenen ist hierarchisch. Zugleich wird ein zunehmender Intensitätsgrad angenommen. Die Behauptung, daß die lehr-/lernpsychologische Integration, bei der ein synchroner Mit– oder Nachvollzug der Lernabläufe stattfindet, die intensivste Form der Integration sei, weist darauf hin, daß das zunehmende Erreichen von Gleichheit mißverstanden wird als zunehmende Integration. Das dialektische Verhältnis von Gleichheit und Ungleichheit wird hier nicht erkannt; vielmehr werden gleichschrittige Lernprozesse, die ein Kunstprodukt — vielleicht auch nur eine Illusion — schulischer Pädagogik darstellen, als intensivste Form gemeinsamen Unterrichts überhaupt angesehen. Es handelt sich dabei um einen grundsätzlichen Irrtum über den Lernvorgang in Gruppen, der hier seine Anwendung in der Integrationsdiskussion findet. Der Blick bleibt fixiert auf die Zielvorstellung einheitlichen Lernens nach einheitlichen Lehrplänen; die Grundbedingung dieser Konstruktion gleichschrittigen Lernens ist aber die homogene Lerngruppe. Damit wird aus der Aufgabe der Integration die Aufgabe der

Homogenisierung einer bewußt extrem heterogen zusammengesetzten Lerngruppe — fast eine unmögliche Aufgabe oder vielmehr ein komplettes Mißverständnis von Integration.

Die tatsächliche Funktion z. B. proklamatischer und terminologischer Integrationsbemühungen im Hinblick auf die Veränderungen der normativen Vorgaben kann in diesem Hierarchiemodell nicht erfaßt werden; auch Proklamationen und Terminologien haben ihre Wirkungen, sofern sie es wagten, aus dem bestehenden normativen System der leistungsorientierten Einteilungen und Absonderungen von Kindern auszubrechen. Es gibt hier keine hierarchischen Über— und Unterordnungen einzelner Zugänge, sondern Wechselwirkungen.

Kandter beruft sich 1985 auf den Artikel von Kobi. Er resumiert zutreffend, daß in der bundesdeutschen Diskussion heute 'unter dem Stichwort Integration vor allem ein gemeinsames Leben und Lernen im Kindergarten oder Schule verstanden (wird) mit der vorrangigen Zielsetzung, die kommunikativen Beziehungen zwischen den Behinderten und Nichtbehinderten zu verbessern' (S. 318 f.). Mit dem Begriff 'kommunikative Beziehungen' wird der Bereich integrativer Prozesse jedoch nur unvollständig erfaßt. Mit dem Schema von Kobi wird angenommen, über den kommunikativen Bereich gehe die curriculare und die lern/lehrpsychologische Integration hinaus. Wie wir aufgezeigt haben, spielen integrative Prozesse jedoch nicht nur auf der interaktionellen Ebene, sondern auch auf der innerpsychischen, der institutionellen und der gesellschaftlichen eine Rolle.

Gerade Kanter betont die Notwendigkeit von 'Veränderungen auch am normativen Bedingungsgefüge' (1985, S. 313). In seiner Analyse des integrativen Gedankens in der Hilfsschulentwicklung kommt er zu dem Schluß, daß es vor allem die normativen Bedingungen des Bildungswesens waren, die bereits frühzeitig integrative Ansätze scheitern ließen. Diese setzten die Aufgabe, die sich als unmöglich erwies, nämlich:

'1. mit einer heterogenen Gruppe von Kindern und Jugendlichen;
2. nach uniformen curricularen Vorgaben;
3. zu gleicher Zeit;
4. zu allseits verpflichtenden Lernzielen zu gelangen' (S.313).

Damit weist Kanter überzeugend nach, daß Integration eben nicht gipfeln kann in einheitlichen curricularen Vorgaben, Lehrzielen und, wir ergänzen, Lehrmethoden. Integration erfordert die Veränderung dieses Charakters von Unterricht, der wohl übereinstimmend als eine rigide Vorstellung angesehen wird, die jeder Bildungsreform entgegensteht. Und dies heißt auch, daß eine andere Art des Miteinanderlernens nicht auf den sozial—kommunikativen Aspekt reduziert werden kann. Trotz seiner Analyse zieht Kanter diesen Schluß nicht. So entgeht ihm das — wie wir meinen — zentrale Anliegen der integrativen Erziehung, nämlich die Förderung integrativer Prozesse. Er schlägt dagegen vor, zu unterscheiden zwischen Integration als Mittel oder als Zweck, oder den Begriff zu vermeiden und stattdessen stärker operationalisierende Beschreibungen zu wählen (S. 319). Damit wird der normative Aspekt, der in der Verwendung des Begriffes angelegt ist, abgeschwächt und ihm die politische Stoßkraft genommen. Zugleich bleibt die Beschreibung an der Oberfläche. Besonders deutlich wird dies im Vergleich zu der Konzeption von Milani—Comparetti. Milani—Comparetti geht davon aus, daß die Existenz von Behinderung eine massive Angst auslöst (Milani—Comparetti 1985). Am Ausgangspunkt der Erfahrung von Behinderung stehen verschiedene Formen der omnipotenten Abwehr des erfahrenen 'Übels'. Mit dem Begriff Übel ist die subjektive Erfahrung von Bösem, Unvollkommenem, Krankem, Verletztem und Verletzendem erfaßt. Eine Möglichkeit der Abwehr ist die Abspaltung des Übels von der eigenen Person, damit man es besser negieren kann. Diese Abwehr zielt auf Gleichmacherei. Milani—Comparetti nennt als Beispiel die Behindertenolympiaden und eine 'manische Verbandshaltung' die den Eindruck durchsetzen will, Behinderte seien wie alle anderen.

Eine andere Form der Abwehr nennt Milani–Comparetti die 'schizoparanoide Haltung', die das Übel, das durch das behinderte Kind in der Welt ist, von der Person abspaltet und aggressiv verfolgt. Die Wurzel dieser Haltung sieht er in Schuldgefühlen. Sie äußert sich z.B. in der 'wilden Rehabilitation', die unablässig mit Therapien und Behandlungen gegen das Übel anrennt und dabei auch aggressive Behandlungsmethoden gegen das Kind wendet. Dabei kann es zu einer 'perversen Allianz' von Pädagogen, Ärzten und Eltern kommen, zu einem Förderungsaktionismus. Auf Verbandsebene macht Milani–Comparetti bei dieser Abwehr eine anspruchsorientierte Haltung aus, die Schadensersatzforderungen an die Gesellschaft richtet. Nach Milani–Comparetti müssen diese Abwehrpositionen durch Trauerarbeit überwunden werden, damit die Realität des Übels akzeptiert wird. Nur durch die Reifung zu dieser Position und Überwindung der Abwehrmechanismen kann eine wirkliche Integration gelingen.

'Einfachen Experimenten' mit Integration, Versuchen also, die sich dieser Trauerarbeit nicht stellen, kann eine tiefe unbewußte Spaltung zugrunde liegen. Integration ist das Resultat eines schwierigen psychischen und sozialen Reifungsprozesses; ein humanitärer Anspruch oder eine ideale politische Vorstellung allein genügen nicht.

Die Thesen Milani-Comparettis, die auf der Psychoanalyse aufbauen, stützen unsere Auffassung von der Notwendigkeit innerpsychischer integrativer Prozesse. Wir sind mit ihm der Auffassung, daß es letztlich um Reifeprozesse geht, die in Personen stattfinden, die als oberstes Ziel die optimale Entwicklung der 'Person als autonome Lebenskraft' (Milani–Comparetti) sieht. Durch die Betonung des inneren Wachstums sind wir in unserer Konzeption auch in der Lage, die Veränderungsprozesse in kleinen Schritten zu erkennen und zu würdigen, d.h. die inneren Widerstände der Personen ernst zu nehmen und zu akzeptieren. Dies bewahrt vor der Versuchung, andere missionieren zu wollen und absolute Ansprüche zu errichten. So können wir auch in den vielfältigen Annäherungsformen an optimale Bedingungen der

Integration die Ansätze von integrativer Erziehung erkennen, sofern dadurch die Dynamik der Verarbeitung in Gang kommt.
Aus diesem Grund legen wir die Kriterien für Gelingen oder Mißlingen der integrativen Erziehung in die dabei in Gang gekommenen Prozesse, nicht in bestimmte Verhaltensformen oder Tätigkeitsformen.
'Einfache Experimente' mit Integration, bei denen ohne tiefere Beschäftigung mit dem Problem versuchsweise behinderte und nichtbehinderte Kinder zusammengebracht werden, können Entfremdung fördern, wenn das Erleben des Andersartigen vertieft und keine gegenseitige Akzeptanz erzielt wird. Mit Absolutheitsansprüchen vorgetragene Maximalentwürfe integrativer Erziehung müssen hingegen danach befragt werden, ob hier nicht die Tendenz zur Gleichmacherei überwiegt, d.h. eine innere Abwehr des Übels zu Verschmelzungsphantasien führt. Bei Pädagogen können solche Phantasien mit Allmachtsvorstellungen gekoppelt sein, wenn die Wirklichkeit der Behinderung unwirksam gemacht werden soll.
Aufgrund unserer Psychoanalytischen Grundannahmen betonen wir ebenso wie Milani—Comparetti, die innerpsychischen Prozesse, die auch auf allen anderen Ebenen beteiligt sein müssen.

Einen anderen Akzent setzt Feuser, der in seinen verschiedenen Veröffentlichungen vor allem den Aspekt der Tätigkeit betont. Da er den bislang einzigen theoretischen und praktischen Beitrag aus einem vergleichbaren Arbeitsfeld vorgelegt hat, lohnt sich für unsere Zwecke eine ausführliche Betrachtung.

Auf der Basis der Aneignungstheorie entwickelt er eine schlüssige Theorie der Persönlichkeitsentwicklung und des Lernens und verbindet diese mit der integrativen Erziehung. Dabei stellt er das Postulat auf, daß durch ein und dieselben Lernangebote zugleich die optimale individuelle Förderung wie auch die Kooperation in gemeinsamen Handlungen zu gewährleisten sei.

> 'Integrative Pädagogik hat es für das Lernen der Kinder zu leisten, ein Lernangebot (Projekt/Vorhaben/Thema/Inhalt) in all seinen Dimensionen so aufzubereiten, daß ein jedes Kind entsprechend seiner momentanen Handlungskompetenz (mit Möglichkeiten seiner dominierenden Tätigkeit) am kooperativen Spiel— und Lernprozeß kompetent beteiligt sein kann.' (1984, S. 31)

Feuser fordert eine kompetente Beteiligung am Prozeß, nicht jedoch ein gleichschrittiges Lernen nach uniformen Vorgaben, wie es Kanter als unmögliche Aufgabe herausgearbeitet hat. Die individuelle Beteiligung an einer gemeinsamen, in sich jedoch vielfältigen Tätigkeit, wie sie Feuser postuliert und in seinen praktischen Beispielen demonstriert, ist eine zentrale Foderung jeder integrativen Pädagogik.

Auch in unserem Konzept stellt das gemeinsame Handeln eine wesentliche Komponente dar. Dennoch scheint uns in der Konzeption Feusers der Gesichtspunkt der gemeinsamen Tätigkeit am gemeinsamen Gegenstand dann überbetont, wenn er zum zentralen Kriterium von Integration erhoben wird (1984, S. 129). 1982 betitelt Feuser einen Beitrag programmatisch:

> 'Integration — die gemeinsame Tätigkeit (Spielen/Lernen/Arbeiten) am gemeinsamen Gegenstand/Produkt in Kooperation von behinderten und nichtbehinderten Menschen.'
> 1984 formulierte er;' Integration zu realisieren heißt, daß
> — alle Kinder
> — an/mit einem gemeinsamen Gegenstand
> — in Kooperation miteinander
> — auf ihrem jeweiligen Entwicklungsniveau spielen und lernen.' (Feuser, 1984, S. 18).

Unser Forschungsbericht wird eine Fülle integrativer Prozesse aufzeigen, die abliefen, ohne daß alle Kinder in 'raum—zeitlicher Einheit' an einem Gegenstand, der von jedem Kind als 'gemeinsamer' Gegenstand erfaßt wurde, kooperierten (Feuser, 1984,

S. 131). Dazu ist allerdings zu sagen, daß Feuser bei praktischen Beispielen sowohl den Begriff der Kooperation wie den des gemeinsamen Gegenstandes stark ausdehnt, wenn er etwa die Erfassung von Geruch und Vibration durch ein schwerstbehindertes Kind, das in räumlicher Nähe zu den anderen Kindern einzeln betreut wird, anführt (1984, S. 131 f.).
Auch der Begriff des 'Produkts' ist sehr weit gefaßt, wenn etwa das Hervorrufen einer Tastempfindung als zufälliges Produkt bezeichnet wird.
Als 'Kooperation im Sinne des produktorientiert handelnden Umgangs in raum—zeitlicher Einheit der miteinander Kooperierenden' (1984, S. 131) können nach Feuser so wesentlich mehr Aktivitäten angesehen werden, als nach einer Integrationsdefinition angenommen werden mußte. Fraglich wird jedoch, ob dann die Begrifflichkeit, die aus der Aneignungstheorie abgeleitet ist, noch greift.
In unserem Erziehungsverständnis ist die dynamsiche Balance zwischen den subjektiven Impulsen, den Gruppenprozessen und den objektiven Erfordernissen die zentrale Aufgabe, die auch an erster Stelle der Reflexion und Ausbildung steht. Diese sichtweise ist unseres Ermessens in der Aneignungstheorie, auf der Feuser aufbaut, nicht hinreichend berücksichtigt.

Freilich müssen Lernangebote, bei denen Kinder unterschiedlicher Ausgangslagen am gemeinsamen Gegenstand gemeinsam tätig sind, immer wieder hergestellt werden, und diese Aufgabe verdient große Aufmerksamkeit und Sorgfalt. Andernfalls verkommt jede Individualisierung zu einer Abspaltung der Subjekte gegeneinander, was zur Entfremdung führt. Zugleich sollte jedoch die Wahrnehmung auf die „autonome Lebenskraft" (Milani-Comparetti) der Subjekte gerichtet sein, die sich in einem dialektischen Prozeß von Annäherung und Abgrenzung entwickelt. In diesem Prozeß ist auch die Erfahrung der Differenz und die Akzeptanz unaufhebbarer Unterschiede wichtig.
Das Streben nach Perfektionierung in der Planung der gemeinsamen Aktivitäten sollte unserer Ansicht nach relativiert werden durch

das Zulassen und Zutrauen. Nach Milani-Comparetti sollten wir zuallererst die „Anfragen" der Kinder studieren und sie als Vorschläge verstehen. Unsere Angebote sind als Gegenvorschläge zu konzipieren, nicht nur als die Reise zu der von uns antizipierten „Zone der nächsten Entwicklung", wenn das Reden von einer dialogischen Erziehung einen Sinn machen soll.
Das heißt aber auch, daß für die subjektive Gestaltung von Lebensäußerungen größtmögliche Freiräume zu konzipieren sind, ohne daß die von objektiven Erfordernissen abgeleiteten erzieherischen Gegenvorschläge damit vergessen würden. In diesem Widerspruch zeigt sich die Dialektik der menschlichen Entwicklung, die nur dann progressiv verläuft, wenn die autonome Lebenskraft der Subjekte angesprochen wird.

Wenn hier auch Unterschiede deutlich werden, so zeigt sich doch eine große Übereinstimmung in den politischen Grundlagen und pädagogischen Zielen zwischen den Ausführungen Feusers und unseren Auffassungen.

1.4 Untersuchungsmethode

1.4.1 *Ausgangslage*

Charakteristisch für unser wissenschaftliches Vorgehen ist, daß sich die vorstehend skizzierte theoretische Fassung integrativer Prozesse erst im Laufe des Forschungsprojektes entwickelte. Wir standen in der für die Feldforschung typischen Situation, daß wir Vorgänge erfassen wollten, von denen wir zwar eine Vorstellung hatten, deren Bestimmungsmerkmale und Regelhaftigkeiten jedoch nicht bekannt waren. Wie allgemein in der Sozialforschung ergibt sich hieraus das Methodenproblem, daß nämlich auch die geeigneten Forschungsverfahren erst im Verlauf entwickelt werden können. In dieser Situation liegen drei Spannungsverhältnisse begründet, die nicht einfach gelöst werden können.

Das erste Spannungsverhältnis besteht zwischen den Interessen der Verwerter, die auf praktisch brauchbare Ergebnisse hoffen und dem wissenschaftlichen Interesse, das auf Erkenntnisgewinn abzielt, und für das oft auch nicht praktisch verwertbare Erkenntnisse und Fortschritte in der Forschungsmethode sehr wesentlich sind (siehe auch Gottschalk-Scheibenpflug 1983, S. 67-72). In diesem Spannungsverhältnis stellten wir uns nicht auf die Seite der Handlungsforschung, die im Dienste der untersuchten Praxis agiert, aber auch nicht auf die Seite der reinen wissenschaftlichen Grundlagenforschung. Wir gehen davon auf, daß ein distanziertes Verhältnis zu der untersuchten Praxis und zu den Verwertern diesen langfristig mehr Nutzen bringt, da aus einer solchen Position Ergebnisse besser zu objektivieren und deshalb realitätsgerechter zu erzielen sind. Andererseits verweigerten wir uns auch nicht der Diskussion mit den Abnehmern über die praktische Relevanz erhobener Befunde, wie es z.B. in einem zweiten Schritt auf Fachtagungen geschehen kann. Die Verwerter waren in unserem Falle einerseits die Kindergärten, ihre Trägerverbände und die Erzieher, auf der anderen Seite der Auftraggeber, das Hessische Sozialministerium.

Wir hatten das Glück, daß unsere Position von allen Beteiligten akzeptiert wurde. Obwohl das Ministerium in den während des Projekts anfallenden fachlichen Entscheidungen unseren Rat suchte, ließ es uns völlig freie Hand bei der Ausarbeitung der Zielsetzung, der Untersuchungsmethode und der Auswertung. Unsere Position als unabhängige Wissenschaftler mit eigenen Erkenntnisinteressen konnte auch von den Kindergärten und den Erziehern als hilfreich verstanden werden, weil wir dadurch keinen Anspruch erhoben, in ihre Praxis einzugreifen. Unsere Beobachtungsergebnisse wurden von ihnen nachgefragt und als fachliche Unterstützung empfunden.

Das zweite Spannungsverhältnis besteht zwischen der vorgängigen Theorie und dem offenen Forschungsprozeß.

'Der für die qualitative Forschung typische offene Zugang zur sozialen Realität und der Verzicht auf vorab entwickelte Erhebungsinstrumente .... ist nicht gleichzusetzen mit theoretischer Voraussetzungslosigkeit .... Entscheidendes Merkmal qualitativer Forschung ist allerdings, daß die vorhandenen Erwartungen und theoretischen Überzeugungen nach Möglichkeit offenen Charakter haben sollen. Sie sollen — idealiter — in einem steten Austauschprozeß zwischen qualitativ erhobenem Material und zunächst noch wenig bestimmtem theoretischem Vorverständnis präzisiert, modifiziert oder revidiert werden.' (Hopf und Weingarten 1979, S. 15).

Die Grundannahmen der psychoanalytischen Interaktionstheorie dienten uns als offener Erwartungshorizont, ohne daß wir die psychoanalytische Entwicklungspsychologie oder gar einzelne Theoreme über Phasen der Entwicklung, Selbstentwicklung usf. als geschlossenes System übernahmen. Wir gingen davon aus, daß wir in dem neuen Rahmen integrativer Gruppen auch Neues beobachten könnten, das wir dann theoretisch präziser fassen wollten. So entwickelten wir auch viele unserer theoretischen Vorstellungen erst während des Forschungsprozesses.

Das dritte Spannungsverhältnis hängt mit den ersten beiden offenen Positionen eng zusammen und betrifft die ausufernd diskutierte Methodenfrage. Zu Beginn des Forschungsvorhabens entschieden wir uns, im Bereich 'interpretativer' oder 'qualitativer' (Hopf und Weingarten 1979) Sozialforschung zu arbeiten und die uns vertrauten Methoden der sequentiellen Beobachtung und des fokussierten Interviews einzusetzen. Vorangegangene Projekte mit empirischem Versuchs - Kontrollgruppen - Design (Reiser u.a. 1984) und videounterstützer, quantitativ ausgewerteter Beobachtung (Evangelische Französisch—Reformierte Gemeinde 1984) hatten uns gelehrt, daß mit quantitativen Verfahren die uns interessierenden 'profunden' Fragen nicht geklärt werden konnten. Wir standen vor der Aufgabe, uns unzugängliche Lebenswelten, wie die eines schwerbehinderten Kleinkindes, zu erschließen, um abschätzen zu können, welche Wirkung die integrative Erziehung ausübt. Aus Kontakten mit einer amerikanischen Kollegin wurde uns die Verwendung des 'ethnographischen' Ansatzes in der amerikanischen Integrationsforschung bekannt (siehe auch Eberwein 1985). Es erschien uns notwendig, für eine 'Reise in diese Kindheit' (Mollenhauer) einen verstehenden Zugang zu finden. Zu Beginn des Vorhabens beschrieben wir unsere Absichten folgendermaßen:

— Wir sind interessiert an pädagogischer Praxis,
— möchten diese vorurteilsfrei erfassen,
— mit einer ausgewiesenen Theorie analysieren
— und die Interpretationen den Betroffenen zur Verfügung stellen, damit diese
— ihr eigenes Handeln verbessern können.

Damit unterscheidet sich unser Ansatz sowohl von der Aktionsforschung wie von der deskriptiven Sozialforschung. Aus der Erkenntnis vergleichbarer wissenschaftlicher Begleitungen und Forschungsvorhaben in der Bundesrepublik und Westberlin kamen wir zu dem Ergebnis, daß wir im Forschungsprozeß einen eigenen methodischen Weg entwickeln mußten, der einerseits den verstehenden Zugang ermöglicht, andererseits Objektivierungserfordernissen entspricht. Das Ergebnis verstehen wir nicht als methodologische Pionierleistung — wir sind nicht zur Lösung der forschungsmethodischen Fragen der letzten Jahrzehnte angetreten —, aber als ausreichend, um kontrollierbar, intersubjektiv, plausibel und produktiv für die Theoriebildung zu Aussagen zu gelangen.

Unser Erkenntnisinteresse ist durch folgende Ausgangsfragen ausgedrückt:

a)
Gibt es im Zusammenleben der Kinder in integrativen Gruppen

spezifische Situationen, Konfliktbereiche, Lernchancen und Entwicklungschancen?
Wie sehen diese aus?
Wie werden Konflikte gelöst?
Wie können Chancen genutzt werden?

b)
Wie wird das 'Anders—Sein' (Heterogenität) wahrgenommen von den Kindern, den Erwachsenen, wie wird es verarbeitet in der Fremdwahrnehmung und Selbstwahrnehmung?

c)
Welche theoretischen Kategorien zur Diagnostik und Beschreibung der kindlichen Entwicklungsmöglichkeiten erweisen sich in der Praxis als brauchbar, hemmend, förderlich?

d)
Stellen sich besondere Probleme bei der Integration von Kindern, die integrativer Betreuung bedürfen und/oder eingeschränkte Möglichkeiten zur Kontaktaufnahme haben?
Und wie können diese gelöst werden?

e)
Welche Bedeutung hat der Erzieher?
Welche persönlichen Anforderungen werden bei dem Versuch, eine förderliche pädagogische Atmosphäre zu schaffen, an ihn gestellt?

Diese Fragen steckten den Interessenhorizont ab; sie sind nicht durch jeweils auf eine Frage zielende Untersuchungsinstrumente einer Beantwortung zuzuführen. Aussagen zu solch komplexen Anfragen sind nur über theoriegeleitete Interpretationen von geeignetem Ausgangsmaterial zu erhalten. Zudem verändern sich auch die relevanten Fragestellungen während eines Forschungsprozesses, der auf die Gewinnung von Hypothesen und Beschreibung von Problemen abzielt.

Wir standen vor der Aufgabe, möglichst kontrolliert Daten zu erheben, die so interpretierbar sind, daß zu diesen Anfragen objektivierbare Aussagen gemacht werden können.

1.4.2 Untersuchungsinstrumente

Wir wählten das fokussierte Interview (Merton und Kendall 1979, S. 171 ff., Hron 1982, S. 128 ff.) mit den Erziehern und Trägern der Kindergärten sowie eine kontrollierte und distanzierte Form der teilnehmenden Beobachtung in den Kindergartengruppen. Nach Zelditch (1979, S. 119) ist die teilnehmende Beobachtung der Prototyp und die beste Möglichkeit, wenn es um die Erfassung von Einzelereignissen und Ereignisketten geht, die wir untersuchen wollten. An verschiedenen Punkten des Forschungsprozesses legten wir unsere Ergebnisse den beteiligten Erzieherinnen mit der Absicht einer dialogischen Konsensbildung vor (Rückkopplung).

Ausgangsinterviews
Zu Beginn der Untersuchung wurden in den Einrichtungen mit allen Beteiligten fokussierte Interviews durchgeführt. Dazu wurden nach Literaturstudium und Beratung mit anderen Forschungsteams vier Interviewleitfäden entwickelt, anhand derer Vertreter des Trägers, der Elternschaft, die Leitung des Kindergartens und die mitarbeitenden Erzieherinnen befragt wurden.

Ziel der Interviews war es, die Rahmenbedingungen der Einrichtungen, die persönlichen Vorstellungen und Motive der Beteiligten festzustellen und mögliche Einflußgrößen auf integrative Arbeit transparent zu machen.
Die Interviews wurden mit den betreffenden Personen einzeln durchgeführt, sie dauerten anderthalb bis zwei Stunden.

Beobachtung

Wir entschieden uns, sinnhafte Sequenzen von Interaktionen zu beobachten und niederzuschreiben. Dies bedeutete, daß zwar die Zeit, die eine Beobachtung umfaßte, protokolliert wurde, Beobachtungen aber nicht nach einem vorgelegten Zeitschema unterbrochen wurden, um zu einem anderen Zeitpunkt unabhängig vom Geschehen wieder aufgenommen zu werden. Es wurde vielmehr versucht, sinnhafte Sequenzen in ihrer Gesamtheit zu erfassen. Dies konnte auch bedeuten, daß eine Beobachtung und Niederschrift wieder aufgenommen wurde, wenn ein Kind eine zuvor unterbrochene oder für abgeschlossen gehaltene Interaktion wieder aufnahm.. Nur so erschien es uns möglich, der Komplexität von Interaktion annähernd gerecht zu werden. Dies erforderte eine ständige Aufmerksamkeit der Beobachterin und war nur durch die Anwesenheit von zwei Beobachterinnen erreichbar.

Um die Sequenz in einem nachvollziehbaren und nachprüfbaren Kontext zu stellen, wurden in jeder Kindergartengruppe zwei Kinder — ein behindertes und ein nichtbehindertes — ausgewählt, auf deren Kontakte sich die Beobachtungen über zwei Jahre hinweg fokussierten. Die Beobachtung fand pro Gruppe in vierwöchigem Rhytmus ganztägig statt.

Neben der gezielten Beobachtung der ausgewählten Kinder wurde der Gruppenverlauf frei beobachtet. Eine systematische Beobachtung der festen Aktivitäten: morgendliche Begrüßung, Frühstück, Stuhlkreis, Freispiel, erwies sich in den ersten Monaten als hilfreich und sinnvoll. Mit zunehmender Kenntnis der Kinder, auf die sich die Beobachtung bezog, konzentrierte sich die Beobachtung immer mehr auf Sequenzen, die relevant wären in Bezug auf momentane Entwicklungsschritte der Kinder und die Auseinandersetzung mit Behinderung.

Um Wahrnehmungsverfälschungen und eine subjektiv—selektive Auswahl der Sequenzen möglichst gering zu halten, die bei dieser Form der Beobachtung zusätzlich auch durch unbewußte Identifikation entstehen können, trainierten zuvor die Mitarbeiterinnen in anderen Kindergruppen intensiv die Beabachtungsmethode.

In den ersten Monaten beobachteten jeweils zwei Mitarbeiterinnen parallel das gleiche Geschehen und verglichen ihre Niederschriften. Nachdem eine fast ausschließliche Übereinstimmung festgestellt werden konnte, konzentrierten sich die Beobachterinnen zunehmend auf unterschiedliche Interaktionen bzw. das Gruppengeschehen. Eine gründliche Reflexion und gegenseitige Kontrolle wurde weiterhin beibehalten.

Eine zusätzliche Kontrolle stellte die Rückkopplung der Beobachtungen mit den mitarbeitenden Erzieherinnen dar.

Rückkopplungsinterviews

Nach jedem Beobachtungstag fand ein Gespräch zwischen Beobachterinnen und Erzieherinnen statt, in dem die beiden Mitarbeiterinnen ihre Beobachtungen den Erzieherinnen mitteilten. Von Situationen, die sich für die fotografische Wiedergabe eigneten, fertigen die Beobachterinnen mit Pocketkameras Fotografien an. Wir baten die Erzieherinnen auch, von der momentanen Entwicklung der beobachteten Kinder und ihrem Verhalten während der vergangenen Wochen zu berichten und unsere Beobachtungen damit in Relation zu setzen. Dadurch konnten wir gewährleisten, unseren punktuellen Beobachtungen den angemessenen Stellenwert in ihrer Bedeutung für die Entwicklung des jeweiligen Kindes zu geben.

Andererseits konnten wir Beobachterinnen immer wieder an unsere langfristigen Aufzeichnungen anknüpfen und sie in Kontrast oder Ergänzung zu den berichteten aktuellen Ereignissen bringen. Die Besprechungen waren durch non—direktive Gesprächsführung, Fokussierung auf Wahrnehmungen und Gefühle der Erzieherinnen sowie Anreize zur retrospektiven Introspektion gekennzeichnet (siehe Hron 1982, S. 133 - 136).

Neben der Kontrolle und der Information für uns stellten sich die Rückkopplungsgespräche trotz ihrer Länge von bis zu zwei Stunden auch als Unterstützung für die Erzieherinnen heraus. Ohne daß eine Beratung intendiert war, half ihnen die Reflexion des

Tages und des Verhaltens einzelner Kinder sowie die Wachrufung der Geschehnisse der letzten Wochen entscheidend in ihrer Arbeit. Hilfreich war dabei, daß die Beobachterinnen immer wieder an Vorkenntnisse, markante Entwicklungsschritte und Fragestellungen bei der Weiterentwicklung der Kinder anknüpfen konnten.

Neben diesen Gesprächen faßten die Untersucherinnen jährlich ihre Beobachtungen über die einzelnen Kinder und die Gruppen zusammen und erstellten Entwicklungsverläufe über die beobachteten Kinder sowie die wesentlichen Gruppenprozesse, die den Erzieherinnen vorgelegt und mit ihnen besprochen wurden (Längsschnittauswertung).

Dieses Verfahren der Rückkopplung ist nicht im strengen Sinne als „Kommunikative Validierung" (Lechler 1982, S. 241 ff.) zu bezeichnen, da hierbei zweifelsohne im Verlauf über mehrere Jahre ein Einpendeln der Deutungsmuster zwischen Beobachterinnen und Erzieherinnen zu erwarten ist. Es erfüllt jedoch unseren Anspruch, den Betroffenen unsere Interpretation zur Verfügung zu stellen, damit diese *selbst* ihr eigenes Handeln verbessern. Dieses Vorgehen, das wir dialogische Konsensbildung nennen, betrachten wir als valide, wenn

— die Betroffenen die von uns gegebene Beschreibung von Abläufen als übereinstimmend mit ihren Wahrnehmungen bezeichnen,
— wenn sie durch die Beschreibung zu interpretativer Reflexion des Ablaufs
— sowie zu weitergehenden pädagogischen Schlüssen angeregt werden.

Rückkopplungstagung
Diese Kriterien gelten auch für die Rückkopplung der Gruppenbeschreibungen und der Querschnitts—Auswertungsschritte.
In der Querschnittsauswertung wurden die von uns geordneten Erscheinungsweisen der Interaktionen den Erzieherinnen aller Kindergärten in einer gemeinsamen Tagung vorgestellt (siehe

Punkt 2.4). Die Schlußfolgerungen der Untersuchung wurden ausschnittsweise auf jeweils zweitägigen Fachtagungen unter Beteiligung der Kindergärten und der Fachöffentlichkeit vorgetragen und diskutiert. Eine kommunikative Validierung von Aussagen ist unseres Ermessens auf dieser Ebene nicht mehr möglich.

1.4.3 Durchführung

1. Phase: Vorbereitung (Mai — Juli 1982)

Vor Beobachtungsbeginn besuchten die Mitarbeiterinnen vergleichbare Einrichtungen und Projekte und erstellten die Interviewleitfäden für die Befragung von Trägern, Eltern, Erzieherinnen und Leitung. Sie trainierten die Beobachtung in Kindergartengruppen, die noch an der Untersuchung beteiligt waren.

Durch Besuche in den ausgewählten Kindergärten machten sie sich mit den Kindern und dem Personal vertraut.
Nach Erstellung der Leitfäden wurden die Interviews durchgeführt.
Auf Elternabenden erläuterte das Forschungsteam das Vorhaben. Gemeinsam mit den Erzieherinnen wurden die beobachteten Kinder ausgewählt. Vorgabe ihrerseits war dabei, daß die Kinder über zwei Jahre hinweg voraussichtlich den Kindergarten besuchen würden und die Eltern der Beobachtung zustimmten. Außerdem achteten wir darauf, daß die Gruppe der beobachteten Kinder das Spektrum verschiedenartiger Ausgangslagen abbildete.

2. Phase: Beobachtung und Rückkopplung (August 1982 — Juli 1984)

Während dieser Hauptphase besuchten die Beobachterinnen im systematischen Turnus von einem Monat jede Kindergartengruppe einen Tag lang. In dieser Zeit wurden ca. 300 Interaktionssequenzen erfaßt.

Da es vom sozialpsychologischen Kontext einer Kindergartengruppe her unmöglich ist, sich rein beobachtend distanziert zu verhalten, wurde eingeplant, daß den Beobachterinnen während des Tagesablaufs genügend Zeiträume zur nicht beobachtenden Teilnahme in der Gruppe zur Verfügung stand.

Es zeigte sich, daß die Kinder gut akzeptieren konnten, daß sich ihnen die Beobachterinnen in der Zeit, in der sie mitschrieben, nicht zuwendeten, wenn ansonsten Zeit für die Beschäftigung mit ihnen vorhanden war. Sie konnten das Mitschreiben als eine der vielen, parallel laufenden Aktivitäten ansehen, negative Auswirkungen oder Störungen wurden nicht festgestellt.

Die Beobachtungen erfolgten in jedem Kindergarten durch zwei Mitarbeiterinnen. Von ihnen war jeweils eine hauptverantwortlich und Hauptansprechpartnerin für einen Kindergarten, eine zweite war feste Begleiterin.

So war es möglich, daß jede Beobachterin zwei Kindergärten und vier Gruppen kannte, die dritte Einrichtung aus einer gewissen Distanz erlebte und damit auch eine Kontrollfunktion für die dort arbeitenden Kolleginnen einnehmen konnte. Im Anschluß an die Beobachtungen wurden die Besprechungen mit den Erzieherinnen durchgeführt. Jährlich wurden ihnen Zwischenergebnisse vorgelegt.

3. Phase: (August 1984 — August 1985)

Anhand der erhobenen Daten wurden im Längsschnitt Entwicklungsverläufe der einzelnen beobachteten Kinder in Bezug auf deren Interaktionen hergestellt.

In einem von allen Interaktionssequenzen ausgehenden Querschnitt wurden die Erscheinungsweisen von Interaktionen herausgearbeitet.

Einen dritten Schwerpunkt umfaßte die Ausarbeitung von Struktur und Dynamik der beobachteten Gruppen.

Diese Datenzusammenfassungen wurden mit den Erzieherinnen rückgekoppelt. Anhand dieser Aufarbeitung der Daten wurden die Schlußfolgerungen erstellt.

Eine wesentliche Unterstützung bei der Weiterentwicklung der theoretischen Grundlagen stellte der ständige Austausch mit anderen Forschungsgruppen, die sich mit ähnlichen Themen befassen, und mit Praktikern, die im Bereich der vorschulischen Integration und der Fortbildung arbeiten, dar. (Tagungen, Arbeitstreffen, Publikationen).

1.4.4 *Ebenen der Auswertung*

Bei der Auswertung können verschiedene Ebenen unterschieden werden. Ursprungsdaten waren die beobachteten Sequenzen, die Niederschriften der Interviews und Rückkopplungsgespräche und die Aufzeichnungen der Mitarbeiterinnen über ihre eigenen Erwartungen, Ängste, Empfindungen während der Beobachtungen und Interviews, die lediglich zur Überprüfung etwaiger Wahrnehmungsverzerrungen aufgrund unbewußter Identifikationen und Projektionen dienten.

Die Entwicklungsverläufe der beobachteten Kinder, beginnend mit einer Basisbeschreibung bei Beobachtungsbeginn, konnten am zuverlässigsten aus diesem Material komprimiert werden. Die Erzieherinnen können hier als Kontrollinstanzen gelten. Da wir grundsätzlich auch den Eltern Informationen angeboten hatten, machten gegen Ende auch einige Eltern von der Möglichkeit Gebrauch, die Entwicklungsverläufe einzusehen. Auch hier wurde Übereinstimmung mit unseren Beschreibungen festgestellt.

Da die Aussagekraft des Beobachtungsmaterials mit den Entwicklungsbeschreibungen einzelner Kinder nicht ausgeschöpft wird, planten wir eine Darstellung häufig wiederkehrender Interaktionsmuster als Grundlage für subjekt— und situationsbezogene Interpretationen. Mit dieser Darstellung der Erscheinungsweisen der Interaktionen, die rein deskriptiv ist, wird deutlich, daß interaktive Ereignisketten nicht von externen Normen, sondern nur sinnverstehend aus dem Kontext individueller und kollektiver Prozesse interpretiert werden können und immer auch mehrdeutig sind.

Als Gliederungsmuster zur Ordnung der beobachteten Sequenzen bot sich das Prinzip der aufsteigenden Komplexität an. Die inhaltliche Ausgestaltung dieses Musters, die Zuordnung der Sequenzen und die Auswahl der Beispiele erfolgte im Team in einer kreativen Gruppenarbeit. Das Ergebnis wurde den Erzieherinnen vorgelegt und mit ihnen diskutiert. Die möglichen Bedeutungsinhalte der so systematisierten Interaktionsabläufe wurden ebenfalls mit den Erzieherinnen besprochen.

Am stärksten komprimiert werden mußten die Darstellungen von Struktur und Dynamik der einzelnen Kindergartengruppen. Diese Darstellungen verfaßte die für den jeweiligen Kindergarten zuständige Mitarbeiterin und legte sie den betroffenen Erzieherinnen vor.

Sämtliche Datenzusammenfassungen und Mitteilungen aus den Rückkopplungen wurden eingehend im Team diskutiert. Sicherlich handelt es sich bei diesen Datenzusammenfassungen nicht mehr um 'harte' Daten. Für eine kontrollierte und hinreichend abgesicherte Deskription der Abläufe in den beobachteten Gruppen ist aber dadurch gesorgt, daß das Ausgangsmaterial einerseits in drei verschiedenen Varianten zusammengefaßt wurde, andererseits eine große Personengruppe mit unterschiedlichen Funktionen und Fachwissen (im Team der Versuchsleiter, im Kindergarten die Erzieherinnen, bei der Rückkopplungstagung auch die Kindergartenleiter) in die Auswertungsschritte einbezogen waren.

Das Verfahren selbst wurde mit Teams aus vergleichbaren Projekten diskutiert und durch deren Hinweise verbessert. Die nun folgenden Auswertungsschritte können nur noch theoriegeleitet erfolgen. Mit der Ausformung des Interaktionsmodells integrativer Prozesse (siehe 1.3.3) ergab sich auch die Gliederung der zusammenfassenden Schlußfolgerungen. Das Augenmerk richtet sich zunächst auf die betroffenen Personen — Kinder und Erzieher — , dann auf die Gruppenprozesse und schließlich auf die Institution und den gesellschaftlichen Kontext. Bezugspunkt sind jeweils die integrativen Prozesse auf diesen Ebenen. Alle Aussagen, die zu der jeweiligen Ebene aus unserem Material geschlossen werden können, werden hier zusammengefaßt.

Wir sind der Ansicht, daß wir damit objektivierte und aussagekräftige Ergebnisse vorlegen können, die als Grundlage für Aus— und Fortbildung, Planung und Theorieentwicklung dienen können. Die Auswertung des hiermit vorgelegten Berichtes für diese Zwecke muß in weiteren Schritten erfolgen.

2 ERGEBNISSE

2.1 Entwicklung der Kinder

2.1.1 Gesamtübersicht

Die Individualität der Kinder und die große Verschiedenheit ihrer Entwicklungen mit und in den integrativen Gruppen lassen für uns keine Typisierung ihrer Entwicklungsverläufe zu. Die Breite des Spektrums verdeutlicht folgende kurze Vorstellung der Kinder, die wir näher beobachteten.

KONRAD kommt mit drei Jahren in die Gruppe I. Er macht während seiner gesamten Kindergartenzeit kontinuierliche Entwicklungsfortschritte. Am auffälligsten dabei ist seine Änderung von ziellosen, unkonzentrierten Aktivitäten, in denen er sein großes Bedürfnis nach körperlichem Ausagieren auslebt, hin zu zielgerichteten und konzentrierten (Bewegungs–) Spielen, Rollenspielen, Basteleien.
Konrad hat anfänglich nur lose und wechselnde Beziehungen zu verschiedenen Kindern. Sie werden von der Suche nach Freundschaft mit großen, starken Jungen abgelöst (wobei er nur bedingt Erfolg hatte), gefolgt von einer monatelangen, sehr engen Beziehung zu einem etwa gleichaltrigen Mädchen. Inzwischen hat sich diese Bindung geöffnet, nähere Freundschaften zu anderen Kindern sind hinzugekommen. Konrad ist voll in die Gruppe integriert.
Konrads Beziehungen zu behinderten Kindern bestand anfänglich meist in Nichtbeachtung, wie er übrigens etliche andere, nichtbehinderte Kinder auch nicht beachtete. Im Laufe des letzten Jahres hat er sich immer mehr Claudia, einem behinderten Mädchen zugewandt. In dieser Beziehung zeigt er große Sensibilität, hat Situationsgestaltungen gefunden (z.B. läßt er sie von einer Erzieherin zu sich in die Bauecke tragen, in der er dann in ihrem Gesichtskreis seinen Turm aus Holzsteinen baut), in denen er seinen und Claudias Bedürfnissen gerecht werden kann.

CLAUDIA, vier Jahre als, kommt nach einem Jahr Sonderkindergarten im Sommer unseres Beobachtungsbeginns neu in die integrative Gruppe, in der auch Konrad ist. Bei Claudia wurde eine cerebrale Bewegungsstörung diagnostiziert. Sie liegt auf einer Matratze oder auf dem Boden, meist sitzt sie jedoch in einer speziellen Sitzschale. Claudia trägt Windeln. Ihr Situationsverständnis ist unklar; sie kann nicht sprechen; ihre Befindlichkeit drückt sie durch Weinen, Quengeln, Lächeln und Lachen aus.
Innerhalb der Gruppe ist Claudia von Anfang an akzeptiert. Einige Kinder fragen immer wieder, ob sie einmal laufen oder sprechen kann, andere thematisieren nie ihre Behinderung. Schon bald gehen einige Kinder mehr auf Claudia zu; allerdings wird Claudia von den meisten Kindern weniger in gemeinsame Spiele einbezogen; sie brauchen dazu die Unterstützung der Erzieherinnen.
Einigen Kindern gelingen jedoch auch gemeinsame spielerische Aktivitäten. Vor allem Nicole, ein anderhalb Jahre jüngeres Mädchen, wird zu einer tragenden Bezugsperson Claudias. Bis zum Ende des zweiten Kindergartenhalbjahres haben etliche Kinder die Funktion übernommen, für Claudia verschiedene Tätigkeiten zu initiieren, ihr etwas vorzuspielen, sie gelegentlich im Wagen herumzuschieben usw. — Aktivitäten, die anfangs sehr von Erwachsenen abhingen. Claudia umgekehrt reagiert immer differenzierter auf die Kinder und kann ihnen Rückmeldungen und Anstoß zu weiterer Zuwendung geben.

TOMMY besucht ab dem Alter von drei Jahren die Gruppe II. Er ist motorisch und geistig altersmäßig entwickelt. Tommy kommt als verschlossenes, unsicheres, fast wortloses Kind in den Kindergarten. Es fällt ihm sehr schwer, seinen Platz in der Gruppe zu finden. Erst nach etwa einem halben Jahr entsteht eine erste freundschaftliche Beziehung zu einem etwa gleichaltrigen Jungen, über den er dann allmählich auch Kontakte zu anderen Kindern aufnehmen kann. Am Ende des zweiten Kindergartenhalbjahres hat Tommy eine sichere, wenn auch keine herausragende Position in der Gruppe.

Behinderte Kinder treten erst nach etlichen Monaten und sehr allmählich in den Kreis von Tommys Ansprechpartnern — wie im übrigen auch viele nichtbehinderte Kinder erst spät oder auch gar nicht als Spielpartner Tommys fungieren. Von Lena, einem Mädchen, das sprach— und fast bewegungsunfähig ist, ist Tommy besonders berührt. Die (innere) Auseinandersetzung Tommys mit ihr wird jedoch durch den Kindergartenwechsel Tommys abgebrochen.

In derselben Gruppe ist THOMAS, ein vierdreiviertel Jahre alter Junge mit Down—Syndrom. Er war bereits ein Jahr im Sonderkindergarten und ist jetzt neu in der integrativen Gruppe.
Thomas kommt bereits mit einem großen Wortschatz in die Kindergruppe. Er erzählt vollständige Geschichten, ist witzig und schlagfertig, beherrscht grundlegende logische Operationen. Er unterscheidet groß/klein usw. , kennt die Farben, spielt Puzzle und Memory. In seiner motorischen Entwicklung ist er hinter Kindern seines Alters zurück, macht aber kontinuierliche Fortschritte. Seine Essenschwierigkeiten — er konnte nur sehr langsam Flüssiges oder Brei essen — verringern sich mit der Zeit. Thomas näßt ein; er trägt Windeln.
Thomas zog und zieht sich im Verlauf eines Kindergartentages zeitweise zurück, döst oder spielt alleine. Er kann seine Bedürfnisse deutlich äußern und sie auch durchsetzen. Sein starker Bezug auf erwachsene Gesprächspartner schwächt sich im Laufe der Kindergartenzeit etwas ab.

Bei den Kindern der Gruppe ist Thomas beliebt und als gleichrangiger Spielpartner akzeptiert. In den Spielen und Gesprächen mit ihnen ist er meist fröhlich und kooperativ. Thomas bevorzugt Aktivitäten mit ein oder zwei ruhigeren Kindern. Wurde er früher meist von anderen Kindern zu einem Spiel aufgefordert oder darin einbezogen, initiierte er inzwischen auch selber Tischspiele oder Rollenspiele. Behinderte und nichtbehinderte Kinder sind ihm dabei gleichwertige Spielpartner (und umgekehrt). Für einen nichtbehinderten Jungen und einen älteren Jungen mit

Entwicklungsverzögerungen hat Thomas zeitweise auch die Rolle einer Orientierungsperson.

ULRIKE ist in der Gruppe III. Sie ist zu Beginn unserer Beobachtungen dreidreiviertel Jahre alt und seit einem Jahr im Kindergarten. Sie ist ein altersgemäß entwickeltes und selbstbewußtes Mädchen.
Ulrike achtet sehr auf Regeleinhaltungen in der Gruppe, hält Ordnung und verhält sich besonders hilfsbereit gegenüber Behinderten, versorgt diese gerne und unaufgefordert. Allmählich beginnt Ulrike, sich von ihrer starken Regelorientierung zu lösen sie grenzt sich zunehmend gegen die von ihr angenommenen Ansprüche an ein 'gutes' Mädchen — nämlich immer sauber, ordentlich und hilfsbereit zu sein — ab und widersetzt sich den Anweisungen der Erzieher/innen. Nach dieser Ablösephase, während der Ulrike beliebtes Mitglied der Gruppe bleibt, ist sie zwar noch immer hilfsbereit und liebevoll im Umgang mit Schwächeren, legt noch immer Wert auf die Einhaltung von Regeln, ist aber insgesamt flexibler und selbstbestimmter geworden. Sie wägt Bedürfnisse anderer gegenüber eigenen, neu entwickelten Bedürfnissen ab und setzt gegebenenfalls auch bewußt ihre eigenen durch.

In der gleichen Gruppe ist seit einem Jahr UWE, viereinhalb Jahre alt. Uwe kann nicht ohne Hilfe sitzen. Er krabbelt nur unter großer Mühe. Uwe greift ungezielt. Sein Sehvermögen ist stark eingeschränkt. Er spricht einzelne Worte; Kinder seiner Gruppe kennt er beim Namen. Uwes Reaktionsvermögen ist sehr stark eingeschränkt, daher läßt sich sein Situationsverständnis nur bedingt einschätzen; Freude und Mißmut kann er jedoch deutlich durch Lachen, Weinen und Sich—Strecken äußern. Uwe wird gewindelt.
Uwes Entwicklung verläuft während der Kindergartenzeit uneinheitlich; Fortschritte macht vor allem seine sprachliche Entwicklung. Über kleine Drei—Worte—Sätze kann er allmählich mit anderen in folgerichtige Dialoge treten. Stunden— oder tageweise

aber verliert er diese Fähigkeit, führt Monologe, deren Sinn für Außenstehende nicht zu erkennen ist. Zu Beginn des ersten Beobachtungsjahres fängt er an, sich aktiver fortzubewegen. Nach einer längeren Scharlacherkrankung, im März 1983, hört er damit fast völlig auf. Sein Sehvermögen verschlechtert sich zunehmend. Uwe wird im Sommer 1983 zweimal an den Augen operiert und fehlt dadurch längere Zeit im Kindergarten.
Besonders während des ersten Beobachtungsjahres ist Uwe Mittelpunkt der Gruppe. Alle Erwachsenen und Kinder der Gruppe mögen ihn gern und kümmern sich liebevoll um ihn. Die Kinder unterhalten sich mit ihm, zeigen ihm etwas, versorgen ihn, beziehen ihn in kleine Rollenspiele mit ein.
Im zweiten Beobachtungsjahr verändert sich Uwes Rolle in der Gruppe. Die neuen, jüngeren Kinder entwickeln kein starkes Interesse an ihm, sind noch mehr mit sich selbst beschäftigt. Die Erzieher/innen halten sich etwas von ihm zurück, um ihn mehr zu eigenständiger Aktivität zu bringen. Damit verliert Uwe seinen Platz als 'emotionaler Bezugspunkt' der Gruppe, bleibt aber trotzdem im Gruppengeschehen integriert. Die älteren Kinder, die ihn kennen, beziehen ihn weiterhin mit ein.

KLAUS ist in der Gruppe IV. Er kam mit dreieinhalb Jahren in den Kindergarten und ist zu Beginn unserer Beobachtungen viereinhalb Jahre alt. Klaus ist altersgemäß entwickelt.
Anfänglich hatte Klaus, nach Aussagen der Erzieherin, Eingliederungsschwierigkeiten. Es fiel ihm schwer, sich an die Regeln des Kindergartens zu halten. Im Laufe des ersten Jahres gewöhnte er sich zwar daran, er ist aber immer noch sehr schnell beleidigt oder fühlt sich verletzt und hat gelegentlich Wutausbrüche. In den ersten Monaten im Kindergarten suchte Klaus zu allen Kindern Kontakt und baut dann eine intensive Beziehung zu Walter auf, der in seinem Alter ist und gleichzeitig mit ihm in den Kindergarten kam. Walter ist ein sehr ruhiges, ausgeglichenes Kind. Die beiden sind meistens in der Bauecke, basteln oder spielen Lego. Im zweiten Kindergartenjahr entwickelt Klaus zunehmend eine dominierende Rolle in der Gruppe. Nachdem zu den Som-

merferien 1983 die letzten älteren Jungen die Gruppe verlassen haben, wird er zum Anführer und zeigt ein starkes Bedürfnis, im Mittelpunkt zu sein. Bei Konflikten fühlt er sich schnell zurückgesetzt und verletzt, weint dann oder schlägt rücksichtslos auf andere ein. Trotzdem ist er in der Gruppe beliebt, zum Teil auch bewundert.

In seiner unangefochtenen Anführerrolle wird Klaus auch zum Beschützer des mongoloiden Marc. Wenn er meint, daß Kinder Marc Unrecht tun oder ihn in Ruhe lassen sollten, dann mischt er sich ein und verteidigt Marc. Zu anderen behinderten Kindern verhält Klaus sich wie zu den übrigen Kindern auch.

MARC ist ein viereinhalbjähriger Junge mit Down-Syndrom, der seit einem Jahr in derselben Gruppe ist. Zu Beginn der Beobachtung kann Marc einfache Anweisungen verstehen und fängt an zu sprechen.

Marc beschäftigt sich hauptsächlich alleine oder fordert von den Erziehern Zuwendung, den Kindern gegenüber verhält er sich meist beobachtend. Er ist in der Gruppe beliebt und wird anfänglich von den Kindern bemuttert. Er wehrt sich dagegen jedoch, und mit der Zeit behalten die Kinder ihm gegenüber zwar eine beschützende und 'erzieherische' Haltung bei, dominieren ihn aber nicht mehr allzu sehr.

Im zweiten Jahr der Beobachtungszeit beginnt Marc, verständlich zu reden und übernimmt einfache Rollen in Rollenspielen (Hund, Katze, usw.). Er schließt sich zwei neuen Kindern an, zeigt denen den Kindergarten und kann nun als 'Großer' erstmals Schwächeren etwas geben. Zu dieser Zeit wendet er sich auch weniger an die Erzieher, die Kontakte zu den Kindern dagegen nehmen zu. Es läßt sich beobachten, daß er differenziert Partner für verschiedene Aktivitäten sucht und auch dabei akzeptiert wird. Er hat bestimmte Partner zum Toben, zum Malen, für ruhige Spiele, für die Bauecke.

INA kommt mit drei Jahren in die Gruppe V. Sie ist ein körperlich zartes Kind.

Anfänglich ist sie oft müde oder überfordert und sucht körperlichen Kontakt zu einer Bezugsperson. Sie hat häufig ein Spielzeug von zuhause dabei, das sie dann immer mit sich trägt. Ina ist die ersten Monate eher still und beobachtend. Sie kann aber deutlich ihre Wünsche äußern, Angebote von Erziehern und Kindern annehmen oder ablehnen. Ina kann auf andere Kinder zugehen. Im Laufe des ersten Jahre schließt sie sich drei gleichaltrigen Jungs an. Karola (ein schwerbehindertes Kind) ist im ersten Kindergartenjahr das einzige altersentsprechende Mädchen in der Gruppe. Zu ihr nimmt Ina Kontakte auf, die aber durch Karolas Entwicklungsstand begrenzt sind. Im zweiten Kindergartenjahr beginnt Ina sehr stark ihre 'Kleinmädchen—Rolle' auszuspielen. Sie nimmt oft die Hilfe Erwachsener in Anspruch, ohne diese nötig zu haben, läßt sich von den Jungs umschwärmen. Ende 1983 richtet sich Inas Interesse auf die gleichaltrige Johanna. Johanna ist neu in der Gruppe, steht noch außerhalb. Ina versucht beständig, ihr näherzukommen. Als Johanna sich dann eng an Olaf (ein Junge mit Spina—bifida) anschließt, wirkt Ina oft frustriert. Spielen Johanna und Ina alleine, scheint es beide sehr zu befriedigen. In die Gruppe, die sie anfangs manchmal überforderte, hat sich Ina inzwischen gut eingelebt, kann dort lebhaft und kreativ sein.
Ina nimmt die Möglichkeit wahr, sich mit dem Anders—Sein anderer Kinder auseinanderzusetzen. Sie fragt die Kinder direkt oder beobachtet sie und informiert sich bei den Erwachsenen über die Behinderungen. Die Erklärung der Mutter zu Karolas Behinderung mit 'Krank—Sein' stellt eine Verbindung her zwischen eigenen Erfahrungen Inas (sie wurde zu früh geboren und anfangs im Brutkasten betreut; ihre Eltern haben ihr das auch erzählt) und dem behinderten Kind und scheint vorerst auszureichen.

KAROLA kommt mit drei und dreiviertel Jahren ebenfalls in diese Gruppe. Sie wurde mit motorischen Beeinträchtigungen, Sinnesschädigungen und geistiger Behinderung geboren (wahrscheinlich als Folge einer Rötelnembryopathie).

Karola kann nicht sprechen. Auffällig sind stereotype Drehbewegungen mit Lallmonologen.

Ihr erstes Kindergartenjahr ist geprägt von einem großen Erkundungsbedürfnis im Gruppenraum und Garten sowie der ausschließlichen Orientierung an Gegenständen. Nach und nach kann sie bei gemeinsamen Aktivitäten der Gruppe dabei sein, ohne gehalten werden zu müssen. Langsam entwickeln sich Kontakte zu Erwachsenen und Kindern, an denen Karola aktiv beteiligt sein kann.

Karola ist eine Herausforderung für die Kinder, da sie sich lange Zeit nicht deren Vorstellungen und Erfahrungen entsprechend verhalten kann. Die Kinder sind auch eine Herausforderung für Karola. Sie lernt langsam und oft auf schmerzliche Weise, ihre Gefühle zu zeigen, zunehmend Nähe zuzulassen oder sich zu wehren und somit ihren Platz in der Gruppe deutlich wahrnehmbar einzunehmen. Für die Erzieherin fordert das Abwägen zwischen Gewährenlassen und Beschützen eine besondere Aufmerksamekeit.

HEIKO ist in der Gruppe VI. Er ist zu Beginn unserer Beobachtungszeit viereinhalb Jahre alt und im zweiten Kindergartenjahr. Er ist ein normal entwickeltes Kind mit einem starken kognitiven Interesse. Heiko braucht die Zuwendung der Erwachsenen noch sehr und kann sie sich auch holen. Seine Beziehungen zu Kindern der Gruppe sind sporadisch und relativ ungezielt. Heiko vermeidet es, sich näher auf Kontakte zu Kindern einzulassen, es sei denn über neue und interessante Spiele oder in einer Phase mit Bert und Paul, deren 'Stärke' ihn anscheinend fasziniert. Sein grundsätzliches Interesse an Kindern zeigt sich u.a. an der genauen Wahrnehmung von behinderten Kindern, mit deren Beeinträchtigungen und Fähigkeiten er sich sachlich auseinandersetzt, indem er den Erwachsenen Fragen stellt und eigene Vorstellungen darüber entwickelt, was Behinderung bedeuten kann.

In Heikos Gruppe ist auch ALMUT, zu Beginn unserer Beobachtung fünf Jahre alt und bereits im zweiten Kindergartenjahr. 1981 wurde bei einer psychologischen Untersuchung eine 18-monatige Entwicklungsverzögerung diagnistiziert. Sie lebt in sozial schwierigen häuslichen Verhältnissen.
Almuts Verhalten in den zwei Jahren ist geprägt von einem permanenten Wechsel von Sich—zeigen—können und Sich—verstecken—müssen. Gegenüber neuen Erwachsenen ist sie oft gänzlich distanzlos. Wenn diese dann Anforderungen an sie stellen, zieht sie sich völlig zurück. Almut wendet sich überwiegend jüngeren oder behinderten Kindern zu. Sie wird in Rollenspielen und im Sprachverhalten zum Baby, spielt aber auch gleichrangig mit Kindern ihrer Altersgruppe, anfangs nur für Augenblicke, später anhaltender.
Ihr Verhalten stellt hohe Anforderungen an die Bezugspersonen, besonders als es zu einer starken Identifikation mit einem behinderten und umsorgten Jungen kommt und sie für Außenstehende oft unerklärliche heftige Ausbrüche hat. Hilfreich für das Team ist es, daß sie sich in der Zuständigkeit abwechseln und dadurch gegenseitig entlasten können, sowie in der Supervision die Vorgänge reflektieren können. So ist eine kontinuierliche Entwicklung Almuts auch deshalb nicht möglich, weil sie von den Betreuern und der Gruppe getragen wird. Die Kinder nehmen sie zwar als 'kleiner' wahr, nicht aber als behindert.
Wir werden im weiteren die Entwicklungsverläufe einiger Kinder genauer darstellen. Sie stehen *exemplarisch* für die Variabilität möglicher Entwicklungen von Kindern in einer integrativen Gruppe. Diese Entwicklungsmöglichkeiten in ihrer Bandbreite darzustellen, war das einzige Auswahlkriterium: Wir gehen näher auf ULRIKE ein, im Ausgangspunkt ein sozial sehr angepaßtes Mädchen, auf TOMMY mit seinen durchaus 'normalen' aber anfangs stark dominierenden eigenen sozial—emotionalen Problemen und auf HEIKO mit seinem besonders starken kognitiven Interesse und seiner Orientierung an Erwachsenen.
Desweiteren zeigen wir die Entwicklung ALMUTS, die wegen ausgeprägter Entwicklungsrückstände große Schwierigkeiten

in der Gruppe zu bewältigen hat, die Entwicklung CLAUDIAS, eines sogenannten 'schwerbehinderten' Kindes, das äußerst pflege- und betreuungsbedürftig ist, diejenige von MARC, einem der beiden Jungen mit Down-syndrom und die Entwicklung KAROLAS, die — stark mehrfach behindert — den Kindern mit unvertrauten Verhaltensweisen begegnet.

2.1.2 Ulrike

Ulrike kam mit zwei und dreiviertel Jahren in den integrativen Kindergarten und war zu Beginn der Beobachtungen knapp vier Jahre alt. Sie hat einen ein paar Jahre älteren Bruder. Ulrike ist im motorischen, kognitiven, intelektuellen und sprachlichen Bereich für ihr Alter sehr gut entwickelt.

Ihre Entwicklung verläuft während der Kindergartenzeit völlig normal. Sie puzzelt, bastelt und malt gern und geschickt, erzählt kleine Geschichten und Geschehnisse logisch und zusammenhängend und in elaborierter Sprache, benutzt dabei auch Fremdwörter folgerichtig. Bei allen Tätigkeiten, von Basteln und Puzzeln über Regelspiele hin zu Rollenspielen zeigt sie sich konzentriert, ausdauernd und selbstbewußt. Anregungen von seiten der Erzieher nimmt sie gern auf, lernt interessiert und geduldig Neues. Sie hält sich strikt an Regeln, erwartet dies von allen anderen, die Erzieher eingeschlossen, und überwacht die Einhaltung der Regeln genau. Hält jemand eine einmal getroffene Vereinbarung nicht ein, beschwert sie sich vehement bei der Erzieherin. Ihr eigenes Verhalten ist zu Beginn der Kindergartenzeit von ganz genauen Vorstellungen über richtiges und falsches Verhalten bestimmt und ist stark nach angenommenen und tatsächlichen Erwartungen an sie, besonders an sie als Mädchen, ausgerichtet. Sie stellt ihre Spielsachen nach dem Spiel immer ohne Aufforderung weg, räumt Puppen- und Bauecke auf, wischt nach dem Essen die Tische sauber, benutzt nie Schimpfwörter etc.

Nach dem Frühstück holt Ulrike sich den Putzeimer und -lappen, sie wischt die Tische inklusive Tischbeine ab. Zur Erzieherin: ‚Ich wische den ganzen Tisch, das muß gemacht werden.' Renate kommt und fängt an einem schon geputzten Tisch zu malen an. Ulrike zu ihr: ‚Das sind aber viele Tische.' Sie holt sich den Eimer näher heran und stellt sich auf einen Stuhl, um die ganze Tischbreite wischen zu können. Susi ruft Ulrike, sie will mit ihr spielen. Ulrike: ‚Ich muß erst hier fertig machen.' Sie putzt zu Ende und geht dann. (ca. 15 Minuten)

Ulrike verhält sich sehr selbstbewußt. Was sie tut, tut sie in der Überzeugung, daß es richtig ist und Anerkennung finden wird. Sie mischt sich auch ganz selbstverständlich in Auseinandersetzungen anderer Kinder ein oder korrigiert deren Verhalten.

Volker und Michi spielen vor der Bauecke ‚Tiere', Volker ist ein Hund. Ulrike sitzt an Frühstückstisch und schaut den beiden zu. Nach einer Weile sagt sie: ‚Immer, wenn du mit jemandem spielst, Volker, willst du der Hund sein. Das finde ich ungerecht.' Volker zu Michi: ‚Gut, dann kannst du der Hund sein.' Michi will aber gar nicht der Hund sein.

Gelegentlich kommt es in diesem Zusammenhang zu Konflikten mit den Erzieherinnen, besonders wenn Ulrike wiederholt Kinder mit den Worten: 'Das tut, das sagt man nicht.' zurechtweist. Nach näheren Gesprächen mit Ulrike darüber wird sie etwas flexibler, ermahnt nicht mehr ständig, bleibt aber selbst sehr regelorientiert. Sie ist zudem sehr sauber und ordentlich, macht sich nicht gerne dreckig, weint sogar, falls sie sich doch einmal beschmiert.
Ulrike kann erkennen, daß für Behinderte nicht die gleichen Normen wie für sie selbst gelten können. Sie akzeptiert daher, wenn ein Kind aus einem **ersichtlichen** Grund eine Norm nicht einhalten kann. Bei Ditmar jedoch, einem entwicklungsverzö-

gerten und sogenannten milieugeschädigten Kind, nimmt sie an, daß er entsprechend seinem Alter und seinen Fähigkeiten auch sauber essen kann, und sieht in seinen fast abstoßenden Tischmanieren einen klaren Regelverstoß. Sie beschwert sich bei Ditmar und den Erzieherinnen über dieses Verhalten.

Ulrike ist sowohl bei den Erzieherinnen als auch bei den Kindern aufgrund ihres unkomplizierten Wesens und ihres Ideenreichtums beliebt, als Spielpartner und als Helfer geschätzt. Schwächeren und behinderten Kindern hilft sie gern und versorgt diese oft auch unaufgefordert oder wenn es nicht unbedingt nötig wäre. Beim Basteln oder Malen macht sie von sich aus häufig noch etwas für ein behindertes Kind, wenn dieses das nicht kann, mit.

Im ersten Beobachtungsjahr orientierte sie sich stark an den Erzieherinnen, sucht deren Nähe, spielt und bastelt mit ihnen. Daneben spielt sie noch hauptsächlich mit den Kindern ihrer Altersgruppe, nimmt aber auch an den Spielen der Großen teil und wird von diesen akzeptiert. Sie meidet allerdings den Kontakt zu den Großen, wenn diese zu lebhaft werden und toben. Sie wird von den Kindern aufgefordert, an deren Spielen teilzunehmen, geht aber genauso auf Kinder zu und fordert sie selbst zum Spielen auf. Ebenso verhält sie sich Behinderten gegenüber. Sie beteiligt sich an Spielen mit ihnen, ja initiert sie oft, geht sensibel auf deren Fähigkeiten und Schwierigkeiten ein, stellt sich selbst dabei zurück.

> *Ulrike spielt mit mehreren Kindern Memory. Victor (Down-Syndrom) will auch mitspielen. Ulrike: ‚Ja, du kannst mitmachen.' Sie hilft dann Victor, passende Kärtchen zu finden, indem sie darauf zeigt, oder auch, indem sie sie für ihn zusammenlegt und ihm gibt. Victor gewinnt auf diese Weise. Ulrike zur Erzieherin: ‚Der Victor hat gewonnen.'*

Sie ist fast immer bereit, Behinderte mit ins Spiel einzubeziehen, grenzt dann eher sich selbst aus, wenn sie sich überfordert fühlt.

So zieht sie sich aus einem Memory—Spiel mit Uwe und einer Erzieherin zurück; sie kann nicht mehr, da es so lange dauert. (Uwe kann zu diesem Zeitpunkt weder die Karten greifen noch die Zusammenhänge erkennen.)
Bei den Erzieherinnen informiert sie sich über die behinderten Kinder, fragt nach ihren Einschränkungen, will wissen, was sie können und was nicht und beobachtet die Erzieher genau im Umgang mit den Behinderten. Besonders zu Uwe und Vera kommt es darüber zu einem intensiven Kontakt. In der Gruppe entwickelt sich zu dieser Zeit eine gewisse Rivalität um die Gunst dieser beiden Kinder, Ulrike beteiligt sich daran, ja stößt die Auseinandersetzung von sich aus immer wieder an. Sie möchte beim Essen neben Uwe und Vera sitzen, beim Windelwechseln helfen usw.
Besonders Uwe mag Ulrike, die geduldiger ist als andere Kinder sein können, sehr gerne, streckt sich, wenn er sie erkennt und lächelt. Er ruft sie häufig beim Namen oder quengelt in ihre Richtung, um ihre Aufmerksamkeit zu erregen. Ulrike kümmert sich dann fast immer um ihn und ist dabei auch bereit, für ihn ein Spiel zu unterbrechen. Es ist zu beobachten, daß sie sich Uwe besonders zuwendet, um ihn zu versorgen und mit ihm zu reden oder eine Tätigkeit wie Greifen oder Krabbeln zu üben.

Die Beobachterin unterhält sich mit Uwe, der auf dem Boden liegt. Uwe versucht, ein Wort zu artikulieren, bleibt aber für die Beobachterin unverständlich. Ulrike, die in der Nähe spielt, ruft ‚Er meint die Autoschlüssel der Erzieherin.' Die Beobachterin zu Uwe: ‚Was willst du denn damit?' Ulrike: ‚Ich hole sie für ihn, spielen tut er, spielen damit.' Sie geht zur Erzieherin, holt die Schlüssel und gibt sie Uwe. Sie setzt sich neben ihn auf den Boden und spielt mit ihm. Dann will sie ihn kitzeln, aber Uwe lacht nicht, will das nicht. Sie hört auf. Am Tisch nebenan erzählt eine Erzieherin der zweiten Beobachterin, daß Uwe jetzt immer die Kinder rufe, wenn er etwas wolle. Ulrike hört das und sagt: ‚Besonders mich!' Dann geht sie und nimmt ihre unterbrochene Beschäftigung an einem Puzzle wieder auf.

Zu Vera entwickelt sich ein intensiverer Körperkontakt. Sie strechelt sie eher, schmust mit ihr, singt ein Lied.

Ein von den Beziehungen zu anderen Kindern etwas verschiedenes Verhältnis entsteht zu Renate. Renate ist ein leicht entwicklungsverzögertes Mädchen, daß eine Außenseiterrolle in der Gruppe hat und oft nicht mitspielen darf. Ulrike findet schnell heraus, daß Renate bereit ist, sich Freundschaft zu erkaufen, indem sie Süßigkeiten verschenkt, wenig beliebte Rollen übernimmt, sich beim Spielen viel gefallen läßt. Ulrike nützt das aus, indem sie gelegentlich Renate erlaubt, mitzuspielen und sie dann ziemlich herumkommandiert.

Im Frühjahr 1984, mit viereinhalb Jahren, setzt bei Ulrike eine Trotzphase ein. Sie, die sonst immer gerne Anregungen aufgenommen hat, verweigert sich jetzt, sagt ständig 'nein' zur Erzieherin. In Auseinandersetzungen mit Erziehern schmollt sie, geht aus dem Raum, spaziert auf dem Flur herum. Sie behält dabei aber den guten Kontakt zu den anderen Kindern, ihre Rolle in der Gruppe ändert sich zuerst nicht. Es läßt sich aber gelegentlich beobachten, daß sie anfängt, Kinder zu ärgern. Sie nimmt ihnen Spielzeug weg oder sperrt sie im Bad ein. Bei solchen Spielen ist sie zuerst nicht ansprechbar, läßt aber anschließend mit sich reden, verhält sich dann wieder freundschaftlich zu den betroffenen Kindern, die nicht nachtragend reagieren.

Ulrike und Andy setzen sich auf zwei Stühlen vor die Badezimmertür und versperren sie damit. Ditmar ist im Bad und kann nicht mehr raus. Ulrike macht das Licht im Bad aus, und man hört Ditmar daraufhin weinen. Die Erzieherin ruft: ‚Ulrike mach das Licht wieder an, du hast auch Angst, wenn du im Dunkeln eingeschlossen bist.'

Ulrike macht blitzschnell das Licht wieder an. Wenn Andy sich unbeobachtet fühlt, schlägt er hart gegen die Tür, Ulrike macht es ihm nach.
Nach acht Minuten will Andy die Tür aufmachen. Ulrike: ‚Du spinnst wohl, da ist doch der Ditmar drin.' ‚Ja, der will raus.' ‚Nein, der wäscht sich noch die Hände.' ‚Der will raus.' ‚Dann klopft er doch!'
Andy zieht an der Tür, dann steht Ulrike auf und sagt: ‚Gut, ich guck mal.' Sie öffnet die Tür und fragt: ‚Ditmar, willst Du raus?' und dann: ‚Jetzt lassen wir die Tür auf.' Ditmar kommt raus und geht spielen.

Nach den Sommerferien 1983 gehört Ulrike zu den Großen. Mit ihren fünf Jahren ist sie weit entwickelt und kann mit den Sechsjährigen der Gruppe gut mithalten. Diese Großen bilden gelegentlich eine Gruppe und besonders Volker versucht, eine Position der Stärke gegenüber neuen, kleineren Kindern deutlich hervorzuheben. Diese 'Gang' legt sich dann mit anderen an oder ärgert sie. Ulrike verhält sich ambivalent. Zum Teil läßt sie sich mitreißen, zum Teil zieht sie sich zurück, versucht auch mal, die anderen zurückzuhalten, wenn diese zu aggressiv werden. Sie erinnert sich dann an Spielregeln wie etwa die, daß nicht mehrere einen einzelnen verprügeln sollen.

Ditmar puzzelt und Volker stiftet verschiedene Kinder an, ihm Puzzleteile abzunehmen. Die Kinder knuffen Ditmar dabei auch. Ulrike schaut zu und sagt dann: ‚Das ist unfair, alle auf einen. Das ist unfair. Ich will alleine gegen Ditmar kämpfen.' Eine Erzieherin, die dabei sitzt: ‚Dann frag doch mal den Ditmar.' Ulrike: ‚Ditmar, willst du mit mir kämpfen?' ‚Erst will ich hier fertig machen.' ‚Ja, aber dann?' ‚Ja, aber nicht wehtun.' ‚Aber das ist doch so beim Kampf, da tut man sich weh, du tust mir ja auch weh.' Ditmar nickt und puzzelt weiter. Ulrike geht, ein Kampf konnte nicht beobachtet werden.

Während des Gespräches zwischen Ditmar und Ulrike sind die anderen Kinder weggegangen.

In dieser Zeit berichtet die Mutter, daß Ulrike lieber zu Hause bliebe, daß sie dort viel mit dem Großvater und Vater schmuse. Im Kindergarten merkt man nicht, daß sie nicht gerne kommt, aber auch hier schmust sie viel und sucht besonders die Nähe zur männlichen Bezugsperson in der Gruppe. Ihre Trotzphase hält noch an, insgesamt schmollt sie weniger und zeigt weniger Widerstand gegen die Erzieher. Ihr Werben um Uwes Gunst wird von einem gewissen Desinteresse abgelöst. Auf Uwes Anforderungen, sich um ihn zu kümmern, reagiert sie jetzt gelegentlich mit Abweisung. 'Ich hab keine Zeit.' Sie ist nicht mehr unbedingt bereit, seinetwegen eine Tätigkeit zu unterbrechen und läßt ihn warten, bis sie Zeit für ihn findet.
Allmählich beginnt sie, auch im Kindergarten sichtbar, sich von ihrer Mutter abzugrenzen. Sie hat den Wunsch, lange Haare zu haben, und äußert Ärger darüber, daß ihre Mutter ihr das nicht erlaubt. Gelegentlich bittet sie die Erzieherin, ihr aus den kurzen Haaren Zöpfe zu flechten.

Anfang 1984 ist ihre Trotzphase vorbei. Sie hat noch immer gute Beziehungen zu allen Kindern der Gruppe und wird von allen gemocht. Besonders engen Kontakt hat sie zu Andy. Mit ihm und Renate spielt sie öfters Rollenspiele. Dabei wiederholt sich das Thema Behinderung. Die drei sind abwechselnd der behinderte Uwe oder andere behinderte Kinder und versorgen sich gegenseitig. Allerdings scheinen Andy und Renate eher die Initiatoren des Spiels zu sein, Ulrike schließt sich hier mehr an. Besonders häufig finden diese Spiele im Bad statt, wo die Kinder Uwes Spezialtoilettenstuhl ausprobieren. Hier sind sie auch relativ ungestört und unbeobachtet. Im Anschluß an diese Rollenspiele kommt es im Frühjahr 1984 zu einem Rollentausch. Ulrike und Andy tauschen ihre Rollen inklusive Kleidung und spielen jeweils das andere Geschlecht. Gleichzeitig beginnen sie sexuelle Spiele, spielen einen fiktiven Koitus, untersuchen sich und andere

Kinder. Insgesamt läßt sich in dieser Zeit ein starkes Interesse Ulrikes an Rollen erkennen. Bei einem Spaziergang in der Stadt beobachtet sie eine alte Dame, die sich an einem Stock langsam fortbewegt, und sagt zur Beobachterin: 'So eine alte Frau werde ich auch einmal.'

Im Sommer 1984 gehen alle ihre Spielpartner in die Schule. Ulrike bleibt als Größte der Gruppe zurück. Die anderen Kinder sind meist wesentlich jünger oder behindert. Für die Erzieherin stellt sich damit die Aufgabe, im nächsten Jahr darauf zu achten, Ulrike genügend interessante Angebote zu machen und sie weiter im Kindergarten ihrer Entwicklung gemäß zu fördern.

Ulrikes Entwicklung kann deutlich in Verbindung mit ihrer Position in der Gruppe gesehen werden. Ulrike ist von Beginn an im Kindergarten ein beliebtes Kind, das sich sowohl gern alleine beschäftigt als auch viel Kontakt mit anderen Kindern hat. Durch diesen positiven Bezug zur Gruppe, durch ihre eigenen Fähigkeiten und die von den Erziehern auf sie individuell zugeschnittenen Angebote und Anforderungen, die sie nicht überfordern und entmutigen, sondern bestätigen, kann sie sich als erfolgreich, kompetent und beliebt erleben. Es ist anzunehmen, daß dieses Selbstbewußtsein für Ulrike eine gute Basis darstellt, stabile Kontakte zu Behinderten aufzubauen, in denen die Behinderten als gleichwertige Partner respektiert werden. Unterstützt wird ihr intensives Bemühen und anfangs zum Teil sich selbst zurücknehmendes Verhalten Behinderten gegenüber sicher von dem Anspruch, ein gutes Mädchen zu sein. Wenn Victor durch ihre Hilfe Memory gewann, war dies für sie eine größere Bestätigung als selbst zu siegen, da sie ja wußte, daß sie gut Memory spielen kann. Ihr Anspruch, ein gutes, hilfreiches Mädchen zu sein, deckt sich hier mit den Bedürfnissen der Behinderten nach Versorgung bzw. Rücksichtnahme. Ihr Verhalten gegenüber Renate zeigt, daß sie sehr wohl auch zu ihrem eigenen Vorteil handelt, wenn sie dies als sozial erlaubt ansieht. — Renate ist ja der ungeliebte Außenseiter der Gruppe. Gleichzeitig kann sie Gefühle nach Nähe und Geborgenheit mit den Behinderten ausleben, wenn sie etwa zu Vera, einem bewegungsbeeinträchtigten, blinden Mädchen, das auf einer Matratze liegt, geht und mit ihr schmust. Daß sie eher Vera als Uwe für solche Bedürfnisse wählt, kann daran liegen, daß Uwes Behinderung mit der starken Spastik einen entspannten Körperkontakt nicht erlaubt. Vera dagegen ist ein zartes Mädchen, das eher zu intensivem Körperkontakt anregt.

Ulrikes angepaßtes und sehr auf Erwartungen ausgerichtetes Verhalten beginnt sich mit der Trotzphase zu ändern. Das 'liebe' Mädchen wird 'strapaziös', zieht erstmals Bestätigung aus Abgrenzung und Widerstand gegenüber den Erzieherinnen. Sie verhält sich weniger, wie es von ihr erwartet wird oder wie sie annimmt, daß es von ihr erwartet wird.
In diese Zeit fällt auch die Angst, sich von zu Hause zu lösen. Diese kann als Angst vor der eigenen Selbständigkeit und den damit verbundenen Konsequenzen gesehen werden und wird somit in dieser Entwicklungsphase verständlich.
Ihre Rolle als Mädchen definiert sie zunehmend weniger über hilfsbereit und aufopfernd sein. Sie sucht neue Orientierungspunkte, die etwa in dem Wunsch, lange Haare zu haben, ihren Ausdruck finden. Wie sehr sie das Finden einer neuen Mädchenrolle interessiert, zeigt sich auch an den Rollenspielen mit Andy. Geschlechtlichkeit steht im Mittelpunkt. Vielleicht auch schon bei den Spielen in der Toilette.
Im Laufe ihrer Trotzphase entwickelt Ulrike dementsprechend auch ein anderes Verhältnis zu Behinderten. Sie ist noch immer hilfsbereit und erkennt die Wünsche und Bedürfnisse der anderen und bezieht sie ein. Aber sie lernt zu unterscheiden, ob ein Behinderter sie im Moment wirklich braucht oder vielleicht allein zurechtkommen kann, bietet sich nicht sofort an. In Notsituationen wendet sie sich weiterhin anderen sofort zu; ansonsten aber wägt sie deutlich ab zwischen den Bedürfnissen anderer und ihren eigenen und kann sich dann auch selbstbewußt für ihre eigenen entscheiden. Wichtig dabei ist, daß sie zunehmend in der Lage ist, einem Kind — behindert oder nicht — deutlich zu sagen, wenn sie

keinen Kontakt will. Sie weist es dann ohne Umschweife und Mitleid oder Rechtfertigung klar und deutlich ab.

Sowohl die Gruppe wie Ulrike selbst haben viel von der gemeinsamen Erziehung gehabt. Den Kindern war sie ein Partner, der sich gut auf sie einstellen konnte, der beim Spielen und Helfen Rücksicht nahm, aber nie 'betüttelnd' wurde. Ihre Art, Hilfestellung zu geben, hat Schwächere oft ermutigt, sich selbst an etwas Neues heranzuwagen. Ihre Art, andere zwar begründet, aber ohne große Rechtfertigung und Umstände abzuweisen, gab anderen Kindern die Möglichkeit, in der Auseinandersetzung ernstgenommen, mit Realität konfrontiert zu werden. Ein erster Schritt zur Akzeptanz der eigenen Beeinträchtigung. Sie selbst hat besonders durch Behinderte lernen können, daß für unterschiedliche Menschen unterschiedliche Normen und Anforderungen gelten.

In ihrem Bezug zu den Behinderten konnte sie sich sehr wohl als gut, kompetent und stark erleben, gleichzeitig enthielt der Kontakt zu den Behinderten aber auch andere Qualitäten. Sie, die große Anforderungen an sich stellt, konnte sich Ruhepausen verschaffen, indem sie sich besonders zu Vera zurückzog und im engen Körperkontakt ein Regressionsbedürfnis sozial respektierte und mit Gewinn für den Partner auslebte. Wichtig war sicherlich für sie auch die gesamte Atmosphäre in der Gruppe und das Verhalten der Erzieherinnen. Dadurch, daß die Erzieherinnen ihr während ihrer Trotzphase so viel Zeit und Freiraum ließen, konnte sie für sich mehr Eigenständigkeit erfahren und Unabhängigkeit entwickeln. Gerade die Tatsache, daß sie mit Behinderten aufwuchs, ohne daß von seiten der Erzieherinnen erwartet wurde, daß sie diesen gegenüber ein besonderes Verhalten an den Tag zu legen hätte, wie es Ulrike wohl ursprünglich erwartet hatte, erlaubte es ihr, ein differenziertes Verhältnis zu den Behinderten aufzubauen.

2.1.3 *Tommy*

Tommy wurde im Juli 1979 geboren. Von August 1982 bis Juli 1984 ist er im integrativen Kindergarten.
Tommy zeigt in seiner motorischen und geistigen Entwicklung keine Auffälligkeiten und macht während seiner Kindergartenzeit altersgemäße Fortschritte.
Tommy hat eine um etwa zweieinhalb Jahre jüngere Schwester. Die Erzieherin, die Tommy die ersten Wochen im Kindergarten erlebte (sie ging im Herbst in Schwangerschaftsurlaub), berichtet, daß Tommy anfangs sehr traurig wirkte und z.T. sehr aggressiv war. Auf ihre Frage hin, warum er traurig sei, antwortete er einmal, seine kleine Schwester (damals ein dreiviertel Jahr alt) dürfe immer schreien und bekäme alle Spielsachen.

Tommy fällt es zu Beginn seines Kindergartenbesuches sehr schwer, in die Kindergartengruppe zu kommen. Er spielt fast ausschließlich alleine, bevorzugt puzzelt oder malt er. Dabei betätigt er sich konzentriert und engagiert mit einer Ausdauer von nicht selten ein bis zwei Stunden. Er puzzelt 'wie ein Weltmeister' (die Erzieherin). Zu Kindern kann er keinen Kontakt aufnehmen. Auch auf Ansprache oder Spielangebote von Erziehern reagiert er meistens mit stummem Kopfschütteln. Nur gelegentlich macht er bei einem Brettspiel oder Puzzle mit, zu dem ihn die Erzieherin einlädt. Wenn ein anderes Kind sich dem Spiel anschließt, wird Tommy zaghaft und weniger aktiv, auffallend gegensätzlich zu seinem Eifer, wenn er allein spielt. Er wagt es aber nicht, die anderen Kinder wegzuschicken.

Alle Kinder sind im Gruppenraum. Die Erzieherinnen beschäftigen sich mit Harry und Thomas.
Tommy holt ein Puzzle, setzt sich auf den Boden und beginnt zu spielen. Neben ihm sitzt Dagmar mit einem Memory. Sie räumt ihr Memory weg und fragt Tommy: ‚Sollen wir zusammen puzzeln?' Tommy nickt wortlos. Dagmar nimmt Tommy ein Puzzleteil weg, dann legen

beide die Teile — Dagmar sehr bestimmt, Tommy etwas zaghaft (vorher, als er allein puzzelte, war er weniger zaghaft). Dagmar erzählt dabei. Tommy spricht kein Wort. Nach ca. einer Minute geht Dagmar wieder weg. Tommy reagiert nicht, er spielt unbeirrt alleine weiter. Nina kommt vorbei. Sie schiebt Tommys Vorlage mit dem Fuß weg und spielt an seinem Puzzle. Sie übernimmt, ohne zu fragen, das Puzzle. Tommy sitzt dabei, er sagt kein Wort, schaut unbewegt und hat aufgehört zu spielen. Eine Kindergruppe streitet nebenan in der Puppenecke. Großer Lärm.

Tommy steht auf, beobachtet kurze Zeit aus zwei Meter Entfernung mit unbewegter Mine den Streit und kehrt zum Puzzle zurück. Er greift sich die Vorlage, schaut Nina beim Puzzeln zu (er scheint nicht recht zu wissen, was er machen soll).

Harry kommt und tritt mehrere Male in voller Absicht auf das Puzzle. Nina schiebt ihn immer wieder weg. Tommy schaut gebannt, aber mit unbewegter Mine zu; er rührt sich nicht von der Stelle.

Das Puzzle ist fertig. Nina steht auf und geht weg. Tommy geht zum Puzzle und drückt noch einmal alle Teile fest an. Dann vergleicht er das Puzzle Teil für Teil mit der Vorlage, deutet dabei mit dem Finger jeweils auf Vorlage und Puzzle.

Tommy steht auf, stellt sich neben den Tisch, an dem eine Erzieherin mit Harry und Thomas sitzt und schaut zu. Als er andere Kinder sieht, die sich an dem Puzzle zu schaffen machen, kehrt er zu dem Puzzle zurück. Dort bleibt er stehen und schaut wortlos den Kindern zu. Die Kinder gehen weg. Jetzt baut Tommy das Puzzle ab. Dann beginnt er allein in einer anderen Ecke das Puzzle neu zu legen.

(Die beschriebene Szene dauert 20 Minuten.)

In Phasen, in denen Tommy nicht puzzelt oder ähnliches spielt, scheint der ratlos. Er geht langsam und ziellos im Raum herum oder steht einfach da und schaut unglücklich. Gleichzeitig zeigt er alle Anzeichen eines Interesses an den gemeinsamen Aktivitäten anderer Kinder: er nähert sich bis auf einen halben Meter einem Tisch, an dem Kinder basteln und schaut gebannt zu. Er stellt sich an die Tür des Nebenraumes, in dem Kinder fangen spielen und blickt sehnsüchtig hinein. Er wagt es jedoch nie, sich den Kindern anzuschließen; die anderen Kinder haben es schon nach kurzer Zeit aufgegeben, Tommy zum Mitspielen aufzufordern. Sie beachten ihn nicht.

In dieser Zeit spricht Tommy kaum. Manchmal bleibt er den ganzen Vormittag wortlos, manchmal antwortet er kurz und schüchtern, wenn er angesprochen wird. Nur bei Spaziergängen wird er etwas lebhafter.
Die Erzieherinnen finden kaum Zugang zu Tommy, er erscheint ihnen 'unnahbar'. Nach einigen Wochen läßt sich Tommy erstmals während des Betrachtens von Bilderbüchern auf Gespräche mit den Erzieherinnen ein und spricht sie im folgenden auch gelegentlich an, um ihnen von einer Autofahrt am Wochenende, einem Puzzle u.ä. zu erzählen.
Nach ca. fünf Monaten nähert sich Mirko, ein etwa gleichaltriger Junge, Tommy. Er spricht ihn an, schließt sich seinem Spiel an. Tommy wird Mirko gegenüber schnell offener und initiiert auch von seiner Stelle aus den Kontakt.
Mirkos Bruder Theo, der ebenfalls in der Kindergartengruppe ist, schließt sich an, bald bilden die drei Jungen eine relativ enge Spielgruppe.
In der Folge öffnet sich Tommy auch mehr gegenüber den Erzieherinnen und anderen Kindern. Er spricht sie an, wenn auch noch selten, äußert jetzt auch Wünsche und Aggressionen (z.B. wenn ihm der Spielverlauf nicht zusagt), wird lebhafter und aktiver. Ist Mirko nicht im Kindergarten, fällt Tommy sehr schnell in seine frühere Verhaltensweise zurück; er ist immer noch sehr auf Mirkos Anwesenheit und Unterstützung angewiesen.

Die Kinder sind seit etwa einer halben Stunde auf dem Freigelände. Tommy klettert auf dem Klettergerüst herum. Zwischendrin bleibt er immer wieder stehen und schaut eine Weile auf die anderen Kinder im Garten.
Nach etwa fünf Minuten kommt Mirko vorbei. Tommy ruft oben vom Klettergerüst zu Mirko nach unten: ‚Hole das Stück Styropor. Geh zu Catja und hole das Stück Styropor.'
Mirko geht zu Catja, holt aber nichts, sondern bleibt bei ihr und den anderen Kindern und spielt eine Weile mit ihnen. Tommy schaut von dem Klettergerüst aus interessiert zu der Gruppe und schaukelt dabei das Tau auf dem Gerüst hin und her.
Mirko trennt sich von der Gruppe und kommt ohne Styropor zu dem Klettergerüst zurück. Tommy ruft ihm zu: ‚Fang die Catja jetzt, Mirko, fang die Catja.'
Mirko will nicht. Er klettert auf das Klettergerüst und nimmt von Tommy das Tau. Tommy klettert hinunter und geht zaghaft in den Gruppenraum, in dem Catja inzwischen verschwunden ist.
Nach etwa zwei Minuten kommt Tommy wieder zurück — alleine. Er sagt zu Mirko: ‚Du sollst die Catja fangen.'
Mirko reagiert darauf nicht und klettert weiter. Tommy geht zu ihm auf das Gerüst und turnt herum, bis ihn seine Mutter nach etwa weiteren zehn Minuten abholt.

In dieser Zeit der ersten Freundschaft mit einem Kind in der Gruppe ändert sich die Art von Tommys Spielen auffallend. Er puzzelt und malt immer seltener. Mit Mirko spielt er laut und lebhaft mit dem Hüpfball, tobt auf der Matratze, spielt Fangen. In Rollenspielen kehrt das Thema wilder, gefährlicher Tiere (Schlange, Löwe) wieder, die angreifen und abgewehrt werden müssen. Später spielen beide, gelegentlich mit noch anderen Kindern, über Phasen von zwei bis drei Wochen extensiv 'Cowboy und Indianer' oder 'Polizei', Spiele bei denen der Hauptanreiz im Schießen oder Gefangennehmen liegt.

Über Mirko und Theo kommt Tommy schließlich auch häufig in gemeinsame Aktivitäten mit anderen Kindern, auch älteren und größeren. Wurde er anfangs mehr auf Initiative anderer aktiv, so macht er allmählich immer häufiger auch selbst Spielvorschläge, manchmal weiß er sich auch zu wehren, wenn er sein Spiel von anderen bedroht sieht. Er ist inzwischen gleichwertiger Partner bei diesen Aktivitäten.

Seit Tommy aktiver geworden ist, fällt den Erzieherinnen und uns (den 'Beobachterinnen') einiges besonders auf: Gegenüber Thomas, einem Jungen mit Down—Syndrom, ist Tommy, wenn er gelegentlich mit ihm spricht oder spielt, besonders ruhig und kooperativ.

> *Thomas sitzt alleine am Tisch und knetet. Er wirkt sehr beschäftigt und zufrieden.*
> *Tommy kommt mit einem Puzzle, das er sich gerade aus dem Regal geholt hat. Er setzt sich neben Thomas und schaut — ohne sein Puzzle auszupacken — ein paar Sekunden Thomas zu.*
> *Dann fragt er: ‚Was gibt das denn?'*
> *Thomas: ‚Eine Kerze.' Er knetet weiter.*
> *Tommy nimmt sich die Knete, rollt eine Wurst und rollt sie dann kichernd zu Thomas.*
> *Tommy: ‚Da kommt noch eine Kerze.'*
> *Thomas lächelt Tommy an und rollte seine Kerze hinter der von Tommy her. Beide rollen lachend eine Weile Knete über den Tisch.*
> *Dann sagt Tommy: ‚Ich mache auch einen Docht.'*
> *Er nimmt seine Kerze, Thomas ebenfalls. Beide sitzen jetzt nebeneinander, jeder knetet an seiner Kerze. Ab und zu fallen noch kurze Bemerkungen (‚Ich mache auch eine, usw.)*

Von anderen behinderten Kindern nimmt er keine Notiz, mit Ausnahme von Harry, einem sehr unruhigen, oft aggressiven Jungen. Ihn schubst, stößt oder boxt er des öfteren, fast ausschließlich dann, wenn er sich von Erwachsenen unbeobachtet glaubt.

Tommy steht mit zwei anderen Jungen an einem Tisch. Harry stürzt sich dazwischen, knallt einen kleinen leeren Plastikteller auf den Tisch und ruft: ‚Hier, eßt.' Tommy grinst und sagt: ‚Der Harry soll das selber essen!' Er ruft Harry und hält ihm den Teller hin: ‚Iß das!' Er läßt den Teller fallen, noch bevor Harry zugreift. Harry hebt ihn wortlos auf und geht. Tommy lacht und wendet sich wieder an den anderen Jungen zu. (Vgl. 2.2.4,5b)

Das gleiche Verhalten zeigt er manchmal gegenüber einigen jüngeren, schwächeren Kindern. Nach einigen Monaten nehmen diese Aggressionen ab. Gelegentlich zeigt Tommy auch eine starke Tendenz, andere Kinder herumzukommandieren. Bei einigen jüngeren Kindern hat er damit Erfolg, mit anderen gerät er darüber in Streit.

Nach etwa 15 Monaten, im Herbst seines zweiten Kindergartenjahres, löst sich die enge Bindung zwischen Tommy und Mirko. Beide spielen jetzt auch oft mit anderen Kindern, nur noch stundenweise schließen sie sich enger zusammen. Eine andere feste Freundschaft, ähnlich der wie vorher zu Mirko, hat Tommy nicht; es scheint ihn aber nicht unglücklich zu machen.

In den folgenden Monaten wird Tommy gelöster und weiter aufgeschlossener zu anderen Kindern. Gelegentlich von Tagen unterbrochen, in denen er aggressiv ist, sich in wilden Spielen auslebt und zeitweise — was für ihn neu ist — Kinder und Erzieher aggressiv beschimpft (‚Fette Sau', ‚Arschloch') und provoziert, ist Tommy wieder insgesamt ruhiger geworden, ohne in seine frühere Zurückhaltung zu fallen. Er liebt inzwischen auch Kreisspiele und erzählt oft lange mit Kindern und Erziehern von Begebenheiten in und außerhalb des Kindergartens.

In der letzten Hälfte seines zweiten Kindergartenjahres beginnt Tommy, sich auch den behinderten Kindern zuzuwenden. War dieser Kontakt zuvor beschränkt auf gelegentliches kurzes Zusammentreffen — spielerisch mit Thomas, aggressiv mit Harry (siehe oben) — kommt es jetzt zu von ihm oder dem Partner inszenierten längeren Spielphasen: Mit Thomas spielt und bastelt er, begleitet von intensiven Gesprächen darüber, jetzt öfter. Gegenüber Harry ändert sich sein Bezug gänzlich. Er fordert ihn gelegentlich zum Spielen auf, geht auch auf Harry ein, wenn er von diesem aufgefordert wird. (Von anderen Kindern wird Harry wenig in gemeinsame Aktivitäten einbezogen, sicher vor allem deshalb, weil Harry aufgrund seiner Unruhe viele Spiele — oft ungewollt — zerstört.) Tommy zeigt Harry gegenüber große Sensibilität bezüglich dessen Schwierigkeiten und Interessen.

> *Tommy geht in die Bauecke. Dort baut er aus Plastiksteinen eine Pistole. Harry kommt dazu. Er fuchtelt mit einer Pistole herum und geht auf Tommy zu. Tommy schaut erschrocken (es scheint mir, als erschrecke er mehr vor Harry, als vor dessen Pistole). Tommy weicht ein paar Schritte zurück. Dann bleibt er stehen und schaut sinnend auf Harry. Nach wenigen Sekunden spricht er Harry an: ‚Du hast ja eine Pistole.'*
> *Harry freut sich sehr darüber. Die beiden sprechen noch sehr ernsthaft darüber, wie man am besten eine Pistole baut.*

Anders ist Tommys Beziehung zu Lena, einem Mädchen mit frühkindlichem Hirnschaden. Lena ist sprach- und fast bewegungsunfähig. Sie liegt auf der Matratze oder sitzt in einem Wagen mit spezieller Sitzschale. Das Mädchen kam zu Beginn von Tommys zweitem Kindergartenjahr in die Gruppe.

Monatelang scheint Tommy sie überhaupt nicht zu beachten. Während andere Kinder anfangs fragten, was Lena hat, weshalb sie nicht sprechen kann usw., ignoriert Tommy das Thema völlig.

Etwa nach drei Monaten beginnt Tommy, Lena gelegentlich intensiv zu beobachten; er betrachtet sie minutenlang, aufmerksam und wortlos. Nach einigen weiteren Wochen setzt er sich manchmal neben sie und schaut sie an, berührt sie jedoch nie. Einmal setzt er sich für eine Weile in Lenas Wagen. Er fragt nie, was Lena hat. Die Erzieherinnen bemerken Tommys Verhalten, sie sehen darin Interesse und eine innere Auseinandersetzung Tommys mit Lenas Anders—sein; sie finden keine Anzeichen von Aversionen Tommys gegenüber Lena. Eines Tages erzählt Tommys Mutter den Erzieherinnen, daß sich Tommy sträube, in den Kindergarten zu gehen. Er habe Angst, sich bei Lena anzustecken. Tommys Mutter erzählt auch, daß sie vor einigen Tagen mit Tommy über Lena gesprochen hat, weil er fragte, warum sie sich nicht bewegen und nicht sprechen kann. Die Mutter erklärte Tommy, der Grund dafür sei, daß Lena krank sei. Im Kindergarten können die Erzieherinnen und wir, die Beobachterinnen, keine Veränderung im Verhalten Tommys gegenüber Lena feststellen.

Ende des zweiten Kindergartenjahres hat sich Tommys Sicherheit in der Gruppe weiter stabilisiert. Er braucht zwar Zeit, Beziehungen zu knüpfen, hat aber keine großen Probleme dabei, besonders nicht gegenüber den ihm vertrauten Kindern.

Tommy wechselt zu Beginn des dritten Kindergartenjahres überraschend auf Entscheidung der Eltern in einen Regelkindergarten, den ab diesem Zeitpunkt auch seine jüngere Schwester besucht.

Unseres Erachtens lassen sich rückblickend in Tommys Entwicklung und damit in seinen Beziehungen innerhalb der integrativen Gruppe verschiedene Phasen thematisch deutlich unterscheiden.

— Tommys Entwicklung in der Gruppe nimmt von einer großen Unsicherheit Tommys über seine eigene Person ihren Ausgangspunkt. Die Hinweise der früheren Erzieherin lassen darauf schließen, daß Tommy nach der Geburt seiner Schwester sich bei den Eltern zurückgesetzt fühlte und von starken Zweifeln, geliebt zu werden, belastet war. Jedenfalls ist zu beobachten, daß sich Tommy gegenüber jeder Beziehung in der Kindergruppe zunächst völlig abschließt und auf sich alleine verwiesen fast gänzlich unsicher ist. Er findet keine Position in der Gruppe. Die Frage 'Wo ist hier mein Platz?' scheint die ganze Ratlosigkeit auszumachen, die in seinem unschlüssigen Hin- und Hergehen und seiner Untätigkeit deutlich zutage tritt.

Der Eifer, die Konzentration und Ausdauer, mit denen sich Tommy fast ausschließlich dem Puzzle zuwendet, stehen nur scheinbar im Gegensatz dazu. Beim Puzzle hat eben alles seinen Platz und seine Ordnung; hier gibt es keine Unsicherheiten über die einzelnen Positionen.

Das erste Beispiel enthält deutlich diesen Aspekt. Uns hat daran vor allem beeindruckt, wie Tommy über die Störungen hinweg sich vergewissert, ob auch alles an seiner richtigen Stelle ist, und wie er dann das ganze Gefüge an neuer, ungestörter Stelle wieder aufbaut.

Zum anderen gibt diese Beobachtung anschaulich wieder, wie Tommy nahezu gelähmt erscheint, wenn andere Kinder in seinen Kreis treten. Seiner Unsicherheit über seinen Platz entspricht der Blockade gegen jede Beziehungsaufnahme. Er kennt keine Position, von der aus er in Beziehung zu anderen treten könnte.

— Dies ändert sich allmählich, als Mirko erste Kontakte zu Tommy anbahnt und sich davon auch nicht durch Tommys anfängliche 'Unnahbarkeit' abhalten läßt.

Tommys Erfahrung, daß zunächst Mirko, dann auch dessen Bruder Theo Interesse an ihm haben, gibt ihm eine gewisse Selbstsicherheit. Mirko ist ein lebhafter Junge, der sich von Anfang an unbefangen in der Gruppe seinen Platz verschafft hat. Durch und neben Mirko sieht sich Tommy jetzt anerkannt. Neben ihm hat er seinen Platz.

Von dieser Position aus kann er sich nun vorsichtig anderen Kindern der Gruppe nähern.

In dem zweiten Beispiel mit Tommy, Mirko und Catja wird deutlich, wie sehr er dabei noch auf Mirko angewiesen ist. Mirko ist die Stütze, die er braucht, sein Hilfs—Ich, über das er die Beziehung zu anderen sucht. Häufig findet er sie auch, in unserem Beispiel ist es ihm diesmal nicht ganz gelungen.

In den Themen seiner Spiele zu dieser Zeit spiegeln sich auch sicher Momente seiner Unsicherheit und Angst wieder, die er in dieser ersten Zeit der Annäherung an andere erst einmal bewältigen muß.

Von Tommys Problemen her kann es nicht verwundern, daß er bisher behinderte Kinder ignoriert, ebenso wie er viele nichtbehinderte Kinder nicht beachtet.

Er braucht zunächst Beziehungen, in denen der (Spiel—) Partner in der Lage ist, unbedingt auf ihn (Tommy) einzugehen, ihm spielerische Ansatzpunkte zu geben, sich von seinen eigenen Schwierigkeiten loszulösen. Dies eben ist zunächst nur bei Mirko der Fall.

— Mit wachsender Sicherheit über seine Position und dem daraus entstehenden Selbstvertrauen wird es Tommy möglich, den Kreis seiner Spiel— und Ansprechpartner innerhalb der Gruppe immer mehr zu erweitern. Er hat das Zutrauen gewonnen, seine Bedürfnisse und Interessen mit denen anderer Kinder in gemeinsamen Aktivitäten auszuleben.

Mit der Ausdehnung seines Bezugsfeldes kommen mit anderen Kinder auch erstmals behinderte Kinder in den Kreis seiner Interaktionsmöglichkeiten.

Dabei entspricht die unterschiedliche Bezugnahme auf Harry und Thomas der Hinwendung zu anderen Kindern, auch wenn bei Harry einiges besonders ausgeprägt zutage tritt: Positive Zuwendung, Interesse an Gemeinsamkeit einerseits (Thomas), Aggressionen, Stärke und Dominanz ausspielen andererseits (Harry).

Auffällig ist, daß Tommy in dieser Zeit seine emotional zuwendenden und seine aggressiven Anteile deutlich getrennt in verschiedenen Beziehungen auslebt. Er vollzieht damit die Spaltung seiner (moralisch) negativ und positiv bewerteten Emotionen, indem er sie auf jeweils verschiedene Kinder richtet.

Es scheint darin noch die große anfängliche Unsicherheit zu wirken, die Angst, durch verpöntes Verhalten die neugewonnenen Beziehungen zu verlieren. Nicht zufällig richtet er deshalb seine Aggressionen besonders auf Harry, auf das Kind, das in der Gruppe ohnehin meist starker Ablehnung begegnet.
Aggressionen *hier* zerstören nicht die Beziehungen zu anderen.

— Je sicherer sich Tommy in der Gesamtgruppe wird, desto mehr relativiert sich die Bedeutung der Beziehung zu Mirko. Mirko wird zu einem Spielpartner unter anderen.
Tommy hat jetzt zwar keine herausragende, aber eine sichere Stellung in der Gruppe. Sicher über seine Position, weniger mit eigenen Problemen beschäftigt, gewinnt Tommy den Mut, seine Bedürfnisse nicht nur in gemeinsamen Aktivitäten zu äußern und auszuleben, sondern wenn nötig, sie auch als Streit auszutragen und Aggressionen zu zeigen.
Fast parallel dazu verliert Harry für ihn die Rolle des bevorzugten Aggressionsobjektes.
Indem es Tommy in einem langen Prozeß allmählich gelingt, seine Bedürfnisse und Emotionen in einem damit stärker werdenden Ich zu integrieren, erhält er auch die Fähigkeit, sich der Realität anderer Kinder mehr zuzuwenden.
Er wird sensibler gegenüber ihren Bedürfnissen, was sich besonders in einer gänzlichen Veränderung der Beziehung zu Harry niederschlägt.
Zum anderen setzt er sich nun stark mit Lena auseinander. Jetzt erst scheint er in der Lage zu sein, sich Lenas Anders—Sein vor Augen zu führen.
Er sucht, sich damit vertraut zu machen; in intensiven Beobachtungen und indem er sich auch einmal in ihre Position versetzt (in ihren Wagen setzt), sucht er das Unbekannte für sich faßbar zu machen.
Die Nähe, in die er dabei kommt und die Distanz, die er dabei dennoch behält, spiegeln wohl die Anziehung von und die Angst vor dem ganz anderen Kind wider, dem er sich anzunähern versucht. Er braucht lange Zeit, um sich damit vertraut zu machen,

lange, lange Zeit, um ein 'Warum?' zu wagen (und dies fragt er auch nicht in der Umgebung, in der er Lena erlebt, sondern zu Hause).

Tommys Angst vor einer Ansteckung, in der er Lena als Bedrohung erlebt, ist sicher vor allem mit der Begründung der Mutter zu erklären; vermutlich löste sie bei Tommy selber Beschädigungsängste aus. Auffällig ist aber, daß dies nicht zu einem wesentlich anderen Verhalten Tommys im Kindergarten Lena gegenüber führt, sondern daß Tommy dort seine Befürchtungen im üblichen Umgang mit Lena zu bewältigen versucht. Wie und ob Tommy seine Erfahrungen mit Lena letztlich verarbeitet, bleibt für uns (leider) ungeklärt. Die Auseinandersetzung scheint noch lange nicht ausgetragen zu sein, als sie von außen her durch den Kindergartenwechsel abgebrochen wird.

Gerade bei Tommy wird deutlich, wie sehr die Akzeptanz oder weitergehend die Zuwendung zu und das Eingehen auf andere Kinder (also ihre Integration in ein Bezugsfeld) von dem eigenen Integrationsprozeß abhängt, d.h. davon abhängt, wie weit Tommy in der Lage ist, sich selbst zu akzeptieren, wie weit er fähig ist, mit seinen Bedürfnissen und Ängsten so umzugehen, daß er zu einem gewissen Selbstwertgefühl und zu einer befriedigenden Position in der Gruppe finden kann. Tommys Bezug auf andere Kinder ist unter diesem Gesichtspunkt verstehbar.

— Seine anscheinende Beziehungslosigkeit zu behinderten Kindern beispielsweise ist kein besonderes Abstandhalten ihnen gegenüber, sondern entspricht dem zu anderen Kindern. Seine Unfähigkeit zu tragenden Interaktionen überhaupt fällt mit dem Prozeß seiner eigenen Positionsbestimmung zusammen, die Voraussetzung zur Beziehungsaufnahme ist.

— Tommys Instrumentalisierung von Mirko, in der er sich zeitweise kaum auf Mirkos Interesse bezieht, ist keine Abwertung von Mirkos Person seitens Tommy. Es ist vielmehr die Suche nach Ich—Stärkung in der Unterstützung durch Mirko.

— Tommys langdauerndes Nebeneinander mit Lena erweist sich im Nachhinein als die für ihn notwendig lange Vorstufe einer emotional—kognitiven Bezugsnahme auf Lena. (Dies ist nicht als generelle Abfolge zu verstehen.)

— Tommys intensives Beobachten von Lena, seine Suche nach Vorstellungen, was ihr Anders—Sein ausmacht und bedeutet, ist nicht als Spaß am Befremdlichen oder Sensationellen abzutun, das sich 'eigentlich nicht gehört'. Sondern es ist als der notwendige Prozeß des Vertrautwerdens mit diesem Kind und/oder seiner Behinderung zu verstehen.

Insgesamt läßt sich sagen, daß viele Momente von Tommys Entwicklungen sicher auch in jedem anderen Kindergarten möglich gewesen wären. Lange Zeit spielten die behinderten Kinder seiner Gruppe keine Rolle für ihn. Daß Tommy erst relativ spät Kontakt mit diesen Kindern aufnahm, deutet jedoch auch auf den Gewinn hin, den er aus der integrativen Gruppe bezog. Tommy, als ein Kind, das längere Zeit braucht, um Beziehungen zu anderen Kindern aufzubauen, hatte in den beiden Kindergartenjahren die für ihn nötige Zeit, um sich Kindern zu nähern, deren Bedürfnisse und Verhaltensweisen von den seinen sehr verschieden sind.

2.1.4 Heiko

Heiko wurde im April 1978 geboren und kam im August 1981 in den integrativen Kindergarten, in dem auch sein vier Jahre älterer Bruder gewesen ist. Ein halbes Jahr vor seinem Eintritt wurden seine Eltern geschieden, die beiden Kinder leben bei der Mutter. Als wir mit unseren Beobachtungen im September 1982 beginnen, ist Heiko ein Jahr im Kindergarten. Er wird von der Mutter gebracht und abgeholt; wenn die Mutter morgens weggeht, muß

Heiko anfangs immer mitgehen und winken. Er will auch genau wissen, wann sie wiederkommt. Er ist zwar ganztags angemeldet, geht aber oft schon nach dem Mittagessen nach Hause. Heiko ist ein normal entwickeltes Kindergartenkind, sehr auf Sauberkeit bedacht, muß sich z.b. beim Hähnchenessen oder wenn Schokolade an die Finger gekommen ist, gleich die Hände waschen. Seine sprachlichen Fähigkeiten und Interessen sind sehr ausgeprägt. In vielen Überlegungen, die er anstellt, unterscheidet er sich von den Kindern seines Alters in der Gruppe. Eine Bezugsperson nennt ihn den 'kleinen Philosophen'. Heiko richtet besonders an die Erwachsenen Fragen, sucht die Diskussion mit ihnen; er will immer wieder wissen, was wir tun, macht Vorschläge, oder diktiert gar, was wir aufschreiben sollen, z.B. 'Heiko hat gerülpst.' Er läßt sich nicht gern von uns photographieren, sondern will es lieber selbst tun. Er ist sehr gesprächig und neugierig, steht häufig bei uns und fordert uns auf, etwas mit ihm zu spielen. Für Heiko ist der Umgang mit weniger sprachgewandten Kindern kein Problem, er wird nicht ungeduldig, wenn sie ihn nicht verstehen, ihm nicht folgen können. Sprache spielt mehr im Bezug auf die Erwachsenen eine Rolle.

Im ersten Beobachtungsjahr hat Heiko zu keinem der Kinder eine besondere Beziehung. Da er privat zu einigen Kindern der Gruppe Kontakt hat, ist er kein Außenseiter, eher ein Einzelgänger, den die Kinder grundsätzlich mögen. Besondere private Kontakte hat er zu Bert und Alex, die ein Jahr älter sind. Er versucht auch im Kindergarten manchmal, bei ihren Aktivitäten mitzuhalten.

Bert, Alex und Heiko sind an der Rutsche, die z.T. mit Sand bedeckt ist. Heiko versucht, hochzukriechen. Bert schaut von oben zu. Alex, der vor Heiko hochzuklettern versucht, rutscht immer wieder auf ihn zurück, schafft es dann. Bert stellt sich nun hinter Heiko, rutscht, fällt runter, versucht es wieder, geht an Heiko vorbei, schafft es mit Hilfe von Alex, der ihn das letzte Stück hochzieht. Heiko probiert immer wieder, von unten hochzukommen, rutscht jedoch ständig ab. Alex wirft Sand auf ihn, Bert schaut von oben zu. Heiko steht eine Weile, nimmt seine Versuche erneut auf, ohne Erfolg. Bert lacht und wirft Blätter von oben; Alex schafft es nochmals an Heiko vorbei zu Bert hochzugehen. Heiko sitzt jetzt unten auf der Rutsche, wirft Sand nach allen Seiten, brüllt — ist wütend, geht dann weg (ca. 10 Minuten).

Er macht selten länger etwas mit einem Kind, einer Gruppe; in Ausnahmen, über neue, für ihn interessante Spiele, kann es zu ausgedehnteren gemeinsamen Spielphasen kommen. Wenn z.B. bei Rollenspielen kein Erwachsener beteiligt ist, steigt Heiko immer schnell wieder aus, ist ein Erwachsener dabei, spielt er lange mit. Sein Interaktionsbedürfnis ist eindeutig auf Erwachsene ausgerichtet, und sein Durchsetzungsvermögen, wenn er etwas erreichen will bei ihnen, ist erstaunlich, wobei es Spaß macht, sich verbal mit ihm auseinanderzusetzen.
Verschiedentlich gibt es Phasen, in denen Heiko Erwachsene provozieren will durch Kaspern oder Nachäffen oder den häufigen Gebrauch von Schimpfwörtern. Meist kennt er dabei die Grenzen sehr genau, weiß, wie weit er jeweils gehen darf. Es gibt Zeiten, in denen er diese Grenzen nicht einhalten kann und richtig 'nervig' wird.
Im ersten Jahr wirkt Heiko grobmotorisch noch vergleichsweise ungelenk. Er ist an sportlichen Aktivitäten nicht interessiert und dadurch auch ungeübt; er schaukelt noch nicht alleine, fährt Fahrrad mit Stützrädern. Am wöchentlichen Schwimmen im Kindergarten beteiligt er sich nur sporadisch. 'Ich bin wasserscheu', sagt er selbstbewußt von sich. Nach den Sommerferien, im zweiten Beobachtungsjahr, ist grobmotorisch bei Heiko ein großer Entwicklungsfortschritt zu beobachten. Er kann jetzt Radfahren, zeigt mehr Bereitschaft, beim Turnen mit Hilfestellung mitzumachen, hat zunehmend Spaß dabei und wirkt geübter darin. Beim Schaukeln braucht er inzwischen nur noch jemanden zum

Anstoßen, Schwimmen kann Heiko zu diesem Zeitpunkt noch nicht. Zum Jahresende wird das Schwimmenlernen als besonderes Vorhaben mit der Mutter geplant und als 'Geheimnis' vor den Kindern und Bezugspersonen bewahrt. Als er nach Weihnachten mit dem ‚Seepferdchen' an der Badehose am Schwimmen im Kindergarten teilnimmt, wird er groß gefeiert.

Es fällt auf, daß Heiko in körperlichen Auseinandersetzungen mit Kindern oder bei unerwarteten Angriffen recht unsicher ist und sich schnell zurückzieht (vgl. 2.1.3.4. a). Trotzdem orientiert er sich im zweiten Beobachtungsjahr eine Zeitlang stark an Bert und Paul, den 'Mackern' der Gruppe. Das geht so weit, daß Heiko sich offensichtlich überanstrengt, sich quälen läßt oder kaspert, um mithalten zu können und akzeptiert zu werden.

Paul und Bert stecken Heiko einen Korken in den Mund, bedrängen ihn sichtlich. Zuerst macht Heiko mit, läßt es zu, albert mit ihnen, dann wird es ihm zuviel, er geht aus der Turnstunde weg.

Bezugspersonen müssen ihn in manchen Situationen schützen, wenn er an die Grenzen des für ihn Erträglichen stößt und sich nicht mehr selbst heraushelfen kann. Im weiteren Verlauf spielt Heiko häufiger mit Fabian, besonders auch Rollenspiele.

Heiko und Fabian spielen in der Puppenecke Geburtstag. Heiko trägt Stöckelschuhe. Sie trinken aus kleinen Tassen, kommen dabei an den Frühstückstisch, haben gute Laune. Auf Heikos Tasse ist ein Mädchen abgebildet. Fabian sagt zu Heiko: ‚Du bist ein Mädchen'. Heiko: ‚Nein, ich bin kein Mädchen.' Er schiebt die Tasse weit von sich, die Stöckelschuhe hat er in der Puppenecke gelassen. Anschließend an das Frühstück geht Fabian mit einer kleinen Gruppe in den Teppichraum. Heiko bleibt mit Bert im Gruppenraum, baut sich eine Pistole und schießt damit herum.

Zu Sonja hat er zeitweise intensiveren Kontakt. Es wird für Heiko immer einfacher, von den Erwachsenen loszukommen. Die Mutter hätte ihn gerne noch vom Schulbesuch zurückstellen lassen. Das ist wegen Heikos intellektueller Entwicklung schulrechtlich nicht möglich. Heiko selbst will nun auch zur Schule. Als feststeht, daß er zum Schuljahr 1984/85 eingeschult werden soll, kommt er nur noch sporadisch in den Kindergarten, meist zu besonderen Anlässen, wie Geburtstagsfeiern oder Ausflügen. Die Mutter will mit ihm noch viel unternehmen vor der Einschulung. Eine Zeitlang schläft er lange, so daß sich die weite Anfahrt nicht mehr lohnt. Durch das Fehlen ist Heiko immer wieder aus dem Kindergartenalltag herausgerissen. Die Gruppe interessiert ihn anscheinend nicht mehr besonders, er 'wandelt' herum, streift die Kinder nur. Vom Gruppengeschehen läßt er sich nicht anstecken, er beobachtet eher.
Behinderten Kindern gegenüber zeigt sich Heiko immer offen und tolerant, setzt sich auseinander mit ihrem Anderssein. Besonders in Erinnerung ist ein Bild, das er von seinem Vater, sich und David (einem Jungen, dem die rechte Hand fehlt) gemalt hat.

Heiko zu einer Beobachterin: „Das Bild an der Wand hab ich dem Kindergarten geschenkt. Hab ich gemalt. Das ist David und ich und Papa... Mir ist das eingefallen, weil David doch nur eine Hand hat. Siehst du!" (Er deutet auf die fehlende Hand auf dem Bild.)

Ein weiteres Beispiel ist die Feststellung bei Björns Aufnahme in die Kindergruppe: 'Aber lachen kann er doch.' (vgl. 2.3.6).
Olaf, (ein Junge mit Spina bifida) aus Gruppe V ist öfters auch zu Hause bei ihm eingeladen. Er fährt ihn in den Garten oder setzt sich selbst mal in den Rollstuhl. Auch Björns Stuhl probiert er aus.

Heiko setzt sich in Björns Stuhl, zeigt, wie Björn da immer sitzt und möchte, daß die Beobachterin ihn durch den Raum schiebt. Sie sagt: ‚Das geht nicht, es sind doch keine Rollen dran'. Heiko: ‚Dann heb' mich doch ...'

Zusammen mit der Bezugsperson kann er auch mit Mara, einem taubstummen Mädchen Holz—Memory spielen, wobei er sehr viel Geduld aufbringt.
Nach Meinung der Bezugspersonen kann Heiko auf Behinderungen bei Kindern unbefangen reagieren. Wenn er sich darüber informiert hat, sind für ihn die behinderten Kinder wie alle anderen. Nur wenn es an seine 'Pingeligkeit' geht, z.B. beim Essen viel geschmiert wird, stört ihn das.

Heikos eher beobachtende Haltung dem Gruppengeschehen gegenüber läßt immer wieder die Frage auftauchen, ob er sich im Kindergarten nicht langweilt, was es denn für ihn bedeutet, da zu sein. Heikos enge Bindung an seine Mutter bestimmt sein Verhalten. Einen wichtigen und für ihn schwierigen Schritt kann er mit dem Besuch des Kindergartens vollziehen, die vorübergehende Trennung von ihr. Die Bezugspersonen im Kindergarten sind ihm dabei eine Hilfe, das sie ihm zugewandt sind und auf seine Bedürfnisse nach Kontakt zu ihnen eingehen. Heiko kann dadurch die Möglichkeit wahrnehmen, sich im Umgang mit neuen Erwachsenen auszuprobieren. Die Spielangebote im Kindergarten können mit der Attraktivität der häuslichen schwer mithalten, da die Mutter sich viel Zeit für Heiko nimmt. Das, was der Kindergarten ihm bieten kann, sind Spielpartner in der Kindergruppe. Diesem Angebot öffnet Heiko sich nur langsam. Das Interesse an Spielen mit anderen Kindern wird bei ihm gegen Ende der Kindergartenzeit deutlich wahrnehmbar. Seine unregelmäßige Anwesenheit erschwert den Ausbau solcher gemeinsamen Erfahrungen in der Gruppe.
In diesem Kindergarten findet Heiko jedenfalls den Schonraum, den er braucht, um seine Individualität zu leben. Er hat die

Möglichkeit, teilzunehmen oder nicht, ohne daß die Gefahr besteht, zum Außenseiter zu werden.

Sein Wunsch, in die Schule zu gehen, ist ein deutliches Zeichen dafür, daß er jetzt Neues kennenlernen will.

2.1.5 Almut

Almut wurde im August 1977 geboren und kam mit vier Jahren in den integrativen Kindergarten, in dem ihr drei Jahre älterer Bruder auch schon war. Ihr Bruder ist während des Beobachtungszeitraumes im Heim. Als wir 1982 mit unseren Beobachtungen beginnen, ist Almut ein Jahr im Kindergarten.

Almut gilt als behindertes Kind. Bei der psychologischen Untersuchung 1981 wird ein Entwicklungsrückstand von 18 Monaten festgestellt. Es werden keine medizinisch-klinischen Untersuchungen zur Klärung der Gründe für die Entwicklungsverzögerung durchgeführt. Der soziale Hintergrund unterscheidet sich von dem der meisten Kinder in der integrativen Kindergruppe. Elternarbeit ist kaum möglich, da der Vater einer Zusammenarbeit mit dem Kindergarten ausweicht und die Mutter nur sporadisch, wenn es nicht zu umgehen ist, Kontakt zu Bezugspersonen hat. Die Bezugspersonen stellen sich vor, daß Almut in sehr belastenden häuslichen Verhältnissen lebt.
Almut bleibt der Unterschied zwischen ihrem Elternhaus und dem anderer Kinder nicht verborgen, z.B. wenn ihre Eltern einen Besuch der Bezugspersonen nicht wünschen, als diese reihum die Kinder zu Hause aufsuchen, und sie nie ein anderes Kind einladen darf. Zu einer Einladung von seiten der anderen Kinder kommt es anfangs nur einmal. Es scheint für beide Seiten zu anstrengend zu sein. Da Almut immer mit dem Bus abgeholt

und nach Hause gebracht wird, vermißt sie es offensichtlich, von der Mutter abgeholt zu werden, wie eine Beobachtung zeigt:

Almut setzt sich zur Abholzeit im Flur in die Garderobe und ‚plaudert' mit den ihre Kinder abholdenden Müttern: ‚Meine Mutti holt mich auch ab! Lies mir solange was vor.'

Almuts grobmotorische Fähigkeiten sind gut entwickelt; z.B. ist sie beim Schaukeln fast euphorisch. Auf der Rutsche kann sie mühelos von unten nach oben gehen. Ihre Zurückhaltung beim Turnen und Schwimmen ist eher eine Frage des Mitmachens in der Gruppe als des technischen Könnens;
Almut ist von Anfang an sauber. Sie hat zu Beginn der Beobachtung eine zeitlang öfters auf dem Nachhauseweg im Bus eingenäßt. Seit sie vor der Abfahrt zur Toilette geschickt wird, gibt es damit keine Probleme mehr.
Im feinmotorischen Bereich kommt Almut ohne jede Übung in den Kindergarten. Das Besteck hält sie anfangs kleinkindhaft unsicher, sie kann sich beim Schneiden mit der Schere nicht an den Linien orientieren, kann Papier nicht falten. Almut ist Linkshänderin. Die Erzieherin vermutet Angst bei der Mutter, sie z.B. mit Schere oder Messer umgehen zu lassen.

Almut muß aus Gründen der Überprüfung des Behindertenstatus' alle sechs Monate zur psychologischen Untersuchung.

Im Kindergarten erlebt die Erzieherin Almut in der ersten Zeit häufig 'abgedeckt', in einer Ecke sitzend. Sie bewegt sich nur, wenn sie an der Hand genommen wird. Sie sagt nichts, weint häufig und versteckt sich, wenn für sie fremde Personen dabei sind. Mit der Erzieherin läuft die sprachliche Kommunikation zu dieser Zeit über Ein–, Zwei– oder Drei–Wort–Sätze in Baby–

sprache (z.B. 'Bagger—put—put'). Die Beschäfigungstherapeutin stellt einen geringen Wortschatz fest.
Lange Zeit entzieht sich Almut beim Basteln der Gruppe. Nur wenn wenige Kinder zusammen sind oder sie mit einer Bezugsperson alleine ist, traut sie sich, etwas auszuprobieren. Wir können sie z.b. beobachten, wie sie sich mit dem Zivildienstleistenden zusammen 30 Minuten lang mit dem ‚Wachstropfen' beschäftigt und dabei auch nicht verunsichert wird, als zeitweise andere Kinder dazukommen. Beim Memoryspiel, das sie wie ein 'Weltmeister' spielen kann, ist Almut bei vielen Kindern und wenn es laut wird, total blockiert.

Im Februar malt Almut bei der Psychologin überraschend Männchen, die Bauch, Beine, Arme und Hände haben. Im Kindergarten malt sie — wenn überhaupt — zu dieser Zeit nur Strichmännchen.
Almut schaut gern Bücher an. Anfangs ist sie in einer größeren Gruppe keine ausdauernde Zuhörerin. Sie gesellt sich aber dazu, wenn einzelnen Kindern, z.B. Björn, vorgelesen wird. Wenn sie alleine mit einer Bezugsperson ist, genießt sie das Vorlesen als besondere Zuwendung. Sie beginnt selbst Miriam, einem dreijährigen Mädchen mit Down—Syndrom, vorzulesen ('Gebrabbel'). Im Märchenkreis scheint Almut zeitweise damit überfordert zu sein, dem Geschehen zu folgen.

Zu Beginn unserer Beobachtungen gehört Almut in der Gruppe zwar nicht zu den 'Schulkindern', aber sie ist fünf Jahre und damit älter als die Kinder, die mit ihr zusammen im nächsten Kindergartenjahr zu den 'Großen' gehören werden. Da Almut recht zart ist, erscheint sie jünger und wird auch von jüngeren Kindern als die 'Kleine' behandelt. Bei Rollenspielen wird ihr häufig die Rolle des 'Babys' zugewiesen.
Almut läßt sich sehr von den Kindern beeinflussen, tut anfangs alles, was sie ihr sagen, wie z.B. andere Kinder ärgern, schlagen oder auch streicheln. Sie macht ganz wenig aus sich heraus. Besonders eng hat sich Almut an David angeschlossen. Die beiden

zusammen wirken häufig destruktiv. Mit David kann Almut aber auch unbefangen umgehen, z.B. Sprache spielerisch einsetzen.

Almut sagt zu David im Spiel mit Legopistolen: ‚Komm, wir gehen in den Garten und erschießen die N ...'. (dieser Satz wird eine halbe Stunde lang von beiden abwechselnd oder gemeinsam wiederholt, bis David abgeholt wird.)

Mit Sigrid (Gruppe V) befreundet sich Almut ebenfalls, so daß es zu Kontakten zwischen David, Sigrid und Almut kommt, die sich oft außerhalb des Gruppenraumes, im Flur, abspielen. Almut wird gegen Ende des ersten Beobachtungsjahres zur Wortführerin der Dreiergruppe, es kommt zu Situationen, in denen sie sich zwischen Sigrid und David entscheiden muß und dies auch kann. Die Intensität der Kommunikation mit Kindern und mit Erwachsenen schwankt sehr. Zeitweise antwortet sie der Erzieherin, wenn diese sie anspricht, nur mit 'gagaga .....', wobei nicht klar wird, ob Almut provozieren oder ihre Ruhe haben will. Es werden von den Bezugspersonen Überlegungen angestellt, ob man mehr mit Almut sprechen sollte, um sie mit Sprache vertrauter zu machen. Auf Fragen, was sie zu Weihnachten oder zum Geburtstag bekommen habe, antwortet Almut zu dieser Zeit nur: 'Kuchen und Tee'.

Im Februar 1983 ist die Vorstellung bei der Psychologin ein voller Erfolg. Almut wird von ihrer Mutter und der Gruppenleiterin begleitet. Sie zeigt sich als 'normales' Kind, sprachlich und auch in ihrem aufgeschlossenen Verhalten. Sie spricht klare Sätze wie: 'So, jetzt koche ich eine Suppe'. und fragt die Psychologin: 'Magst du auch eine?' Unmittelbar nach der Rückkehr in den Kindergarten verfällt sie an diesem Tag in Babysprache oder sie verstummt.

Das Schwanken in ihrer Fähigkeit zu verstehen, sich auszudrücken und Kontakte aufzunehmen, kennzeichnet auch unsere weiteren Beobachtungen.

Es gibt Beispiele, die zeigen, daß Almut in der Lage ist, Dinge, die sie beschäftigen, spielerisch — auch über Sprache — mitzuteilen.

Almut und Sigrid beim Schaukeln: in einem Sprechgesang von Sigrid und Almut ist zu hören: ‚Richard kommt zu mir ...'. (Danach wird dieser Satz mit allen Namen der Kinder aus Almuts Gruppe durchgespielt.)

Dieses Sprechspiel steht im zeitlichen Zusammenhang mit Besuchen der Bezugsperson bei allen Kindern, außer bei Almut (siehe oben). Almut ist es auf diese Weise möglich, ihre Wünsche zu äußern.

Kurz vor den Sommerferien unterhält sie sich lebhaft mit einer Beobachterin beim Decken des Frühstückstisches im Garten. Am selben Tag kann sie die Kinder nicht fragen, ob sie mal an die Schaukel darf, als diese ständig besetzt ist, obwohl sie doch leidenschaftlich gern schaukelt. Sie hat auch Probleme, wenn sie noch etwas zu essen haben möchte und aus diesem Grund Kinder am anderen Tisch fragen müßte, ob sie sich etwas nehmen kann.
Almut versteht nichts bzw. reagiert nicht, als die Erzieherin sie auffordert: 'Holst du mir mal das Tuch, das dort hängt.' Sie ist völlig blockiert.
Bei einem Besuch bei der Psychologin zu dieser Zeit (Juli 1983) wirkt Almut total gehemmt. Die Psychologin spricht von autistischem Verhalten und schlägt der Mutter vor, das Kind unter Umständen in ein Heim zu geben. Dieser Besuch löst im Kindergarten den Wunsch aus, nun endlich die häusliche Umgebung kennenzulernen. Ein Besuch, ohne die Anwesenheit des Vaters zwar, kommt zustande. Die Bedenken können weitestgehend ausgeräumt werden, da alles sauber und ordentlich ist, die Beziehung zwischen Almut und ihrer Mutter sehr liebevoll zu sein scheint.
Es sind jetzt oftmals Schimpfwörter von ihr zu hören wie 'Fotze', 'Arsch', 'Ficken' etc., was von den Kindern übernommen wird, ohne daß diese zu wissen scheinen, was es bedeutet.

Almut hat einen besonderen Kontakt zu Björn, der von Anfang an etwas Anziehendes für sie hat. Sie ist zärtlich, geht aber mit ihm auch wie mit einer Puppe um, probiert aus, was man mit ihm machen kann. Häufig können wir sehen, wie Almuts Streicheln in Zerren und Ziehen oder gar heftiges Schlagen übergeht. Umgekehrt verändert sich ihr Zerren und Ziehen in liebevolles Streicheln, besonders dann, wenn sie merkt, daß ein Erwachsener sie beobachtet. Almut ist sehr besorgt um Björn und weiß genau, was er kann und was er nicht kann. So sagt sie z.B.: 'Björn kann nicht reden und nicht gehen, aber er kann trinken.' (Björn hat gerade gelernt, aus der Schnabeltasse zu trinken.) Sie spricht häufig mit ihm, putzt ihm die Nase, auch wenn es gar nicht nötig ist, und teilt das gleich den Bezugspersonen mit.

Nach dem Frühstück wird Björn in die Kuschelecke getragen. Almut kommt mit einem Lappen und wischt Björn den Mund ab. Dann nimmt sie Spielzeug und gibt es ihm in die Hand: ‚Schau, Björn.' Björn lächelt und greift danach. Als die Erzieherin dazukommt, sagt Almut in Babysprache: ‚Ich hab Björn den Mund abgewischt. Björn sauberdemacht.' Dabei wischt sie ihm demonstrativ mit der Hand über das Gesicht und geht dann weg. Nach kurzer Zeit kommt sie zurück, setzt sich neben Björn, macht dessen Armbeweggungen nach, fragt: ‚Björn, geht es dir gut?'

Gegen Ende unseres ersten Beobachtungsjahres berichtet die Erzieherin von unvermittelten 'Ausbrüchen' bei Almut mit total aggressivem Verhalten und ohne erkenntlichen Anlaß: 'Jeder und jedes kann das auslösen, es kommt zum Boxen und Hauen wegen nichts.' Diese Situationen häufen sich in den nächsten zwei Monaten, zugleich muß im Bus eine zusätzliche Begleitperson mitfahren, da Almut sich andauernd abschnallt. Anfangs werden die 'Ausbrüche' von den Bezugspersonen als Fortschritt angesehen, als Möglichkeit für Almut, endlich Wut herauszulassen. Als sich über längere Zeit nichts ändert, werden die Bezugspersonen unruhig und besorgt, da das Verhalten sich zu verfestigen scheint. Besonders der Umgang mit dem Schreien und Toben fällt schwer. Zwar reagieren die Kinder nicht mit Angst oder Abkehr; die Bezugspersonen versuchen zu vermitteln, daß Almut ein Problem hat. Aber für die Erwachsenen selbst wird es anstrengend. Sie sind froh, sich abwechseln zu können in der aktuellen Verantwortlichkeit und in der Supervision sowie in pädagogischen Gesprächen Möglichkeiten zum Austausch zu haben. Es läßt sich in Verbindung mit den 'Ausbrüchen' Almuts ein Zusammenhang zu ihrer Beziehung zu Björn feststellen. Annäherungsversuche Almuts zu der Mutter von Björn fallen auf. Almut will von ihr mit nach Hause genommen werden. Als die Erzieherin fragt, ob sie denn alleine mitgehen wolle, sagt Almut: 'Die Mutti soll auch mitkommen.' Die Erzieherin entdeckt im Sommer, daß es für Almut eine Möglichkeit ist, wieder herauszukommen aus den 'Ausbrüchen', wenn sie in diesen Situationen mit 'Björn' angesprochen wird.

Am Anfang des zweiten Beobachtungsjahres hören wir Almut auf der Schaukel sagen: 'Ich bin nicht Björn, ich bin Almut.' Nach und nach gelingt es, die 'Ausbrüche' durch liebevolles Halten und die Ansprache mit ‚Björn' aufzufangen. In Phasen der Beruhigung können dann konkrete Alternativen — wie Smarties — von den Bezugspersonen angeboten und von Almut angenommen werden. Diese Entwicklung läßt die in der anfänglichen Hilflosigkeit aufgekommene Angst der Bezugspersonen mit Almut in der Gruppe z.B. Ausflüge zu unternehmen, überwinden.

Wie festzustellen ist, passieren die 'Ausbrüche' nur bei Erwachsenen, die sie gut kennt und bei denen sie die Sicherheit hat, gehalten zu werden. Als die Jahrespraktikantin, zu der Almut eine besondere emotionale Beziehung hat, krank wird, hören sie schlagartig auf. Nachdem Almut sich während dieser Zeit an den Berufspraktikanten eng anschließt, taucht das Verhalten bald in Ansätzen wieder auf.

Im neuen Kindergartenjahr, Almut ist jetzt die Älteste in der Gruppe, ist zu beobachten, daß sie häufiger Kinder und Erwachsene anspricht. Sie kann im Märchenkreis, der früher für sie so bedrohlich war, daß sie nicht einmal Nüsse an die Kinder verteilen konnte, den Namen ihrer Maus sagen: 'Maxi.' Almut zeigt zunehmend Bereitschaft, sich beim Basteln einbeziehen zu lassen; sie scheint nicht mehr so überfordert zu sein. Mit den anderen 'Schulkindern' gibt es sporadische Interaktionen, die für kurze Zeit recht intensiv sind.

> *Sonja malt Wachsbilder. Almut schaut wortlos zu. Als Sonja nach einer Weile weggeht, holt sich Almut Papier und fängt auch ein Bild an. Sonja kommt zurück, fragt: ‚Almi, darf ich dir helfen?' Almut ist einverstanden. Gemeinsam malen sie und erzählen sich. Almut ist ohne Hemmungen, spricht fließend. Sonja geht weg. Paul kommt mit Papier angerannt, will auch ein Bild beginnen und die elektrische Platte benutzen. Ohne ihre Beschäftigung zu unterbrechen, sagt Almut sehr bestimmt: ‚Nein, jetzt male ich gerade.' Paul hält inne, wirkt überrascht, zieht sich zurück. Almut malt weiter. Lina kommt und fragt, ob sie bei dem Bild von Almut mitmachen kann. Almut sagt: ‚Nein, das Bild ist nämlich fertig. Aber wir können ja zusammen ein neues machen.' Sie holen Papier und fangen an, unterhalten sich dabei, wirken wie zwei ‚dicke Freundinnen'.*

Almut wird zunehmend aktiver und angstfreier, macht weiterhin viel mit David (Sigrid ist zur Schule gekommen) aber auch mit den Kleineren; Björn wendet sie sich weiterhin besonders zu. Sie weiß, daß sie ein 'Schulkind' ist, beschäftigt sich damit und sagt: 'Ich möchte groß werden.'

Im Dezember 1983 gehen Almut und ihre Mutter ohne die Erzieherin zur Psychologin, da diese keine Zeit hat. Die Mutter kann sich schwer damit abfinden, ist fast überfordert. Der Eindruck, der Almut macht, ist sehr positiv, der Test nach Aussage der Erzieherin 'ganz toll'. Die Psychologin sieht, wie sie anschließend der Erzieherin mitteilt, Almut schon in der Grundschule.

Almuts Suche nach Nähe zu Erwachsenen ist während der ganzen Kindergartenzeit offensichtlich. Auffällig ist dabei für Zweidrittel der Beobachtungszeit die scheinbare Beliebigkeit in der Wahl der Personen. Bei jeder neuen Praktikantin, die wir erleben, sitzt Almut auf dem Schoß, hält deren Hand, geht nicht von deren Seite. Da Almut ein ansprechendes Äußeres hat, besonders ihre Augen beeindrucken, wird sie meist gemocht und bekommt Zuwendung. Sie hat aber auch ein gutes Gespür dafür, wann Nähe möglich ist und wann nicht. Almut kann sich also auch zurückhalten, wenn sich z.B. eine Praktikantin nicht so mütterlich gibt, ober bei uns Beobachtern, wenn wir uns aufgrund unseres Forschungsinteresses nicht so auf sie einlassen können. Sobald ein Erwachsener länger da ist und auch etwas von Almut fordert, läßt nach der Erfahrung der Erzieherinnen der intensive Kontakt nach. Erst im letzten Drittel von Almuts Kindergartenzeit wird ihr Verhalten neuen Erwachsenen gegenüber differenzierter.

Ein behinderter Berufspraktikant (Rollstuhlfahrer) kommt in die Gruppe und wird von den Kindern umlagert. Almut ist abwartend. Erst nach einer Woche, als das Interesse der anderen Kinder schon vorüber ist, wendet sie sich ihm intensiv zu. Auch bei der neuen sechs-Wochen-Praktikantin im Februar 1984 hält sich Almut zuerst zurück.

Anfangs hatte Almut große Angst vor männlichen Bezugspersonen. Durch den täglichen Kontakt beim Abholen und Nachhausebringen entwickelt sich ein vertrautes Verhältnis zum Zivildienstleistenden. Der Erzieherin machen Almuts Distanzlosigkeit und ihr Sich—Verstecken und Ängstlich—Sein immer wieder Schwierigkeiten. Sie reflektiert das und bringt es in die Supervision ein.

Ihr ist klar, daß davon ihre Beziehung zu Almut geprägt wird. Durch den erfolgreichen Besuch bei der Psychologin im Februar 1983 ist sie ihr zwar nähergekommen, aber durch Almuts gehemmtes und 'verstocktes' Verhalten beim nächsten Besuch im Juli 1983 und die zu diesem Zeitpunkt beginnenden heftigen 'Ausbrüche' kommen Enttäuschung und Ungeduld auf. Die in solchen Situationen notwendige Zuwendung kann die Erzieherin trotzdem geben. Es ist gut, drei Bezugspersonen in der Gruppe zu haben, um sich bei der emotionalen Anstrengung auch mal entlasten zu können.

Im Jahr 1984 beginnen die Kontakte zur Schule über die Beziehung des Kindergartens zu einer Lehrerin. Es ist in der Schule nicht einfach für Almut, da die anderen Kinder meist schon Schulerfahrungen haben; das zeigt eine Probewoche. Sie wird jedoch in die Lernbehindertenschule aufgenommen.

Almuts Verhalten im Kindergarten ist geprägt von dem Sich—Verstecken und dem überraschenden Sich—Öffnen bis hin zur Distanzlosigkeit beim Suchen nach Nähe zu Erwachsenen und Kindern oder durch aggressives Verhalten Kindern und Erwachsenen gegenüber. Dabei ist anfangs das Sich—Verstecken in Form von Klein—Sein, Sprachlosigkeit und Unsicherheit der dominierende Eindruck. Das Sich—Zeigen hat häufig eher demonstrativen Charakter. In den zwei Beobachtungsjahren verringert sich zunehmend diese Diskrepanz, und das Sich—Zeigen—Können gewinnt an Zuverlässigkeit und Selbstverständlichkeit. Es ist anzunehmen, daß für Almuts Entwicklung die problematische Familiensituation belastend ist durch die Arbeitslosigkeit des Vaters, die Beeinträchtigung der Mutter sowie die Heimunterbringung des Bruders und die dadurch für Almut mögliche Bedrohung, auch in ein Heim zu kommen, wenn sie größer wird. Eine besondere Anforderung an Almut stellt sich auch durch das ökologische Umfeld des integrativen Kindergartens. Almut bringt jeden Tag einen 'weiten Weg' hinter sich: Sprach— und Verhaltensstil der Kindergartengruppe sind völlig anders als bei ihr zu Hause. Durch das empathische, auf individuelle Akzeptanz ausgerichtete Erzieherverhalten kann sich Almut im Kindergarten aufgehoben fühlen. Sie wird jedoch täglich mit dem unterschiedlichen Milieu konfrontiert und ist außerhalb des Kindergartens ohne Kontakt zu Kindern. Für ihre Entwicklung zentral ist die Auseinandersetzung mit Björn, der 'alles' bekommt, ohne 'etwas dazu tun zu müssen' (Erzieherin).

In der Identifikation mit Björn kommt es bei Almut zu einer Regression im Dienste des Ichs. Die Identifikation wird deutlich, wenn Almut sagt: 'Ich bin Björn.', wenn sie von Björns Mutter mitgenommen werden will oder sich bei den „Ausbrüchen' beruhigt, wenn sie mit „Björn' angesprochen wird.

Daß diese Regression letztlich zu einer Ich—Stärkung führt und Almut sich aus der Identifikation lösen kann, zeigt zu einem späteren Zeitpunkt die Aussage: 'Ich bin nicht Björn, ich bin Almut.' Almut wird von den Kindern nicht als 'anders' wahrgenommen. Die 'Ausbrüche' werden zwar miterlebt, doch das einfühlsame, akzeptierende Verhalten der Erzieher nimmt diesen Situationen den bedrohlichen Charakter und wird zu einer vorübergehenden Erscheinung in der Gruppe.

Almuts Reaktion auf Björn, sowohl in der Identifikation mit ihm — bei der Regression — als auch mit den Betreuern — beim Versorgen und Bemuttern — drückt ihre Ambivalenz gegenüber der eigenen Entwicklung, dem eigenen Wachstum aus. Die wechselnden Eindrücke bei der psychologischen Untersuchung, beim Verhalten zu Erwachsenen und Kindern in unseren Beobachtungen, stützen diese Annahme.

In der heterogenen Kindergruppe wird Almut von den gleichaltrigen und etwas jüngeren Kindern lange den 'Kleinen' zugeordnet. Erst als die Gleichaltrigen ausgeschieden sind und sie 'Schulkind' ist, kann Almut die Fähigkeit entwickeln, zu den 'Großen' zu gehören. Sie lernt zunehmend, von sich aus Kontakte zu anderen aufzunehmen und Bedürfnisse zu äußern. Ebenso wird sie sporadisch als gleichwertiger Spielpartner einbezogen. Mit dem Wunsch: 'Ich möchte groß werden.' signalisiert Almut eine deutliche Entwicklung, die einen neuen Abschnitt, die Einschulung, ermöglicht.

2.1.6 Claudia

Claudia ist im Juni 1978 geboren. Bei Claudia wurde eine cerebrale Bewegungsstörung diagnostiziert (vermutlich durch Sauerstoffmangel während der Geburt verursacht). Sie hat keine Geschwister.
Claudia ist seit August 1982 in der integrativen Gruppe, nachdem sie vorher ein Jahr lang den Sonderkindergarten besuchte.
Claudia ist oft kränklich (Fieber, Ohrentzündung, verschleimte Bronchien), sie fehlt deshalb öfter als andere Kinder. Sie erhält regelmäßig Krankengymnastik. Wegen Krampfanfällen ist sie medikamentös eingestellt.

Im Herbst 1983 (zu Beginn unserer Beobachtungszeit) kann Claudia nicht stehen und nicht ohne Halt sitzen. Sie sitzt angeschnallt in einem Wagen mit spezieller Sitzschale oder liegt auf einer Matratze, einem Kissen oder auf dem Boden. Ihr Muskeltonus ist allgemein stark herabgesetzt. Es fällt ihr schwer, den Kopf hochzuhalten, sie muß ihn dazu angestrengt strecken; nach wenigen Sekunden fällt ihr der Kopf wieder auf die Brust.
Claudias Arm— und Beinbewegungen sind unkontrolliert, ihre Feinmotorik ist nicht entwickelt. Sie muß gewindelt werden.

Claudia kann nicht sprechen. Sie kann sich durch Weinen, (un—) glückliches Quengeln, Schreien ausdrücken. Der Umfang ihrer Hörfähigkeit und ihres Sprachverständnisses ist unklar. Auf Geräusche oder Ansprache reagiert sie häufig durch leichtes Kopfdrehen oder Blickkontakt. Sie fixiert dabei Dinge für einige Sekunden, dann 'rutscht' der Blick ab. Über Claudias Situationsverständnis herrscht Unklarheit. Sie reagiert auf einige Aufforderungen: Sie streckt kurz den Kopf hoch, wenn sie mehrmals darum gebeten wird. Sie macht, auf Aufforderung und wenn sie den Löffel sieht, beim Füttern den Mund auf. Auf Namen reagiert sie nicht, mit Ausnahme des Namens eines Erziehers, der sie schon im Sonderkindergarten betreute. Hört Claudia seinen Namen, schaut sie oft auf und lächelt. Ihre Mutter berichtet, daß sie lächelt, wenn zu Hause das Wort 'Kindergarten' fällt.

Claudia liebt Geräusche und eine lebhafte Umgebung, in der viel passiert. Ist es ruhiger, nörgelt und quengelt sie häufig sehr schnell. Objekte interessieren Claudia nicht, es sei denn, eine andere Person bewegt sie in ihrem Gesichtskreis. Dann lächelt sie und versucht, den Gegenstand immer wieder zu fixieren.
Claudia erweckt durch ihr Äußeres und ihr Lächeln meist spontane Sympathie bei den Erwachsenen (z.B. bei Erzieherinnen, oder bei uns, den ‚Beobachterinnen').

Im Laufe des ersten Jahres in der integrativen Gruppe macht Claudia deutliche Fortschritte. Sie kann jetzt wenige Sekunden ohne Halt alleine aufrecht sitzen, streckt sich und steht, wenn sie an den Händen festgehalten wird.
Claudia liegt nicht mehr gerne, lieber sitzt sie auf dem Schoß der Erzieherin oder auf dem Boden, wenn sie festgehalten wird.
Geschieht etwas Interessantes in ihrer Umgebung, hebt sie den Kopf leichter und länger als früher, dreht ihn in verschiedene Richtungen, kann Personen, die sich bewegen, auch mit den Augen verfolgen. Punktuell kann sie ihre Armbewegung kontrollieren, z.B. den Arm strecken, wenn ihr der Anorak hingehalten wird.

Sie reagiert mit einem Lächeln nun auch auf den Namen der Erzieherin und auf den eines Jungen — Heribert —, der sich viel mit ihr beschäftigt. Über Claudias Situationsverständnis ist einiges deutlicher geworden: Mit Lächeln und Quengeln reagiert sie differenziert auf Getränke und Gerichte; sie erkennt neben dem Erzieher und der Erzieherin Heribert und Nicole, die häufig mit ihr spielen. Sie schaut fasziniert bei bestimmten Spielen zu (z.B. schaut sie 20 Minuten lang gebannt einem Puppenspiel mit großen Handpuppen zu).

In ihrem zweiten Jahr in der Gruppe macht Claudias körperliche und geistige Entwicklung einerseits weitere Fortschritte. Sie kann sich auf einer Rolle vorwärts bewegen, wenn sie daraufgelegt wird; ihre Augen—Hand—Koordination verbessert sich (Greifen), sie reagiert schneller, wenn sie angesprochen wird. Besonders als sie von ihren bisherigen Medikamenten auf homöopathische Mittel umgestellt wird, wirkt sie nach Aussage der Erzieherin lebendiger, zeigt durch Lachen und Schreien deutlicher Freude und Mißmut. Andererseits zeigen sich immer stärker große Schwankungen. Gab es auch früher immer wieder einmal Tage, an denen sich Claudia unwohl zu fühlen schien, passiv und müde war und schlaff wirkte, so häufen sich jetzt phasenweise diese 'Durchhängetage'. Tageweise meinen die Erzieherinnen auch Rückschritte festzustellen: Claudia kann dann den Oberkörper kaum aufrecht halten, ist zeitweise schlaff, zeitweise sehr verspannt. Claudias Stimmung schwankt öfter und extremer als früher. Die Erzieherinnen wissen keine konkreten Anlässe für diese Wechsel. Sie haben allerdings schon oft bemerkt, daß Claudias Befindlichkeit stark von der Atmosphäre ihrer gesamten Umgebung abhängt.

Die Entwicklung von Beziehungen zwischen Claudia und den Kindern in der Gruppe ist wesentlich dadurch bestimmt, daß sie ganz darauf angewiesen ist, ob andere Kinder zu ihr kommen, mit ihr spielen, oder sich um sie kümmern. Von Anfang an stößt Claudia auf die Sympathien vieler Kinder, jedoch wird sie von ihnen zunächst wenig in Spiele einbezogen. Gemeinsame Aktivitäten kommen meist auf Initiative der Erzieherinnen hin zustande: Spiele in der Puppenecke, bei denen Claudia dabeiliegt, gemeinsames Bilderbuch—Anschauen etc. Claudia wirkt in diesen Situationen sehr zufrieden. Die Kinder beziehen Claudia ein, in den seltensten Fällen fühlt sich ein Kind durch Claudia gestört. Nach wenigen Wochen beginnen einige Kinder, mehr auf Claudia einzugehen.

Heribert, ein fünfeinhalb Jahre alter Junge, nimmt sie öfters aus dem Stühlchen, schaut nach ihr, spielt ihr etwas vor. Claudia reagiert bald sehr positiv auf Heribert. Sie lächelt, wenn er in ihrer Nähe ist.

> *Claudia liegt auf einem großen Polyestersack im Gruppenraum. Heribert kommt von draußen. Er springt zu Claudia auf den Sack. ‚Na, Claudia?!' Er schmust Wange an Wange mit ihr. Dann schüttelt er sie mit dem Sack. Claudia strahlt und lacht. Sie wirkt begeistert. Nach einer kurzen Weile geht Heribert wieder ins Freie.*

Diese Beziehung hält an, bis Heribert im Sommer zur Schule kommt.

Nicole, ein Mädchen von drei Jahren, das im Herbst in die Gruppe kommt, nähert sich sehr schnell Claudia. Nicole ist zunächst in der neuen Umgebung still und zurückgezogen. In der ersten Zeit sitzt sie oft neben Claudia, faßt ihre Hand. Sie scheint sich bei Claudia aufgehoben zu fühlen. Mit der Zeit ändert sich Nicoles Interesse an Claudia: Sie sucht Dinge, Spiele, Bewegung, die Claudia sehr mag, und spielt intensiv und häufig mit ihr. Sie läßt z.B. Kugeln für Claudia in einem Reif sausen, gibt ihr Stifte in die Hand, läßt Sand über Claudias Hände rieseln, alles Dinge und Tätigkeiten, die Claudia liebt. Sie kümmert sich um Claudia, schiebt sie zum Frühstückstisch etc., ohne dabei in eine stark bemutternde Rolle zu fallen (Ausnahme siehe unten). Claudia bleibt ein Hauptspielpartner Nicoles während der ganzen Kindergartenzeit, wenn auch die Intensität, mit der sich Nicole Claudia zuwendet, über Monate hinweg leicht schwankt. Claudia kann sich immer mehr in diese Beziehung einbringen: Sie reagiert stark auf Nicole, zeigt ihr deutlich Freude und Ärger; Nicole umgekehrt wird immer sensibler für Äußerungen Claudias.

> *Nicole hüpft in den Gruppenraum. Sie schwenkt ein Perlenarmband, das sie sich gerade aufgefädelt hat. Strah-*

lend zeigt sie es dem Erzieher, dann geht sie weiter zu Claudia und zeigt es auch ihr: Sie hält das Armband dicht vor Claudias Augen und bewegt es leicht hin und her. Dabei spricht sie Claudia an: ‚Claudia, guck mal! Siehst du das?' Claudia lächelt leicht.
Nicole läßt das Armband an Claudias Wange heruntergleiten und fährt ihr damit über die Hand. Claudia lächelt und streckt sich. Nicole gibt ihr einen Kuß, streichelt ihre Hand und ruft leise ihren Namen.

Über die Freundschaft mit Nicole nimmt bald ein weiteres Mädchen, Sabine, Kontakt mit Claudia auf. Die Beziehung gestaltet sich ähnlich; während Nicole jedoch mehr ruhige Aktivitäten mit Claudia bevorzugt, macht Sabine lebhafte Spiele, die Claudia nicht weniger gut gefallen. Zwischen Sabine und Claudia werden die Kontakte nach einer Weile auch nach dem Kindergarten fortgesetzt. Sie besuchen sich gegenseitig.
Nach den ersten Monaten spielen Nicole und Sabine einige Wochen lang extensiv 'Mutter—Baby' mit Claudia. Claudia wird dabei von ihnen in die Baby—Rolle versetzt. Während dieser Zeit ist Claudia außergewöhnlich quengelig, weint öfters. Die Erzieherinnen machen Nicole und Sabine darauf aufmerksam, daß dies Claudia nicht gefällt und bitten bald, diese Beschäftigung mit Claudia zu unterlassen. Daraufhin schwächt sich dieses Spiel der beiden Mädchen ab, schließlich verlieren sie fast gänzlich das Interesse daran. Claudias Stimmung bessert sich wieder zunehmend. Dies bleibt die einzige Phase, in der die Bedürfnisse der drei Kinder weniger gut miteinander verträglich sind. Ansonsten bleibt die Freundschaft zwischen den dreien von positivem Interesse und Erleben geprägt und wird konstant über die zwei Kindergartenjahre hinweg — mit geringen Schwankungen — aufrechterhalten.

Bei Nicole und Sabine wird zeitweise sehr deutlich, daß sie die Behinderung Claudias stark berührt. Dies kommt weniger in den Spielen mit Claudia zum Ausdruck, als in Fragen und Spielen, die außerhalb der unmittelbaren Beziehung zu Claudia auftauchen. Sabine fragt z.B. mehrmals einen Erzieher, warum Claudia nicht laufen oder sprechen kann, obwohl sie schon 'alt' ist. Nicole spielt öfter mit ihrer Puppe Szenen nach, die sie bei Claudia erlebt hat, wie z.B. die Puppe auf einem Ball rollen, wie es die Krankengymnastin mit Claudia macht.

> *Die Kinder sind auf der Rutsche. Claudia steht im Rollstuhl daneben. Nicole geht zur Erzieherin: ‚Kann die Claudia gar nicht rutschen?'*
> *Die Erzieherin: ‚Doch, ich halte sie gleich fest, dann kann die Claudia auch rutschen.'*
> *Nicole: ‚Du mußt sie vor mich setzen, und ich halte sie fest.'*
> *Nicole zu Claudia: ‚Ich halte dich fest, Claudia. Guck mal, los!'*
> *Die beiden rutschen zusammen die Rutsche hinunter. Claudia gefällt es sehr, sie schreit vor Vergnügen. Sie strahlt immer schon in den Armen der Erzieherin, wenn sie Nicole auf die Rusche klettern und sie oben sitzen sieht. Nicole rutscht mehrmals mit Claudia, später setzt sie noch eine Puppe vor Claudia (bezw. läßt sie sich von der Erzieherin hinsetzen), und sie rutschen im ‚Dreierbob' die Rutsche hinunter. Jedesmal besteht Nicole darauf, daß die Erzieherin Claudia zu ihr auf die Rutsche setzt. (vgl. 2.2.4.3b).*

Claudias Beziehung zu den Erziehern bleibt weiterhin eng. Sie reagiert stark auf sie, freut sich, wenn sie mit ihr spielen. Einen Erzieherwechsel (der Erzieher, der sie auch schon im Sonderkindergarten betreute, schied aus) hat sie relativ gut verkraftet. Anfänglich quengelt sie etwas häufiger und läßt sich von der neuen Erzieherin nicht füttern. Nach wenigen Wochen ist dies ausgestanden.

Mit Ende von Claudias zweitem Jahr in der Kindergruppe wird ein Unterschied zur Anfangszeit besonders deutlich: Sie kann innerhalb der Gruppe ihre Befindlichkeit differenzierter äußern; sie bringt sich auch emotional unterschiedlich in Beziehungen ein, je nach dem, welche Kinder sich ihr nähern. Die anderen Kinder sind umgekehrt sensibel für Claudias Äußerungen geworden, und etliche Kinder können dies gut in ihre Beschäftigung mit Claudia einbeziehen. Claudia wird mit großer Selbstverständlichkeit als ein Kind der Gruppe, von vielen als wichtiger Bezugspunkt akzeptiert.

Claudias Entwicklung ist ein Beispiel dafür, wie auch ein sogenanntes 'schwerbehindertes Kind', ein Kind, das besonderer Betreuung bedarf, das von sich aus wenig aktiv werden kann und dessen Bedürfnisse von Außenstehenden schwerer erfaßt werden können, in einer integrativen Gruppe aufgehoben sein kann. Claudia nimmt zwar weniger häufig als andere Kinder am Gruppengeschehen teil, trotzdem ist es für sie von außerordentlicher Bedeutung: Sie braucht für ihre Zufriedenheit eine lebhafte Umgebung, in der viel passiert. Die vielen Anlässe zum Zuschauen, Beobachten, Zuhören sind die notwendige Basis, auf der sie ein Interesse an ihrer Umgebung aufrechterhalten kann. In diesem Prozeß hat sich im Laufe unserer Beobachtungszeit Claudias Differenzierungsfähigkeit deutlich verbessert. Hier erhält sie auch die nötigen Anreize für ihre motorische Entwicklung, für die Entwicklung ihrer Möglichkeiten, sich ihrer Umgebung gegenüber mitzuteilen.
Ende des ersten Jahres von Claudia in der Gruppe beginnen auch einige andere Kinder, sich Claudia zu nähern. Sie sprechen sie im Vorbeigehen an, schieben sie zum Frühstückstisch etc. Claudia reagiert unterschiedlich. Manchmal zeigt sie keine Reaktion, manchmal lächelt sie. Dieses Interesse bestimmter Kinder an Claudia schwankt relativ stark. Es fällt auf, daß sie zu Zeiten, in denen sie wilde, kämpferische Spiele bevorzugen, Claudia kaum beachten; in Zeiten, in denen sie selbst mehr Ruhe brauchen, wenden sie sich ihr häufiger zu.

Zwei Jungen, der dreieinhalbjährige Patrik und etwas später der viereinhalbjährige Konrad, nähern sich Claudia im Laufe des zweiten Jahres immer mehr; diese Beziehungen intensivieren sich und bleiben über lange Zeitspannen hinweg auch konstant. Patrik und Konrad bitten oft die Erzieher, Claudia an einen bestimmten Platz zu tragen. Dort bauen sie z.B. in Claudias Gesichtskreis, rollen sie auf der Matratze (was Claudia mag) u.ä. Claudia fühlt sich sehr wohl dabei, sie lächelt und äußert vergnügte Laute. Die Beziehung zu Konrad intensiviert sich weiter in diesen Spielen. Inzwischen erkennt Claudia Konrad auch auf Bildern wieder.

Während dieser Zeit nimmt auch ein weiteres Kind, Sefra — ein Mädchen mit Down—Syndrom — Kontakt zu Claudia auf. Sie umarmt Claudia oft, streichelt sie, gibt ihr einen Kuß. Sefra kann nicht immer einschätzen, daß sie Claudia dabei gelegentlich wehtut: Sie drückt sie sehr fest oder schmust heftig mit ihr. Claudia äußert eine starke Abwehr gegenüber Sefra; sie weint oder strampelt oft schon, wenn Sefra auf sie zugeht. Sefra läßt sich zunächst dadurch nicht beirren, nach einigen Wochen jedoch nehmen ihre Annäherungen sehr ab.

Im Frühsommer fährt die Kindergruppe für einige Tage in eine Freizeit. Hier wird den Erziehern besonders deutlich, wie wichtig Claudia inzwischen den anderen Kindern geworden ist. Sie fragen nach ihr, wenn sie gerade einmal nicht bei ihnen ist; sie schieben sie in ihrem Wagen bei Spaziergängen mit; viele unterbrechen immer wieder einmal ihr Spiel, um einige Minuten mit Claudia zu sprechen, ihr etwas zu zeigen o.ä., ohne das die Erzieher sie dazu auffordern würden.

Etliche Kinder registrieren auch sehr genau Veränderungen bei Claudia (wie übrigens bei einigen anderen Kindern auch). Ihnen fällt auf, daß Claudia besser ißt, weniger spuckt und daß sie kein Lätzchen mehr braucht.

Gelegentlich fragen Kinder, vor allem wenn sie beginnen, etwas mehr Interesse an Claudia zu entwickeln, warum Claudia nicht spricht, warum sie im Stühlchen sitzen muß. Weitere Nachfragen kommen fast nie.

War Claudia anfangs noch sehr auf die Erzieher angewiesen, um an Gruppenaktivitäten teilzunehmen, ist dies nun fast überflüssig. Natürlich braucht sie weiterhin die Erwachsenen, sei es für die pflegerische Betreuung, sei es für Einzelbeschäftigung, die sie mit Claudia machen, oder für die Unterstützung, die sie Claudia im Spiel mit anderen Kindern geben. Die Initiativen für viele Gemeinsamkeiten gehen jedoch von den anderen Kindern selbst aus.

In der Gruppe im Sonderkindergarten war Claudia nach den Berichten der Erzieherinnen wesentlich passiver und quengliger. Ähnlich ist es auch jetzt noch, wenn Claudia nachmittags in die Gruppe des Sonderkindergartens kommt; möglicherweise wird dies jedoch auch durch eine gewisse Ermüdung Claudias verstärkt.

Die Einzelbeschäftigung mit Claudia ist daher eine notwendige Ergänzung. Darüber hinaus ist sie noch in anderer Hinsicht bedeutsam: Claudia braucht lange Zeit des Vertrautwerdens mit einzelnen Personen. Ist diese Vertrautheit einmal hergestellt, kann sich Claudia mit erweiterten Möglichkeiten in solche Beziehungen einbringen. Sie läßt sich einerseits besser ansprechen, reagiert auf Aufforderung, hört zu, erhält den Anreiz z.B. zu neuen Bewegungen, wenn die Erzieherin mit ihrer Hand durch eine Kiste mit Perlen fährt etc., andererseits gelingt es ihr hier, sich deutlicher als sonst zu äußern, ihr Lächeln, Weinen, Quengeln wird differenzierter. In vielem gilt dies auch für Claudias Beziehungspartner. Sie brauchen das Vertrautsein mit Claudia, um über die Zugangsschwierigkeiten hinweg für Claudias Bedürfnisse, Empfinden und ihre Äußerungen sensibel zu werden. Dabei ist es von großer Bedeutung, daß Claudia für solche Beziehungen nicht ausschließlich auf die Erzieherinnen angewiesen ist. In wachsendem Umfang übernehmen Kinder die Rolle eines relativ stabilen anregenden Partners. Ohne die Grenzen zu übersehen, an die drei– bis sechsjährige Kinder in der Befassung mit Claudia stoßen, kann gesagt werden, daß dies für Claudia ein außerordentlicher Gewinn ist. Das Einfühlungsvermögen mancher Kinder für Claudias Empfinden läßt uns Erwachsene oft staunen, ihr kindlicher Einfallsreichtum, was Claudia an Spielen und Beschäftigungen gefallen könnte, erweitert die Möglichkeiten, Gemeinsamkeiten zu finden.

Wie sehr sich einzelne Kinder Claudia annähern, hängt natürlich stark von deren eigenen Bedürfnissen ab. So fand z.B. Nicole über Claudia zu Beginn ihres Kindergartenbesuches Sicherheit in der Gruppe; sie schließt sich Claudia, dem ruhigsten, ('kleinsten') Kind der Gruppe als erstem an. Erst als Nicole sich selbst in der Gruppe heimisch fühlt, ihren Bedürfnissen im Spiel und sonstigen Tätigkeiten nachgehen kann, wird Claudia zu einem *Spiel*partner von Nicole. Bei anderen Kindern, wie z.B. bei Konrad, fällt auf, daß er, der ansonsten ein großes Bewegungsbedürfnis hat, viel tobt und häufig wildere Spiele inszeniert, bevorzugt auf Claudia zugeht, wenn er ruhigere Tätigkeiten sucht.

Claudias Behinderung hat bei vielen Kindern der Gruppe Fragen ausgelöst (siehe vorn). Es scheint einerseits ein mehr 'funktionales' Interesse zu sein, andererseits eine Suche nach Vorstellungen, wie es Claudia ergeht. Nie führte sie zu Ausgrenzung oder moralischer Abwertung Claudias (dies darf sicherlich nicht ohne weiteres verallgemeinert werden); die Kinder konnten mit Claudia erleben, wie selbstverständlich auch ein Kind, das in vielem anders ist als sie selbst, dazugehören kann.

2.1.7 Marc

Marc, ein Junge mit Down-Syndrom, kam mit drei Jahren in den integrativen Kindergarten und ist zu Beginn der Beobachtung im Herbst 1982 viereinhalb Jahre alt. Er hat zwei ältere Brüder.

Marc kann zu Beginn der Beobachtung zielgerichtet laufen und greifen, feinmotorische Bewegungen fallen ihm jedoch noch schwer. Beim Montessori-Steckspiel erkennt er nicht den Zusammenhang zwischen den Löchern und der Größe der Holz-

stifte, beim Malen zieht er Linien über das Papier. Marc spricht im ersten Kindergartenjahr noch nicht, sondern verständigt sich hauptsächlich über Mimik und Töne. Mit Beginn der Beobachtung fängt er an, allmählich kleine Worte zu bilden. Die ersten sind „bitte" und „danke". Er verwechselt die beiden anfangs inhaltlich noch oft. Er versteht kurze Anweisungen wie „wasch dir die Hände" oder „zieh dich an". Wieviel er insgesamt versteht, ist unklar. Die Erzieher glauben, daß Marc sich gelegentlich auch verstellt, wenn er etwas nicht befolgen will.
Er ist noch nicht sauber, kann sich jedoch — wenn auch nur mühsam — alleine an- und ausziehen.
Er ißt alleine, zwar sehr langsam, aber ordentlich. Beim langsamen Essen verliert er häufig nach einer Weile die Lust, so daß ihn die Erzieherinnen meistens gegen Ende des Essens füttern. Marc kann sein Frühstück selbständig holen und wäscht sich auch alleine die Hände.

Am liebsten schaut Marc sich im Kindergarten Kataloge und Bilderbücher an und zeigt dabei große Ausdauer. Wir können beobachten, wie er ca. 30 Minuten mit einem Katatlog verbringt. Außerdem baut er gerne mit großen Klötzen, spielt mit den Lichtschaltern oder im Bad mit Wasser. Er spielt hautpsächlich alleine oder wendet sich den Erwachsenen zu und möchte von ihnen beschäftigt werden. Sie sollen mit ihm ein Bilderbuch betrachten, es ihm erklären oder ihm eine Geschichte vorlesen. Gerne hat er auch Fingerspiele oder Bewegungsübungen wie „Hoppe, hoppe, Reiter". Wenn er sich vernachlässigt fühlt, macht er etwas kaputt oder läuft weg; dabei ist zu beobachten, daß er beim Weglaufen solange an der Tür stehenbleibt, bis er entdeckt und zurückgerufen wird. Dann erst rennt er freudig lachend hinaus.
Besonders gerne geht er zur Logopädin und zur Krankengymnastin in die Einzeltherapiestunden. Sobald eine der Therapeutinnen in die Gruppe kommt, will Marc mitgehen und schmollt, wenn er noch nicht dran ist. Wird er nach der Therapie zurück in die Gruppe gebracht, hängt er sich an die Therapeutin und will

sie nicht mehr gehen lassen oder geht wieder mit hinaus, so daß es gelegentlich zu regelrechten Kämpfen mit ihm kommt und die Erzieherinnen ihn festhalten müssen.

Zu den Kindern sucht er wenig aktiven Kontakt. Er schaut ihnen aber interessiert beim Spielen zu und geht von Kind zu Kind oder von Kindergruppe zu Kindergruppe. Er erweckt dabei nicht den Eindruck, daß er in ihr Spiel miteinbezogen werden möchte, sondern daß ihm das Dabeisein und die passive Teilnahme ausreichen. Die Kindern nehmen jedoch von sich aus häufig Kontakt zu Marc auf. Marc ist in der Gruppe ein beliebtes Kind. Anfangs behandeln ihn die Kinder als den kleinen „Niedlichen" und dominieren ihn. Er ist bei Rollenspielen das „Baby", wird herumgetragen, gefüttert, an- und ausgezogen. Zuerst läßt Marc sich das alles gefallen, mit der Zeit aber lehnt er diese Art des Umgangs mit ihm ab. Er wehrt sich und stößt die anderen zurück, wenn er nicht mehr will; notfalls sucht er die Nähe der Erzieherinnen, die die anderen Kinder dann zurückhalten.

> *Marc läuft durch den Raum, begegnet dabei Martina. Martina nimmt ihn von hinten unter den Armen und trägt und schiebt ihn ohne Erklärung zur Garderobe. Dort setzt sie ihn auf die Bank. Marc stößt mit den Füßen nach ihr, sie geht weg.*
>
> *Mittagessen: Martin sitzt neben Marc; Martin nimmt Marcs Gabel, spießt eine Nudel von Marcs Teller auf und will sie Marc in den Mund schieben. Der schüttelt den Kopf und sagt: „Nein." Er zeigt auf Martins Teller: „Deiner." Martin legt die Gabel hin und beginnt, von seinem Teller zu essen. Marc nimmt seine Gabel und ißt alleine. Nach einer Weile will Martin Marc seinen Daumen mit einer Nudel in den Mund schieben. Marc kneift den Mund zu und schüttelt den Kopf. Die Erzieherin: „Ich glaube nicht, daß der Marc das will." Martin streift die Nudel ab und ißt weiter.*

Die Kinder behandeln Marc mit der Zeit weniger dominierend, aber sie behalten eine behütende und auch erzieherische Haltung ihm gegenüber bei.

> *Mittagessen: Die Erzieherin stellt eine Schüssel auf den Tisch und geht noch einmal hinaus, um einen Schöpflöffel zu holen. Die Kinder sitzen schon alle am Tisch. Marc versucht, sich mit den Fingern aus der Schüssel zu bedienen. Walter, der daneben sitzt, sagt: „Nein, Marc" und schiebt die Schüssel so weit weg, daß Marc sie nicht erreichen kann. Als die Erzieherin mit dem Löffel kommt, schiebt Walter die Schüssel wortlos wieder zurück.*

Die Kinder versuchen auch, Marc das Sprechen beizubringen, indem sie ihm Worte vorsprechen. Marc geht auf diese Wortspiele gerne ein, probiert neue Begriffe freudig aus. So ergeben sich kleine Interaktionen, in denen Kinder Marc etwas geben oder von ihm nehmen und immer wieder „bitte" und „danke" geübt wird. Gelegentlich soll er aber auch so schwere Worte wie „Nikolaus" aussprechen. Marc versucht zwar, das nachzusprechen, ist damit aber völlig überfordert, so daß meistens die Erzieherinnen eingreifen und den Kindern erklären, daß es zu schwer für Marc sei.

Elisabeth und Petra, zwei ältere Mädchen, gehen besonders häufig auf Marc zu und wollen mit ihm spielen, ihn versorgen. Auch wenn sie beide sich dominierend verhalten, zeigen sie viel Geduld und Einfühlungsvermögen für Marc und respektieren, wenn er etwas nicht mehr machen will. Marc spielt mit beiden gerne, beendet das Spiel aber meist nach kurzer Zeit von sich aus, um wieder im Raum herumzulaufen und den anderen zuzuschauen.

Klaus, ein sehr aktiver und oft auch ungeduldiger Junge, bezieht Marc öfters in seine Aktivitäten in der Bauecke mit ein und stapelt geduldig mit ihm Bauklötze auf. Marc baut gerne mit Klaus, beendet aber auch hier dieses Spiel nach ein paar Minuten immer wieder von sich aus und sucht sich eine neue Beschäftigung.

Insgesamt fällt auf, daß Marc bei seinen Aktivitäten — bis auf das Anschauen der Kataloge und einfache Beschäftigungen mit den Erziehern — wenig Ausdauer zeigt, sie immer wieder abbricht und nach etwas Neuem sucht.

> *Die Logopädin bringt Marc zurück in den Gruppenraum. Zuerst will er wieder mit ihr hinausgehen, dann geht er in die Puppenecke, legt sich auf die Matratze und schaut zwei Kindern zu , die mit Handpuppen spielen, nimmt aber keinen Kontakt auf (ca. 5 Minuten).*
>
> *10.00 Uhr: Marc kommt aus der Puppenecke, geht zu einer Beobachterin, schaut ihr kurz in das Gesicht, reagiert aber nicht auf Ansprache, geht dann zum Erzieher, der mit anderen Kindern beschäftigt ist und nicht auf Marc eingeht, und legt den Arm um ihn. Nach ca. einer Minute geht er in die Garderobe und nimmt sich einige Frühstückstaschen, zeigt sie ein paar Kindern, bringt sie zurück.*
>
> *10.15 Uhr: Er legt sich vor den Spiegel auf die Matratze und zerreißt ein Blatt Papier, dann rollt er sich auf den Boden, steht auf und holt sich Frühstücksgeschirr und sein Brot und beginnt am Frühstückstisch zu essen, ohne zu den anderen Kindern Kontakt aufzunehmen.*
>
> *10.28 Uhr: Er hat aufgegessen und räumt sein Geschirr weg; nimmt seine Tasche und läuft zur Beobachterin, zeigt ihr die Tasche, geht zurück zum Tisch und schaut den Kindern beim Essen zu, geht zur anderen Beobachterin, schaut sie nur an, geht dann ins Bad, Hände waschen.*

Zwischen Frühjahr und Sommer 1983 macht Marc plötzlich Rückschritte. Er spricht überhaupt nicht mehr, zieht sich nicht mehr an und aus. Insgesamt wird er unselbständiger und beginnt auch, nach anderen Kindern ohne ersichtlichen Grund zu schlagen. Die Kinder reagieren gelassen darauf, weisen ihn nur verbal zurück. Gelegentlich ist auch zu beobachten, daß sie ihn zum Schlagen animieren und ihm dann sagen, daß er das nicht tun darf.

In dieser Zeit ist Marc am liebsten mit der Praktikantin zusammen und will mit ihr toben oder Bilderbücher betrachten. Morgens spielen die beiden jeweils eine halbe bis eine Stunde zusammen. Kinder, die dazukommen wollen, werden von Marc zurückgeschubst.

Im Sommer 1983 wird er wieder selbständiger und aktiver. Auf eigenen Wunsch übernimmt er jetzt kleine Aufgaben. So holt er etwa vor dem Essen den Teewagen aus der Küche oder putzt nach dem Essen den Tisch ab.
Gleichzeitig beginnt er auch, vermehrt zu sprechen. Noch immer nimmt er von sich aus recht wenig Kontakt zu den Kindern auf, aber er holt sich selbstverständlich von den Kindern Hilfe. Er bittet sie dann etwa, Gegenstände für ihn aufzumachen, Schleifen zu binden etc. Auch zeigt er jetzt den Kindern immer von ihm gemalte oder gebastelte Werke.

> *Marc hat sich einen Montessori-Rahmen zum Knöpfenüben genommen und versucht, ihn aufzuknöpfen. Es ist zu schwer für ihn. Er geht damit zu Carlo, streichelt ihn am Arm und zeigt auf ein Knopfloch. Carlo hilft ihm, die Knöpfe zu öffnen. Marc spielt alleine weiter.*

Ein besonderes Interesse entwickelt Marc an Carsten. Carsten ist blind, bewegungsbeeinträchtigt und geistig behindert. Er sitzt in einem Rollstuhl, bewegt sich häufig monoton hin und her, schlägt sich auch zeitweise mit den Fäusten an den Kopf. Marc geht oft zu ihm hin, versucht Blickkontakt mit ihm aufzunehmen oder seine Arme festzuhalten. Carsten reagiert auf das Festhalten mit Schreien, so daß Marc immer wieder schnell aufhört. Marc beobachtet Carsten auch ganz genau.

> *Der Zvildienstleistende füttert Carsten, der eine spezielle Diät erhält. Marc stellt sich daneben, schaut zu. Carsten bewegt den Kopf heftig, so daß es schwer ist, ihm den Löffel in den Mund zu schieben. Marc hält ihn vorsichtig*

fest und dreht den Kopf in Richtung des Löffels. Sobald Carsten einen Löffel voll bekommen hat, öffnet Marc den Mund und will auch etwas haben.

Wenn Carstens Stuhl frei ist, setzt sich Marc häufig hinein, schnallt sich fest und macht Carstens Bewegungen nach. Dadurch ergibt sich oft Kontakt zu anderen Kindern, die ihn dann im Raum herumschieben, Spielsachen zu ihm bringen oder ihn anderweitig versorgen. Solche Aktivitäten hält Marc für seine Verhältnisse relativ lange aufrecht.

Vor dem Frühstück: Marc kommt aus der Sprachtherapie, setzt sich in Carstens Stuhl und macht dessen Bewegungen nach (ca. 5 Minuten). Elisabeth kommt dazu, schnallt Marc fest, fährt ihn zum Frühstücktisch und sagt: „Du frühstückst jetzt". Sie geht sein Frühstück holen, Marc versucht, den Gurt zu öffnen und schaut hilfesuchend die Beobachterin an. Sie macht ihm den Gurt auf, Marc steht auf und schiebt den Wagen in eine Ecke. Elisabeth kommt zurück, setzt Marc, der es sich bereitwillig gefallen läßt, wieder in den Stuhl und schiebt ihn an den Tisch. Sie will ihn wieder festschnallen, Marc ruft „nein", und die Erzieherin erklärt Elisabeth, daß sie Marc nicht festzuschnallen brauche, er würde ja nicht aus dem Wagen fallen.
Elisabeth gibt Marc sein Frühstück und schenkt ihm Kakao ein. Beide frühstücken. Ein Kind lehnt sich an den Rollstuhl und verschiebt ihn etwas. Elisabeth: „Eh, laß den Marc stehn."
Als beide fertig sind, schiebt Elisabeth Marc in die Garderobe und hängt seine Tasche zurück. Dann nimmt sie ihn an der Hand und führt ihn ins Bad, schließt die Tür. (Dort wäscht sie ihm die Hände.) Beide kommen wieder Hand in Hand heraus, gehen zum Stuhl zurück. Marc setzt sich hinein und Elisabeth fährt ihn aus dem Raum, um ihn im Flur auf und ab zu schieben.

Nach den Sommerferien 1983 ist Marc sauber und hat deutliche Fortschritte im Sprechen gemacht. Er spricht zahlreiche Worte verständlich und bildet Dreiwortsätze.

In der Gruppe sind jetzt mehr als die Hälfte der Kinder neu. Die neuen Kleinen nehmen die Erzieher stark in Anspruch und für Marc bleibt wenig Zeit. Auch die großen Mädchen, die sonst mit ihm spielten, sind in die Schule gekommen. So steht er in den ersten Wochen die meiste Zeit nur da und beobachtet das neue Treiben, Die Kinder beachten ihn kaum. Kommt ihm ein Kind zu nahe, schlägt er es oder schubst es weg. Gelegentlich geht er auch auf ein Kind direkt zu und schlägt es oder zieht es an den Haaren.

Ganz langsam, im Oktober 1983 entwickelt er eine Beziehung zu zwei der neuen Kinder, Lukas und Rosi. Lukas ist leicht entwicklungsverzögert und sprachbehindert. Die sechsjährige Rosi hat einen Entwicklungsstand von ca. drei Jahren, spricht nicht, ist sehr ängstlich und scheu, steht meistens an der Wand oder sitzt unter einem Tisch. Ihre einzigen Interaktionspartner sind zunächst die Erzieher, aber auch ihnen gegenüber ist sie verschlossen und vorsichtig. Zuerst schlägt und schubst Marc besonders diese beiden Kinder, dann ändert er seine Beziehung zu beiden, indem er ihnen den Kindergarten, die Spielsachen zeigt und ihnen bei verschiedenen Aktivitäten wie beim An- und Ausziehen oder Toilettengehen hilft. Besonders Rosi mag er gerne. Morgens wartet er auf sie in der Garderobe und ruft währenddessen ihren Namen. Kommt sie, zieht er ihre Jacke aus und drängt die Erzieherin, falls diese ihre Hilfe anbietet, weg. Er will alleine Rosi ausziehen. Rosi läßt sich von Marc gerne und bereitwillig helfen. Das ängstliche Kind lacht und kichert jetzt häufiger und wird lebhafter und geht erstmals aus sich heraus.

Marc selbst wird zu dieser Zeit immer aktiver in der Gruppe. Er beginnt, sich hin und wieder an kleinen Spielen zu beteiligen. So sitzen etwa morgens einige Kinder in der Garderobe und spielen verschiedene Tiere. Marc ist als „bellender Hund" auch mit dabei. Er beteiligt sich auch mehr beim Malen und Basteln.

Seine Bilder nehmen konkrete Formen an.
Es ist zu beobachten, daß er sich zu unterschiedlichen Aktivitäten unterschiedliche Partner sucht. Zu Ingo, einem unkomplizierten und ruhigen Jungen, geht er, um sich mit ihm etwa beim Malen zu beschäftigen. Beide schmusen auch zeitweise miteinander.

Vor dem Frühstück stehen Marc und Ingo gemeinsam am Waschbecken. Sie umarmen sich zärtlich und küssen sich.

Klaus ist als Partner für Tobespiele beliebt. Dabei achtet der stärkere Klaus genau darauf, Marc nicht wehzutun. Mit Martin dagegen, einem kleinen Rowdy, dem Marc körperlich überlegen ist, prügelt sich Marc regelmäßig.

Marcs sprachliche Entwicklung macht weiter Fortschritte und ermöglicht ihm, sich den Kindern deutlich mitzuteilen. Er kann jetzt zahlreiche Worte verständlich aussprechen und beginnt auch, damit zu spielen. Ihm ist etwa die genaue Bedeutung der Worte ,,Tee" und ,,Kakao" bewußt; er tauscht sie begeistert aus, wenn er von den Erzieherinnen Kakao will und Tee verlangt. Er bittet jetzt auch öfters die Erzieherinnen um dieses oder jenes; wenn er es erhält, hat er jedoch gar kein Interesse daran.
Im Frühjahr 1984 kennt er alle Kinder der Gruppe beim Namen und ruft sie nacheinander zur Begrüßung, wenn er morgens hereinkommt. Die meisten Kinder rufen ihn zurück.
Gegen Ende der Beobachtung zeigt Marc deutliche Zeichen einer Trotzphase. Er hört weniger auf die Erzieher, sagt laut und deutlich und sehr gerne ,,Nein".

Zu Beginn der Kindergartenzeit ist Marc noch der Kleine, der bei den anderen Kindern starke Versorgungswünsche hervorruft. Daß sie dabei gelegentlich auch ihre eigenen Stärken demonstrieren und sich als ,,Erziehende" erleben, zeigt sich in dem Versuch, ihm das Wort ,,Nikolaus" beizubringen, oder darin, ihn erst zum Schlagen zu provozieren und dann zu ermahnen.

Er gehört für die Kinder dazu, ist ein festes Mitglied der Gruppe. Aber sie sehen in ihm keinen Spielpartner, der eigenständige Anstöße mit einbringen kann. Für Marc ist die erste Möglichkeit, sich als eigene Person einzubringen, das Zurückweisen der Hilfs- und Versorgungangebote der anderen. Für ihn sind die Erwachsenen zunächst attraktivere Partner als die Kinder, da sie eher auf ihn eingehen können und ihm die erwünschte Zuwendung intensiver und ungeteilt geben können. Marc scheint diese Zuwendung zu erwarten und für selbstverständlich zu halten. Er wirkt etwas verwöhnt (zu Hause hat er zwei wesentlich ältere Brüder, die mit ihm spielen). Die Erzieherin sagt einmal über ihn: „Ich habe immer das Gefühl, er merkt, ich brauche mehr Zuwendung, ich brauche jemanden für mich, ihr müßt mir halt helfen". Marc weiß auch genau, wie er notfalls Aufmerksamkeit erreichen kann, nämlich indem er etwas kaputtmacht oder wegläuft. Diese Taktik wendet Marc auch zu Hause an, so daß seine Eltern die Haustür immer verschlossen halten. Marc erlebt, daß ihm selten negative Folgen drohen. Die Erzieherin: „Wenn der einen so ansieht, kann man ihm doch nicht böse sein".

Marcs Rückschritte im Frühjahr 1983 erscheinen im Kontext gut verständlich. Er bereitet sich auf einen großen Entwicklungsschritt in der Sprache vor und zeigt davor ein Regredieren. Der neue Entwicklungsschritt beinhaltet auch, daß Marc von sich aus mehr in den Kindergarten einbringt. Noch ist er dabei an den Erzieherinnen orientiert, seine Tätigkeiten sind solche, die eher von seiten der Erzieherinnen als von seiten der Kinder Beachtung finden (Tische abputzen u.ä.).
Marc stellt an Carsten das Anders-Sein eines anderen Kindes fest. Zuerst versucht er, durch Nachahmung sich ein Bild von Carsten zu machen und genießt gleichzeitig die Aufmerksamkeit, die ihm als „Carsten" zufließt, wenn die anderen Kinder ihn herumschieben oder versorgen. Er beobachtet dann Carsten genau, und durch die Teilnahme am Essen findet er eine gemeinsame Ebene zwischen Carsten und sich selber. Vielleicht erlebt er auch hier erstmals seine eigene Überlegenheit gegenüber einem Schwäche-

ren. Nachdem ihn bisher hauptsächlich Gegenstände interessiert haben, beginnt er jetzt aktiv, sich mit den Kindern auseinanderzusetzen. Der Umgang mit Carsten ist ein erster Schritt dazu.

Eine ganz entscheidende Veränderung tritt nach dem Sommer 1983 ein. Nach einer ersten Phase der Verunsicherung und Orientierungslosigkeit gewinnt Marc an Stärke. Er ist jetzt in der Lage, den Neuen und Kleineren etwas zu zeigen. Im Umgang mit Lukas und Rosi erlebt er seine eigenen Fähigkeiten und gibt sie weiter. Nun ist er nicht mehr der Kleine, Hilfsbedürftige, sondern der Überlegenere.

Er kann jetzt auch differenzierter seine Wünsche umsetzen, weiß, mit wem er was am besten machen kann, und sucht sich die entsprechenden Partner. Damit gewinnt Marc zunehmend Unabhängigkeit von den Erwachsenen und kann es sich leisten, deren Hilfestellungen bzw. Anweisungen abzulehnen. Seine Beziehungen zu den Kindern und Erwachsenen stehen somit deutlich im Zusammenhang mit seiner kognitiven und sprachlichen Entwicklung.

Daß Marc die Entwicklung seiner Fähigkeiten genießt, zeigt sich daran, daß er mit Worten — die er so lange nicht benutzen und nutzen konnte — regelrecht spielt, und daß er Dinge verlangt, die er gar nicht haben will. Nicht das Haben an sich ist wichtig, sondern das Ausdrückenkönnen eines Wunsches ist die wesentliche Befriedigung.

Marc konnte in der integrativen Gruppe lernen, sich im geschützten Rahmen gegen andere, auch gerade gegen die Hilfsangebote anderer zur Wehr zu setzen und darüber vermehrte Eigenständigkeit zu erfahren. Er erfuhr früh, daß versorgtwerden nicht nur Hilfestellung darstellt, sondern auch eine Einschränkung bedeuten kann, aber auch, daß Sich-zur-Wehr setzen nicht verlassenwerden bedeutet. Zudem erhielt er von den Kindern viele Anregungen, und es wurde ihm viel Zeit gelassen, diese für sich zu verwenden. Im Verlauf seiner Entwicklung kam er in der Lage, das Gelernte an andere Kinder weiterzugeben. Seine Tätigkeiten und Fähigkeiten beschränkten sich jedoch nicht nur auf die

Hilfe, die er Rosi und Lukas zukommen ließ, er hatte auch andere Bedürfnisse und konnte in der altersheterogenen Gruppe sehr differenziert passende Partner für seine jeweiligen Beschäftigungen finden.

2.1.8 Karola

Karola wurde im Oktober 1978 geboren und kam mit vier Jahren, im September 1982, in den integrativen Kindergarten. Sie hat keine Geschwister. Karola ist ein behindertes Kind. Die Ursache für ihre mehrfache schwere Behinderung ist wahrscheinlich eine Rötelnembryopathie mit Beeinträchtigungen bzw. Störungen des Sinnesbereichs, der geistigen Entwicklung sowie der Motorik. Das Ausmaß und die Art der Beeinträchtigung, besonders im visuellen und auditiven Bereich, ist nicht zuverlässig zu diagnostizieren. Bei Eintritt in den Kindergarten zeigt Karola folgende Symptomatik:
Sie kann nicht frei im Raum gehen und kann mit dem rechten Auge nicht sehen. Eine zentral-auditive Störung wird vermutet, außerdem spricht sie keine Wörter, sondern für Außenstehende unverständliche Laute.
(Es gibt eine Privatsprache innerhalb der Familie; nach Auskunft der Mutter sagt sie Mama, Papa, dada, hamham, heia, adi, gagi.)

Karola zeigt motorische Stereotypien in Form von auffallenden Drehbewegungen des Kopfes und Oberkörpers sowie — seltener — rhythmische Schaukelbewegungen. Die Stereotypien werden von einer Art Lall-Monolog (Lauten unterschiedlicher Stärke und Tonlage) begleitet. Karola trägt Windeln, ein Toilettentraining wurde noch nicht (auch später nicht) begonnen. Karolas Zähne sind schlecht, die Kaumuskulatur kaum entwickelt, da sie bislang vorwiegend breiartige Nahrung zu sich genommen hat. Sie schläft nachts schlecht, weint dann und wird oft stundenlang herumgetragen. Kinder und Bezugspersonen scheint sie nicht als Personen wahrzunehmen.

Die Mutter hat sich ganz auf die Pflege Karolas eingestellt, so daß die Trennung am Vormittag, durch den Besuch des Kindergartens, nach vier Jahren ständigen Zusammenseins eine große Umstellung bedeutet. Die Mutter kann langsam Vertrauen entwickeln und ein Gefühl der Entlastung zulassen. Karola zeigt keine Reaktionen auf die Trennung wie Anklammern oder Weinen. Das Wiedererkennen, wenn die Mutter mittags kommt, ist deutlich. Karola wird das erste Dreivierteljahr von der Mutter gebracht und meist vor dem Mittagessen abgeholt. Danach kommt sie morgens mit dem Kindergartenbus, und nach dem Mittagessen holt sie die Mutter.

Das erste Kindergartenjahr Karolas ist bestimmt von räumlicher und gegenständlicher Orientierung. Anfangs bewegt sie sich den Wänden entlang, kann noch nicht ohne Halt aufstehen, wenn sie gefallen ist. Sie gewinnt zunehmend Sicherheit, innerhalb des Gruppenraumes. Nach neun Monaten ist Karola in der Lage, sich nicht nur im Raum, sondern auch im Freien selbständig zu bewegen. Bis zu einer Stunde hält sie sich in entlegenen Teilen des Gartens auf, befühlt und bewegt Blätter und Nadeln der Bäume und Sträucher. Im Gruppenraum zeigt sie eine besondere Vorliebe für das Puppenhaus, die Werkbank, den Kaufladen. Dabei ist zu beobachten, wie sie häufig eine halbe bis ganze Stunde nahezu selbstvergessen mit Gegenständen oder Werkzeugen hantiert. Da ihre Feinmotorik verhältnismäßig gut entwickelt ist (sie zu Hause viel in dieser Richtung gefördert wird), kann sie Dinge wie kleine Puppenmöbel oder Holzfigürchen in ihre Beschäftigung einbeziehen. Die Erzieherin bastelt mit ihr häufig. Karola kann in einem vorgegebenen Rahmen kleben, beim Schneiden einem geraden Strich folgen, übt das Perlen-Auffädeln sowie mit der Schere und mit dem Messer zu schneiden. Es sind Fortschritte der grobmotorischen Entwicklung im Turnen (Purzelbaum), beim Roller- und Dreirad-Fahren zu beobachten.

Bei ihrem intensiven Umgang mit Gegenständen und der Erkundung der räumlichen Gegebenheiten kommt Karola mit Kindern in Kontakt, wobei diese Interaktionen zunächst den Charakter der Zufälligkeit, des Nebeneinanders haben. So, wenn Karola im Wege ist, wenn sie etwas wegnimmt, was andere auch haben wollen — sie z.B. zuviel und zulange Platz am Puppenhaus beansprucht — oder wenn sie aus Interesse an einem Gegenstand zu einem Kind hingeht.

Da die Kinder anfangs noch nicht einschätzen können, was Karola vorhat, wenn sie sich ihnen bei Spielen nähert, sind sie manchmal verunsichert und wehren Karola mit ,,Nein, Karola", ,,Laß das, Karola" ab. Mit der Zeit erfahren sie, daß Karola sehr behutsam ist und ihnen nichts kaputt macht.

Anfangs zeigt Karola keine den Kindern geläufigen Reaktionen auf deren Aufforderungen, Abgrenzungen bzw. Anweisungen.

Karola kommt an den Verkehrsteppich, stellt sich mitten hinein. Tom (ein hör- und sprachbehinderter Junge, fünfeinhalb Jahre) mag nicht, daß sie da spielt, fühlt sich gestört. Er zieht den Teppich weg. Die Erzieherin: ,,Karola will auch spielen". Tom macht ‚bumbum' in Richtung Karola und geht dann weg. Karola vertieft sich ins Spiel, hält sich nicht am Rande auf, wie es ihr die Erzieherin als Spielregel gezeigt hat, sondern mitten auf dem Teppich. Sie schiebt ein Holzauto hin und her. Tom kommt nach kurzer Zeit zurück und fährt mit einem Auto aggressiv dazwischen. Karola glättet ruhig den verrutschten Teppich, gibt zufriedene Töne von sich, scheint unbeirrt. Akir (dreieinhalb Jahre) kommt hinzu, fährt mit einem Auto zwischen Karolas Spiel. Sachen, die sie aufgestellt hat, fallen um. Sie reagiert nicht wahrnehmbar. Akir geht weg. Kurz danach geht Karola zur Werkbank und wirft Werkzeug und Holzstücke hinunter, gibt dabei zornige Töne von sich. (Dauer: 25 Minuten)

Im Laufe des Jahres können die von Karola in Tönen geäußerten Befindlichkeiten von den Kindern deutlich wahrgenommen und eingeordnet werden. Karola kann sie auch meist unmittelbarer auf ein Geschehen äußern. Sprache entwickelt sich nicht nennenswert, vereinzelt ist „nein, nein" oder „ja" zufällig als Antwort oder Reaktion auf eine bestimmte Situation zu hören oder — als Nachahmung — „ohje" (eine Sprachgewohnheit der Erzieherin). Karola wird bei Kindern auch über ihre motorische Besonderheit und den damit einhergehenden Geräuschen von wechselnder, teilweise erheblicher Lautstärke wahrgenommen. Die motorischen Stereotypien sind häufig zu Beginn des Kindergartentages, aber auch zwischendurch zu beobachten, wobei Karola ihr Gesicht anfangs oft mit einer Windel oder einem Tuch bedeckt. Die Mutter hat die Erfahrung gemacht, daß Karola aus solchen Situationen durch interessante Angebote herausgeholt werden kann. Von der Erzieherin werden keine gezielten Versuche gemacht, die Drehbewegungen zu beenden. Karola findet selbst heraus, indem sie sich Gegenständen zuwendet. Manchmal dauern die Phasen nur eine Minute, zeitweise bis zu einer halben Stunde (Dauer und Häufigkeit sind also recht unterschiedlich). Peter z.B. beschäftigen diese Drehbewegungen Karolas.

Karola steht seit einigen Minuten im Raum und macht rhythmische Drehbewegungen mit Kopf und Oberkörper. Peter beobachtet sie eine ganze Weile, dann beginnt er, das Bewegungsmuster nachzumachen. Dabei ruft er der Erzieherin zu: „Ich sehe dann immer das Silber an der Lampe. Jetzt wird mir schwindelig."

Es kommen (selten) Äußerungen von Kinder darüber, wie Karola von ihnen wahrgenommen wird: „Die Karola geht anders", „Sie sieht nichts mit dem einen Auge"; ein Kind ahmt im Urlaub die Laute Karolas nach und irritiert seine Eltern damit sehr. Schaukelbewegungen sind manchmal beim Mittagessen zu beobachten, an dem Karola nach einem halben Jahr regelmäßig teilnimmt und zunehmend lernt, selbständig zu essen und sich die Speisen alleine zu nehmen. Wenn ein Kind oder die Erzieherin sie bei diesem Schaukeln zu stoppen versucht, steuert Karola mit viel Kraft dagegen, wehrt sich.

Beim Mittagessen sitzt Peter neben Karola. Diese schaukelt heftig. Er hält sie an den Schultern, sagt: "Laß doch die gymnastischen Übungen beim Essen, Karola". Sie läßt sich kurz anhalten, schaukelt dann weniger heftig weiter.

Besonders Ina beschäftigt sich anfangs auch in fürsorglicher Weise mit Karola. Sie fordert sie beim Spiel "Der dicke Tanzbär" auf, von ihr läßt Karola sich als erste an der Hand führen. Ina lädt sie nach Hause ein.

Die Rolle, die die Gruppe und einzelne Kinder für Karola spielen, ist im ersten Jahr noch kaum ersichtlich. Wenn die Gruppe zum Frühstück in die Küche geht, scheint Karola das gar nicht zu merken, solange sie auf eine bestimmte Sache fixiert ist. Erzählen sich die Kinder beim Essen etwas und lachen beispielsweise laut dabei, wirkt Karola unbeteiligt. Bei allen gemeinsamen Unternehmungen, wie z.B. Ausflügen, Turnen, Stuhlkreis, Mahlzeiten, braucht Karola anfangs die intensive Hilfe der Erzieherin, um dabeisein zu können, sich im Gruppengeschehen einzuordnen und das Stillsitzen zu lernen. Die Kinder erfahren, daß Karola in bestimmten Situationen mehr Aufmerksamkeit der Erzieherin braucht. Karola nimmt die Erzieherin auch als Hilfe wahr, holt sie sich, wenn sie nicht alleine zurechtkommt oder nähert sich ihr, wenn sie Schmerzen hat (Karola hat häufiger Zahn- oder Ohrenschmerzen). Anfangs erwecken diese Kontakte den Anschein von Beliebtheit, nach einem halben Jahr hat die Erzieherin den Eindruck, als Person von Karola wahrgenommen zu werden.

Die Bedeutung, die die Gruppe und einzelne Kinder für Karola haben, werden im Verlauf des zweiten Kindergartenjahres deutlicher. Wie sie auf ihre Weise teilhaben kann am Geschehen, zeigt folgendes Beispiel:

> *Die Kinder bauen gemeinsam einen ganz hohen Turm. Karola beteiligt sich, indem sie, als sie danach alleine in der Bauecke ist, vorsichtig und sehr geschickt kleine Figuren hineinstellt. Als die Kinder dann später zusammen den Turm zerstören (mit Freude), ist sie fast wütend. Sie hat den Entscheidungsprozeß nicht mitvollziehen können.*

Zu einem anderen Zeitpunkt gibt es Situationen, in denen sie Spaß daran hat, Selbstgebautes zu zerstören.

Karola ist in der Lage, mit Unterstützung der Erzieherin oder eines älteren Kindes ein bestimmtes Regelspiel (Quips) mitzumachen, wenn die anderen Kinder eine Sonderregelung für sie akzeptieren, da sie zwar Farben zuordnen kann, die Bedeutung des Würfels aber noch nicht begreift. Beim Vorlesen im Kreis kann sie jetzt ruhig und aufmerksam dabei sein und beginnt selbst, Bücher auszusuchen und anzuschauen, wobei deutlich wahrzunehmen ist, wenn sie etwas besonders fasziniert. Im Garten läßt ihr weiträumiges Erkundungsbedüfrnis nach, sie findet ins Zentrum des Geschehens. Mit Hilfe der Erzieherinnen wird sie mit Schaukeln und Rutschen vertraut, lernt zu hüpfen und zu springen, sich mit den verschiedenen Geräten zu befassen, im Sandkasten zu spielen. Sie geht nun auch mit ins Schwimmbad.

Karola sucht zunehmend die Nähe der Kinder und zeigt erste Anzeichen von persönlichem Interesse an ihnen oder Reaktionen auf Kinder, die sich um sie bemühen.

Peter klopft an der Werkbank Nägel in ein Brett. Karola steht daneben. Nach einiger Zeit holt sie einen Hammer und will auch einen Nagel einschlagen. Peter zeigt der Erzieherin das Brett mit den Nägeln. „Das hab ich für Karola gemacht."

Es wird nun deutlich, daß Karola die Kinder erkennt. Constanze, ein dreijähriges Mädchen mit Down-Syndrom, die neu in die Gruppe kommt, ist ein Schlüsselkontakt für Karola. Constanze ist distanzlos im Umgang mit Kindern. Durch ihr ungestümes Verhalten fordert sie Karola heraus und überfordert sie auch häufig, so daß Erzieher und größere Kinder, wie z.B. Peter, Karola schützen müssen. Anfangs fürchtet sich Karola vor Constanzes Überschwang, sie ist ihm nicht gewachsen. Als Constanze länger im Kindergarten fehlt, nimmt sie jedoch wiederholt deren Photo von der Wand. Mit der Zeit entwickelt sie eine besondere Bindung zu ihr.

Karola macht fast eine halbe Stunde lang Drehbewegungen, scheint dabei gut gelaunt und zufrieden zu sein, läßt sich nicht stören. Constanze wird gebracht. Sie geht auf Karola zu, stupst sie, gibt fröhliche Laute von sich. Karola hört sofort auf zu drehen und geht Constanze in die Puppenecke nach. Dort sitzen sie sich gegenüber, stupsen sich an, lächeln. Constanze sagt ein paarmal: „Karola". Karola gibt vergnügte Laute von sich.
Constanze hält Karola ihren Brotbeutel hin, Karola reagiert nicht darauf. Constanze hält ihn dicht unter ihre Nase. Karola reagiert nicht. Constanze nimmt Karolas Hand, legt sie auf den Brotbeutel und macht ihr die Finger zu einer Faust. Dabei wiederholt sie mehrmals: „Da, da." Karola greift den Brotbeutel, lächelt dabei und gibt zufriedene Töne von sich. Constanze umarmt Karola spielerisch. Irgendwann wird es für Karola zuviel. Sie scheint gequält. Peter kommt, sagt zu Constanze, daß Karola das wehtue und sie das nicht machen solle. (vgl. 2.2.4.2c).

Die wichtige Wirkung einer schmerzlichen Erfahrung auf Karolas emotionale Entwicklung zeigt in dieser Zeit ein Erlebnis mit Hannes (drei Jahre, neu in der Gruppe). In einem unbeobachteten Moment tritt Hannes Karola im Garten recht heftig und tut ihr sehr weh. Karola ist das erste Mal mit einem Kind ohne unmittelbaren Schutz eines Erwachsenen oder anderen größeren Kindes konfrontiert. Sie weint danach den ganzen Tag, und auch die folgenden Tage wirkt sie noch sehr niedergeschlagen. Hat Karola bislang in Situationen des Angegriffen- oder Abgewiesenwerdens mit Gleichgültigkeit, Autoaggression oder verzögert und auf Gegenstände verlagert mit Wut reagiert, so kann sie durch derartige — meist weniger schmerzlich verlaufende Erlebnisse — zunehmend für die Kinder verständlich Verletztheit, Traurigkeit oder Betroffenheit zeigen und wird durch solche Reaktionen den Kindern vertrauter.

Am deutlichsten zeigt sich Karolas emotionale Entwicklung im Umgang mit Erwachsenen. Beim Abholen kann sie der Mutter ihre Freude und Zärtlichkeit immer offener zeigen. Hat sich im ersten Jahr fast ausschließlich die Gruppenleiterin um Karola gekümmert, sich für ihr Wohlergehen und ihre Entwicklung verantwortlich gefühlt, so können nun auch Praktikantinnen und Zivildienstleistende in die Betreuung mit einbezogen werden. Die Erzieherin ist grundsätzlich akzentuierter als bei anderen Kindern in der Rolle des Begleiters und Helfers. Bei Auseinandersetzungen der Kinder mit Karola muß sie abwägen, wie lange sie Karola in einer Konfrontationssituation lassen kann, wann sie sich unterstützend einschalten muß. Karola wird ohne ihre Hilfe vorerst immer noch die Schwächere sein, da sie sich nicht verbal auseinandersetzen kann, und selbst wenn sie — manchmal jetzt — sich körperlich wehrt, ist sie den anderen nicht gewachsen. Die Intensität der Betreuung hat sich mit Karolas zunehmender Selbständigkeit zwar verringert, im Umgang mit Kindern ist die Aufmerksamkeit der Erzieherin aber weiterhin gefordert. Sie kann nicht erwarten, daß sich die Kinder so verständnisvoll und fürsorglich Karola gegenüber verhalten, wie das häufig z.B.

bei Peter der Fall ist. Es gibt Situationen, in denen auch er diese Fürsorglichkeit ablehnt. (vgl. 2.2.4.5e).
Karola sucht nun auch körperliche Nähe zu den Bezugspersonen. Als sie nach siebenwöchiger Krankheit (Keuchhusten) wieder in den Kindergarten kommt, setzt sie sich auf den Schoß der Gruppenleiterin und packt sie ganz fest um den Hals. Zu fremden Erwachsenen, wie z.B. Eltern anderer Kinder, nimmt Karola noch keinen Kontakt auf, was für diese den Umgang mit ihr erschwert. Wir Beobachterinnen haben Karolas zunehmendes Bedürfnis nach Nähe persönlich erlebt. Im ersten halben Jahr ist sie noch irritiert, als ein Holzstück, mit dem sie sich gerade beschäftigt, von einer Beobachterin berührt und leicht bewegt wird, um auf diese Weise zu ihr Kontakt aufzunehmen. Zu Beginn des zweiten Kindergartenjahres interessiert sie sich für den Photoapparat, will ihn halten. Kurz danach läßt sie sich an die Hand nehmen und setzt sich gegen Ende des zweiten Jahres von sich aus auf den Schoß einer Beobachterin, sucht offensichtlich körperliche Nähe.

Der integrative Kindergarten bietet Karola den Rahmen, um die für sie anstehenden Entwicklungsschritte zur Selbständigkeit machen zu können.
Ihre grobmotorische Unsicherheit verringert sich zunehmend und damit verschwindet ihre anfängliche Hilflosigkeit und das Angewiesensein auf ständige Betreuung. Sie wird sicherer in ihren Bewegungen, kann sich selbstbestimmt von vertrauter Umgebung entfernen, Neues erkunden. Die Intensität ihres Bewegungsdranges und die daraus folgenden langanhaltenden Absonderungen Karolas im Garten sowie die ausschließliche gegenständliche Orientierung im ersten Kindergartenjahr geben vorübergehend Anlaß zu Überlegungen, ob diesen autistischen Tendenzen gezielt entgegengewirkt werden sollte.
Die Geduld der Erzieherin und das Vertrauen, das sie Karola entgegenbringen kann, ihr behutsames Begleiten der Aktivitäten und ihre Gespür dafür, wann ein Gewährenlassen angezeigt ist, wann Forderungen an sie gestellt werden müssen und wie

weit sie Herausforderungen aushalten kann, erweisen sich als angemessene Hilfe.

Karola hat lange anscheinend kein Interesse an Personen — Kindern wie Erwachsenen. Da sie sich noch nicht von anderen abgrenzen kann, ist es ihr anfangs nicht möglich, emotionale Beziehungen aufzunehmen oder auf derartige Angebote einzugehen.

Der Umgang mit Gegenständen — der zunächst also ein Vermeiden von persönlichen Kontakten ist — wird zunehmend differenzierter und bekommt sinnvolleren Charakter. Karola lernt, mit Hilfe der Erzieherin an Gruppenaktivitäten teilzunehmen und langsam ein von den Kindern akzeptiertes Mitglied der Gruppe zu werden. Ein entscheidender Entwicklungsschritt erfolgt, als sie Gefühle wie Schmerz, Wut, Trauer und Freude sowie Zuneigung zeigt und solche emotionalen Reaktionen direkt auf ein konkretes Erleben folgen. Dadurch wird Karola für andere als Person deutlicher wahrnehmbar. Zunehmend kann sie mit Kontakten, sei es Zuwendung oder Ablehnung/Aggressivität umgehen, ohne darüber die eigenen Intentionen aufzugeben. Sie beginnt, sich wehren zu lernen.

In der Suche nach Nähe zu Erwachsenen signalisiert Karola ganz neue Bedürfnisse, indem sie sich der Erzieherin auf den Schoß setzt oder den Kopf in den Schoß legt.

Karola wird in der integrativen Kindergruppe täglich mit vielfältigen Eindrücken und Herausforderungen konfrontiert, die für ihren Entwicklungsverlauf wichtige Anstöße bringen, und die in einem Sonderkindergarten nicht bedeutsamer sein könnten.

Die anderen Kinder und die Bezugspersonen erfahren Verhaltensweisen und Reaktionen, die sie anfangs irritieren, weil sie ihnen ungewohnt sind, die sie aber als mögliche Lebensäußerungen zu aktzeptieren und einzuordnen lernen können. Die Kinder haben zunehmend mehr Möglichkeiten, sich Karola zuzuwenden, wobei es naheliegend ist, daß sie dabei Fürsorglichkeit zeigen. Wobei aber auch deutlich wird, daß die Bedürfnisse Karolas nicht immer von ihnen richtig eingeschätzt werden können bzw. sie Aggressionen loswerden müssen.

Das Erlebnis mit Hannes und der Kontakt mit Constanze tragen dazu bei, daß Karola in der Gruppe anders wahrgenommen werden kann. Ihre anhaltende Betroffenheit, ihre Traurigkeit und ihr Weinen sind für die Kinder verständliche Reaktionen auf das Verhalten von Hannes, der sich zu dieser Zeit anderen Kindern der Gruppe gegenüber in gleicher Weise verhält.
Im Umgang mit Constanze erleben die Kinder Karola in einer zärtlichen, lebendigen Beziehung zu einem Kind, mit dessen unberechenbarer Emotionalität sie sich selbst häufig auseinandersetzen müssen. Von daher sind Ihnen die Überforderungssituationen Karolas gefühlsmäßig vertraut, wenn sie sich auch meistens deutlicher abgrenzen können.

2.2 Erscheinungsweisen der Interaktionen und ihre Bedeutung für die Kinder

Aus dem Beobachtungsmaterial konnten wir nach phänomenologischen Gesichtspunkten eine Systematik der Interaktionen erstellen. Wir haben also unsere Beobachtungen nicht aus dem Blickwinkel der Systematik gemacht, sondern diese aus dem gesammelten Material herauskristallisiert. Leitaspekt dieser Gliederung ist die sichtbare Beteiligung der Kinder. Diese fällt weder mit der Bedeutung der Interaktionen für die jeweiligen Kinder zusammen, noch ist sie als chronologische Abfolge oder qualitative Stufung zu verstehen.

Die Funktion der systematischen Fassung der Erscheinungsweisen der Interaktionen ist es,
— sich das mögliche Spektrum der Beziehungen der Kinder zu vergegenwärtigen,
— eine Stütze zu haben, um die Interaktionen in der Variabilität ihrer möglichen Bedeutung zu verstehen
— und Anhaltspunkte zu finden, was Kinder darin erfahren können.

Diese Systematik soll also nicht Schubladen für Interpretationen von Interaktionsabläufe bieten. Die jeweilige Bedeutung einer Interaktion für die daran beteiligten Kinder wird erst in der Rückkopplung mit den Entwicklungsverläufen dieser Kinder und/oder im Zusammenhang mit der Dynamik der Gruppenprozesse nachvollziehbar. Dafür kann das im folgenden ausgeführte Spektrum der Interaktionsweisen und ihrer möglichen Bedeutung eine Verstehenshilfe sein.

2.2.1 Nebeneinander/Nichtbefassen

Diese Kategorie umschreibt Beobachtungen, bei denen kein sichtbares Sich-miteinander-Befassen der Kinder wahrzunehmen ist.

Beispiele:
a) Februar 1983
Ulrike, vier Jahre, fünf Monate.
Uwe, vier Jahre, acht Monate.
Uwe ist schwer bewegungsbeeinträchtigt (Spastiker). Er kann nicht alleine laufen und nur in einem besonderen Stühlchen sitzen. Krabbeln fällt ihm sehr schwer. Seine Sprache ist nicht immer verständlich. Er kann aber folgerichtige Sätze bilden. Es ist nicht klar erkennbar, wieviel er verstehen kann.

Ulrike bringt einer Beobachterin ein selbstgemaltes Bild. Auf dem Weg stolpert sie über Uwe, der auf dem Boden liegt. Sie geht weiter, ohne auf ihn zu achten.

Ulrike ist ein sehr selbstbewußtes und selbständiges Mädchen, das aber besonders zu Beginn der Kindergartenzeit ihr Verhalten stark nach angenommenen oder tatsächlichen Erwartungen ausgerichtet hat. Sie wird zu Hause von der Mutter sehr gefördert und gefordert und hat anfangs ein ausgeprägtes Rollenverhalten als

Mädchen. Dazu gehört, daß sie sich immer bereitwillig um Behinderte kümmert, aufräumt, saubermacht etc.
Mit der Zeit lernt sie abzuschätzen, ob ein Behinderter sie im Moment wirklich braucht oder auch alleine zurechtkommt. Sie wendet sich dann nicht mehr sofort Behinderten oder Kleineren zu, sobald sie in der Nähe sind, um sich um sie zu kümmern, sondern wägt vermehrt ihre eigenen Bedürfnisse — wie das Abschließen eines Spieles — gegen die der anderen ab. Im Beispiel hier könnte sie auch nach Uwe schaun, ihn trösten und fragen, ob es ihm weh getan hat. Wahrscheinlich täte sie das, wenn Uwe sich beschweren würde. Aber er beschwert sich nicht und so setzt sie ihre ursprüngliche Absicht fort, der Beobachterin das Bild zu geben. Die Wirkung auf Uwe ist schwer zu erkennen. Bedeutsam ist sicherlich, daß Ulrike sich ihm nicht sofort zuwendet und ihm unaufgefordert Aufmerksamkeit zukommen läßt. Uwe ist in dieser Zeit relativ passiv und erwartet, daß andere auf ihn zukommen. So kann es sein, daß diese Situation ihn anregt, selbst aktiver andere auf sich aufmerksam zu machen.

b) Januar 1983
Karola, vier Jahre, drei Monate.
Karola ist ein „Rötelkind" mit erheblichen Beeinträchtigungen im motorischen, geistigen und Sinnesbereich. Karola kann nicht sprechen. Sie ist feinmotorisch sehr geschickt, kann ihre Befindlichkeiten über Laute äußern.
Anna, 6 Jahre.

Karola geht zum Tisch, an dem Anna alleine bastelt; ein Schiff hat sie bereits fertiggeklebt. Karola faßt das Schiff an, die Fahne auf ihm etc. Sie ist dabei ganz vorsichtig, fixiert die Dinge mit den Augen, lächelt.
Anna bastelt unberührt von Karolas Anwesenheit weiter. Sie scheint nicht beunruhigt zu sein, daß Karola ihr Schiff kaputt macht o.ä. Sie regiert weder mit Worten noch mit Mimik.

Nach ca. anderthalb Minuten nimmt Anna — ohne besonderen äußeren Anlaß — wortlos das Schiff weg und stellt es auf die andere Tischseite. Karola kann es jetzt von ihrem Platz aus nicht mehr erreichen.
Karola hört auf zu lächeln, greift noch einige Male nach Papierstückchen, die da liegen, wo vorher das Schiff stand. Dann geht Karola vom Tisch weg, an den Regalen entlang zu den Holzklötzen.

Für Karola ist ein so dichtes Nebeneinander, das von ihr ausgeht, zu dieser Zeit noch selten möglich gewesen. Es sind bislang meist andere Kinder, die sich z.B. an der Werkbank oder am Puppenhaus neben sie stellen. Karolas intensive Orientierung an Gegenständen beherrscht ihr Verhalten. Der Umgang mit Personen wird davon überlagert, so daß Anna keine wahrnehmbare Rolle zu spielen scheint. Als Karola das Schiff weggenommen wird, ruft dies bei ihr eine eher mechanische Reaktion, ein Greifen ins Leere, hervor. Anna ist erst vor kurzem aus einer anderen Gruppe in die Gruppe V gekommen. Sie hat keinen besonderen Bezug zu Karola. Die Wegnahme des Schiffes ist für Anna ein sich Abgrenzen und Klarstellen. Die Intensität, mit der Karola das Schiff befühlt hat, könnte bedrohlich für Anna geworden sein.

Karola kann, wie dieses Beispiel zeigt, zu einer Sache hingehen und dabeibleiben, weil ihr dies wichtig ist. Sie kann die Frustration über die Wegnahme noch nicht unmittelbar zeigen.

Relevant für die Gruppe könnte die Erfahrung sein, wie vorsichtig Karola mit fremden Dingen umgeht und daß ein großes Mädchen ihr zeitweise vertraut.

C) Dezember 1983
Thomas, sechs Jahre, ein Junge mit Down-Syndrom.
Eine Praktikantin.

Thomas kommt aus dem Bad, er hat seine Hände nach dem Teetrinken gewaschen. Schnurstracks geht er zur

Kiste und holt sich ein Bilderbuch, setzt sich dann damit auf die Matratze und ruft nach der Praktikantin.
„Du kannst mir etwas vorlesen. Hier mußt du dich hinsetzen (er deutet neben sich), damit du mir vorlesen kannst. Die Geschichte vom Auto." Die Praktikantin setzt sich, Thomas gibt ihr das Bilderbuch. Die Praktikantin beginnt vorzulesen. Allmählich kommen mehr Kinder dazu — Carlo, Martin und Thomas hören zusammen die Geschichte vom Auto.

Die Kinder spielen zu der Zeit in kleinen Gruppen im Gruppen- und Nebenraum. Das Vorlesen ist eine Beschäftigung unter anderen und hat keine besondere Bedeutung für die Gruppe. Für Martin und Carola ist das von Thomas initiierte Vorlesen ein passendes Angebot. Sie sind an diesem Vormittag sehr ruhig, teils etwas unschlüssig bezüglich eigener Initiative. Thomas macht generell viel alleine. In jener Zeit hat er eine Phase, in der er verstärkt mit anderen Kindern zu spielen anfängt, z.B. Rollenspiele mit Martin und Rainer (Arztspiel). Vorlesen ist hier nicht als besondere Aktivität mit anderen Kindern zu betrachten. Für Thomas ist es nicht so wichtig, ob Martin und Carlo mit zuhören. Wichtig ist aber, daß er hier quasi als Initiator einer Tätigkeit auftritt, die von keinem der Beteiligten vielleicht bewußt wahrgenommen wird, aber gerade in der Selbstverständlichkeit für Thomas' Stellung in der Gruppe von Bedeutung ist. Das Vorlesen hat für Thomas ein besonderes Gewicht: als eine **ruhige** Beschäftigung; als eine Beschäftigung, bei der er in häufiger **Wiederholung** der Bilderbuchgeschichten **Lebenszusammenhänge erfährt** und versteht; als ein Bereich, in dem er zu bestimmten **Kompetenzen** kommt (er kann z.B. auch anderen die Geschichten erzählen); als ein Bereich, in dem aus dem Nebeneinander durch die Gespräche über die Geschichten eine Interaktion entstehen kann. (Das ist im oberen Beispiel zwar nicht der Fall, entwickelt sich aber ansonsten häufig.)

Den beobachtbaren Verhaltensweisen und Situationsgestaltungen ist zu entnehmen,

— daß es Kinder gibt, die nicht viel mit anderen Kinder zu tun haben, weil sie noch zu sehr auf Erwachsene fixiert sind und/oder sich eher an Gegenständen orientieren;

— daß es Kinder gibt, die nichts mit behinderten Kindern zu tun haben, unabhängig von der Behinderung, die notwendige gegenseitige Anziehung fehlt;

— daß Kinder das unterschiedlich ausgeprägte Bedürfnis haben, sich innerhalb einer Gruppe für sich allein zu beschäftigen, alleine zu sein;

— daß es Gruppensituationen oder Vorhaben einzelner Kinder gibt, bei denen ein Sich-miteinander-Befassen nicht angelegt oder gar für die Verwirklichung von Bedürfnissen hinderlich ist.

An diesen Beispielen sollen einige dieser Aspekte des „Nebeneinanders" verdeutlicht werden, wobei das Spektrum der inhaltlichen Ausprägung dieser Kategorie von Gleichgültigkeit über Abweisen, Vermeiden, Ausweichen bis zur Akzeptanz reicht.

In Beispiel a) hat Ulrike ein ganz bestimmtes Vorhaben, das mit Uwe nichts zu tun hat. Uwe ist ihr dabei „im Wege", oder sie nimmt ihn gar nicht wahr, geht anscheinend gleichgültig „über ihn hinweg" (Ulrike ist sonst häufig in der Rolle der Versorgenden).

Das Stolpern kann von Uwe über die Gleichgültigkeit/das Nichtbeachten hinausgehend als körperliche Abweisung erfahren worden sein.

Die beiden Kinder verbindet zu diesem Zeitpunkt weder ein gemeinsames Interesse noch eine gemeinsame Handlung. Karola ist in Beispiel b) an einer bestimmten Sache, dem Schiff, interessiert, das Anna gebaut hat. Anna läßt ihr zunächst die Möglichkeit, sich damit zu beschäftigen. Sie akzeptiert Karola in ihren Bedürfnissen und geht weiterhin ihren eigenen nach, etwas anderes zu basteln.

Als Anna später auf Karolas Interesse am Schiff reagiert, indem sie es anders plaziert, ergibt sich keine gemeinsame Handlung,

sondern eine Trennung in Form einer Abgrenzung Annas und dem Weggehen Karolas.
Im Beispiel c) wird eine Situation beschrieben, die von ihrer äußeren Struktur her auf ein Nebeneinander angelegt ist. Die Kinder, die dazukommen, steigen in ein laufendes Geschehen ein. Sie hören eine Geschichte, nehmen aber keinen Kontakt zueinander auf, da sie in diesem Fall eine passive Rolle einnehmen. Hier führt das gemeinsame Interesse, die Geschichte zu hören, entweder zu vorübergehender gegenseitiger Akzeptanz oder Gleichgültigkeit im Nebeneinander.
Es gibt also gezielte Bedürfnisse, deren Erfüllung zu einem Nichtbefassen mit anderen Kindern führen kann. Andererseits sind Interessen, die sich am selben Objekt orientieren, solange in einem Nebeneinander zu vereinbaren, wie von den Beteiligten keine Abgrenzungen oder Ausweisungen erfolgen, sondern Gleichgültigkeit, Toleranz und gegenseitige Akzeptanz die Situation bestimmen. In einer offenen Struktur, wie beim Vorlesen, ist ein Nebeneinander zur Befriedigung eines Bedürfnisses nötig und dann möglich, wenn ein gemeinsames Interesse (z.B. am Zuhören) vorhanden ist.

Allgemeine Bedeutung von Nebeneinander/Nichtbeachten:
— Die Kinder können sich in unverbindliche Nähe zueinander begeben.
— Sie können darin versuchen, Nähe auszuhalten.
— Sie können nach eigenen Bedürfnissen (in)aktiv sein; sie haben dabei aber auch die Gelegenheit, eigene und andere Bedürfnisse gegeneinader abzugwägen.
— Sie können lernen, in der Abgrenzung eigener und anderer Bedürfnisse/Wünsche miteinander auszukommen. Sie können erfahren, daß Abgrenzungen und Unterschiede in einem Nebeneinander eventuell Akzeptanz bedeuten können, nicht unbedingt immer Konflikte.

2.2.2 Bezugnahme auf emotional-kognitiver Ebene

Ohne daß es zu einer Interaktion zwischen den Kindern kommen *muß,* ist in verschiedenen Äußerungen erkennbar, daß sie mit anderen Kindern, hier mit anderen behinderten Kindern, Beziehungen auf emotional-kognitiver Ebene aufnehmen.

2.2.2.1 Suche nach Vorstellungen, Erklärungsversuche bezüglich des Anders-Seins anderer Kinder

Beispiele:
a) November 1982
Björn, vier Jahre, neu im Kindergarten.
Björn ist ein Junge mit cerebraler Bewegungsstörung. Er kann sich nicht selbständig fortbewegen, nicht ohne Hilfe sitzen, nicht sprechen. Björn kann die Arme und den Oberkörper bewegen, lächeln, quengeln, weinen, schreien, sitzt in einer Sitzschale oder liegt auf einer Matratze.
Heiko, vier Jahre, sieben Monate.

> *Als Björn mit vier Jahren neu in die Gruppe aufgenommen wird, — im November 1982 — scharen sich Kinder um ihn und die Erzieherin und stellen Fragen nach Björns Beeinträchtigungen, die sie sich auch selbst beantworten: „Kann Björn sprechen?" — „Nein."; „Kann er laufen?" — „Nein."; „Kann er sitzen?" — „Nein." ... Auf die Frage: „Was kann denn der Björn?" sagt Heiko, nachdem er längere Zeit nachgedacht hat: „Lachen kann er doch!"*

Heikos Beitrag: „Lachen kann er doch!" ist symptomatisch für seine Betrachtungsweise von Menschen, Dingen und Situationen. Es ist also nicht unbedingt eine größere emotionale Anteilnahme als bei anderen Kindern mit dieser Äußerung verbunden, seine genaue Beobachtungsgabe führt zu der Feststellung. Mit der positiven Wahrnehmung von Björns Möglichkeiten und deren Verbalisierung übernimmt Heiko — unbewußt — die Funktion, die ansonsten dem Erwachsenen zugekommen wäre. Das ist ein wichtiges Moment von Integration.

Heiko erfährt von der Erzieherin und den Kindern Bestätigung und Anerkennung für seine Fähigkeit, genau hinzusehen, andere genau wahrzunehmen.

Für die Gruppe kann diese Szene die Bedeutung haben, daß Björns Situation in der Gruppe nicht alleine von seinem Nichtkönnen bestimmt wird, sondern eine Sichtweise entsteht und ein Interesse geweckt wird für das, was er kann und die Kinder neugierig werden, mehr von ihm zu wissen und mit ihm zu machen.

b) Juni 1983

Sabine, vier Jahre, zwei Monate.
Claudia, fünf Jahre, ein Monat, ein Mädchen mit cerebraler Bewegungsstörung, sprach- und fast bewegungsunfähig. Claudia liegt auf einer Matratze o.ä. oder sitzt in einer speziellen Sitzschale. Verständigung durch Mimik, Schreien, Weinen, Quengeln.
Ein Erzieher.

> *Der Erzieher rollt Claudia auf einem großen Plastikball leicht hin und her. Sabine steht daneben und beobachtet Caludia fasziniert. Sabine: „Wann kann die Claudia laufen?"*
> *Der Erzieher: „Ich weiß es nicht."*
> *Sabine: „Aber die Claudia wird doch auch groß."*
> *Der Erzieher: „Sicher. Vielleicht nicht so groß wie andere. Aber sie wird auch groß."*
> *Sabine: „So groß wie meine Mama? Wenn die Claudia erwachsen ist — meine Mama ist ja erwachsen. Dann kann sie laufen, kann sie dann, was?"*

Bedeutsam für die Gruppe ist es, daß bestimmte „Übungen" mit Claudia im Gruppenzusammenhang stattfinden. Auf diese Weise lernen die Kinder Claudia besser kennen, erhalten ein Verständnis für ihre Einschränkungen *und* für Möglichkeiten, diese in gewissem Rahmen abzubauen und sich mit Claudia in einer Art und Weise zu beschäftigen, die auch Claudia gefällt.

Das Beispiel ist ein Anzeichen für Vertrautwerden und Sich-Auseinandersetzen mit Claudia und deren Besonderheiten. Der Dialog zwischen Sabine und dem Erzieher hat keine *un*mittelbare Bedeutung für die Gruppensituation, obwohl Sabines Interesse oder Kenntnis auch Claudias Stellung innerhalb der Gruppe mittelbar beeinflussen kann.

Für *Claudias* Entwicklung hat dieses Beispiel „nur" insofern Bedeutung, als Sabines Verarbeitung der erfahrenen Behinderung Claudias zukünftig auch Sabines Bezug auf Claudia mitbeeinflußt. Für *Sabine* ist die Bedeutung der geschilderten Szene unmittelbarer. Sie hat „gemerkt", daß es etwas Besonderes ist, daß Claudia noch nicht laufen kann. Ihre andere Erfahrung ist jedoch: „großwerden" heißt auch „laufenkönnen". Diese widersprüchlichen Erfahrungen sucht sie in ihre Vorstellungswelt zu integrieren. Sie versucht, das Anders-Sein für sich faßbar zu machen, sich über seine praktische Bedeutung Klarheit zu verschaffen, dies auch im Rahmen von Zeit und Entwicklung (großwerden) zu verstehen. Claudias Behinderung zu verstehen, heißt zunächst also für Sabine, sich das Anders-Sein überhaupt im Unterschied zu bisherigen Erfahrungen begreifbar zu machen.

c) April 1984
Tommy, fünf Jahre.
Lena, vier Jahre, zehn Monate, ein Mädchen mit frühkindlichem Hirnschaden, (eingestelltem) Anfallsleiden, sprach- und fast bewegungsunfähig. Lena liegt auf der Matratze oder sitzt in spezieller Sitzschale.

> *Tommys Mutter erzählt eines Tages, daß Tommy sich seit neuestem sträube, in den Kindergarten zu gehen. Er habe Angst, sich bei Lena anzustecken. Tommys Mutter erzählt auch, daß sie vor einigen Tagen mit Tommy über Lena gesprochen habe, weil er fragte,*

warum Lena sich nicht bewegen und nicht sprechen könne. Die Mutter hatte Tommy erklärt, der Grund, weshalb sich Lena kaum bewegen und nicht sprechen kann, sei, daß sie krank sei.

Das Beispiel ist in *einer* Hinsicht „symptomatisch" für die Gruppensituation mit Lena: Mit Lena kam erstmals ein Kind in die Gruppe, das von sich aus zu keiner aktiven Teilnahme bei irgendetwas (vom Essen bis zum Spiel) fähig, sondern ganz auf Betreuung und Zuwendung von anderen angewiesen ist. Bei *einzelnen* Kindern löst dies Hilflosigkeit, Distanz und Abwehr gegenüber Lena aus. Sie sagen z.B. zur Erzieherin: Ist das dein Kind? Das kannst du wieder mit nach Hause nehmen!"
In der Gruppe „erzwingt" die Behinderung Lenas auf alle Fälle eine Auseinandersetzung — und sei sie noch so oberflächlich —, bei der für manche Kinder sehr viel Hilfestellung von Seiten der Erwachsenen notwendig ist.
In Tommys Frage nach Lenas Behinderung wird zunächst nur sein Interesse, aber keine Abwehr Lena gegenüber deutlich. Tommy hat bis zu diesem Zeitpunkt zwar mit Lena nichts gemacht — wie mit etlichen anderen Kindern auch nicht — andererseits ist keine Abneigung gegen sie ersichtlich. Lenas Behinderung ruft durch die Erklärung ihres Anders-Seins von Tommys Mutter als Krankheit beängstigende und bedrohliche Vorstellungen bei Tommy hervor und verstärkt diese: Ansteckungsangst, Beschädigungsangst, Angst, so „krank" zu werden, daß er wie Lena wird, könnten bei ihm aufkommen. Tommy reagiert abwehrend, um der vermeintlichen Bedrohung zu entgehen.
Er hat im vergangenen Jahr mehr Selbstsicherheit in der Gruppe gewonnen, ist aktiv geworden. Eine solche Verunsicherung, derentwegen er lieber die Gruppe meiden möchte, ist aber alles andere als eine Stabilisierung des erst gewonnenen und sich entwickelnden Selbstvertrauens.
Für Lenas Entwicklung wird relevant werden, daß Tommys weitere Verarbeitung der erfahrenen Behinderung Lenas seine Beziehung zu Lena mitbeeinflußt.

d) August 1983
Klaus, fünf Jahre.
Lukas, drei Jahre, fünf Monate.
Lukas ist sprachbehindert und leicht entwicklungsverzögert; er kann (einfache) Anweisungen verstehen.

> *Klaus ist wütend über eine Auseinandersetzung in der Bauecke und will zum Tisch gehen. Dabei stößte er mit Lukas zusammen. Er schubst ihn zu Seite und sieht dann, daß der Erzieher ihn beobachtet. Daraufhin erklärt er dem Erzieher: ,,Der kann ja doch nicht verstehen, was ich sage" und geht weiter.*

Klaus steht zu Hause unter dem Druck, leise und lieb zu sein. Im Kindergarten tobt er sich gerne aus. ,,Hier wohnt ja keiner drunter."
Er kommt in sehr unterschiedlichen Gemütslagen in den Kindergarten. Mal ist er sehr umgänglich und geht liebevoll mit Behinderten und Kleineren um, mal ist er sehr rücksichtslos und stürmisch. Er wird dann ärgerlich, wenn er Rücksicht gegenüber Dingen und Personen nehmen soll.
Im Beispiel hier weiß er, daß sein Verhalten Lukas gegenüber falsch war und sucht, als er sich beobachtet fühlt sich dadurch zu rechtfertigen, daß er die Ursache dafür Lukas zuschreibt. Er hat die Vorstellung, daß Lukas ihn nicht versteht. Dabei ist seine Anmerkung aber nicht als abfällig Behinderten gegenüber zu verstehen. Er hätte auch, falls es nicht Lukas, sondern ein anderes Kind gewesen wäre, sagen können: ,,Der hat das extra gemacht."
Daß er Lukas' Behinderung anspricht, zeigt eher, daß sie für ihn nicht tabuisiert ist. Für Lukas bedeutet das aber sehr wohl neben der körperlichen Zurückweisung eine negative Zuschreibung, über deren Verarbeitung man keine Aussagen machen kann.
In seinem Verhalten ist keine Veränderung festzustellen.
Für die Gruppe, die verteilt im Raum spielt, ist Klaus einerseits ein Vorbild und Anführer, andererseits wissen die Kinder, daß

Klaus hin und wieder die Beherrschung verliert und abfällig über andere Kinder spricht. Sie haben das selbst schon erfahren. Man kann also nicht sagen, daß der Vorfall die Einstellung der Kinder gegenüber Lukas oder Klaus verändert.

Folgende Aspekte der Bezugnahme auf das andere Kind werden deutliche:
— Wissenwollen, was das andere Kind kann/nicht kann, möglicherweise als Voraussetzung dafür, was man mit dem Kind machen/spielen kann.
Heikos Bemerkung in Beispiel a) „Lachen kann er doch", setzt eine differenzierte (und interessierte) Wahrnehmung Björns voraus, die so weit reicht, daß er nicht bei dem „Auffälligsten" an Björn stehenbleibt, sondern auch erkennt, welche Ausdrucksmöglichkeiten Björn hat.
— Suche nach Vorstellungen, in denen sich das wahrgenommene Anders-Sein und die offensichtlichen Beeinträchtigungen mit den eigenen bisherigen Erfahrungen in Übereinstimmung bringen lassen. Dies reicht von Fragen über die Gründe des Anders-Seins bis zu Vorstellungen über (zukünftige) Konsequenzen.
Sabine versucht in Beispiel b) ihre für sie widersprüchlichen Erfahrungen von „großsein" und „nichtlaufenkönnen" zu verbinden.
— Ausgehend von der Suche nach Vorstellungen über die Gründe des Anders-Seins kann sich eine bestimmte innere Haltung zu behinderten Kindern ergeben, die sich an die eigenen Vermutungen oder an die von anderen (erwachsenen) Personen gegebenen Erklärungen anschließt.
Die eigenen oder fremden Erklärungen über die Gründe des Anders-Seins können Haltungen von Gleichgültigkeit, Mitleid, Akezptanz bis zu Angst und Abwehr erzeugen.
Daß Lena sich kaum bewegen und nicht sprechen kann, ist für Tommy im Beispiel c) jetzt Ausdruck einer Krankheit. Diese Erklärung bewirkt bei ihm Angst vor Lena, Angst sich bei ihr anzustecken.

Diese Verallgemeinerungen können sich auf *einzelne* Fähigkeiten des anderen Kindes erstrecken bis hin zu *prinzipiellen* Annahmen über das, was das Kind kann/nicht kann.

Im *Resultat*, der Art der inneren Bezugnahme auf das andere Kind, muß sich das nicht von den vorangegangenen Aspekten unterscheiden. Es sei hier nur gesondert darauf hingewiesen, da diese Verallgemeinerungen häufig auch die emotional-kognitiven Beziehungen zu anderen (behinderten) Kindern bestimmen.

Lukas versteht im Beispiel d) Aufforderungen wie „geh weg" ohne weiteres. Unabhängig davon, ob Klaus dies selbst weiß oder nicht, hält er seine verallgemeinernde Aussage: „Der kann ja doch nicht verstehen, was ich sage" für eine einleuchtende Erklärung, die seine heftige Reaktion auf Lukas rechtfertigen kann. Dies ist *nicht* als bewußte Taktik von Klaus zu verstehen.

In diesen Punkten sollte deutlich werden, daß vor jeder Kontaktaufnahme oder Interaktion Kinder zu anderen Kindern *innere Beziehungen* aufnehmen können, die für integrative Prozesse von Bedeutung sind.

Allgemeine Bedeutung:
— Die Kinder können mit neuen Erfahrungen, Umgewohntem, Befremdendem vertraut werden und sich (hier: vor allem kognitiv) damit auseinandersetzen.
— Sie können beängstigende Situationen erfahren und Bearbeitungsweisen ausprobieren. Sie können darin die beängstigenden Situationen bewältigen lernen.
— Sie können sich durch die Auseinandersetzung mit den Unterschieden dem anderen Individuum annähern.

2.2.2.2 Imitieren, Ausprobieren

Beispiele:
a) Januar 1984
Sonja, drei Jahre, fünf Monate.
Uwe, fünf Jahre, neun Monate (siehe Beispiel 2.2.1 a)).

Sonja hat an diesem Tag eine Stoffpuppe mit in die Gruppe gebracht, deren Arme und Beine völlig schlapp herunterhängen. Diese Puppe trägt sie ständig mit sich herum. Zwischendurch geht sie zu einer Beobachterin, zeigt ihr die Puppe und sagt: „Das ist der Uwe." Wenn Uwes Spezialstuhl frei ist, setzt sie die Puppe gelegentlich dort hinein.

Zu Beginn des Kindergartenjahres ist Sonja sehr aufgeschlossen, geht auf andere Kinder zu, spielt alles mit. Dann wird sie von ihrer Mutter in eine Pflegefamilie gegeben und hat seitdem große Schwierigkeiten, sich in der Gruppe einzubringen. Sie zieht sich von den Kindern zurück, spielt hauptsächlich alleine mit Puppen oder Bilderbüchern, spricht wenig. Kommt jemand etwas heftig auf sie zu, erschrickt sie und zuckt zusammen.
Man vermutet, daß sie in der Pflegefamilie mißhandelt wird. Indem sie eine Puppe, die wirklich Ähnlichkeit mit Uwe hat, so benennt, nimmt sie vorsichtig und gefahrlos Kontakt mit einem anderen Kind auf, das in diesem Falle zudem auch real nicht aggressiv sein kann. Über die Puppe bietet sich für Sonja die Möglichkeit, völlig ohne reale Konsequenzen Kontaktwünsche durchzuspielen und ihre positiven und negativen Gefühle auszuleben.
Uwe ist vielleicht durch seine Einschränkungen ein Kind, an dem sie ihre eigenen Fähigkeiten, an denen sie im Moment wohl zweifelt, messen und erkennen kann.
Später geht sie mit der Puppe im Arm an Uwe vorbei und sagt zu ihm: „Guck, ich kann laufen."
Für die Gruppe ist es nichts besonderes, daß eine Puppe als Uwe bezeichnet wird. Genau in dieser Zeit spielen mehrere Kinder Uwe nach, imitieren ihn. Sonja nimmt also auch ein Gruppenthema auf und damit am Gruppengeschehen teil. Die Gruppe kann Sonja, ohne direkten Bezug zu ihr zu haben, als zur Gruppe gehörig erleben.

b) April 1984
Karola, fünf Jahre, sechs Monate (siehe Beispiel 2.2.1 b)).
Olaf, sechs Jahre, zehn Monate, ein Junge mit Spina bifida.

> *Olaf übt mit Gehapparaten im Kindergarten. Auf einem Elternabend berichtet Karolas Mutter: Karola nahm zu dieser Zeit zu Hause öfters zwei Stöcke und ahmte damit Olafs Gehversuche nach.*

Karolas genaue Art, Dinge zu untersuchen und sich mit ihnen zu befassen, läßt die Vermutung aufkommen, daß die „technische" Seite der Gehversuche Olafs bei ihr eine große Rolle spielt.
Die Gehapparate sind an sich schon eindrücklich; die praktischen Schwierigkeiten Olafs damit sind es auch. Er hat große Mühe, sich fortzubewegen, das ist nicht zu übersehen. Zu bedenken ist, daß es sich bei dem Beispiel um die Interpretation der Mutter handelt, die ja ihre Wahrnehmung der Szene mit Karola wiedergibt.
Karola nimmt danach das Anders-Sein des anderen in ihr Handeln auf, probiert aus, welche Konsequenzen sich daraus beim Gehen ergeben.
Diese Versuche haben keine direkte Relevanz für die Gruppe, da die Kinder davon nichts erfahren.

c) Februar 1984
Renate, fünf Jahre, sieben Monate.
Andy, sieben Jahre, ein Monat.
Uwe, fünf Jahre, zehn Monate (siehe Beispiel 2.2.1 a)).

> *Andy und Renate spielen, sie wären der behinderte Uwe. Andy sitzt in Uwes Stuhl und hat sich festgeschnallt, Renate liegt auf dem Boden und krabbelt. Renate steht auf und geht zu Andy an den Stuhl. Andy: „Ich wäre jetzt ein anderer Behinderter." Renate: „Du mußt weinen, Andy." Andy legt sich quengelnd auf den Boden und krabbelt wieder ebenso wie Uwe. Renate setzt sich*

jetzt in den Stuhl. Vom Stuhl aus gibt sie Andy Anweisungen: "Du tätest jetzt dies, du wärest jetzt das, du machst jetzt jenes." Renate bricht dann das Spiel ab und geht mit einem Kind ins Badezimmer. Andy schließt sich anderen Kindern an.

d) Januar 1984
Andy, sieben Jahre.
Renate, fünf Jahre, sechs Monate.
Uwe, fünf Jahre, neun Monate (siehe Beispiel 2.2.1 a)).

Ein Handwerker hat für Uwe einen besonderen Sitz über der Toilette angefertigt und montiert. Die Kinder der Gruppe haben dabei genau zugeschaut. Zuerst setzt die Erzieherin nun Uwe auf diesen Sitz und probiert ihn mit ihm aus. Nachdem sie mit Uwe das Bad verlassen hat, probieren nun mehrere andere Kinder der Gruppe den neuen Sitz aus. Sie fordern die Praktikantin auf, sie ebenso wie Uwe auf diesen Sitz zu setzen, darunter auch Andy. Dann sagt er zu Renate: "Ich wäre jetzt der Uwe. Du mußt jetzt so tun, als wäre ich der Uwe." Renate zieht den sich völlig schlaff machenden Andy aus dem Badezimmer. Andy: "Ich möchte aufs Rollbrett gelegt werden." Renate legt ihn auf den Fußboden und sagt dann: "Krabbel mal, ich hole deinen Wagen." Andy beginnt genau wie Uwe zu krabbeln, zeigt dabei auch die gleiche Einseitigkeit, die bei Uwe vorkommt. Susi (drei Jahre, mongoloid) kommt vorbei und sagt zu ihm: "Uwe". In diesem Moment schiebt die Krankengymnastin den "echten" Uwe im Stuhl vorbei. Renate kommt zurück und stellt den auf dem Boden liegenden Andy neben Uwes Rollstuhl. Sie sagt dazu: "Noch ein Uwe." Danach löst die Gruppe sich auf.

Renate ist eine Außenseiterin in der Gruppe, die über Behinderte oft eigene Versorgungswünsche auslebt und sich besonders gerne Uwe zuwendet, wenn er weint.
Wahrscheinlich spricht sie das Weinen so sehr an, weil sie selbst oft weint, etwa wenn man sie von Spielen ausschließt, was häufig geschieht. Das Weinen ist für sie ein Merkmal von Uwe, mit dem sie sich identifizieren kann. Im ersten Rollenspiel sieht sie darin eine Möglichkeit, Behindertsein auszudrücken.
Pflegt Renate anstatt des wirklichen Uwe ein anderes Kind, das dessen Rolle übernimmt, hat es für sie den Vorteil, daß sie im Spiel keine reale Verantwortung übernehmen muß und so nicht überfordert werden kann. Das Spiel erhält auch durch Andy eine wichtige Qualität, da Andy ein von ihr gefragter Partner ist. Über Imitation von Behinderung finden Renate und Andy, die sonst wenig miteinander zu tun haben, zusammen. Im zweiten Beispiel zeigt sich auch deutlich, was Andy von Renate in der Situation will. Sie soll ihn versorgen, wie sie sonst Uwe versorgt. Für ihn bedeutet das — neben dem technischen Ausprobieren und der Erfahrung von Beeinträchtigung —, daß er, der schon relativ groß ist (altersmäßig), sich auch noch recht kleinkindhaft Versorgung holen kann. Dies tut ihm in seiner schwierigen emotionalen Lage — er ist aus seiner Familie in eine Pflegefamilie gekommen — sicher gut. Es fällt ihm sonst meist schwer, die Versorgung zuzulassen. In seinem Erleben ist er nämlich schon ein „Großer", bezieht daraus ein wichtiges Stück Identität. Als „Uwe" kann er die Versorgung ohne Gefährdung dieses Selbstbildes gestatten.
Die Gruppe spielt, um dieses Geschehen herum, zum Teil mit ähnlichen Inhalten. Uwe und seine Behinderung sind im Moment Gruppenthema (siehe auch Beispiel Sonja).
Die Gruppe setzt sich so mit Behinderung auseinander und erfährt auch in diesem Spiel, daß ihr Thema kein Tabu ist. Sogar Uwe findet — als sein eigener Doppelgänger — Platz darin.

Ein Bezug zu einem anderen Kind, der auf emotional-kognitiver Ebene aufgenommen wird, kann über Wahnehmung und Vorstellung hinaus als szenische Darstellung ausagiert werden.

Uwe in Beispiel a) gehört zu Sonjas Erlebniswelt, sie beschäftigt sich mit ihm. Ihr Bezug auf Uwe und seine Behinderung geschieht jedoch auf der Handlungsebene über Uwes „Stellvertreter", der Gliederpuppe. Ein *spezielles* Interesse an Uwe ist hier nicht erkennbar.

Auch Karola setzt sich in Beispiel b) mit der Behinderung eines Kindes auseinander, genauer: mit einem besonderen Aspekt dabei. Sie imitiert Olafs Gehversuche, probiert diese aus. Dabei nimmt sie keinen direkten persönlichen Bezug zu Olaf auf; außerhalb der Gruppe beschäftigen sie Olafs Bemühungen, gehen zu lernen.

Andys und Renates Spiel in Beispiel c) deutet auf eine Wahrnehmung des behinderten Uwe hin, die sie mit allgemeinen Vorstellungen von Behinderung in Verbindung bringen. Sie spielen ihre Phantasien, indem sie sich selbst in die Rolle eines behinderten Kindes versetzen. Die spielerische Identifikation mit dem behinderten Kind zeugt von einem starken psychischen Eindruck, den „Behinderung" bei Andy und Renate hervorgerufen hat. Mit welchen Phantasien dies im weiteren verknüpft wird, ist in dieser Szene nicht erkennbar. Dagegen zeigt die spielerische Identifikation mit Uwe in Beispiel d), die sich aus dem Ausprobieren von Uwes Toilettensitz entwickelt, schon Elemente von Phantasien, die sich im weiteren mit der Vorstellung von Behindertsein verbinden: Versorgung und Zuwendung. Der innere Bezug auf Uwe erweist sich in seiner szenischen Darstellung als Bezug auf Uwe *und* seine Betreuung, die er in der Gruppe erfährt. Diese Beispiele sollten deutlich machen, daß im Spiel Beziehungen zu behinderten Kindern ausagiert werden können, ohne daß Kinder mit anderen, behinderten Kindern in Interaktion treten.

In den Szenen ist auch erkennbar, daß dabei das Thema der spielerischen Auseinandersetzung mit dem anderen Kind häufig nicht eindeutig ist: Die Imitation anderer Kinder oder ihres Umgangs mit besonderen Hilfsmitteln kann auf ein Ausprobieren von Funktionsweisen zielen, das einen wesentlichen Anteil sachlichen Interesses am „Funktionieren" beinhaltet; Emotionen können ausgedrückt und ausgelebt werden ebenso wie Phantasien über das Anders-Sein — beides Momente des inneren Bezuges zu dem anderen Kind.

Allgemeine Bedeutung: wie 2.2.2.1, jedoch weniger „über den Kopf", sondern auf emotionaler Ebene. Darüber hinaus:
— Die Kinder können eigene Bedürfnisse bzw. die Imitation davon als Regressionsangebot erfahren und darin eigene Bedürfnisse/Schwierigkeiten (erneut) bearbeiten.
— Sie können in der Nachahmung/im Ausprobieren der Verhaltensweisen behinderter Kinder mit verpöntem, aberzogenem Verhalten erneut umgehen (lernen).
— Sie können Schwäche und Stärke erleben (im Unterschied von „Ich" und Rolle) und beides spielerisch auskosten.
— Sie können an Aufgaben mit anderen Augen herangehen.
— Sie können sich (noch mehr als bei 2.2.2.1) in der Identifikation mit dem anderen diesem annähern, ohne zunächst ihm unmittelbar (körperlich, räumlich) nahe sein zu müssen.
— Sie können sich in der Nachahmung der anderen erfahren und lernen, sich sowohl mit dieser Tatsache selbst als auch mit der damit verbundenen emotionalen Tönung auseinanderzusetzen.

2.2.3 Einseitige Kontaktaufnahme

Die einseitige Kontaktaufnahme bezeichnet einen Vorgang, bei dem Kinder in Kontakt zu anderen Kindern treten, ohne daß daraus eine gemeinsame Aktivität entsteht.
Diese Kontaktaufnahme kann aus verschiedenen Motiven erfolgen wie z.B. aus einem emotionalen Impuls oder Versorgungswunsch heraus. Sie kann eine Aufforderung zu einem gemeinsamen Spiel sein oder abgrenzenden Charakter haben.

2.2.3.1 Zuwendende emotionale Impulse

Beispiele:
a) November 1982
Sophia, vier Jahre, neun Monate.
Claudia, vier Jahre, sechs Monate (siehe Beispiel 2.2.2.1b)).
Ein Erzieher.

> *Der Erzieher hat gerade Claudia in den Nebenraum an den Frühstückstisch geschoben. Dort sitzt sie jetzt in ihrem Wagen, einige Kinder sitzen auch schon am Tisch. Der Erzieher ist weggegangen, um Claudias Essen zu holen. Sophia kommt vorbei. Sie streichelt Claudia über den Kopf und lächelt sie an — wortlos. Sophia lehnt sich an Claudias Stuhl und schaut, was die anderen Kinder machen. Claudia lächelt in Sophias Richtung, ohne daß Sophia es sieht. Nach etwa einer Minute geht Sophia weg. Claudia quengelt laut und zufrieden und streckt sich in ihrem Wagen (das ist bei ihr ein Zeichen des Vergnügens).*

Claudia ist auf die Art und Weise integriert, daß sich Kinder quasi „en passant", aber alles andere als oberflächlich auf sie beziehen und sich ohne Einschränkung ihrer Aktivitäten Claudia zuwenden können. Claudia gehört selbstverständlich dazu, wird schon nach kurzer Zeit ihrer Gruppenzugehörigkeit von (einigen) Kindern durch emotionale Zuwendung einbezogen. Claudia ist fast ganz darauf angewiesen, daß Kinder auf sie zugehen, da sie zu dieser Zeit nur sehr begrenzte sichtbare Äußerungsmöglichkeiten hat. Deshalb sind Nähe und Zuwendung anderer Kinder die wesentlichen Kontaktmöglichkeiten für Claudia. In Claudias sonstigem Verhalten hat sich immer wieder gezeigt, daß sie sehr sensibel für die emotionale Atmosphäre ist. Es scheint für sie, für ihre Zufriedenheit und ihr Sich-Wohlfühlen in der Gruppe, von ausschlaggebender Bedeutung zu sein, solche Zuwendungen wie die von Sophia zu erhalten, um sich in der Gruppe „sicher" und geborgen zu fühlen. Eine gute emotionale Atmosphäre ist bei Claudia die Voraussetzung dafür, von sich aus nach ihren Möglichkeiten aktiv zu werden und sich „anzustrengen", z.B. Blickkontakt zu halten, den Kopf zu drehen, sich zu strecken etc.

b) November 1983
Lena, fünf Jahre, fünf Monate (siehe Beispiel 2.2.2.1 c)).
Harry, sechs Jahre, zwei Monate, ein Junge mit sprachlichen und psychomotorischen Entwicklungsrückständen, sehr unruhig, zeitweise auch aggressiv gegen andere Kinder.
Hanni, drei Jahre, elf Monate.
Dorothe, fünf Jahre, ein Monat.
Martin, fünf Jahre, zehn Monate, ein Junge mit Sprach- und Entwicklungsverzögerung.
Zwei Erzieherinnen.

> *Lena liegt auf der Matratze. Zum Frühstück wird Lena im Wagen neben den Frühstückstisch gestellt. Die Kinder beginnen zu frühstücken, Lena wird zunächst noch nicht gefüttert. Plötzlich fragt Martin: „Ißt Lena mit?" Die Erzieherin bejaht; da kommt auch schon die zweite Erzieherin mit Lenas Frühstück.*
>
> *Nach dem Frühstück wird Lena wieder auf die Matratze gelegt. Während der nächsten Stunde geht Hanni zwischendurch hin und putzt Lena intensivst die Nase (obwohl Lenas Nase gerade nicht läuft). Sie sagt: „So, Lena." Dorothe setzt sich neben Lena auf die Matratze. Sie streichelt ihr über den Kopf, streichelt ihre Hand. Nach ca. zwei Minuten geht sie wieder.*
>
> *Zwischendurch kommt Harry, gibt Lena stürmisch einen Kuß und geht wieder.*
>
> *Wenn Lena von Erwachsenen oder Kindern angesprochen oder körperlich Kontakt mit ihr aufgenommen wird, streckt sie sich, macht den Mund auf (Zeichen des Vergnügens) und lächelt.*

Emotionale Impulse geben, sich Geborgenheit holen, Zuwendung, Nähe suchen und Momente der Versorgung sind die oft nicht voneinander zu trennenden Inhalte der meist nur kurzzeitigen Bezugnahme der Kinder auf Lena.
Da Lena durch ihre Behinderung zu Eigeninitiative kaum oder gar nicht in der Lage ist, wird sie für etliche Kinder zu einem emotionalen Bezugspunkt und/oder Ruhepunkt in der Gruppe. Gerade für Kinder, die (etwas) unsicher in der Gruppe sind (z.B. Harry), die Rückzugsmöglichkeiten und Momente der Ruhe brauchen (z.B. Martin), ein großes Bedürfnis nach Nähe und Geborgenheit (z.B. Martin, Dorothe) oder starke eigene Versorgungswünsche haben, die sie eventuell in der Umkehrung ausleben (z.B. Dotothe), wird Lena zu einer wichtigen ,,Anlaufstelle" innerhalb der Gruppe. Die kurze Dauer dieser Kontakte sagt nichts über deren Intensität.
Diese Kinder sind ebenso für Lenas Integration wichtig. Lena wird in die Gruppe eingebunden, gehört dazu, gerade auch dadurch, daß sie neben den Gruppen*aktivitäten* ihre Bedeutung für die Kinder hat. Die Kinder können erfahren, daß das Anders-Sein eines Kindes Möglichkeiten der gegenseitigen Akzeptanz und Zuwendung einschließen kann, die auf einer ganz anderen Ebene liegen als die ,,gängigen", aktionsreichen, oft kognitiv dominierten Beziehungen.
Der Umgang mit dem Anders-Sein gibt Kindern auch Gelegenheit zu Identifikation und Regression im Dienste des Ichs.

c) Februar 1983
Andy, sechs Jahre, ein Monat.
Uwe, vier Jahre, zehn Monate (siehe Beispiel 2.2.1 a)).
Volker, fünf Jahre, ein Monat

> *Uwe krabbelt zu einem Tisch, an dem mehrere Jungen spielen. Die Kinder bemerken ihn. Ein Junge streicht ihm kurz über den Kopf, spielt weiter. Volker ruft: ,,Uwe, kuckuck." Die Kinder beenden in diesem Moment ihr Spiel und gehen weg. Andy beugt sich dabei zu Uwe*

> *und sagt mit hoher Stimme: „Na, wo kommst du denn her, du kleiner Krabbelkäfer?"*
> *Die Kinder holen sich ein neues Spiel und beginnen damit, ohne Uwe weiter zu beachten.*

Uwe, über dessen Passivität sich die Erzieherinnen zunehmend beklagt haben, wird zu diesem Zeitpunkt etwas aktiver und krabbelt im Gruppenraum herum. Die Kinder nehmen ihn wahr, wollen aber seinetwegen nicht ihr Spiel unterbrechen. Die Kinder vermitteln Uwe zwar Zugehörigkeit, in das Spiel selbst können sie ihn aber noch nicht einbeziehen.

In den obigen Beispielen folgen die Kinder emotionalen Impulsen und wenden sich anderen zu, ohne damit die Aufforderung zu einer gemeinsamen Aktivität zu verbinden. Das kann so aussehen, daß ein Kind einem anderen zeigt, daß es dessen Anwesenheit wahrgenommen hat, es aber kein Interesse an einer gemeinsamen Aktivität hat.
Volker und Andy sprechen in Beispiel c) den in der Nähe liegenden Uwe an, ohne eine Antwort abzuwarten. Das für einen Moment unterbrochene Spiel wird fortgesetzt.
Ein Kind kann aber auch gezielt auf ein anderes zugehen, um es zu liebkosen, ihm Zuneigung zu zeigen.
Harry und Dorothe gehen in Beispiel b) zu Lena, streicheln und küssen sie; das scheint ihnen bereits zu genügen. Von Lena werden hier keine Reaktionen erwartet.
Martin und Hanni sind mehr um Lenas Versorgung bzw. Wohlbefinden besorgt. Hier vermischt sich die emotionale Zuwendung mit dem Versorgen des behinderten Kindes (vgl. 2.2.3.2).
In Beispiel a) verbindet Sophia ein Interesse an der Situation am Eßtisch mit einer Liebkosung Claudias, ohne daß zu erkennen wäre, was Vorrang hat.
Die Ausprägung dieser Kontakte kann variieren von liebevollen Worten und Zärtlichkeiten bis hin zu einfachen Begrüßungen wie „Hallo". Dies hängt sowohl von der Beziehung der beiden Kinder zueinander ab sowie davon, welche Möglichkeiten und Fähig-

keiten, Kontakt aufzunehmen, ein Kind hat. Gemeinsam ist diesen Ausdrucksformen der positive Bezug zum anderen. Kinder verbinden mit einer Kontaktaufnahme also nicht ständig die Vorstellung oder den Wunsch zu weitergehenden gemeinsamen Aktivitäten. Auch ein kurzer Körperkontakt, eine Kenntnisnahme, kann für sie befriedigend und bedeutsam sein. Die Reaktionen der Kinder in Beispiel a) und b) zeigen deutlich, daß auch sie den Kontakt begrüßen und genießen.

Allgemeine Bedeutung:
— Die Kinder können in einer Art unverbindlicher Zuwendung Kontakt herstellen/erleben, ohne daß die „Verpflichtung" zu weitergehender Beschäftigung oder Auseinandersetzung mit dem anderen Kind damit verbunden ist.
— Sie können sich deshalb eher trauen, Nähe zu einem anderen Kind herzustellen/zu halten, Zärtlichkeit zu geben/zu erhalten, auch wenn sie sonst bei anderen Kindern oder bei Erwachsenen damit Schwierigkeiten haben.
— Sie können auf diesem Weg Reaktionen „testen", die Zuwendungsbereitschaft des anderen „testen", um ihn weiter kennenzulernen, um Gemeinsamkeiten herauszufinden.
— Sie können auf emotionaler Ebene ein „Dazugehören" ausdrücken, ohne Verpflichtung zu aktiver Teilnahme am sonstigen Gruppengeschehen.
— Sie können emotionale Impulse ausdrücken und darin die (erwachsenen) Bezugspersonen imitieren. Sie können sich in der Sicherheit und Stärke der Bezugsperson imaginieren.
— Sie können darin der Bezugsperson die Aufforderung vermitteln, „mag mich, ich bin lieb". Sie können eigene emotionale Zuwendungsbedürfnisse ausdrücken.

2.2.3.2 Versorgen

Beispiele:
a) November 1983
Andy, sechs Jahre, zehn Monate.
Uwe, fünf Jahre, sieben Monate (siehe Beispiel 2.2.1a)).

Uwe sitzt in seinem Spezialstuhl vor der Bauecke, in der einige Kinder gemeinsam spielen, die ihn nicht zu beachten scheinen. Er beginnt, mit seiner Brille zu spielen, nimmt sie ab und legt sie auf seine Füße. Andy bemerkt dies und sagt zur Praktikantin: „Der Uwe hat seine Brille abgenommen." Die Praktikantin setzt sie ihm daraufhin wieder auf. (Uwe hat diese Brille neu und mag sie nicht. Er nimmt sie häufig ab. Erzieherin und Praktikantin achten deshalb genau darauf, daß er sie möglichst aufbehält.)

Andy bemerkt, daß Uwe die Brille, die er nicht mag, abnimmt. Er selbst will aber sein Spiel nicht unterbrechen und delegiert diese Versorgungsaufgabe an die Erzieherin, von der ja die Norm, daß Uwe die Brille aufbehalten soll, ursprünglich aufgestellt wurde.
Sicherlich kann er sich dabei auch als der große Vernünftige erleben.
In anderen Situationen wird beobachtet, daß Kinder, darunter auch Andy, auf eine positive Entwicklung von Uwe aufmerksam machen. Dies zeigt, daß er für die Gruppe dazu gehört und beachtet wird. Die Kinder lernen so einzuschätzen, was er kann, was er soll, welches seine Stärken und Schwächen sind. Für Uwe, der gerne mit Charme und Gebrüll seinen Willen durchsetzt, bedeutet dies eine verstärkte Kontrolle seines Verhaltens. Während ein einzelner vielleicht ermüdet oder nachgibt, wechselt sich die Gruppe in ihrer Kontrolle ab. Er hat weniger Chancen, durchs Netz zu schlüpfen.

b) Oktober 1982
Karola, vier Jahre (siehe Beispiel 2.2.1 b)).
Akir, drei Jahre, sechs Monate.
Peter, vier Jahre, zwei Monate.
Eine Erzieherin.

> *Die Erzieherin sagt zu Karola, sie solle ihre Frühstücksreste einpacken. Karola gibt ein Stück in die Tüte, fängt dann wieder an zu essen. Die Erzieherin und Peter sitzen noch mit am Tisch. Akir kommt dazu, hält Karola die Tüte hin und sagt: „Komm, Karola, du!" Er sagt es ganz laut. Karola reagiert nicht. Akir geht weg.*

Karola ist zu diesem Zeitpunkt noch nicht in der Lage, die Anweisungen der Erzieherin zu erfassen, sie gar zu befolgen oder sich dabei helfen zu lassen.
Die Erzieherin versucht, Karola über diese Aufforderung langsam an eine Fähigkeit heranzuführen.
Akir bietet seine Unterstützung an. Er kann die Anregung verstehen, hat das bereits gelernt, was die Erzieherin versucht, Karola zu vermitteln und will ihr dabei behilflich sein.
Diese Hilfe ist zum Scheitern verurteilt, da Akir sich noch nicht auf Karola so einstellen kann, wie es deren Entwicklungsstand entspricht, sondern er das „Gewünschte" auf seine schnelle Art realisieren will.
Karola kann in dieser Situation nicht begreifen, um was es geht, und dies wiederum frustriert Akir, so daß er weggeht. Trotzdem liegt für Karola in solchen Begegnungen mit anderen Kindern eine Chance, in Kontakt mit ihnen zu kommen.
Diese Szene hat keine direkte Bedeutung für die Gruppe, da sie sich so schnell ereignet, daß sie nicht wahrnehmbar für die anderen Kinder wird. Sie ist keine große Ermunterung für Kinder, die, wie Akir, noch keine besondere Sensibilität für Karola entwickelt haben. In dieser Altersstufe ist nicht zu erwarten, daß sie das Ausmaß der Beeinträchtigung von Karola einschätzen können bzw. sich ständig vergegenwärtigen, was sie kann und was nicht/

noch nicht. „Pannen", „mißglückte" Interaktionen sind also geradezu selbstverständlich.

c) Januar 1984
Constanze, drei Jahre, drei Monate, ein Mädchen mit Down-Syndrom.
Simon, drei Jahre, fünf Monate.

> *Constanze hat sich eine kleine Kugel in den Mund geschoben. Simon: „Nicht in den Mund, du nimmst immer alles in den Mund!" Simon nimmt Constanze die Kugel liebevoll aus dem Mund und geht damit weg.*

Die Versorgungssituation zwischen Simon und Constanze entsteht aus der besonderen Beziehung, die beide zueinander haben. Für Simon ist Constanze das erste Kind in der Gruppe, dem er sich offen nähern und über das er emotionale Bedürfnisse befriedigen kann. Constanze hat in Simon einen Bewunderer und Beschützer.
Constanzes Unbefangenheit und Spontaneität ziehen ihn an und lassen Simon, der von den Jungs in der Gruppe einer der Kleinen ist (zu Hause auch!), sich auf diese Weise den Schritt in die innerhalb der Gruppe existierende — für ihn selber attraktive — Jugendgruppe vorbereiten.
Simon kann für jemand anderen und dabei auch für sich selbst sorgen, indem er sich durch diese Orientierung stabilisiert und einen Platz in der Gruppe findet.
Für die Gruppe kann dieser liebevolle Umgang Simons mit Constanze eine Bereicherung der emotionalen Atmosphäre und ein Beispiel für Akzeptanz von Anders-Sein bedeuten. Zusätzlich bewirkt Simons Verhalten auch in der Gruppe ein Verständnis für Constanze, so daß andere Kinder verletzende oder belastende Situationen, die von Constanzes Impulsivität verursacht werden, besser aufgefangen werden können.

d) Januar 1983
Heide, sechs Jahre.
Uwe, vier Jahre neun Monate (siehe Beispiel 2.2.1 a)).

Uwe sitzt allein in seinem Stuhl, sein Kopf ist nach vorne gefallen. Er weint. Heide kommt vorbei und richtet ihn auf. „Willst du dich wieder wichtig machen mit dem Weinen? Warum weinst du denn? Weil man dich alleine läßt? Deswegen mußt du doch nicht immer weinen." Sie spricht dabei mit hoher Stimme und knutscht Uwe heftig ab. Uwes Kopf fällt nach hinten, der Stuhl verschiebt sich. Heide geht einfach ohne Ankündigung weg, läßt Uwe allein stehen.
Die Erzieherin rollt Uwe an ihren Tisch und damit aus Heides Wirkungskreis.

Heide ist eine Außenseiterin in der Gruppe. Es wird zu Hause wohl von ihr verlangt, ein liebes und besonders vernünftiges Mädchen zu sein, ohne daß sie dazu die notwendige emotionale Unterstützung erhält. Sie holt sich Nähe oft über Behinderte, indem sie sie bemuttert und betüttelt. Gleichzeitig läßt sie ihre Enttäuschung und Wut über das eigene Zukurzkommen an Kindern aus, deren Bemutterung letztendlich auch für Heide nicht befriedigend sein kann. Die Tatsache, daß Kinder wie Uwe soviel Zuwendung „unverdient" erhalten, muß sie ihr Zukurzkommen noch stärker erleben lassen, und dies wandelt sich in Aggressionen um. Gerade Uwes Weinen, eine kindliche Art, Aufmerksamkeit zu erlangen, scheint sie zu reizen. Vielleicht gesteht sie sich diese selbst nicht zu oder weiß von deren Wirkungslosigkeit in ihrem Falle. Sie reagiert mit Abwehr, Aggression, benutzt dabei aber die Sprache der Erwachsenen und verpackt ihre negativen Gefühle in eine Versorgungshandlung.
Uwe sucht wohl wirklich Zuwendung und hört auf zu quengeln, als Heide sich um ihn „kümmert". Er scheint den aggressiven Ton nicht wahrzunehmen oder nicht zu beachten. Er wird aus seinem Rückzug auf sich selbst und seinem Weinen herausgeholt,

nimmt seine Umwelt wieder wahr und schaut sich um. Für ihn bedeuten Heides aggressive Tandenzen nicht unbedingt Aggression gegen seine Person.

In diesen Beispielen werden emotionale Impulse der Kinder in versorgende Handlungen umgesetzt. Aufforderungen zu gemeinsamen Aktivitäten sind zwar nicht die Regel bei diesen einseitigen Kontaktaufnahmen, jedoch kann den Versorgungsangeboten selbst eine solche Aufforderung implizit sein.
Zu beobachten sind
— *direkte* Versorgungshandlungen: ein Kind versorgt ein anderes, in der Regel behindertes oder jüngeres Kind,
und
— *indirekte* Versorgungshandlungen: ein Kind gibt einem Erwachsenen oder größeren Kind Hinweise auf die Notwendigkeit einer Hilfe bzw. Versorgung bei einem anderen Kind.
Die von den Kindern intendierten Versorgungen können gelingen oder nicht. Dabei kann die Ursache für Erfolg oder Mißerfolg neben den situativen Bedingungen sowohl beim Helfer liegen als auch bei demjenigen, dem die Versorgung zuteil werden soll. Sei es, daß der „Helfer" sich nicht sensibel einfühlen kann, sich etwa Aggressivität hinter seinen Aktivitäten verbirgt. Oder ein Kind sich gegen die ihm zugedachte Versorgung wehrt, weil sie ihm unangenehm ist oder es diese Absicht gar nicht wahrnehmen kann.
Die indirekte Versorgung, die Uwe in Beispiel a) durch Andy zuteil wird, zeigt eine deutliche Nachahmung der Erwachsenen in deren Anliegen, Uwe an das Tragen der Brille zu gewöhnen. Andy weiß, daß Uwe diese Hilfe nicht sehr willkommen ist — es geht eher eine Abwehr gegen die Brille von ihm aus. Eine direkte Versorgung durch Andy könnte an dieser Abwehr scheitern. Für Uwe ist es in diesem Fall leicht, sich zur Wehr zu setzen, er kann die Brille ja selbst abnehmen.
Akir in Beispiel b) dagegen geht ganz direkt und spontan auf Karola zu, will ihr helfen. Diese ist von seinem Angebot überfordert, reagiert nicht darauf.

Da sein spontanes Zugehen auf Karola und seine Sensibilität von ihr nicht wahrgenommen werden können, geht er weg, die Situation „mißlingt".

Sensible Einfühlung und direktes Handeln gelingen dagegen in Beispiel c) bei Simon, als er Constanze die Kugel aus dem Mund holt (wohl nicht zum ersten Mal!). Diese Sitiuation kommt unseren üblichen Vorstellungen von Versorgung am nächsten. Dahingehend wird in Beispiel d) bei Heide Sensibilität durch Dominanz ersetzt. Ihre Handlungen und Zuwendungen sind heftig und enden unvermittelt. Das schablonhafte Nachahmen der Handlungen Erwachsener ohne deren Sensibilität hat ein Übergehen von Uwes Bedürfnissen zur Folge. In dieser Situation kann er sich nicht dagegen wehren und Heide ist selbst überfordert.

Die aufgezeigten individuellen Ausprägungsformen von Versorgen sind durch verschiedenartige Motive, die den Versorgungen zugrunde liegen, und unterschiedliche Bereitschaft und Fähigkeit, diese umzusetzen und aufzunehmen, bedingt.

Allgemeine Bedeutung: wie 2.2.3.1, darüber hinaus:
— Die Kinder können auf die Bedürfnisse des anderen Kindes eingehen lernen.
— Sie können darin auch im Bedürfnis des versorgten Kindes die Grenze des eigenen Bedürfnisses, zu bemuttern, erfahren.
— Sie können lernen, daß „Helfen" notwendig oder ganz und gar überflüssig ist.
— Die Kinder können eigene Versorgungswünsche durch Bemutterung des behinderten Kindes in der Umkehr ausspielen. Sie können bestimmen, was einem anderen „gut tut" und darin ganz Vater und/oder Mutter sein.
— Sie können sich in sozial angepaßter Form über die Hilflosigkeit des anderen erheben.
— Sie können das behinderte Kind als leicht verfügbaren Spielgegenstand benutzen.
— Sie können den anderen „Klein-Machen" und darin die eigene Normalität und Tüchtigkeit hervorheben.

— Sie können Aggressionen ins Gegenteil verkehren (overprotection) oder sie versteckt abführen (,,böse Mutter" sein).
— Sie können darin eigene Konflikte bearbeiten.
— Sie können in der Versorgung (als versorgt Werdender) Zuwendung, Nähe, Sicherheit, Hilfe, Akzeptanz, Unterstützung oder Einengung, Dominanz, Ablehnung, Mißachtung erfahren.
— Sie können sich (manchmal) wehren lernen.

2.2.3.3 Aufforderung

Beispiele:
a) November 1983
Karola, fünf Jahre, ein Monat (siehe Beispiel 2.2.1 b)).
Akir, vier Jahre, acht Monate.

> *Mit fröhlichen Lauten räumt Karola in der Puppenecke das Kinderbett ein, klopft die Kissen zurecht, räumt aus, legt Servietten als Bettücher hinein und die Decken wieder darauf. Sie ist alleine in der Puppenecke und ganz ins Spiel vertieft.*
> *Nach zehn Minuten kommt Akir und wirft sich in das von Karola feingemachte Bett.*
> *,,Ich wär' das Baby," sagt er, ,,und wir gehen nach draußen."*
> *Akir schaukelt im Bett, dabei fällt Karola um. Sie schaut unglücklich, reagiert aber nicht weiter. Akir geht so abrupt weg, wie er eingebrochen ist. Karola rappelt sich auf, beginnt wieder das Bett ordentlich einzuräumen. Ihr Gesichtsausdruck ist nicht so fröhlich wie zuvor, aber nicht unzufrieden.*

Akir begegnet Karola in der Puppenecke. In seinem impulsiven Verhalten überfordert er sie.
Karola ist bei einer sehr selbständigen Aktion und wird offensichtlich von Akir gestört und übergangen, da sich dieser ganz

und gar als „Bestimmer" zeigt: „Ich wär' das Baby." Er macht sich zwar verbal in dieser Rolle klein, aber real wirft er Karola um und geht abrupt aus der Szene. Er stellt sich die Frage, ob Akirs Zusammentreffen mit Karola zufällig ist, er gar nicht wahrgenommen hat, wer das Bett gemacht hat, bei wem er Baby sein will oder aber, ob seine Einschätzung von Karolas Möglichkeiten immer noch diffus ist.

Karola bleibt auch nach diesem „Zwischenfall" bei ihrem Spiel, erholt sich über die Fortsetzung der begonnen Beschäftigung. Sie macht das Bett wieder zurecht. Sie kann also nach massiver Störung ihre Tätigkeit wieder aufnehmen, kann sich aber noch nicht zur Wehr setzen.

Für die *Gruppe* hat dieser Vorgang keine direkte Bedeutung, da sich dieser in der Puppenecke abspielt und daher weitgehend durch Vorhänge abgedeckt geschieht. Die anderen Kinder sind zu dieser Zeit intensiv in verschiedenen kleinen Gruppen beschäftigt.

b) Dezember 1982
Tommy, vier Jahre, fünf Monate.
Jochen, sechs Jahre, sechs Monate, ein Junge mit geistiger Behinderung und Entwicklungsrückständen (vor allem statomotorisch) und Sprachschwierigkeiten.

> *Tommy ist seit anderthalb Stunden in der Kindergruppe. Während der ganzen Zeit ist er unschlüssig im Gruppenraum herumgegangen, bisher hat er noch kein Wort gesprochen.*
> *Jetzt holt er sich Malsachen und setzt sich an einen Tisch, an dem drei andere Kinder — darunter Jochen — malen. Nach kurzer Zeit spricht ihn Jochen an (unverständlich). Tommy, immer noch wortlos, schüttelt den Kopf. Langsam malt er weiter. Jochen zieht an Tommys Blatt. Tommy schaut schmollend auf; er hält sein Blatt fest. Wortlos. Dann schubst er Jochen ganz leicht am Arm. Jochen läßt Tommys Blatt los und wendet sich wieder seinen Malsachen zu. Tommy steht auf und geht weg.*

Tommy ist anfangs fast immer wortlos und ohne Kontakte, zurückgezogen, nimmt am Gruppengeschehen nicht teil. Er traut sich nicht, jemanden zurückzuweisen, ist oft völlig „ratlos", was er mit sich anfangen soll. Kinder nehmen kaum Notiz von ihm.
Jochens Kontaktaufnahme muß in dieser Zeit etwas Besonderes für Tommy gewesen sein. Offensichtlich bleibt es ihm unverständlich, was Jochen will, bzw. kann er die Tatsache, daß Jochen an seinem Blatt zieht, nur als „Wegnehmenwollen" erfahren.
Aber zu einer Auseinandersetzung mit Jochen kommt es nicht; Tommy versucht nicht herauszufinden, was Jochen will. Es ist schon eine „Leistung" für Tommy, daß er Jochen zumindest wegschubsen kann.
Jochens Kontaktversuch — ebenso wie die gelegentlichen zufälligen Annäherungen anderer Kinder — trifft Tommy auf einem Entwicklungsstand, auf dem er noch nicht soviel Selbstvertrauen hat, um sich als einen Pol in einer Beziehung zu setzen bzw. seine Ablehnung dagegen kundzutun und zu vertreten oder durchzusetzen. In diesem Zusammenhang erhalten aber gerade die etwas zaghaft erscheinende Abwehr und das Weggehen Tommys die Bedeutung eines Ansatzes zum Durchsetzen oder Abgrenzen eigener Bedürfnisse.
Für Jochen bedeutet die Abweisung seiner versuchten Beziehhungsaufnahme eine wieder einmal erlebte Enttäuschung. Viele Kinder können und wollen seine Annäherungsversuche nicht beantworten, vermutlich auch deshalb, weil er sich ihnen wegen seiner Schwierigkeiten nur eingeschränkt verständlich machen kann bzw. zu gezielten Aktivitäten nur bedingt in der Lage ist.

c) Juni 1983
Andy, sechs Jahre, fünf Monate.
Uwe, fünf Jahre, zwei Monate (siehe Beispiel 2.2.1 a)).

> *Uwe liegt alleine auf dem Rücken. Andy kommt dazu. Er hat vorher an einem Tisch gebastelt. Er nimmt Uwes Hand und legt ihm ein rotes Papierkügelchen hinein, ein anderes legt er ihm auf das Gesicht. Dann legt er sich*

parallel zu Uwe auf den Boden und schaut ihm ins Gesicht, lächelt ihn an; danach geht er wieder.

In diesem Beispiel kommt es von Andy aus zu einem liebevollen Kontakt zu Uwe. Andy scheint Uwe irgendwie in sein Basteln einbeziehen zu wollen. Vielleicht will er sich bei ihm auch entspannen. Da er nichts sagt, ist anzunehmen, daß er selbst noch keine genauen Vorstellungen hat, wie die Interaktion aussehen soll. Er probiert verschiedene Ideen aus. Einmal legt er Uwe die Kugeln ins Gesicht, ein anderes Mal auf die Hand. Für Andy scheint es etwas langweilig sein, er kann Uwe trotz des guten Willens nicht einbeziehen und zieht sich wieder zurück.
Uwe reagiert für Andy nicht schnell genug, greift erst wesentlich verzögert nach den Kügelchen. Er ruft nach Andys Weggehen die Erzieherin und will von ihr beschäftigt werden. Für ihn ist der Kontakt zu Erwachsenen einfacher und bequemer.
Zu dieser Zeit halten sich die Erzieherinnen aber zurück. Sie möchten Uwe fordern und ihm mehr Aktivität überlassen. Von daher sind solche kleinen Situationen wie die mit Andy für Uwe von großer Bedeutung, um sich für Aktivitäten ohne Erzieherinnen anregen zu lassen und selbst aktiver zu werden. Der Gruppe fällt also mit ihren Angeboten und verschiedenen Ideen eine wichtige Rolle für Uwes Entwicklung zu.

Die Aufforderung an ein anderes Kind, gemeinsam etwas zu spielen, muß nicht immer auch zu einer gemeinsamen Handlung führen; es kann vorkommen, daß der Kontakt über die Aufforderung nicht hinausführt.
Mit der Aufforderung zu einer gemeinsamen Aktivität kann ein Kind sich entweder an ein bestimmtes oder ein gerade „verfügbares" Kind wenden. Dabei kann es schon eine genauere Vorstellung von dem gemeinsame Spiel haben oder diese erst mit den anderen entwickeln wollen.
Der Erfolg der Aufforderung hängt davon ab, inwieweit das aufgeforderte Kind an diesem Spielpartner und dem Spiel selbst interessiert ist, bzw. wie es in der Lage ist, sich einzubringen.

Dabei spielt auch eine Rolle, ob es dem auffordernden Kind gelingt, sich verständlich zu machen und dann auf die Bedürfnisse des anderen einzugehen.

Eine gemeinsame Handlung kommt etwa dann nicht zustande, wenn das aufgeforderte Kind den Kontakt generell ablehnt, weil ihm der Partner, der Inhalt oder beides (im Moment oder auf Dauer) nicht gefallen.

Jochen versucht in Beispiel b) mit Tommy über das gemeinsame Malen in Kontakt zu treten; dabei bleibt unverständlich, was er will. Tommy, der an diesem Tag sehr zurückgezogen und unschlüssig ist, lehnt die diffuse Ansprache ab, er möchte, zumindest von Jochen, in Ruhe gelassen werden. Er versucht nicht, herauszufinden was Jochen will, sondern grenzt sich durch sein Weggehen deutlich ab.

Eine Aufforderung muß aber nicht unbedingt durch Ablehnung beendet werden. Ein Kind kann auch von der Form oder dem Inhalt der Aufforderung überfordert sein und deshalb nicht in der Lage sein, darauf zu reagieren. In Beispiel a) schaltet sich Akir in Karolas Spiel ein und nimmt dabei Karolas Thema auf. Aber sowohl seine Heftigkeit als auch seine Weiterentwicklung der Spielidee überfordert Karola, die zu diesem Zeitpunkt noch fast immer alleine spielt.

Akir zieht sich zurück, ohne nach einem neuen Weg zu suchen, auf dem er mit ihr zusammen etwas machen kann.

Es kann auch sein, daß das auffordernde Kind überfordert ist, den angebotenen Kontakt aufrechtzuerhalten. In Beispiel c) wird dies besonders deutlich.

Andy probiert, was er und Uwe mit den Papierkügelchen anfangen können. Uwe zeigt zuerst keine Reaktion, und Andys spontanes Interesse erlahmt; er geht. Uwe beginnt erst einige Zeit später, mit den Kugeln zu hantieren. Andy nimmt es nicht mehr wahr.

Allgemeine Bedeutung:
— Kinder können Annäherungen ausprobieren.
— Sie können Reaktionen auf ihre Initiative „testen"/erfahren.
— Sie können lernen, sich einer möglichen Erfahrung von Ab-

weisung/Desinteresse/Unfähigkeit auszusetzen, damit umzugehen und dadurch eine gewisse Frustrationstoleranz aufzubauen.
— Sie können in der Reaktion des anderen dessen Interessen, Fähigkeiten, Schwierigkeiten kennenlernen.
— Sie können — als Aufgeforderte — versuchte Zuwendung und Annäherung erfahren und darin ein stärkeres Selbstvertrauen entwickeln.
— Sie können sich in die Auseinandersetzung mit/Zusammenführung von eigenen und fremden Bedrüfnissen einüben.

2.2.3.4 Abweisende emotionale Impulse

Beispiele:
a) Oktober 1983
Almut, sechs Jahre, zwei Monate, ein Mädchen mit Entwicklungsverzögerung.
Heiko, fünf Jahre, sechs Monate.

> *Heiko fährt mit einem Lego-Panzer im Gruppenraum umher, dabei kommt Almut vorbei. Almut holt aus und schlägt blitzschnell danach. Der Lego-Panzer zerbricht.*
> *Heiko schaut überrascht, sagt kein Wort. Er läßt den zerstörten Panzer liegen und geht weg.*

Almut ist zu dieser Zeit in einer schwierigen Phase. Zerstören und ,,Ausflippen" sind bei ihr an der Tagesordnung. Ihre starke Identifikation mit Björn wird damit in Zusammenhang gebracht. Vor dieser Szene mit Heiko hat Almut sich schon Sonja aggressiv genähert und ist ignoriert worden. Außerdem ist sie von der Beobachterin abgewiesen worden, als sie sich auf deren Schoß setzen wollte.
Es geht bei Almuts Verhalten nicht um Heiko oder den Panzer, sondern darum, Wut zu zeigen und auszuprobieren, ob und wie lange sie von den Erwachsenen in der Gruppe aufgefangen wird. Sie will diese auf die Probe stellen.

Heiko kann Gewalt grundsätzlich nicht anders als mit Rückzug begegnen und läßt Almut ins Leere laufen. Almut findet für ihre Wut keinen Partner in ihm.
Eine Relevanz für die Gruppe besteht darin, daß Almut nicht länger zu übersehen ist. Sie erreicht Aufmerksamkeit über Provokation und Verunsicherung von Kindern und Erwachsenen. Das Agieren über „Anfälle" zu diesem Zeitpunkt häuft sich und führt soweit, daß Almut wegen der starken Identifikation mit Björn von den Bezugspersonen mit „Björn" angesprochen wird und sich dadurch diese Situationen rascher wieder auflösen.

b) April 1984
Sophia, sechs Jahre, zwei Monate.
Sefra, fünf Jahre, vier Monate, ein Mädchen mit Down-Syndrom.
Eine Erzieherin.

> *Die Erzieherin setzt Sefra neben Sophia an den Frühstückstisch. Sophia: „Die soll hier nicht sitzen."*
> *Die Erzieherin: „Warum nicht?"*
> *Sophia: „Die schmiert so eklig beim Essen, iiih. Ich will die nicht neben mir haben."*
> *(Ob Sefra etwas davon verstanden hat, ist unsicher.)*

Sophia wird durch das Schmieren und Sabbern Sefras beim Essen verunsichert. Etwas, über das sie bereits zu verfügen gelernt hat, wird hier nicht eingehalten von Sefra. Sophia ist im Umgang mit der Norm Sauberkeit, anständig Essen, Ästhetik (noch) nicht so souverän, daß sie deren unübersehbare Verletzung ohne weiteres ertragen könnte.
Sophia lehnt Sefra nicht generell ab, sondern sie differenziert: etwas Bestimmtes, Sefras Art zu essen, ruft ihre Abneigung hervor. In anderen Situationen hat sie keine Probleme, mit ihr zu spielen.

c) Februar 1983
Ulrike, vier Jahre, fünf Monate.
Marc, vier Jahre, ein Junge mit Down-Syndrom.

Ulrike möchte mit dem Zivildienstleistenden Memory spielen. Zwei andere Kinder kommen dazu und wollen auch mitspielen. Marc steht in der Nähe und schaut zu. Ulrike: „Der kann das nicht, der spielt nicht mit." Sie beginnt das Spiel, Marc geht weiter.

Ulrike, die sonst gerne und oft Rücksicht nimmt, orientiert sich hier, wie in Beispiel 2.2.1 a), an ihren Bedürfnissen. Sie schätzt Marcs Fähigkeiten richtig ein. Er kann kein Memory spielen. Vielleicht würde sie ihn mitspielen lassen, wenn er in ihren Augen etwas davon hätte. Aber sie kann sich nicht vorstellen, daß Marc dieses Spiel irgend etwas bringt, so daß ihre Rücksichtnahme gar nicht notwendig ist.

Sie erfährt dabei, daß sie das Recht hat, andere abzulehnen und sich selbst durchzusetzen. Niemand schreitet ein und sagt, Marc müsse aber teilnehmen. Ulrike darf Memory mit den von ihr gewählten Partnern spielen.

Für Marc ist es allerdings eine klare Zurückweisung. Er wird abgelehnt, obwohl er vielleicht gar nicht teilnehmen wollte. Wie er das verarbeitet, läßt sich nicht erkennen; es fällt nur auf, daß er nicht — wie öfters — aggressiv reagiert. Vielleicht, weil er weiß, daß Ulrike sich sonst ihm gegenüber anders verhält.

Die Situation kann auch davon bestimmt sein, daß Marc nicht in diese Gruppe gehört und Ulrike daher die Ablehnung leichter fällt, oder daß Marc sich nicht traut, sich zu wehren. Für die Gruppe gehört Marc nicht dazu und die Situation bestätigt dies.

Interaktionen können beabsichtigt sein, aber aufgrund der wie auch immer begründeten Passivität oder Zurückweisung durch das angesprochene Kind nicht zustandekommen (vgl. 2.2.3.3). In den Beispielen 2.2.3.4 geht es um den entgegengesetzten Inhalt: Ein Kontakt wird aufgenommen, dessen Thema seitens des initiativen Kindes von vornherein die Abweisung des anderen Kindes auf emotionaler, verbaler und/oder handelnder Ebene ist.

Anlaß dieser Abweisung kann die bloße Wahrnehmung des anderen Kindes sein, unabhängig von dessen momentaner Tätigkeit oder Absicht. Der Eindruck, „ohne ersichtlichen Grund", bezieht sich wohl auf diesen Sachverhalt. Gerade diese zunächst grundlos erscheinende Ablehnung äußert sich besonders häufig in einer mehr oder weniger aggressiven Haltung gegenüber dem anderen Kind. Die Ablehnung, die hier zum Ausdruck kommt, kann spezifisch personenbezogen sein, d.h. sie kann sich allein aus einer generellen Stellung zu dem anderen Kind begründen. Sie kann aber auch ganz personen*un*spezifisch, aus einer momentanen Gefühlslage heraus entstehen und sich quasi zufällig auf **dieses** andere Kind richten.

In der Abweisung eines anderen Kindes kann sich auch eine differenziertere Stellung zu ihm ausdrücken. Lehnt ein Kind ein anderes ab, kann sich dies gegen ganz bestimmte Eigenschaften oder Handlungen des anderen richten, gegen dessen wahrgenommene oder vermutete aktuelle Absichten. Die Abweisung des anderen Kindes kann auch wesentlich aus der aktuellen eigenen Beschäftigung, dem gerade stattfindenden eigenen Spiel heraus entstehen. In Bezug auf das eigene aktuelle Vorhaben wird dann das andere Kind als Störung oder Einschränkung empfunden und — noch bevor es zu einer zweiseitigen Auseinandersetzung kommt — abgewehrt.

An den Beispielen wird dies deutlich:
Heiko spielt in Beispiel a) mit seinem Panzer, ohne daß er dabei irgendeinen Bezug zu Almut aufnimmt. Almut bricht in sein Spiel ein und zerstört es auf aggressive Weise. Diese Ablehnung gegenüber Heiko und seinem Spiel steht im Rahmen einer Zeitspanne, in der sich Almut sehr häufig ohne ersichtlichen besonderen Grund aggressiv nach außen wendet, um sich schlägt, etwas kaputt macht. Von daher scheint Heiko eher zufällig von ihrer Abweisung betroffen zu werden.

Sophia in Beispiel b) lehnt Sefra in einer spezifischen Situation — dem Essen — ab. Generell ist es nicht so, daß Sophia mit Sefra nichts zu tun haben will; sie wendet sich ihr oft auch sehr verständnisvoll zu. Sophia weist Sefra jedoch in dieser bestimmten Situation ab, weil sie etwas Bestimmtes von Sefra als störend empfindet: Sefras Art zu essen.

Ulrike möchte in Beispiel c) Memory spielen; die gleiche Absicht vermutet sie bei Marc. Dabei hat sie wohl die Befürchtung, mit Marc könnte das Spiel anders werden, als sie es sich vorstellt. (Marc hätte zu dieser Zeit nicht Memory nach Regeln spielen können.) Aus dieser bestimmten Situation heraus grenzt sie Marc von vornherein aus.

Die Bezugnahme auf ein anderes Kind in Form von abweisenden emotionalen Impulsen kann, muß aber keineswegs auf einer generellen Ablehnung der Person beruhen. Diese kurzen Kontakte, nicht erst ihre tieferliegende Bedeutung, sind jeweils nur aus der besonderen Situation heraus zu verstehen.

Allgemeine Bedeutung:
— Die Kinder können Stärke und Tüchtigkeit hervorheben lernen und sich gegen Schwäche und Einschränkungen abzugrenzen versuchen.
— Sie können anderen Kindern gegenüber Aggressionen zeigen und ausleben.
— Sie können Abwertung situationsbezogen, aber auch unkontrolliert zum Ausdruck bringen („ausflippen").
— Sie können Reaktionen anderer Kinder ausprobieren und deren Konsequenzen erfahren, indem sie etwa frustriert werden durch Nichtbeachtung.
— Sie können Distanz schaffen, sich gegen Nähe zur Wehr setzen.
— Sie können lernen, gezielt eigene Bedürfnisse durchzusetzen, oder ihre Bedürfnisse von denen anderer Kinder abzugrenzen.
— Sie können das Wohlwollen, die Zuneigung und Geduld von Erziehern/Kindern auf die Probe stellen (Wie weit kann ich bei dir gehen; wie lange magst du mich noch, hältst du mich aus?).

2.2.3.5 Geborgenheit holen/geben

Beispiel:
Januar 1983
Nicole, drei Jahre, ein Monat.
Claudia, vier Jahre, sieben Monate (siehe Beispiel 2.2.2.1 b)).

Nicole ist neu in die Kindergartengruppe gekommen. Sie hält sich sehr zurück, spielt kaum, wirkt etwas verschüchtert; aber wenn sie etwas bastelt oder ähnliches, wirkt sie andererseits recht selbstbewußt.
Sie traut sich anfangs nur Claudia zu nähern.
Die Kinder werden zum Frühstück gerufen. Die Erzieherin hat Claudia schon in einer Sitzschale neben den Frühstückstisch gesetzt. Nicole setzt sich zielstrebig neben Claudia und faßt ihre Hand. Leise sagt sie: „Hallo, Claudia." Es ist nicht ersichtlich, ob Claudia es hört. Sie reagiert nicht auf Nicole. Nicole ißt langsam und ohne ein Wort zu sagen ihr Frühstücksbrot. Die ganze Zeit hält sie Claudias Hand.

Nicole schließt sich dem „ruhigsten" Kind in der Gruppe, Claudia, als erstem an. Sie findet in ihr einen Halt und die Sicherheit in für sie noch ungewohnter Umgebung. Einen Spielpartner sieht Nicole in Claudia zunächst nicht. Claudia kann ihrer Umgebung ihre Befindlichkeit kaum zeigen. Sie wird in diesem Beispiel über das Bedürfnis eines anderen Kindes in die Gruppe eingebunden. Nicole kann auf diese Weise der Gruppe Möglichkeiten des Einbezugs von Claudia vormachen, ohne großes Aufhebens oder demonstrative Akte kann auf dieser Ebene Claudia dazugehören.

Kinder nehmen zu anderen, häufig zu behinderten Kindern, Kontakt auf und halten einseitig diesen Kontakt aufrecht, auch und gerade dann, wenn das andere Kind nichts merklich erwidert; das andere Kind ist Ansprechpartner in seiner Inaktivität. Es

wird als ein Ruhepunkt inmitten der Gruppenaktivitäten oft nur für einige Sekunden aufgesucht. Dies geht sowohl von Kindern aus, die sich für Momente aus einer Tätigkeit oder Gruppenaktivität „ausschalten", als auch von Kindern, die (aktuell) keinen Zugang zu anderen /zu der Gruppe finden (siehe obiges Beispiel, siehe auch Martin in Beispiel 2.2.3.1 b)).
Auffällig ist, daß die Kinder in diesen Momenten ruhig und zufrieden wirken. Nähe und körperlicher Kontakt zu dem anderen Kind scheinen angestrebt und in diesem Zusammenhang am wichtigsten zu sein.

Allgemeine Bedeutung:
— Die Kinder können Nähe zu einem anderen Kind/Erwachsenen haben.
— Sie können sich emotionale Sicherheit durch Nähe schaffen.
— Sie können für sich sorgen (sich „versorgen"), indem sie sich innerhalb der für sie bedrohlichen oder anstrengenden Gruppe auf eine bestimmte Person beziehen und „zur Ruhe" kommen.

2.2.4 Komplexere Interaktionen

Im Unterschied zu einseitiger Kontaktaufnahme geht es bei den komplexeren Interaktionen um die zweiseitige Bezugnahme der Kinder aufeinander. Diese Interaktionen können ausgeprägt personenorientiert oder vor allem sachorientiert (themenorientiert) sein oder sich auch in beidem vermischen, sie können als Miteinander, aber auch als Gegeneinander stattfinden.
Wesentlich ist, daß das Kind in seiner unmittelbaren Beziehung auf das jeweils andere Kind etwas an ihm oder von ihm aufgreift *und* umgekehrt, unabhängig davon, mit welchem Gewicht die jeweils Beteiligten an der Situationsgestaltung teilnehmen (können).

2.2.4.1 Zufälliges Miteinander

Beispiele:
a) April 1984
Rainer, sechs Jahre, elf Monate, ein Junge mit fein- und grobmotorischen, psychomotorischen und sprachlichen Entwicklungsrückständen.
Leo, vier Jahre, drei Monate.

> *Rainer und Leo sitzen sich am Frühstückstisch gegenüber. Rainer ruft: „Milch! Will die Milch!" Leo holt sie ihm. (Er sitzt ganz in der Nähe der Milchkanne.) Ein Gespräch spinnt sich an. Leo fragt Rainer: „Willst Du auch Kakao?" Rainer: „Ja."*
> *Leo gibt Rainer das Kakaopulver. Sie beginnen zu erzählen: Wie man Kakao anrührt, daß man ihn auch kochen kann ... Dann erzählt Leo Rainer von dem Auto seines Vaters, wie es so schnell fährt, und wohin sie damit fahren.*
> *Rainer hört zu; er freut sich, strahlt und lacht. Ab und zu erzählt Rainer dazwischen: „Polizeiauto ganz schnell." „Tatü-Tata."*
> *Als das Frühstück beendet ist, steht er auf, nimmt seinen Teller und geht weg; Leo bleibt am Tisch.*
> *(Die beschriebene Szene dauert ca. 25 Minuten.)*

In der Situation bietet sich die Gelegenheit, den anderen kennenzulernen, ihn zu erleben, ohne daß eine ausgesprochene, unausgesprochene oder erwünschte Verpflichtung zu einer gemeinsamen Aktivität gleichzeitig damit verbunden ist.
Es ergibt sich die Möglichkeit der Kommunikation und gegenseitigen Akzeptanz auf einer Ebene, auf der gemeinsame Bedürfnisse und Absichten nicht vorausgesetzt sein müssen, sondern entweder gefunden werden können oder — wenn nicht — die Kinder auch wieder auseinandergehen können, ohne sich gegenseitig zu sehr zu kränken.

Auch diejenigen Kinder haben eine Chance zur Annäherung, die ansonsten als Ansprechpartner nicht besonders „attraktiv" sind.

b) Januar 1983
Marc, fünf Jahre (siehe Beispiel 2.2.3.4 c)).
Ingo, vier Jahre.

Marc sitzt am Tisch und schaut sich einen Katalog an. Ingo sitzt daneben, ißt noch sein Frühstück. Er schaut in den Katalog, zeigt gelegentlich auf eine Seite. Marc läßt ihn gewähren, beide tauschen dabei ein paar Worte aus.
Dann räumt Ingo seine Sachen weg, geht.

Beide Kinder haben wenig Kontakt zu anderen. Beide haben auch Schwierigkeiten, sich anderen gegenüber über Sprache verständlich zu machen. Hier bietet sich aus einem zufälligen Nebeneinander die Möglichkeit, etwas gemeinsam zu unternehmen, das sie nicht überfordert, nämlich den Katalog anschauen.
Das Schauen und nicht die Sprache ist das Medium zwischen den beiden Kindern. Dabei erlebt einer den anderen als gleichwertigen Partner bzw. sich selbst als gleichwertig. Marc kann sich auch als Initiator fühlen, denn er betrachtet den Katalog zuerst, Ingo schließt sich an, nimmt seine Ideen auf. Normalerweise ist es für Marc umgekehrt: Er bezieht sich auf die Spiele oder Ideen anderer Kinder, kann aufgrund seiner Behinderung selbst wenig initiieren.
Ingo braucht bei diesem Kontakt keine Angst zu haben, wegen seiner Sprachschwierigkeiten nicht verstanden zu werden (Sprache ist im Moment für ihn recht problematisch).
Beide erleben eine Situation, auf die sie, wenn sie wollen, später aufbauen können, z.B. indem sie sich noch einmal den Katalog gegenseitig anbieten.
Die Gruppe erfährt die beiden dadurch nicht nur als einzelstehende Kinder, sondern auch im Umgang mit anderen. Daraus kann

sich für Kinder der Gruppe die Anregung ergeben, Kontakt zu einem der beiden aufzunehmen.

c) Januar 1983
Karola, vier Jahre, drei Monate (siehe Beispiel 2.2.1 b)).

Gegen Ende des Frühstücks fangen die Kinder an, laute Geräusche zu machen. Karola lauscht zuerst und macht dann freudig diese Geräusche mit.

Für Karola ist es zu diesem Zeitpunkt schwierig, Gruppenaktivitäten ohne die Hilfe der Erzieher mitzumachen. Im Stuhlkreis, beim Vorlesen z.B. muß sie gehalten werden, da sie noch nicht alleine sitzenbleiben kann.

Hier bietet sich nun eine spontane Gelegenheit für Karola, alleine, von sich aus einzusteigen, indem sie in die Geräusche der anderen Kinder einstimmt. Auf diese Weise kann sie sich über ein ihr adäquates Medium, das ihr sehr geläufig ist, zugehörig fühlen.

Karola kann ein Geschehen wahrnehmen und aufnehmen; sie kann das, was zufällig entsteht, „selbständig" mitmachen und beenden.

Die Kinder haben hier Gelegenheit, Karola als „aktives" Mitglied der Gruppe zu erleben, das sich ohne Hilfe des Erziehers einbringen kann. Es entsteht keine Irritation, wie sonst oft im Umgang mit Karola, wenn sie nicht so reagiert, wie es die Kinder von anderen kennen und erwarten.

Charakteristisch für das zufällige Miteinander ist die unspezifische Personenorientierung am Ausgangspunkt der Interaktion. Die äußeren Umstände, wie z.B. räumliche Nähe und Zeitpunkt, sind es, die wesentlich für das Zustandekommen der Interaktion verantwortlich sind. Selbstverständlich spielt das (gemeinsame) Thema auch eine Rolle; die Kinder treten darüber in Beziehungen zueinander. Entscheidend ist hier jedoch, daß weder **wegen** des Themas noch **wegen** der bestimmten Personen eine Interaktion

gesucht wird, sondern deren Beginn, Verlauf und Ende von zufälligen äußeren Bedingungen abhängt.
Die Gewichtung in einer solchen, zufällig entstandenen Situation umfaßt das ganze Spektrum dessen, was durch die Situationsgestaltung der jeweiligen Akteure möglich ist. Am häufigsten scheinen jedoch in diesen Fällen gleichgewichtige Beziehungen zwischen den Kindern zu sein. Vielleicht gerade deshalb, weil keines der Kinder mit einer spezifischen Intention in Interaktion mit dem anderen getreten ist.
Aus dem zufälligen Gegenübersitzen am Frühstückstisch und Rainers allgemeiner Aufforderung, ihm die Milch zu geben in Beispiel a) entsteht eine zweiseitige Beziehung in Form eines Gesprächs. Zunächst halten beide Kinder noch an dem Anlaß des wechselseitigen Bezugs (Milch, um Kakao anzurühren) als Thema fest, später gehen sie zu anderem über.
Ganz ähnlich bei Marc und Ingo in Beispiel b). Über das zufällige Nebeneinandersitzen entsteht eine kurzzeitige Interaktion, die mit dem Ende von Ingos Frühstück abgebrochen wird. Die Beziehung ist gleichwertig, jeder akzeptiert den anderen; das Gespräch bzw. das Zuhören wird keinem aufgedrängt. Beide Kinder wirken in dieser Interaktion zufrieden. Weder die Person des anderen, noch die Themen erscheinen Ihnen jedoch *so* bedeutend, daß sie über das gemeinsame Frühstück hinaus die Beziehung aufrecht erhalten.
Die Geräuschkulisse, die die Kinder in Beispiel c) in einer gemeinsamen Aktion erzeugen, umfängt alle, die im Gruppenraum anwesend sind, *auch* Karola. Karola gefällt es, sie reiht sich ein und ist damit gleichgewichtiger Teilnehmer an einer gemeinsamen Aktion. Keines der beteiligten Kinder wendet sich darin speziell an ein anderes; das Thema — Geräusche machen — ist die Basis dieses Miteinanders. Allmählich hören die Kinder damit auf. Die Gemeinsamkeit ist beendet.

In den Beispielen wird deutlich, daß „zufälliges Miteinander" kein abwertendes Qualitätsurteil ist, sondern von allen Beteiligten als befriedigend erlebt werden kann. Es ist auch für Kinder, die nicht so häufig Ansprechpartner für andere Kinder sind, eine Möglichkeit zu gemeinsamen Gesprächen oder Aktionen.

Allgemeine Bedeutung: wie 2.2.1, darüber hinaus:
— Die Kinder können sich ohne gegenseitige Verpflichtung kennenlernen und erleben.
— Sie können auf einer Ebene kommunizieren, auf der gemeinsame Bedürfnisse nicht vorausgesetzt werden.

2.2.4.2 Zuwendung, Nähe, Zärtlichkeit suchen/geben

Beispiele:
a) August 1983
Lena, fünf Jahre, drei Monate (siehe Beispiel 2.2.2.1 c)).
Martin, fünf Jahre, sieben Monate (siehe Beispiel 2.2.3.1 b)).
Eine Erzieherin.

> *Die Erzieherin zeigt einigen Kindern Lenas Spielzeug von zu Hause: eine Puppe und ein Frotteepferdchen. Das Pferdchen bleibt auf der Matratze liegen, Martin hebt es auf.*
> *Alle gehen weg, Martin bleibt bei Lena zurück. Er schaut sie ein paar Sekunden aufmerksam an. Dann sagt er — ganz leise — „Hallo"; keine Reaktion von Lena. Martin nimmt das Pferdchen und stupst damit Lena an die Nase. Lena lächelt. Martin ruft leise ihren Namen. Dann kuschelt sich Martin an Lena.*
> *Nach ca. einer Minute geht er weg und holt sich ein Bilderbuch. Er setzt sich damit neben Lena und schaut sich die Bilder an.*

Interpretation: vgl. 2.2.3.1 b).
Darüber hinaus kann sich hier auch Lena deutlicher im Rahmen ihrer Möglichkeiten einbringen.

b) August 1983
Ulrike, vier Jahre, elf Monate.
Vera, acht Jahre.
Vera ist blind, hat ein Hydrocephalus. Sie kann nicht laufen oder krabbeln, spricht einzelne Worte, verständigt sich durch Lachen oder andere Laute. Sie mag Musik sehr gerne und summt Melodien immer mit.

> *Die Kindergruppe spielt im Garten, Vera sitzt allein auf einer Schaukel. Ulrike sitzt auf der Nebenschaukel und redet mit zwei Mädchen. Nachdem diese gegangen sind, geht Ulrike zu Vera, schaukelt sie sanft, geht ganz nahe ran und singt leise „Hänschen klein". Vera lächelt, summt das Lied mit.*
> *Die Kinder bleiben so etwa fünf Minuten lang zusammen, bis die Erzieherin kommt und die Kinder reinruft.*

Die beiden Mädchen, die hier im Beispiel mit Ulrike reden, bevor sie sich Vera zuwendet, waren vor den Sommerferien in der Gruppe, besuchen jetzt die Schule. Sie kamen nach der Schule kurz vorbei. Es kann sein, daß Ulrike einen hohen Leistungsanspruch an sich selber hat und beim Gedanken an die Schule oder durch Erzählungen der Mädchen von möglichen Erwartungen beunruhigt wird.
In Vera findet sie einen Partner, dem sie sich zuwenden kann, wo sie Bestätigung und Zärtlichkeit erfährt, ohne daß dies an irgendwelche Leistungen geknüpft ist.
Neben dem Rückzug auf engen Körperkontakt kann Ulrike sich auch im Vergleich mit Vera als stark und überlegen erfahren. Dies tut sie jedoch verantwortlich und liebevoll, muß Vera nicht bedrängen oder deren Schwäche verdeutlichen.
Für Vera sind solche Kontakte besonders wichtig. Sie selbst kann sie ja von sich aus nicht aufnehmen. Gerade Zärtlichkeiten und Lieder genießt Vera sehr und erfährt sich dabei als liebenswert.

Die Gruppe erhält daraus ein Beispiel, wie sie mit Vera umgehen kann. Sie erlebt, daß Vera ein Bezugspunkt zärtlicher Gefühle sein kann, sieht, wie Vera sich wohlfühlt dabei. Dies kann für die Kinder eine Anregung für eigene Initiativen sein.

c) September 1983
Karola, fünf Jahre (siehe Beispiel 2.2.1 b)).
Constanze, drei Jahre (siehe Beispiel 2.2.3.2 c)).
Peter, fünf Jahre, ein Monat.

> *Karola macht fast eine halbe Stunde lang „Drehbewegungen", scheint dabei gutgelaunt und zufrieden zu sein, läßt sich nicht stören.*
> *Constanze wird gebracht. Sie geht auf Karola zu, stupst sie, gibt fröhliche Laute von sich. Karola hört sofort auf zu drehen und geht Constanze in die Puppenecke nach.*
> *Dort sitzen sie sich gegenüber, stupsen sich an, lächeln. Constanze sagt ein paarmal: „Karola." Karola gibt vergnügte Laute von sich. Constanze hält Karola ihren Brotbeutel hin. Karola reagiert nicht darauf. Constanze hält ihn dicht unter ihre Nase. Karola reagiert nicht. Constanze nimmt Karolas Hand, legt sie auf den Brotbeutel und macht die Finger zu. Dabei wiederholt sie mehrmals: „Da, da!"*
> *Karola greift fest den Brotbeutel, lächelt dabei und gibt zufriedene Töne von sich.*
> *Constanze umarmt Karola spielerisch, irgendwann wird es für Karola zuviel, sie scheint gequält. Peter kommt, sagt zu Constanze, daß Karola das wehtue und sie das nicht machen solle.*

Karola hört, als Constanze auf sie zugeht, sofort mit den Drehbewegungen auf. Eine Beobachterin hat während der halben Stunde ohne Erfolg versucht, Karola aus dieser Stereotypie „herauszuholen".

Der autistisch anmutende Rückzug kann von Constance unterbrochen werden. Hier ist bei Karola eine Personenorientierung, die erste sichtbare zu einem Kind, zu beobachten. (Dagegen zeigen einige Kinder in der Gruppe Karola gegenüber ständig ein fürsorgliches Interesse.)

Im weiteren Verlauf kann die Interaktion zwischen Karola und Constance zeitweise partnerschaftlich sein, da der intellektuelle Entwicklungsstand der beiden Kinder nicht zu ungleich ist.

Die Grenzen, die Constance im Überschwang ihrer Gefühle überschreitet, sind für Karola zwar physisch schmerzlich spürbar. Aber sie sind auch eine wichtige Herausforderung, an der sie z.B. lernen kann zu weinen und Schmerzen/Trauer auszudrücken, sich evtl. langsam zu wehren.

Für Constance ist die Rolle der „Großen/Stärkeren" wichtig, da sie in der Gruppe besonders von Simon verhätschelt wird und die kleine, niedliche Constance ist.

Karola lernt es, intensive Gefühle zu zeigen, ein Kind ist ihr wichtig. Sie stößt an Grenzen, erlebt Enttäuschungen, muß Abgrenzungsmöglichkeiten suchen und erreicht z.B.: durch eine den anderen geläufige Reaktion wie Tränen die Anteilnahme und Hilfe anderer Kinder bzw. der Bezugsperson.

Für die Gruppe wird der gezieltere Umgang Karolas mit einem Kind wahrnehmbar und ihre deutlichere Reaktion auf ein bestimmtes Kind. Dies ist eine Möglichkeit für die Kinder, auch Karola genauer als Person kennenzulernen.

d) Dezember 1982

Almut, fünf Jahre, vier Monate (siehe Beispiel 2.2.3.4 a)).
Sigrid, sechs Jahre, elf Monate, entwicklungsverzögert.
David, drei Jahre, vier Monate, ohne rechten Unterarm/rechte Hand.

> *Almut sitzt bei Sigrid im Flur. David geht hin und ruft: „Almut!"*
> *Almut steht sofort auf, ruft: „David!" und will zu ihm hingehen.*

David: „Komm doch mit rein, Almut."
Sigrid möchte, daß Almut bei ihr bleibt, sagt es.
Almut: „Nein, ich gehe mit David."
Almut übernimmt die Wortführung: „Der David kommt nur zu mir! Nein, ich gehe mit dem David, komm David!"
Almut geht mit David in den Gruppenraum. Sie lacht, hüpft und scherzt mit ihm.

Almut genießt es, von ihren zwei besten Freunden, David und Sigrid, umworben zu werden. Als Außenseiter hinsichtlich ihrer familiären Situation, hat Almut zu den ihr sozial am nächsten stehenden Kindern, David und Sigrid, (aus der Gruppe V) engeren Kontakt. Besonders bei den ihrem Alter entsprechenden Mädchen ist es in ihrer Gruppe derzeit so, daß Almut nicht „dazugehört", wobei Einzugsgebiet des Kindergartens und private Beziehungen der Eltern dieser Mädchen eine Rolle spielen. Erstaunlich ist die Deutlichkeit und Eindeutigkeit, mit der Almut ihre Entscheidung treffen kann. Es ist eine recht intime Situation außerhalb des Gruppenraums. Wie schon öfters beobachtet, kann sich Almut im kleinen, ihr vertrauten Kreis besser zeigen.
Die Bedeutung der Szene für Almut liegt also darin, zwischen zwei ihr wichtigen Kindern wählen zu können. Die Szene spielt *außerhalb* der Gruppe und ist symptomatisch, da Sigrid und David aus zwei verschiedenen Gruppen kommen.
Für Almuts Ansehen in ihrer Gruppe wäre es grundsätzlich gut, wenn die anderen Kinder wahrnehmen könnten, wie sie umworben wird.
Da Sigrid und David aber keine besondere Attraktivität haben, ist es fraglich, ob sich dadurch tatsächlich eine Aufwertung ihrer Person ergeben würde.

Zuwendung, Nähe, Zärtlichkeit suchen/geben geht im Verständnis von komplexen Interaktionen über einen kurzzeitigen emotionalen Impuls hinaus und beinhaltet gegenseitige Annäherung und Austausch.

Wie die Beobachtungen zeigen, kann der Verlauf einer solchen Annäherung und Interaktion
— von einem der Beteiligten überwiegend
   oder
— von den Beteiligten gemeinsam getragen werden
und zeitweilig ein Dritter (größeres Kind oder Erwachsener) als Hilfe nötig sein.
Der Entwicklungsstand und die Intensität der Zuwendungsbedürfnisse spielen dabei eine Rolle.
Nähe/Annäherung kann ausgedrückt werden
— über Worte, Gesten, körperliches Nahe-Sein,
— über Spielen mit persönlichen, vertrauten Gegenständen,
— über das Eingehen auf bekannte Vorlieben des anderen.
So wird in Beispiel a) und b) die Annäherung/Nähe überwiegend von Martin bzw. Ulrike getragen (wegen der Behinderung der beiden anderen Kinder ist es gar nicht anders möglich). Durch ihr sensibles Eingehen auf Lena bzw. Vera, durch das Aufgreifen des Lena vertrauten Frotteepferdchens oder durch das von Vera so geliebte Singen und sanfte Schaukeln wird es möglich, aus dieser einseitigen Zuwendung eine Interaktion werden zu lassen. Die großen Unterschiede der Kinder stellen eine besondere Anforderung dar, Gemeinsamkeiten zu finden, die beiden Befriedigung bringen können. Auf das Bedürfnis nach Nähe können sich alle einlassen. Martins Ausprobieren mit „Hallo", bevor er zum Pferdchen greift, ist ein sich Annähern ebenso wie das Schaukeln und anschließende Singen von Ulrike. Lächeln ist der beobachtbare Beitrag von Lena bzw. Lächeln und Singen der von Vera.
In Beispiel c) läßt Karola sich von Constanze aus ihrem „Drehen" herausholen. Die Zuwendung kommt von beiden Seiten, wenn auch mehr Impulse dabei von Constanze ausgehen.
Constanze ist erfinderisch in der Gestaltung der Interaktion, will etwas von sich geben, sucht körperlichen Kontakt und kann dabei nicht einschätzen, wie weit sie diesem Bedürfnis bei Karola nachgehen kann, ohne diese zu quälen. In dieser Situation (sie ist nicht neu) schlüpft Peter in die Helferrolle, um das, was

Ulrike und Martin in den ersten Beispielen schon können, nämlich sensibles Eingehen auf den anderen, für Constanze zu übernehmen.
Auch David in Beispiel d) sucht Zuwendung und zwar bei Almut, die bereits in einer anderen, auf Nähe ausgerichteten Situation mit Sigrid ist. Hier wird Almut von zwei Seiten „begehrt" und entscheidet sich ohne Zögern für David. Die Entscheidung wird über Worte ausgetragen, Lachen und Hüpfen sind weitere Ausdrucksmittel, um Zuwendung und Zärtlichkeit als gleichberechtigter Partner zu zeigen.

Zärtlichkeit, Zuwendung, Nähe suchen kann der Anfang für gemeinsame Aktivitäten sein, wie dies für Almut und David der Fall war; sie kann der einzig mögliche gemeinsame Nenner sein, wie zwischen Lena und Martin oder Ulrike und Vera oder aber eine Anfangsstufe auf der Entwicklung zu anderen Interaktionsmöglichkeiten, wie bei Karola und Constanze. Die individuelle Bedeutung der Interaktionen wird hiermit deutlich.

Allgemeine Bedeutung: wie 2.2.3.5, darüber hinaus:
— Die Kinder können positive Gefühle absichtsvoll und offen zeigen sowie erfahren.
— Sie können sich durch ihr aktives Verhalten Abweisung und Ablehnung aussetzen.
— Sie können lernen, durch Abgrenzung Autonomie zu wahren und diese anderen zuzugestehen.
— Sie können versuchen, ihre Balance von Distanz und Nähe zu finden.
— Sie können sich als liebenswert erfahren.
— Sie können zurückgehen in die Geborgenheit der Zweiersituation (regredieren).
— Sie können über Zuwendung, Nähe, Zärtlichkeit suchen, Beziehungen zu Kindern aufbauen, weiterentwickeln.

2.2.4.3 Gemeinsame Aktivitäten auf der Basis eines gemeinsamen Interesses

Beispiele:
a) Januar 1984
Lena, fünf Jahre, acht Monate (siehe Beispiel 2.2.2.1 c)).
Martin, sechs Jahre (siehe Beispiel 2.2.3.1 b)).

> *Martin hat schon alle Erwachsenen gefragt, ob ihm jemand vorlesen will. Keiner hat gerade Zeit dazu; die Erzieherinnen beschäftigen sich oder spielen gerade mit anderen. Martin holt sich den Memory-Kasten und setzt sich zu Lena auf die Matratze.*
> *Leise ruft er „Hallo, Lena." Lena streckt sich und lächelt. Martin nimmt die Kärtchen und hält sie Lena vor die Augen.*
> *„Lena, siehst Du das? — Hoffentlich siehst Du das. — Guck mal..."*
> *Er zeigt Lena abwechselnd Kärtchen und spricht leise mit ihr. Lena scheint es zu gefallen. Sie lächelt dabei.*

Über 2.2.3.1 b) hinaus äußert sich hier Lena durch Lächeln und Strecken, worauf sich Martin im weiteren wieder beziehen kann.

b) März 1984
Nicole, vier Jahre, drei Monate.
Claudia, fünf Jahre, neun Monate (siehe Beispiel 2.2.2.1 b)).
Eine Erzieherin.

> *Die Kinder sind auf der Rutsche. Claudia steht im Rollstuhl daneben. Nicole zur Erzieherin: „Kann die Claudia gar nicht rutschen?"*
> *Die Erzieherin: „Doch, ich halte sie gleich fest, dann kann die Claudia auch rutschen."*
> *Nicole: „Du mußt sie vor mich setzen, und ich halte sie fest."*

Die Erzieherin setzt Claudia vor Nicole auf die Rutsche. Nicole zu Claudia: "Ich halte Dich fest, Claudia. Guck mal, los!"
Die beiden rutschen zusammen die Rutsche hinunter. Claudia gefällt es sehr, sie schreit vor Vergnügen. Sie strahlt immer schon in den Armen der Erzieherin, wenn sie Nicole auf die Rutsche klettern und oben sitzen sieht. Nicole rutscht mehrmals mit Claudia; später setzt sie noch eine Puppe vor Claudia (bzw. läßt sie sich von der Erzieherin hinsetzen), und sie rutschen im "Dreierbob" die Rutsche hinunter. Jedesmal besteht Nicole darauf, daß die Erzieherin Claudia zu ihr (Nicole) auf die Rutsche setzt. Claudia schreit vor Vergnügen.

Nicole hat sich durch Claudias relative Teilnahmslosigkeit in der Anlaufphase nicht so enttäuschen lassen, daß sie sich von ihr abwandte. Sie bot dadurch Claudia die Gelegenheit zum notwendigen Vertrautwerden mit ihr und zum Aufbau einer positiven Beziehung.
Claudia kann inzwischen ihrer Umgebung Freude oder Mißmut mitteilen.
Nicole ist in die Kindergruppe hineingewachsen. Sie hat Claudia, auch für sie ersichtlich, in der Entwicklung deutlich überholt. Claudia ist nun für Nicole die "Kleine", an der sie ihre Bemutterungsbedürfnisse ausagiert. Eine besonders verantwortliche Rolle spielt sie in obigem Beispiel auf der Rutsche, wo die Erzieherin ihr vertraut, daß sie Claudia sicher halten kann und Claudia offensichtlich Spaß hat. Ein weiteres Beispiel über mögliche Interaktion mit Claudia wird den anderen Kindern dadurch gegeben.

c) November 1983
Ulrike, fünf Jahre, zwei Monate.
Uwe, fünf Jahre, sieben Monate (siehe Beispiel 2.2.1 a)).

Die Kindergruppe sitzt im Stuhlkreis und singt und spielt gemeinsam. Beim „Maxel-Spiel", einem Spiel, in dem man einen Partner auffordern muß, fordert Ulrike ganz selbstverständlich Uwe zum Spiel auf. Sie zieht ihn in seinem Stuhl in die Mitte des Kreises und tanzt und streitet dort mit ihm. Niemand hatte sie dazu angehalten; Uwe spielt das Spiel zum ersten Mal mit, da er vorher lange im Krankenhaus war.

Für Ulrike ist die Situation im Stuhlkreis befriedigend. Sie kann alle Spiele, ist für die anderen Kinder ein beliebter Spielpartner. Sie hat es nicht nötig, sich über Uwe irgendwelche Zuwendung oder Bestätigung zu holen. Indem sie sich Uwe zuwendet und ihn im Kreis miteinbezieht, zeigt sie ihr Verantwortungsgefühl für andere Kinder. Uwe war lange im Krankenhaus und hat am Stuhlkreis oder überhaupt in der Gruppe nicht teilnehmen können. Ulrike übernimmt es, ihn erstmal in dieses Spiel einzubeziehen, kann sich dabei auch als kompetent erleben. Für Uwe sind diese Kontakte von Ulrike wichtig. Er wird nicht bemuttert oder bemitleidet, sondern als gleichwertiger Partner miteinbezogen. Er erlebt sich als Mitglied der Gruppe, nimmt an einer Gruppenaktivität teil, gehört noch bzw. wieder dazu.

Die Gruppe, die erst kürzlich nach den Sommerferien wieder neu zusammengesetzt wurde, wird dadurch auf Uwe aufmerksam und sieht auch an dem Beispiel, wie man mit ihm umgehen kann, bzw. wie man ihn einbeziehen kann. Die Kinder können ihn als von Ulrike gewünschten, als attraktiven Partner erleben.

d) Juni 1983
Almut, fünf Jahre, zehn Monate (siehe Beispiel 2.2.3.4 a)).
Ina, drei Jahre, elf Monate.

Almut geht schaukeln. Ina kommt, setzt sich auf die andere Schaukel. Almut schaukelt wild, schaut dabei immer wieder auf Ina. Nach kurzer Zeit sagt Almut zu

> *Ina, daß sie sie zum Schaukeln anstoßen würde, wenn sie möchte.*
> *Ina nickt, Almut schubst sie an und schaukelt dann selber auch wieder neben Ina weiter.*
> *Dabei erzählen sie die ganze Zeit (z.B. Ina, daß sie heute keine Strümpfe anhat etc.).*

Almut bietet Ina aus der anderen Gruppe ihre Hilfe an und fragt, ob Ina diese auch haben möchte.
Almut ist auf der Schaukel in ihrem Element, fühlt sich dort sicher und stark.
Ina dagegen ist gerade auf der Schaukel recht hilflos. Auch sonst neigt sie zu dieser Zeit dazu, eine „mädchenhafte Hilflosigkeit" zu demonstrieren.
Es ist eine reife Leistung Almuts, mit einem Angebot auf ein anderes Kind zuzugehen. Sie zeigt in dieser Szene, daß sie auch schon „groß" sein kann (vgl. Schaukelsituation mit Paul 2.2.4.4 b)), daß sie einem anderen Kind etwas vermitteln kann, was sie schon beherrscht und auch Freude teilen kann mit dem anderen.
Diese Szene hat keine direkte Relevanz für die Gruppe, da sie im Garten von den anderen Kindern nicht wahrgenommen wird. In dieser Situation kann erlebt werden, daß Almut einem kleineren Mädchen behilflich ist und dabei eine gewisse Kompetenz hat, was wiederum eine Bedeutung für ihr Ansehen in der Gruppe haben könnte.

e) September 1982
Sven, sechs Jahre, vier Monate, ein Junge mit Spina bifida (Bewegungsstörung ab der Hüfte abwärts).
Tonio, fünf Jahre, zehn Monate.
Daniel, fünf Jahre, vier Monate.

> *Sven, Tonio und Daniel spielen zusammen am Tisch Memory. Tonio schummelt. Daniel zu Sven: „Jetzt sag dem, daß er endlich aufhören soll. Der bescheißt die*

ganze Zeit."
Sven zu Tonio: "Das macht gar keinen Spaß mit dir. Immer drehst du vorher um. Das geht ja gar nicht, so zu spielen."
Tonio lacht, wirft die Kärtchen durcheinander und rennt weg.
Daniel zu Sven: "So ein Blöder. Jetzt spielen wir endlich richtig. Gell, du spielst noch einmal mit mir! Wir spielen richtig!"

Wichtig für Svens Selbstbewußtsein ist seine Sicherheit über das, was er kann. In der partnerschaftlichen Akzeptanz seiner Person durch andere ergibt sich die Möglichkeit für ihn, sich selbst akzeptieren zu lernen.
Ihm wird von einem Gruppenmitglied Kompetenz im kognitiven Bereich zugewiesen und ein Angebot zum Spiel — zum „richtigen Spiel" unterbreitet.
Im Zentrum der komplexen Interaktionen stehen gemeinsame Aktivitäten der Kinder.
Diese können sich entwickeln
— auf der Basis eines (angenommen) gemeinsamen Interesses
— oder über das Suchen nach einem gemeinsamen Interesse
— und/oder über den Einbezug in eine laufende Aktivität.
Die Art des Zustandekommens der gemeinsamen Aktivität hat auch Einfluß auf die weitere Situationsgestaltung und deren Komplexität.
An den Beispielen können verschiedene Stufen des Einbezugs bzw. Miteinanders aufgezeigt werden.
In Beispiel a) kann Martin sich bei Lena auf kein .gemeinsames Interesse — auch kein angenommenes — beziehen; das Lächeln und Strecken Lenas scheint lediglich eine Reaktion zu sein und darauf schließen zu lassen, daß sie sich in seiner Gegenwart wohlfühlt, seine Bemühungen wahrnimmt; eine gemeinsame Situationsgestaltung im aktiven Sinne ist hier von Lena aus nicht möglich.
Nicole in Beispiel b) hat schon mehr Möglichkeiten, das von ihr angenommene Interesse Claudias am Rutschen zu überprüfen.

Sie erlebt mit Claudia zusammen, daß diese beim Rutschen Freude und Vergnügen laut von sich gibt. Die Situationsgestaltung ist auch hier einseitig abhängig von den Aktivitäten Nicoles und der Erzieherin.

Uwe wird in Beispiel c) von Ulrike deutlich während einer laufenden Aktivität, einem Kreisspiel, einbezogen. Ein Interesse Uwes ist dabei genauso anzunehmen, wie bei den anderen Kindern im Kreis. Die Einbeziehung bei diesem Spiel geht immer von der Aktivität des Kindes aus, das sich ein anderes wählt. Ob Uwe sich wohlfühlt und teilhaben kann, hängt im weiteren Verlauf sehr von der Situationsgestaltung Ulrikes ab (Hilfe der Erzieherin).

Zwischen Almut und Ina in Beispiel d) gibt es die offensichtliche Basis eines gemeinsamen Interesses, das Schaukeln. Almut hilft Ina dabei nur auf die Sprünge, als sie feststellt, daß diese das noch nicht selbst kann und sie ausdrücklich gefragt hat. Dies ist ein sehr partnerschaftliches Einbeziehen im Gegensatz zu den in den vorigen Beispielen angenommenen gemeinsamen Interessen. So liegt auch die weitere Situationsgestaltung bei den beiden Mädchen, und Ina ist genauso aktiv dabei wie Almut.

In Beispiel e) entsteht aus einer gemeinsamen Aktivität von Sven, Tonio und Daniel, die für Sven und Daniel unbefriedigend verlaufen ist, auf der offensichtlichen Basis eines gemeinamen Interesses an „Memory-Spiel ohne Schummeln" eine Verabredung, *richtig* zu spielen. Zur Durchführung dieses Interesses wird eine gemeinsame Situationsgestaltung von den beiden angestrebt.

Allgemeine Bedeutung:
— Die Kinder können lernen, ihre eigenen Interessen und die anderer Kinder wahrzunehmen.
— Sie können lernen, Interessen auszutauschen.
— Sie können sich darin üben, sich auch bei nichtidentischen Interessen einander anzunähern und Formen gemeinsamen Handelns zu entdecken und auzuprobieren.
— Sie können lernen, sich in andere Kinder hineinzuversetzen,

ihre gemeinsamen Möglichkeiten mit anderen zu antizipieren (gedanklich vorwegzunehmen).
— Sie können diese gedanklichen Vorwegnahmen in realen Aktionen überprüfen und korrigieren und dadurch zu einer realistischeren Einschätzung gemeinsamer Möglichkeiten kommen.
— Sie können auf diese Weise lernen, zuverlässigere Spielpartner zu finden und Enttäuschungen dadurch einzuschränken.

2.2.4.4 *Gemeinsame Aktivitäten ohne Bezug auf die Bedürfnisse/Möglichkeiten des anderen*

Beispiele:
a) November 1983
Thomas, fünf Jahre, elf Monate (siehe Beispiel 2.2.1 c)).
Martin, fünf Jahre zehn Monate (siehe Beispiel 2.2.3.1 b)).
Hanni, drei Jahre, elf Monate.

> *Martin ruft aus der Puppenecke: „Thomas, willst du mitessen?"*
> *Thomas: „Ja." Er rennt herum, ist begeistert. Dann rennt er in die Puppenecke.*
> *In der Puppenecke sind Martin und Hanni. Thomas wird freudig begrüßt. Er stellt alles Geschirr auf den Tisch. Hanni, die bis eben die Regie hatte, läßt ihn gewähren und schaut kurz zu. Dann beginnen auch Hanni und Martin, das Geschirr herumzuräumen. Alle drei lärmen, lachen und reden dabei. Ein leichtes Chaos breitet sich aus. Thomas wird allmählich stiller, geht zur Uhr und spielt alleine daran herum; er spricht leise vor sich hin. Die anderen schmeißen lachend das Geschirr vom Tisch. Thomas geht unbeachtet aus der Puppenecke. (Die beschriebene Szene dauerte ca. zehn Minuten.)*

Wichtig für Thomas ist es, daß er von anderen in Spiele einbezogen wird/sich einbringt, die auch verstärkt emotionale Kommunikation, Rollenvariabilität und Flexibilität gegenüber den Interaktionspartnern verlangen.
Dadurch kann sich eine ausgewogenere Entwicklung zwischen kognitiven Fähigkeiten und sozialen Fertigkeiten anbahnen. (Die Förderung von Zuhaus ist stark auf ersteres ausgerichtet.)
Die spielerische Wiederholung des Themas ,,Kochen''/''Essen'' ist für Thomas bedeutend. Es ist auffällig, wie er *dieses* Thema variiert. Diese Spiele scheinen Verarbeitungsmodi seiner Schwierigkeiten beim Essen zu sein bzw. der ,,Schwierigkeiten'', die ihm dazu von außen vermittelt, vielleicht erst gemacht werden.
In der Situation hat er die freie Möglichkeit des Rückzugs. Er merkt selbst den Zeitpunkt, wann er Ruhe zur Erholung von psychischer und physischer Anstrengung braucht, sehr genau. Nach kürzerer Zeit ist er eindeutig überfordert, nimmt die Rückzugsmöglichkeit wahr. Bedeutsam erscheint jedoch weniger Thomas' Rückzug als die Tatsache, daß er ein *solches* Spiel einige Zeit durchhält.
Thomas ist für seine Zufriedenheit nicht so stark auf den Bezug auf andere Kinder angewiesen, als daß die Enttäuschung über den Verlauf des Spiels weitreichende nachwirkende Frustrationen auslösen müßte.

b) Juni 1983
Almut, fünf Jahre, zehn Monate (siehe Beispiel 2.2.3.4 a)).
Paul, fünf Jahre, ein Monat.
Eine Erzieherin.

> *Paul kommt zu den Schaukeln, die beide besetzt sind und fragt Almut, ob er mit ihr schaukeln kann. Almut nickt freudig. Er stellt sich auf die Schaukel zu Almut und schaukelt mit ihr. Sie lachen zusammen, reden aber kaum etwas miteinander. Nach zwei Minuten ruft Almut der Erzieherin zu, daß sie von der Schaukel herunter will. Die Erzieherin sagt es Paul. Sie hören auf zu schaukeln.*

Almut wird kurz nach der Szene mit Ina (vgl. 2.2.4.3 d)) von Paul zum zweitenmal an diesem Vormittag gefragt, ob er mit ihr schaukeln kann. Eine dreiviertel Stunde vorher hat sie nein gesagt, jetzt sagt sie ja.
Vielleicht hat die Erfahrung mit Ina ihr Selbstbewußtsein gestärkt, so daß sie Paul dazukommen lassen kann.
Aber so stark ist sie in dieser Situation wiederum nicht, um Paul mitteilen zu können, daß es ihr zuviel wird, daß sie aufhören will. Hier muß die Erzieherin zu Hilfe gerufen werden (sie sitzt in der Nähe).
Paul scheint nicht nur schaukeln zu wollen, sondern speziell mit Almut zusammen. Er könnte von ihrem Schaukeln beeindruckt sein und sie deshalb auffordern.
Diese Situation hat für Almut eine ambivalente Bedeutung: Von einem starken Jungen aufgefordert zu werden und sich darauf einlassen zu können, zeigt ihre „Stärke". Die „Schwäche" wird beim Hilferuf an die Erzieherin ausgedrückt.
Für die Gruppe hat dies keine direkte Relevanz; das Geschehen an der Schaukel wird von den Kindern nicht so wahrgenommen wie Vorgänge im Gruppenraum. Da Paul eher gefürchtet als beliebt ist, hätte es innerhalb der Gruppe keine besondere positive Wirkung, wenn die beiden etwas zusammen machen; es würde also kein „Glanz" auf Almut fallen.

c) Februar 1983
Miro, fünf Jahre, entwicklungsverzögert.
Ulrike, vier Jahre, fünf Monate.
Ein Zivildienstleistender.

Ulrike spielt auf Anregung des Zivildienstleistenden mit Miro und Volker „Mensch ärgere dich nicht". Sie möchte auszählen. Der Zivildienstleistende: „Du machst das so oft. Laß mal den Miro auszählen." Ulrike: „Los mach." Sie wartet geduldig, bis sie dran ist. Sie und Volker haben gleich eine Sechs und können anfangen zu spielen. Miro muß lange warten und versteht das nicht. Er kann auch noch nicht richtig zählen und der Zivildienstleistende übt zwischendurch mit ihm. Ulrike wartet geduldig, wenn Miro mit dem Zählen nicht zurechtkommt; würfelt er aber, obwohl er nicht dran ist, empört sie sich und sagt: „Der soll nach Hause." Sie kann alles gut und überblickt das Spiel. Miro läuft zwischendurch vom Tisch weg, Ulrike holt ihn zurück. Miro geht wieder weg. Ulrike: „Du mußt weiterspielen." Er bleibt sitzen, Ulrike gibt ihm den Würfel, er will nicht mehr, würfelt dann doch lustlos. Ulrike hilft ihm beim Zählen, bis der Zivildienstleistende sagt, er solle es alleine probieren. Nach weiteren zwei Minuten will Miro ein anderes Kind auf seinen Platz lassen und aufhören zu spielen. Auf Zureden des Zivildienstleistenden hin beendet Miro mit den anderen Kindern das Spiel nach weiteren zwei Minuten.

Wenn Ulrike weiß, daß ein Kind aufgrund seiner Behinderung etwas nicht kann, nimmt sie darauf Rücksicht, ist geduldig. Sie wartet, wenn Miro zählen übt, da sie das mit seiner Behinderung bzw. Beeinträchtigung in Verbindung bringen kann. Sie kann aber nicht erkennen, daß er noch nicht in der Lage ist, sich an eine Reihenfolge zu halten. Für sie verstößt er damit gegen eine wichtige Regel, die er eigentlich beherrschen müßte: Warten bis man dran ist. Ulrike legt großen Wert darauf, daß solche Regeln, die sie für sich selbst sehr strikt einhält, auch von anderen eingehalten werden. Von daher entsteht dieses von außen etwas unlogische Bild, daß sie einmal geduldig wartet, einmal ungeduldig wird. Zudem erwartet sie von Miro, daß er das Spiel durchhalten kann und nicht abbricht. Sie sieht im Abbruch mangelnde Disziplin, Verstoß gegen die Regeln, die ja auch von den Erziehern aufgestellt und hier durchgesetzt werden.
Miro ist in der Situation völlig überfordert. Es ist nicht nur, daß er nicht zählen kann. Er begreift auch nicht, wann er an der Reihe ist. Während man sich beim Zählen mit ihm Mühe gibt, ihm erklärt und hilft, wird das Nicht-warten-können nicht als mangelnde Fähigkeit sondern als Disziplinlosigkeit behandelt.

Es wird erwartet, daß er es kann, und er merkt die negativen Konsequenzen, wenn er es nicht kann. Für ihn ist das Spiel frustrierend. Es ist verständlich, daß er abbrechen möchte. Es gibt ihm kein Erfolgserlebnis, er stößt nur auf seine Unfähigkeiten.
Die anderen Gruppenmitglieder erleben Miro dadurch als einen nicht sehr gefragten Spielpartner für Regelspiele.

Gemeinsame Aktivitäten können sich auch dahingehend entwickeln, daß der vorhandene Bezug auf die Bedürfnisse und Möglichkeiten des anderen im Verlauf der Interaktion vollständig verlorengeht.
Dies kann geschehen, wenn — wie in Beispiel a) — in das laufende Spiel von Martin und Hanni ein Dritter — Thomas — einbezogen wird und sich nach kurzer Zeit zeigt, daß Martin und Hanni, ohne daß es ihnen bewußt wäre, Thomas überfordern. Er steigt aus.
Oder wenn sich — wie in Beispiel b) — die anfänglichen gemeinsamen Interessen von Almut und Paul während der Aktivität auf unterschiedliche Weise verändern, sozusagen auseinanderlaufen. Wenn keine Verständigung und einseitiges Aussteigen möglich ist, wie auf der Schaukel, wird ein Dritter zur Lösung der Situation benötigt, die Erzieherin wird gerufen.
Daß auf bestimmte Möglichkeiten und Fähigkeiten verzichtet werden kann, andere wiederum als unbedingt notwendig für ein gemeinsames Spiel erachtet werden, ohne daß diese Unterscheidung eine an sich sinnvolle Logik enthielte, zeigt Beispiel c).
Um am gemeinsamen Spiel und seiner Gestaltung teilhaben zu können, werden zwei Fähigkeiten wichtig: Die Reihenfolge einhalten zu können, in der man drankommt, sowie die Punkte auf den Würfeln zählen und im Spielfeld umsetzen zu können.
Ulrike zeigt in ihrem Verhalten unterschiedliche Bewertungsmaßstäbe gegenüber Miro. Sie akzeptiert ihn als Partner, obwohl er noch nicht richtig zählen kann. Sie akzeptiert es nicht, wenn er die Regeln nicht einhält oder vorzeitig das Spiel beenden will. Sie kann also teilweise auf die Bedürfnisse und Möglichkeiten von Miro eingehen; teilweise fehlt ihr das Verständnis dafür.

Allgemeine Bedeutung: wie 2.2.4.3, darüber hinaus:
— Die Kinder können Grenzen bei sich und beim anderen erfahren (auf Grenzen stoßen), die eine Gemeinsamkeit nur bedingt oder gar nicht mehr aufrechterhalten lassen.
— Sie können lernen, mit unvereinbaren Bedürfnissen umzugehen, indem sie sich wehren, sich zurückziehen oder den anderen akzeptieren, sich an fremde Ansprüche anpassen oder diese übernehmen.
— Sie können sich im Umgang mit Frustration üben, diese auch als etwas Produktives erleben.

2.2.4.5 Abweisen, Ausgrenzen, Abgrenzen

Beispiele:
a) September 1982
Sven, sechs Jahre, vier Monate (siehe Beispiel 2.2.4.3 e)).
Daniel, fünf Jahre, vier Monate.
Heribert, fünf Jahre, sechs Monate.
Andere Kinder.

> *Die Kinder haben Tische zu einem Schiff zusammengerückt und spielen Kapitän und Seeräuber.*
> *Heribert ist der Wortführer.*
> *Sven: „Ich wär der Medizinmann, äh — der Arzt vom Schiff, und dann beobachte ich den Kampf vom Schiff aus innen."*
> *Heribert: „Nein, ich bin der Kapitän. Der Schiffsarzt wär weg."*
> *Daniel, aufgeregt zu Sven: „Nein, du spielst nicht mit. Auf dem Schiff wird gekämpft. Wir brauchen das Schiff!"*
> *Er wirft sich auf den Boden und „kämpft". Sven schaut ratlos und traurig. Dann Daniel zu Sven: „Oder du wärst der Schiffsarzt und wärst draußen." (Im übrigen wurde bei vielen Spielen Sven in bestimmten Rollen in das Spiel miteinbezogen, auch bei dem Seeräuberspiel.)*

Innerhalb der Gruppe besteht das Bedürfnis der Kinder, ihren Bewegungsdrang auszuleben, körperlichen Wettkampf auszutragen. Die Ablehnung Svens ist aus dieser Bedürfnislage heraus zu verstehen, also nicht als Ablehnung seiner Person insgesamt, sondern als aktuelle Ablehnung auf der Basis genereller Akzeptanz. Im Zusammenhang mit dem Ausprobieren körperlicher Stärke gilt Sven *nicht* als kompetenter Partner. Sven erfährt dadurch Enttäuschung, das ist nicht zu bestreiten. Für die *Verarbeitung* der Enttäuschung hat er innerhalb der Kindergarten-Gruppe die besten Voraussetzungen, da es sich um eine partielle Ablehnung handelt und er als Person anerkannt ist.

b) Dezember 1983
Tommy, fünf Jahre, sieben Monate.
Harry, sechs Jahre, drei Monate (siehe Beispiel 2.2.3.1 b)).

> *Tommy steht mit zwei anderen Jungen an einem Tisch. Harry stürzt sich dazwischen, knallt einen kleinen leeren Plastikteller auf den Tisch und ruft: „Hier, eßt." Tommy grinst, sagt zu sich: „Der Harry soll das selber essen!" Er ruft Harry und hält ihm den Teller hin: „Iß das." Er läßt den Teller fallen, noch bevor Harry zugreift. Harry hebt ihn wortlos auf und geht. Tommy lacht und wendet sich wieder den anderen Jungen zu.*

Harry wird wieder einmal als Außenseiter, Buhmann der Gruppe bestätigt.
Tommy verspricht sich unter Umständen über die Herabsetzung Harrys eine Aufwertung seiner eigenen Person.

c) Januar 1983
Heide, sechs Jahre.
Uwe, vier Jahre, neun Monate (siehe Beispiel 2.2.1 a)).
Eine Praktikantin.

> *Die Kinder sollen spazierengehen. Heide sagt zu Uwe, er dürfe nicht mit und streichelt ihm dabei über den Kopf. Uwe weint daraufhin. Die Praktikantin: „Warum sagst du sowas?" Heide: „Ich habe nur Spaß gemacht." Uwe brüllt immer lauter. Die Praktikantin: „Das darfst du doch nicht sagen. Sag, daß du nur Spaß gemacht hast." Heide: „Ich habe nur Spaß gemacht." Dabei schüttelt sie Uwe heftig hin und her und geht dann weg.*

Heide, die Außenseiterin, hat an diesem Vormittag schon einmal Uwe ziemlich hart behandelt. Sie selbst scheint ihre negativen Gefühle Uwe gegenüber für verboten zu halten und versucht, sie zu kaschieren, indem sie Uwe dabei über den Kopf streichelt. Sie gibt die doppelte Botschaft:
Zuwendung und Zärtlichkeit *und* Ablehnung. Für Uwe bedeutet Heides Aktion eine klare Zurückweisung. Er fühlt sich weggedrängt. Dies ist auch eine reale Gefahr für ihn. Es passiert gelegentlich, daß er im Gruppenraum bleiben muß, etwa weil es draußen zu glatt ist oder die Gruppe nur kurze Zeit rausgeht, und es sich nicht lohnt, ihn anzuziehen. Er erlebt hier allerdings, daß er in der Lage ist, sich zu wehren, wenn auch mit Hilfe der Erzieherin.
Die Gruppe erlebt Heides Verhalten als falsch und von der Erzieherin abgelehnt. Sie sieht auch, daß Uwe sich nicht alles gefallen läßt und sehr wohl in der Lage ist, sich zu wehren.

d) Oktober 1983
Almut, sechs Jahre, zwei Monate (siehe Beispiel 2.2.3.4 a)).
David, vier Jahre, zwei Monate (siehe Beispiel 2.2.4.2 d)).
Ein Zivildienstleistender

> *David kommt mit seinem Lego-Flugzeug bei Almut vorbei. Almut schlägt es ihm aus der Hand. David stutzt zuerst, dann gibt er Almut eine Ohrfeige. Er bückt sich und will sein Flugzeug wieder zusammenbauen.*
> *Almut schlägt ihm die Teile aus der Hand. David schreit*

und stürzt sich auf Almut. Sie kämpfen am Boden, tun sich gegenseitig weh.
Der Zivildienstleistende kommt hinzu und trennt David und Almut. David heult, jammert, daß Almut angefangen habe. Er läßt sich von dem Zivildienstleistenden an einen Tisch tragen und spielt dann etwas anderes mit ihm. Almut tritt wütend auf den Legosteinen herum.

Unmittelbar nach der Szene mit Heiko (siehe Beispiel 2.2.3.4 a)) begegnet Almut David in aggressiver Weise. Sie haut ihm das Flugzeug aus der Hand. Auch hier ist die Aggressivität nicht in erster Linie auf David als Person gerichtet, er war nur der nächste, den sie getroffen hat. David wehrt sich im Gegensatz zu Heiko. Es kommt zu einer körperlichen Auseinandersetzung zwischen den beiden. Das mag daran liegen, daß David solche Situationen, in denen geprügelt wird, vertrauter, näher sind als Heiko, und/oder daß er zu Almut eine emotionale Beziehung hat, die so etwas wie Auseinandersetzung ermöglicht. Die Betroffenheit Davids führt zur Konfrontation.

Auf der nonverbalen Ebene wird Wut/Aggression zwischen ihnen ausgetragen. Almuts Äußerungen werden aufgenommen und ernstgenommen. Die beiden Kinder brauchen dabei aber die Hilfe der Erwachsenen, da sie sich sonst gegenseitig sehr wehtun würden.

Almut will zu dieser Zeit provozieren und dabei ausprobieren, wie weit sie bei geben kann. Sie merkt, daß sie sich wehren und auseinandersetzen kann, wenn einer zurückschlägt und sich damit auf ihre Ebene einläßt.

Für die Gruppe, besonders auch für die Erzieher/innen ist es wichtig, mit den Variationen von Almuts Aggressivität vertraut zu werden und zu erfahren, welche unterschiedlichen Verhaltensweisen bei Kindern und Erziehern sich daraus ergeben, um mit der Bedrohung umgehen zu lernen.

e) August 1983
Karola, vier Jahre, zehn Monate (siehe Beispiel 2.2.1 b)).

Bert, fünf Jahre, zehn Monate.
Peter, fünf Jahre.

Karola fegt mit einem Schrubber, den sie sich aus der Waschküche geholt hat, den Hof. Die Putzfrau braucht den Schrubber und gibt Karola einen Besen. Dieser wird auch bald zum Putzen benötigt und Karola beschäftigt sich intensiv mit dem Steckenpferd. Nach kurzer Zeit wollen Bert und Peter ihr wortlos das Steckenpferd wegnehmen. Karola hält es fest, es gibt ein Zerren, bei dem selbstverständlich die beiden Jungen gewinnen. Karola weint, schlägt sich mit den Fäusten an den Kopf. Bert geht zu Karola hin und hält ihre beiden Hände fest, schüttelt diese und stößt gleichzeitig mit den Füßen Sand nach ihr.
(Bert sieht, daß eine Beobachterin hinschaut, hört zögernd auf und geht zornig weg.)

Karola ist zweimal etwas weggenommen worden, das zwar jeweils ersetzt wurde, aber auch frustrierend gewesen sein mag. Das Steckenpferd ist nun nicht nur für Karola, sondern auch für die beiden Jungen reizvoll. Ohne Ersatz wird ihr etwas, das ihr besonders lieb ist, genommen.
Karola wehrt sich. Das wird hier zum ersten Mal in dieser Deutlichkeit von uns beobachtet. Ihr Weinen klingt verletzt, traurig und schmerzlich. Auch die Autoaggression kann als ein Zeichen ihres Betroffenseins genommen werden. Dabei ist nicht zu sagen, ob die Trauer um das verlorene Steckenpferd oder die Enttäuschung über das Vorgehen der Kinder überwiegt.
Bert ist mit Karola nicht so vertraut wie Peter, da er einer anderen Gruppe zugehört. Er hat generell Probleme mit (behinderten) Kindern und reagiert auf Karolas Weinen und Autoaggression mit Schuldgefühlen und/oder mit durch Karolas Verhalten ausgelöster Gegenaggression.
Die Szene zeigt, wie Karola bei einem Verlust bzw. dem Erleben von Abweisung intensive Gefühle äußern kann. Sie wird stärker

wahrgenommen dadurch. Da die Situation sich im Garten abspielt, ist eine direkte Wirkung auf die Gruppe nicht anzunehmen.
Karolas Fähigkeit, Traurigkeit zu zeigen, ist jedenfalls ein Zeichen für zunehmend komplexere Lebensäußerungen. Ihre Reaktionen kommen denen der anderen Kinder näher und werden dadurch für diese auch verständlicher.
Im Gegensatz zu 2.2.3.4 ergeben sich in diesen Beispielen, wenn auch meist nur kurzfristig, eigenständige Interaktionen mit dem Inhalt „abweisen". Die Abweisung kann als Reaktion auf einen tatsächlichen oder angenommenen Wunsch nach Teilnahme eine Interaktion sowohl beenden als auch intiieren, wenn sie beim Abgewiesenen Widerspruch hervorruft. In beiden Fällen, die sich häufig ergänzen, kommt eine beidseitige Auseinandersetzung, aber keine gemeinsame Handlung zustande. Das Abweisen des anderen kann verbal und/oder durch körperliche Abwehr erfolgen, wobei das Thema Abweisen konkret angesprochen oder spielerisch-kämpferisch behandelt werden kann.
Die Ablehnung kann sich dabei gegen die Person des anderen richten, den man nicht mag, oder sich nur auf bestimmte Einschränkungen oder Eigenschaften beziehen. Es muß sich aber nicht unbedingt um die Ablehnung eines bestimmten Kindes handeln. Ein Kind kann auch unabhängig von seiner Person und seinen Eigenschaften abgelehnt bzw. ausgegrenzt werden, etwa wenn kein Platz im Spiel mehr frei ist, es ein begehrtes Spielzeug hat, das man ihm wegnehmen möchte oder weil man eine Wut an ihm auszulassen versucht, wobei das Objekt der Wut (also das Kind) beliebig sein kann.
Kinder weisen andere ab, indem sie sie nicht an ihren Aktivitäten teilnehmen lassen.
Heribert und Daniel differenzieren in Beispiel a) in ihrer Ablehnung von Svens Teilnahmewunsch zwischen Sven und seiner Behinderung. Seine Teilnahme würde ihr Spiel, den Kampf, durch Rücksichtnahme deutlich einschränken. Der Vorschlag, ihn als Arzt außerhalb des Spiels einzusetzen, zeigt, daß Sven als Person nicht abgelehnt wird, *in diesem* Spiel jedoch keinen Platz findet.

In Beispiel c) hingegen scheint Heide Uwe völlig auszugrenzen. Sie will ihn überhaupt nicht dabei haben, obwohl seine Teilnahme — er wird im Rollstuhl gefahren — wenig Einschränkungen für die Gruppe bedeutet und diese sie gar nicht beträfen. Anstatt diese Ablehnung der Erzieherin mitzuteilen, spricht sie Uwe direkt an und kränkt ihn. Dies und die verbale Rücknahme der Ablehnung nach Intervention der Erzieherin deutet darauf hin, daß es ihr weniger darum geht, eine befürchtete Einschränkung beim Spaziergang abzuwenden, als vielmehr Uwe als Person zu treffen.
— Kinder weisen andere ab, indem sie deren Spielangebot nicht aufnehmen.
Tommy nimmt in Beispiel b) Harrys Spielangebot nicht auf, weist ihn auf der spielerischen Ebene, indem er auf das Thema „Essen" zunächst eingeht, zurück. Im Fallenlassen des Tellers drückt er eine gewisse Ablehnung Harry gegenüber aus. Es ist aber nicht erkennbar, ob er nur Harry oder auch das Spiel selbst ablehnt. Das Abweisen scheint ihm Spaß zu machen.
— Kinder weisen andere ab, indem sie einem Kind etwas wegnehmen oder zerstören oder sich gegen einen Angriff zur Wehr setzen.
In Beispiel d) weist Almut David ab, ohne daß er ihr ein Angebot gemacht hätte. Ihre Wut richtet sich gegen sein Spielzeug. Es hätte aber auch ein anderes Spielzeug und ein anderes Kind sein können. David wehrt sich dagegen und versucht, Almut auf der gleichen Ebene zurückzuweisen. Daraus ergibt sich ein heftiger Kampf, der völlig nonverbal ausgetragen wird.
In Beispiel e) wird Karola zuerst ausgegrenzt, weil man ihr Spielzeug haben will. Bert und Peter nehmen es ihr ohne Begründung wortlos weg, Karola selbst interessiert nicht. Karolas Reaktion, die zwar nicht zum gemeinsamen Handeln, wohl aber zur Rückgabe des Spielzeugs auffordert, ruft bei Bert erneut Ablehnung hervor. Aus dem Nicht-teilnehmen-lassen wird körperliche Ablehnung.

Allgemeine Bedeutung: wie 2.2.3.4 und 2.2.4.4, darüber hinaus:
— Die Kinder können sich darin üben, auf ihren Bedürfnissen zu bestehen und mit den Folgen dieser Haltung umzugehen.
— Sie können lernen, Aggressionen und Ablehnung zu zeigen und auszuhalten (Gegenseitigkeit).
— Sie können versuchen, gegen Angriffe sich zur Wehr zu setzen und Konflikte auszutragen.

2.2.4.6 Versorgen/sich versorgen lassen

Beispiele:
a) Februar 1983
Thomas, fünf Jahre, zwei Monate (siehe Beispiel 2.2.1 c)).
Dorothe, vier Jahre, fünf Monate.

> *Die Kinder beenden das Mittagessen. Dorothe steht schnell auf und macht Thomas das Lätzchen ab. Dabei redet sie mit ihm: „So, mein Kleiner. Jetzt müssen wir uns noch das Mündchen putzen."*
> *Sie nimmt Thomas an der Hand und führt ihn ins Bad. Dort wäscht sie ihm das Gesicht ab, dann die Hände (Thomas macht das normalerweise alleine). Dabei monologisiert sie: „So, mein Kleiner. Jetzt den Mund — so — schön. Komm, mein Baby." (Thomas läßt sich zunächst die Bemutterung gefallen.) Und als Thomas zum Handtuch greift, ruft Dorothe: „Warte, ich mach dir das." Dann gehen beide zurück in den Gruppenraum. Dorothe umfaßt dabei Thomas von hinten, als könne er nicht alleine gehen. Sie sagt zu ihm: „Komm, Thomas. Jetzt spielen wir. Leg dich hin, mein Kind." Dorothe will Thomas auf die Matratze schieben. Thomas sagt plötzlich heftig: „Nein", windet sich aus Dorothes Armen und geht, ohne sie weiter zu beachten, woanders hin.*

An Zuwendung, auch fürsorglicher, fehlt es Thomas nicht. Er scheint hier Dorothes Bemutterung mehr zu dulden, als daß er die ihm zugedachte Rolle mitspielt. Er greift zum Handtuch etc., wie immer, also wie Thomas, nicht wie ein „Kleiner". Sein Desinteresse drückt sich in seiner Passivität aus. Inwieweit es Ablehnung und nicht Desinteresse ist, ist zunächst nicht ersichtlich. Wo es ihm zuviel wird, kann er seine Bedürfnisse deutlich gegen Dorothes Absichten durchsetzen; er wehrt sich.

Allerdings kann er dies nicht auf der Ebene des vorgegebenen Rollenspiels. Hier „klinkt" er sich einfach aus, grenzt sich ab, indem er sich der Situation entzieht.

Dorothe hat ein großes Bedürfnis nach emotionaler Zuwendung, Versorgung, Akzeptanz. Sie ist stark verunsichert über die Einschätzung ihrer Person durch andere und zeigt zum Teil inadäquate Reaktionen („nervig").

Eigene Versorgungswünsche werden in dieser Szene in der Umkehrung ausgespielt (Bemutterung), in der — zumindest zeitweiligen — Regression durch einen Stellvertreter. Thomas kann Dorothe Zuwendung und Geborgenheit wenigstens anbieten; bei anderen Kindern hat sie damit Schwierigkeiten/wird oft gleich abgelehnt.

Insgesamt hat diese Situation aber eine zweischneidige Bedeutung. Einige Zeit duldet und genießt Thomas die Bemutterung Dorothes, ermöglicht ihr also ein Erfolgserlebnis. Der explizite Abbruch der Szene, indem Thomas auf Dorothes Fürsorge deutlich und heftig reagiert, muß bei Dorothe das Gefühl der Zurücksetzung — mit allen Konsequenzen — verstärken, wenn **sogar** der von Dorothe selbst als „klein" eingeschätzte Thomas sich deutlich von ihr abgrenzt.

b) Februar 1983
Nicole, drei Jahre, zwei Monate.
Claudia, vier Jahre, acht Monate (siehe Beispiel 2.2.2.1 b)).
Eine Erziehrin, ein Erzieher.

Nicole schiebt Claudia im Wagen im Gruppenraum herum und spricht mit ihr („Jetzt gehn wir zu der Erzieherin"). Claudia schaut aufmerksam und lebhaft um sich. Der Erzieher kommt; er sagt, daß Claudia bald etwas essen muß. Daraufhin schiebt Nicole Claudia in den Nebenraum; sie erzählt weiter mit ihr: „So, jetzt gibt es ein Essen." Claudia schaut um sich und strahlt. Nicole geht weg, um für sie ein Lätzchen zu holen. Sie versucht unter großen Schwierigkeiten, es Claudia anzuziehen, aber Claudias Kopf fällt immer wieder nach vorne. Nicole zu Claudia: „Mach den Kopf hoch, Claudia. Halte doch mal ...". Eine Besucherin geht hin und hält Claudia den Kopf; Nicole legt ihr das Lätzchen um und Nicole hat es geschafft. An Claudia gewendet sagt sie: „Jetzt kannst du den Kopf wieder hoch tun." (Claudia kann den Kopf nur mit großer Anstrengung hochheben; Nicole hat anscheinend gedacht, Claudia habe den Kopf hängenlassen, um ihr das Anziehen des Lätzchen zu erleichtern.)
Nicole will jetzt Claudia im Wagen zum Essen zurechtsetzen; sie zieht ihr die Füße nach unten. Claudia rutscht nach unten, dabei lächelt sie in Richtung Nicole. „Sie rutscht", sagt Nicole etwas hilflos zu dem Erzieher. Daraufhin kommt er zu Hilfe.
(Die beschriebene Szene dauert ca. 15 Minuten.)

Nicole kann auf die Bedürfnisse Claudias eingehen; sie hat erfahren, daß sich Claudia wohlfühlt, wenn sie herumgeschoben wird und dabei viel von ihrer Umgebung wahrnehmen kann. Es ist für Nicole auch selbstverständlich, Claudia Unterstützung zu geben — ihr Lätzchen anzuziehen — wo sie es braucht. Gleichzeitig wird aber auch in dieser Situation deutlich, daß Nicoles Verständnis für Claudia noch dort seine Grenzen hat, wo sie Claudias Verhaltensweisen noch nicht auf deren besondere Schwierigkeiten zurückführen kann: Nicole mißversteht es, daß Claudia immer wieder den Kopf nach vorn fallen läßt. (Dieses Mißverständnis hat hier allerdings keine weiteren Folgen für Nicoles Versorgungsbemühungen.)

c) Oktober 1983
Almut, sechs Jahre, zwei Monate (siehe Beispiel 2.2.3.4 a)).
Björn, fünf Jahre (siehe Beispiel 2.2.2.1 a)).

Nach dem Frühstück wird Björn in die Kuschelecke getragen. Almut kommt mit einem Lappen und wischt Björn den Mund ab. Dann nimmt sie Spielzeug und gibt es Björn in die Hand. Sie sagt: ,,Schau, Björn!" Björn lächelt und greift danach. Als die Erzieherin kommt, erzählt Almut in Babysprache: ,,Ich habe Björn den Mund abdewischt, Björn sauber demacht." Dabei wischt sie Björn demonstrativ mit der Hand über das Gesicht. Dann geht Almut weg. Nach kurzer Zeit kommt sie zurück, setzt sich neben Björn, macht seine Armbewegungen nach, fragt: ,,Björn, geht es dir gut?"

Almut ist fürsorglich zu Björn und wendet sich ihm zärtlich zu. Dies ist der Fall, seit Björn in der Gruppe ist. Dabei geht diese Zuwendung auch häufig in Aggressivität über.
Als Beobachter gewinnt man den Eindruck, als wäre Björns Stellung in der Gruppe, seine mit viel Zuwendung der Erzieher verbundene Betreuungssituation für Almut ein permanenter Grund zur ,,Identifikation" sowohl mit den Betreuern als auch mit Björn selbst. Almut scheint sich dabei zu wünschen, bei ihrem versorgenden Umgang mit Björn von Erwachsenen gesehen zu werden. Auch in ihrer Aggressivität hält sie nicht inne, wenn sie bemerkt, daß sie dabei beobachtet wird.
Die von ihr ausgeübte Versorgung löst ebenso Regression aus, sie fällt in Babysprache zurück.
Almuts Botschaft an die Bezugspersonen ist ambivalent: daß sie geben/versorgen kann und Bestätigung dabei braucht; daß sie aber auch klein sein und versorgt werden will von den Erwachsenen.

Für die Gruppe hat Almuts dauerhafte Zuneigung zu Björn (zärtlich wie aggressiv) die wichtige Bedeutung, daß Björn nicht in „Vergessenheit" gerät bei den Kindern und nicht nur über Erwachsene Aufmerksamkeit erfährt.

d) Frühjahr 1984
Rosi, sechs Jahre, entwicklungsverzögert.
Marc, sechs Jahre (siehe Beispiel 2.2.3.4 c)).

> *Marc wartet morgens in der Garderobe, Rosi wird hereingebracht. Marc geht auf sie zu, will ihr Mantel und Schuhe ausziehen. Die Erzieherin kommt dazu und will helfen, Marc schiebt sie weg: „Nein, ich." Er zieht Rosi aus. Sie lacht, läßt es sich gefallen. Dann geht er mit ihr an der Hand aus dem Gruppenraum.*
> *(Rosi ist sonst sehr ängstlich und zurückhaltend im Kontakt zu anderen.)*

Marc, der bisher derjenige in der Gruppe war, dem viel Versorgung und Fürsorge zukam, hat in Rosi einen Partner gefunden, dem er jetzt Fürsorge zuteil werden lassen kann.
Rosi ist scheu und zurückhaltend, traut sich kaum mit anderen Kontakt aufzunehmen, kennt sich im Kindergarten und im Gruppenraum auch noch nicht richtig aus.
Marc kann sie anleiten und einführen. Das gilt auch beim An- und Ausziehen, das Marc selbst lange üben mußte. Er erfährt sich als der Überlegene, der Bestimmende, Dominierende der Interaktion.
Für Rosi ist Marc ein Bezugspunkt, der es ihr ermöglicht, sich langsam zu öffnen. Sie gewinnt Vertrauen zu Marc, schließt sich ihm an, läßt sich von ihm anleiten. (Anfänglich hatte sie große Angst vor ihm, weil er sie an den Haaren zog, wobei nicht zu erkennen war, ob das eine Zärtlichkeit war oder eine Ablehnung. Für Rosi war es jedenfalls schmerzhaft.)
Die Gruppe erfährt hier Marc erstmals als Anführer und erlebt auch erstmals Rosi offen und in einer Interaktion mit einem

anderen Kind. Die Gruppe kann daraus Anregung für den weiteren Umgang mit Marc und Rosi ziehen.

e) Juli 1983
Marc, fünf Jahre, sechs Monate (siehe Beispiel 2.2.3.4 c)).
Petra, fünf Jahre, neun Monate.
Eine Beobachterin.

> *Marc muß mal, er steht im Bad und zieht sich aus.*
> *Eine Beobachterin hilft ihm, die Pampers abzulegen und geht raus. Nach einer Weile kommt Marc in die Tür und versucht, sich die Pampers anzulegen; es geht nicht.*
> *Petra kommt und hilft ihm; sie zieht ihm geduldig die Pampers an. Es ist sehr schwer. Marc bleibt stehen; sie schiebt und zieht solange an den Pampers, bis sie an der Seite schließen. Marc schaut sich währenddessen um, stützt sich am Waschbecken ab. Plötzlich streicht er Petra, die vor ihm kniet, über den Kopf, macht einen Kußmund und beugt sich zu ihr; er streichelt mit seiner Wange ganz zart über Petras Kopf, sie lächelt. Sie zieht ihm auch die Unterhose und Hose an; bei der Hose hilft die Erzieherin, die gerade dazukommt, etwas mit.*

Petra hat eine behinderte Schwester und ist von daher mit der Versorgung von Behinderten vertraut und sehr sensibel dafür, was andere brauchen. In dieser Situation kann sie Marc versorgen, ohne daß sie dazu aufgefordert worden ist. Sie tut es freiwillig und folgt nicht einer Erwartung.

Marcs Reaktion gibt ihr auf zärtliche Weise Bestätigung und Anerkennung, die Petra, die zu Hause sehr vernünftig erzogen wird, gut gebrauchen kann.

Marc wird als Behinderter nicht wie eine Puppe behandelt, die man versorgen kann, sondern er erfährt die Versorgung genau da, wo sie nötig ist. Seine Autonomie bleibt dabei bewahrt. Er als Person kann Dankbarkeit und Zärtlichkeit dafür empfinden und zeigen.

Die Gruppe erfährt dabei auch die Selbstverständlichkeit, mit der man Marc z.B. beim Toilettengehen helfen kann. Und sie kann an Marcs Reaktion erleben, welche Bedeutung es für ihn hat, daß ihm geholfen wird.

Die hier beschriebenen Interaktionen, in denen ein Kind ein anderes versorgt, sind dadurch ungleichgewichtig, daß der, der versorgt wird, die Rolle nicht wechseln kann.
Das Verhältnis Versorgender — Versorgter kann in diesen Situationen sehr unterschiedlich ausfallen:
— Ein Kind dominiert das andere. Die Bedürfnisse des Versorgten werden nicht zum Ausgangspunkt der Interaktion gemacht, sondern das „Versorgenwollen" selbst bestimmt die Handlung. Eine Einflußnahme des Versorgten ist kaum möglich.
Dorothe bezieht sich in Beispiel a) in ihren „Hilfestellungen" für Thomas auf von ihr angenommene Bedürfnisse. In ihrer dominierenden Haltung geht sie nicht mit Thomas als eigenständiger Person um, sondern benutzt ihn als Puppe, macht ihn zu ihrem Baby. Sogar sein Versuch, sich selbst abzutrocknen, wird von ihr unterbunden. Thomas läßt es sich zuerst zwar gefallen, nimmt selbst keinen Einfluß auf das Geschehen, kann sich aber wehren, indem er das Spiel abbricht, als es ihm zuviel wird.
— Ein Kind stellt sich im Versorgen auf tatsächliche oder angenommene Bedürfnisse des anderen ein. Es verhält sich partnerschaftlich und nimmt in der Interaktion Reaktionen des anderen auf. Die Interaktion wird sowohl von dem Wunsch, mit dem anderen zusammen zu sein, als auch vom Versorgenwollen bestimmt.
Nicole, die gerne mit Claudia zusammen ist, stellt sich in Beispiel b) auf sie ein, wenn sie sie herumschiebt oder ihr das Lätzchen umbindet. Claudia genießt das Herumschieben bzw. braucht die Hilfe beim Lätzchenanlegen.
Nicole interpretiert Claudias hängenden Kopf dabei als Unterstützung durch Claudia, kann nicht erkennen, daß Claudia nicht den Kopf alleine aufrichten kann. Was für uns als eine Schwierigkeit von Claudia ersichtlich ist, wird von ihr als eine absichtliche

Verhaltensweise angenommen und in der Interaktion aufgegriffen. Ebenso wie beim nachfolgenden Zurechtsetzen ist Nicole von der Situation etwas überfordert und braucht die Hilfe der Erwachsenen. Das zeigt, daß bei einer Versorgung neben der Bereitschaft, sich auf ein anderes Kind einzustellen, auch bestimmte Fähigkeiten des Kindes oder Hilfen von Dritten notwendig sind, die Situation befriedigend zu gestalten.

In Beispiel c) und d) stellen sich Almut und Marc ebenfalls auf die Kinder ein, die sie versorgen. Auch ihnen ist der Kontakt zum anderen *und* eine Versorgung wichtig. Es zeigt sich in diesen Beispielen zudem, daß auch Behinderte andere versorgen wollen und können.

— Ein Kind geht auf ein aktuelles, tatsächliches Bedürfnis eines anderen ein, es sieht, daß das andere eine bestimmte Hilfe benötigt und gibt sie ihm. Die Interaktion wird von diesem „Versorgen" bestimmt und endet mit dessen Abschluß.

Petra erkennt in Beispiel e) Marcs Problem und legt ihm die Pampers um. Eine Versorgung, die sie fast überfordert (siehe Beispiel a)).

Das Ganze geschieht wortlos und wäre fast ein einseitiger Kontakt geblieben, würde Marc nicht so eindrucksvoll seine Empfindungen Petra gegenüber verdeutlichen.

Allgemeine Bedeutung: wie 2.2.3.2, darüber hinaus:
— Die Kinder können auf das Versorgtwerden reagieren und dadurch die Handlungen des Versorgenden beeinflussen.
— Sie können sich gegenseitig versorgen.

2.2.5 Gemeinsame Aktivität mit der Erzieherin

In dieser Kategorie übernimmt die Erzieherin die für das Interaktionsgeschehen tragende Rolle.

Beispiel:
Juni 1983

Uwe, fünf Jahre, zwei Monate (siehe Beispiel 2.2.1 a)).
Eine Erzieherin.

Die Erzieherin geht zu Uwe, der auf dem Boden liegt, hebt ihn auf und unterhält sich mit ihm. Dann fragt sie: „Willst Du laufen oder krabbeln?" — „Laufen." — „Na, dann los." Sie hält ihn und er macht ein paar Schritte. Kinder kommen dazu und schauen zu. Uwe steht an einem Tisch, hält sich dort fest und sagt zu der Erzieherin: „Bleib bei mir."
Dann flüstert er etwas, was man erst nach mehrmaligem Nachfragen als: „Verstecken" versteht.
Die Erzieherin legt Uwe auf den Bauch und ein Kind soll aufpassen, daß er nicht schaut. Dann versteckt sie sich selbst in der Garderobe und ruft: „Du kannst kommen." Uwe schaut sich um, robbt in ihre Richtung, während sie ihm mit Tönen den Weg weist. Uwe fällt das Robben sehr schwer und er sagt dabei: „Geht nicht so gut, nicht so gut." Dann ruft er: „Rauskommen." Die Erzieherin gibt einen Ton von sich. Uwe hat etwas mehr Kraft und kommt näher an die Garderobe. Die Krankengymnastin, die gerade durch den Raum läuft, ruft: „Los, Uwe, krieg sie."
Die Erzieherin ruft ermunternd: „Uwe, kannst kommen." Er: „Du auch." Mittlerweile haben sich alle Kinder der Gruppe um die Erzieherin oder um Uwe geschart und lachen über Uwes Antwort. Sie ermuntern ihn mit Zureden. Uwe: „Komm." Die Erzieherin: „Such mich." Dann kommt sie ihm ein Stück entgegen, kniet vor ihm. Ein paar Kinder krabbeln auf ihren Rücken, alle anderen stehen um sie und Uwe herum. Uwe fragt: „Hast du mich gefunden?" Die Erziehrin schlägt vor, daß Uwe sich versteckt. Ines soll ihm helfen. Sie fragt: „Wie soll das gehen?" Die Erzieherin zeigt ihr, wie sie Uwe hinter einen Tisch ziehen soll. Nachdem das geschehen ist, ruft die Erzieherin, die Uwe sehen kann: „Soll ich kommen, Uwe?

Wo bist du?" Uwe ruft: „Ich sehe dich." Die Erzieherin geht auf ihn zu. Die anderen Kinder verteilen sich wieder im Gruppenraum. (Dauer: ca. 20 Minuten.)

Die Kinder der Gruppe sind oft überfordert, wenn es darum geht, mit Uwe eine längere und differenziertere Interaktion aufzunehmen. Seine Reaktionen sind zu verzögert oder seine Sprache so unverständlich, daß Kinder den Zusammenhang häufig nicht erkennen können.

In der Interaktion mit der Erzieherin erleben sie, wie man auf Uwes Fähigkeiten und Möglichkeiten eingehen kann, erhalten Anregungen für eigenes Umgehen mit Uwe. Uwe wird zu einem emotionalen Mittelpunkt der Gruppe. Auf ihn zentriert sich in diesem Zeitraum die Aufmerksamkeit und die Zuneigung der Erzieherin. Indem die Kinder teilnehmen und sich mit Uwe identifizieren, erhalten auch sie einen Teil dieser Zuwendung und Aufmerksamkeit.

Für Uwe bedeutet es, einen Partner zu haben, der einen etwas längeren Kontakt zu ihm aufrechterhalten kann. Die Erzieherin stellt sich völlig auf Uwes Bedürfnisse und Fähigkeiten ein. Er muß sich nicht hetzen oder verkrampfen, muß keine Angst haben, daß der Kontakt abgebrochen wird. Ihm gibt die Situation Vertrauen. Auch erlebt er sein eigenes Zutun zu der Interaktion. Er erhält zwar Aufmerksamkeit und Zuwendung, wird dabei aber nicht versorgt oder bemuttert, sondern muß selbst die Interaktion mitgestalten, wobei seine eigenen Möglichkeiten berücksichtigt werden. Er ist nicht nur passiv — wie sonst —, sondern aktiv, und seine Anstrengung, sich fortzubewegen, wird durch die Aufmerksamkeit der Gruppe und die Bestätigung der Erzieherin belohnt.

Interaktionen zwischen Kindern werden nicht nur von Kindern allein aufgenommen, sondern finden oft auch über Erwachsene als Initiatoren oder Mittler statt.

Gerade bei Kindern, deren Kontakt- und Bewegungsmöglichkeiten eingeschränkt sind, schließen sich andere Kinder gerne Interaktionen des Erziehers mit diesen Kindern an und nehmen

aktiv oder passiv daran teil.
Sie selbst können vielleicht nur schwer eine längerdauernde Interaktion aufrechterhalten, weil z.B. die Reaktionen der behinderten Kinder unklar sind oder sehr verzögert auftreten. Bei diesem Beispiel hätten die Kinder es alleine kaum so lange aushalten können, auf Uwe zu warten. Ihr Interesse wäre bald erlahmt gewesen. Die Anwesenheit der Erzieherin und die von ihr getragene Interaktion hat das Interesse der Kinder wachgehalten.
Vielleicht hat ein Kind auch noch keine Reaktions- und Umgangsmöglichkeiten mit einem behinderten Kind entwickeln können. Bei der Teilnahme an einer Interaktion zwischen Erzieher und Kind kann es sowohl die Äußerungen wahrnehmen und einordnen lernen, als auch über das Verhalten der Erzieherin Variationen von eigenen Reaktions- und Umgangsmöglichkeiten erfahren.
Im Grunde unterscheiden sich solche Situationen wenig von den häuslichen Situationen, in denen ein Kind über die Mutter mit neuen Geschwistern vertraut wird.

Allgemeine Bedeutung:
— Die Kinder können über ein Modell Möglichkeiten des Umgangs miteinander erfahren.
— Sie können sich im Schutze der Erzieherin ausprobieren im Umgang mit anderen Kindern.

2.3 Struktur und Dynamik der Gruppen

Wir haben uns über die Beobachtung von je zwei ausgewählten Kindern pro Gruppe dem Gruppengeschehen genähert und unsere Aufmerksamkeit nach und nach auf weitere Kinder ausgedehnt. So wurden Erkenntnisse über Zusammensetzung und Prozeß der Gruppen aus den Gesprächen mit den Erzieherinnen über die Kinder/die Gruppe gewonnen und aus den Beobachtungen der Kinder erschlossen.

In den Beschreibungen der sechs Kindergartengruppen sind unterschiedliche Schwerpunkte gesetzt worden, die zwar von der Tendenz her charakteristisch für diese integrativen Gruppen sind, die aber auch in jeder anderen integrativen Gruppe oder unter Umständen auch in jeder Regelkindergartengruppe beobachtet werden können.

2.3.1 Gruppe I

Zu Beginn unserer Beobachtungen betreuen eine Erzieherin und — was eine Ausnahme im gesamten Kindergarten ist — ein Erzieher die Gruppe, außerdem eine Praktikantin.

Morgens um 9.00 Uhr beginnt die integrative Gruppe. Etwa zu diesem Zeitpunkt werden die behinderten Kinder mit dem Bus gebracht. Die nichtbehinderten Kinder, die bereits vom Frühdienst des Kindergartens betreut wurden, kommen dazu, viele werden aber auch erst jetzt oder im Laufe der nächsten Stunde gebracht.

Die Kinder haben zunächst Gelegenheit zu freiem Spiel. Gleichzeitig wenden sich die Erzieherinnen verschiedenen Kindern zu Einzelförderung zu oder machen Angebote zum Spielen oder Basteln in Kleingruppen. Diese werden abwechselnd von fast allen Kindern angenommen; vor allem jedoch die jüngeren oder ruhigeren Kinder bevorzugen diesen Einstieg in die Gruppe.

Während dieser Zeit können die Kinder frühstücken, wann sie möchten. In beiden Gruppen wird jedoch bei Geburtstagen der Kinder oder der Bezugspersonen gemeinsam gefrühstückt. Im Laufe unseres ersten Jahres führten die Erzieherinnen außerdem ein regelmäßiges gemeinsames Frühstück ein.

Ungefähr ab 10.30 Uhr können die Kinder im Freien spielen. Gelegentlich werden auch größere Spaziergänge oder Ausflüge am Vormittag gemacht.

Gegen Mittag werden die ersten (nichtbehinderten) Kinder abgeholt. Um 12.00 Uhr ist Mittagessen. Daran nehmen alle behinderten Kinder teil, außerdem noch einige andere Kinder der Gruppe, die länger im Kindergarten bleiben. Die Zahl der „Essenskinder" schwankt demnach je nach Entscheidung der Eltern. Nach dem Essen löst sich die integrative Gruppe auf. Die Betreuerinnen und der Betreuer der Gruppe lassen den Kindern große Freiräume zur eigenständigen Gestaltung ihrer Beschäftigungen während des Vormittags. Ihre Spiel- und Bastelangebote werden von einigen Kindern wahrgenommen, andere suchen sich selbst ihre Spiele und Spielpartner. In diesen Aktivitäten werden bestimmte Gruppenstrukturen deutlich: Bestimmte Kleingruppen bilden sich immer wieder, lösen sich auf, überschneiden sich mit anderen; einige Kinder sind weniger in diesen Kleingruppen eingebunden, manche davon scheinen nur am Rande der Kindergruppe zu stehen.

Da ist zunächst eine Gruppe mit überwiegend „großen" Kindern (Kinder, die im Sommer zur Schule kommen werden), die allerdings nicht alle Kinder dieser Altersgruppe umfaßt. In ihrem Zentrum stehen Heribert und Daniel, zwei fünfeinhalbjährige Jungen. Sie sind die Initiatoren lebhafter Spiele, bei denen sich die Kinder auch körperlich ausagieren können. Vor allem Heribert übernimmt dabei die Rolle des Anleiters und Organisators und gliedert die anderen Kinder in die Spiele ein. Er ist sozusagen als „Boß" der Gruppe anerkannt. Dabei fällt auf, daß er diese Rolle wahrnimmt, ohne auf aggressive Durchsetzung zurückzugreifen. Er ist offen gegenüber den anderen Kindern, ist Wortführer in den Aktivitäten, ohne dabei über die Interessen der anderen hinwegzugehen. Nur selten „schikaniert" er andere, stellt dies auch sehr schnell dann wieder ab. Bei den Mitspielern ist Heribert sehr beliebt. Eine fast ähnliche Rolle in der Beliebtheit und Anleitung hat Daniel inne, der allerdings im allgemeinen hinter der Wortführung von Heribert zurücksteht.
Insgesamt lassen die Spielgruppen unter der Anleitung von Heribert und bedingt von Daniel daher trotz dieser Dominanz

der beiden Jungen die Interessen auch der anderen Kinder zu. In der Gemeinsamkeit, die darin zum Ausdruck kommt, scheinen die Bedürfnisse der Beteiligten gut aufgehoben zu sein. Einen Punkt immer wieder auftauchender Auseinandersetzungen gibt es allerdings: Zwischen Heribert und Daniel selbst gibt es interne Rivalitäten um die Rolle des Initiators und Organisators, meist verbale Auseinandersetzungen darüber, gelegentlich auch körperliche Durchsetzungsversuche. In den meisten Fällen entscheidet Heribert den Streit für sich.

Häufiges „Mitglied" dieser Kleingruppe ist Sven, ein siebeneinhalbjähriger Junge, der aufgrund einer spina bifida große Schwierigkeiten beim Gehen hat; er kann sich nur langsam, unbeholfen und mit Festhalten an Tischen, Stühlen etc. fortbewegen. Wegen eines Hydrocephalus muß er auch des öfteren ins Krankenhaus und fehlt dann für einige Zeit. Sven ist in seiner intellektuellen Entwicklung den anderen Kindern weit voraus. Deswegen und weil er wegen seiner Behinderung sich nicht unmittelbar in hektische Spiele mit viel Toberei einschaltet, wirkt er als Ruhepunkt nicht nur in der oben genannten Kleingruppe, sondern der ganzen Kindergruppe überhaupt. Er ist bei den meisten Kindern sehr beliebt, von allen akzeptiert. Oft übernimmt er von sich aus die Rolle des Vermittlers, wird auch von den Kindern als Vermittler angerufen. Bei Brettspielen hat er häufig die Position des Wortführers. Bei Spielen, die viel Bewegung oder körperlichen Einsatz erfordern, wollen ihn jedoch manche Kinder trotz seines Interesses daran nicht mitspielen lassen; häufig allerdings sucht er oder erhält er darin auch eine Rolle, in der er an dem Spiel teilnehmen kann (z.B. der Medizinmann, der vor dem Zelt sitzt, während die anderen Indianer herumtoben).

Alles in allem ist er akzeptiert und beliebter Partner vieler Kinder, besonders in der Gruppe der Älteren, sucht sich aber auch gelegentlich Einzelbeschäftigung oder unterhält sich mit anwesenden Erwachsenen. Er ist von daher von einer Teilahme z.B. in der Spielgruppe mit Heribert und Daniel weniger abhängig als andere Kinder.

Sophia, ein viereinhalbjähriges Mädchen, wird regelmäßig von Heribert und Daniel zu gemeinsamen Aktivitäten aufgefordert oder fordert auch selbst dazu auf. Des öfteren rivalisieren sogar Heribert und Daniel um die Aufmerksamkeit Sophias; auch die anderen Kinder mögen Sophia sehr gerne. Die Erzieherin charakterisiert sie als den „Star" der Gruppe, was heißen soll, daß sie von anderen Kindern zum Mitspielen umworben wird. Sophia nutzt das selten aus, geht offen und partnerschaftlich auf andere Kinder zu. Gegenüber kleineren Kindern ist sie fürsorglich und hilfsbereit, ohne dabei in eine stark bemutternde Rolle zu fallen. Selbstverständlicher, aber wie auch Sven nicht ständiger Teilnehmer an den Aktivitäten um Heribert und Daniel herum, ist desweiteren noch Carlo, ein fünfjähriger Junge. Carlo hat Zeiten (Tage, Stunden), in denen er sehr ruhig ist und ebenso Zeiten, in denen er lebhaft und aktiv ist. Er wirkt meist gelassen und selbstbewußt, ist sehr beliebt bei den Kindern, ohne daß er dabei als offensichtliches Zentrum der Aktivitäten wirkt.
Daneben sind gelegentlich Barbara (fünfeinhalb), Tonio (sechs) oder Konrad (dreieinviertel) Mitspieler, ohne jedoch selber als Initiatoren dabei mitzuwirken.

Auffällig ist, daß die hier beschriebene Kleingruppe sich wesentlich im freien Spiel bildet, sowohl in den Gruppenräumen als auch im Freien. Rollenspiele, Fangspiele, Rutschen auf der Rutschbahn etc. sind die Inhalte des gemeinsamen Spiels. Bei Brettspielen oder Basteleien gibt es diesen engen Zusammenhang zwischen den beschriebenen Kindern nicht. Hier orientieren sie sich häufig an den Bezugspersonen, oder das Interesse an den Mitspielern tritt stark hinter das Interesse an der Tätigkeit zurück.
Desweiteren fällt auf, daß der engere Zusammenschluß in dieser Kleingruppe selten ausschließenden Charakter gegenüber anderen Kindern hat. Eher ist es so, daß die übrigen Kinder der Gruppe zu dieser Zeit von sich aus wenig Interesse zeigen, sich anzuschließen.

Neben dieser beschriebenen Kleingruppe wird ein anderes Beziehungsgefüge deutlich, das nicht den Charakter einer Untergruppenstrukur, sondern ein einzelnes Kind als Zentrum verschiedener, mehr oder weniger enger Zweierbeziehungen hat. Es handelt sich dabei um Claudia, fünfeinviertel Jahre, ein cerebral geschädigtes Mädchen. (Ihre Entwicklungen und Beziehungen sind in Punkt 2.1.6 näher beschrieben.) Für etliche Kinder ist Claudia ein wichtiger Bezugspunkt in der Gruppe, auch wenn sie zunächst kaum die Rolle eines Spielpartners einnehmen kann. Heribert ist ihr gegenüber fürsorglich und sehr bemüht, sie durch Geräusche oder durch Vorspielen von etwas zum Lächeln zu bringen. Nicole (drei Jahre) schließt sich eng an Claudia an. Andere Kinder — Sophia, Carlo, Barbara — haben flüchtige, aber häufige Kontakte; sie wenden sich z.B. im Vorbeigehen impulsiv Claudia zu, rufen ihren Namen, schmusen kurz mit ihr. Sicher spielt hier auch die Sympathie des Erziehers und der Erzieherin für Claudia eine wichtige Rolle. Der Erzieher betreute Claudia bereits ein Jahr vorher im Sonderkindergarten, kennt sie gut und weiß ihre Laute als Äußerungen von Traurigkeit, Wohlbefinden etc. zu deuten und dies auch den anderen Kindern mitzuteilen. Besonders über ihn erfahren die Kinder Möglichkeiten, auf Claudia einzugehen. Es bleibt jedoch zunächst bei diesen emotionalen Zuwendungen, ohne daß die einzelnen Kinder Claudia in ihre Aktivitäten einbeziehen (können). Die Erzieherin und der Erzieher haben sich entschieden, die Kinder auch nicht dazu zu drängen.

Neben den bisher beschriebenen Kindern gibt es andere, die punktuell das Gruppengeschehen stark beeinflussen oder eine besondere Rolle darin einnehme, ohne daß sie in beständige und feste Beziehungen zu bestimmten Kindern eingebunden wären:

— Silke, ein siebenjähriges Mädchen mit cerebralen Bewegungsstörungen, Seh- und Verbalisierungsschwierigkeiten, ist stark auf Erwachsene konzentriert. Sie hat einen großen Wortschatz, erzählt viel und gerne, ist ein fröhliches, aufgewecktes Kind.

Gerade durch ihre Schlagfertigkeit begegnet sie viel Sympathien seitens der Bezugspersonen. Mit den Kindern hingegen kann oder mag sie wenig zusammen machen und steht von daher am Rande der Gruppe. Sie ist jedoch allseits akzeptiert, findet ihre Spielpartner, wenn sie z.b. einmal Memory, Mensch-ärgere-dich-nicht o.ä. mit ihnen spielen möchte. Silke scheint sich in dieser etwas abgegrenzten Position wohlzufühlen; sie wird nicht von den anderen Kindern in die Rolle eines Außenseiters versetzt.

— Betti hingegen, ein sechsjähriges Mädchen mit allgemeiner Retardierung, hat große Schwierigkeiten in der Gruppe. Betti spricht fast nicht, ihre Äußerungen sind ganz selten als Worte verständlich. Es ist unsicher, was Betti aus ihrer Umgebung begreift. Gelegentlich erscheint sie „geistesverloren", zu anderen Momenten scheint sie etliches zu verstehen und ahmt vieles (besonders von ihrer Mutter) sehr genau nach.
Zwischen Betti und verschiedenen Kindern der Gruppe kommt es gelegentlich bis häufig immer wieder zu heftigen Auseinandersetzungen. Betti kann sehr zornig werden, wenn andere Kinder — häufig ohne böse Absicht — etwas nehmen, was Betti für sich beansprucht. Sie schreit in diesen Fällen, wird aggressiv dem jeweiligen Kind gegenüber, verteidigt wütend, was sie angegriffen sieht. In den Augen der anderen Kinder ist diese Reaktion in vielen Fällen (noch) unverständlich. Hinzu kommt, daß Betti auch wegen ihrer Schwierigkeiten, sich verbal zu äußern, Streitereien häufig nur in körperlichen Auseinandersetzungen austrägt und die Bezugspersonen oft eingreifen (müssen).
Betti ist durch diese Schwierigkeiten in die Position eines Außenseiters versetzt. Andere Kinder nehmen von sich aus keinen Kontakt zu ihr auf, auch Betti selbst grenzt sich im allgemeinen ab. Nähert sie sich einmal anderen, gehen diese Kinder meist in Abwehr und unterbinden den Kontakt. Die erwachsenen Bezugspersonen sind von daher die ersten, wenn auch nicht sehr häufig aufgesuchten Ansprechpartner Bettis.

— Konrad, ein etwas mehr als dreijähriger Junge, wird in Punkt 2.1.1 kurz vorgestellt. Am Anfang unserer Beobachtungszeit fällt er in der Gruppe besonders durch seine oft unkonzentrierten, manchmal ziellosen, oft sehr lauten Aktivitäten auf; er rast z.B. schreiend durch den Raum, behämmert heftig Tische und Stühle etc. Sein ganzes Ausagieren erscheint dabei selten aggressiv, eher von einem enormen Bedürfnis nach körperlicher Bewegung geprägt. Er gerät jedoch gerade dadurch oft in Konflikte mit anderen Kinder, wenn er sie dabei unbeabsichtigt in ihren Tätigkeiten stört, sie versehentlich anrempelt etc. Dennoch haben die Kinder kein Negativbild von Konrad. Es kommen zwar anfangs nur wenige gemeinsame, längerdauernde Spiele zustande, er ist jedoch selbstverständlich akzeptiertes Mitglied der Kindergruppe.

Die übrigen Kinder der Gruppe schließen sich öfters kurzzeitig auch mit den bisher beschriebenen Kindern zu kleinen Spielgruppen zusammen, feste Untergruppen erwachsen hieraus jedoch nicht. Oder diese Kinder bevorzugen Einzelbeschäftigung, sind stiller und zurückhaltender und scheinen von daher nur in geringem Maße den Charakter des Gruppengeschehens zu prägen.

Bei allen Besonderheiten der Kinder und ihrer Beziehungen bleibt festzuhalten, daß auch die Gesamtheit aller Kinder sich als eine Gruppe versteht. Innerhalb der Gruppe wird dies in der Akzeptanz und Unterstützung der Kinder untereinander bei den gelegentlichen Erzählkreisen, Kreisspielen oder beim gemeinsamen Frühstück sehr deutlich (Ausnahmen sind die Schwierigkeiten mit Betti, s.o.). Ohne daß die Erzieherinnen auf gemeinsame Tätigkeiten und Spiele der Kinder drängen, können sie ihnen Möglichkeiten vermitteln, wie die unterschiedlichen Fähigkeiten und Bedürfnislagen miteinander vereinbart werden können.

Im weiteren Verlauf unseres ersten Beobachtungsjahres (bis Sommer 1983) ändert sich einiges innerhalb der Kindergruppe. Die jüngeren Kinder schließen sich immer öfter und enger zu einer Spielgruppe zusammen. Dies betrifft vor allem Nicole, jetzt dreieinhalb Jahre, Sabine, vier Jahre, und Konrad, jetzt fast vier Jahre. Die drei Kinder spielen viele Rollenspiele (sehr häufig Arzt, Unfall, Krankenhaus, aber auch Taucher, Flieger etc.). Untereinander haben Konrad und Sabine noch einmal eine besonders enge Beziehung. Wochenlang sind sie fast unzertrennlich, bis die Beziehung von Konrad überraschend und plötzlich stark abkühlt. Sabine trauert dem noch eine Weile nach, schließt sich daber dann sehr eng Nicole an. Claudia, jetzt etwa sechs Jahre, wird zunächst immer wieder über Nicole in die gemeinsamen Tätigkeiten einbezogen; bald nimmt Sabine in ähnlicher Weise auf Claudia Bezug. Sie spielen bewußt in Claudias Gesichtskreis, zeigen ihr ihre Basteleien etc. (Näheres siehe Claudias Entwicklung, Punkt 2.1.6.)

Über Konrad, für den die wilderen Spiele der größeren Kinder eine große Attraktivität haben, und über Heribert, der Nicole sehr mag, greifen die beiden nun existierenden, relativ konstanten Kleingruppen ineinander. Vor allem bei größer angelegten Spielaktionen wie Ritterspiele, Indianerspiele etc. spielen die älteren und jüngeren Kinder zusammen — zwar nur gelegentlich, aber ganz selbstverständlich.

Noch vor den Sommerferien gehen einige Kinder, einige neue Kinder kommen in die Gruppe. Darunter ist Sefra, ein dreieinhalbjähriges Mädchen mit Down-Syndrom, das außerdem anfangs noch nicht laufen kann. Als Folge einer medikamentösen Behandlung hatte Sefra Haarausfall und kommt mit fast kahlem Kopf in den Kindergarten. Beim Essen hat Sefra große Schwierigkeiten; sie schmiert und kleckert sehr. Die meisten Kinder der Gruppe gehen zunächst auf Distanz zu Sefra, keiner ist davon angetan, mit ihr zu spielen; viele möchten beim Essen nicht neben ihr sitzen. Wenn Sefra den Kindern Spielsachen o.ä. wegnimmt, kommt es des öfteren zu kleineren Streitereien. Im Unterschied dazu bringen die Bezugspersonen Sefra viele Sympathien entgegen. Durch ihre Fröhlichkeit und ihre gewitzte Art und Weise wird das Mädchen bei ihnen schnell beliebt. Nach einigen Wochen beginnen auch die Kinder, differenzierter auf Sefra einzugehen. Sie bringen ihr mehr Verständnis entgegen und lehnen sie nicht mehr prinzipiell ab.

Nach den Sommerferien kommen noch zwei neue Kinder; Sven, Heribert, Daniel und Silke dagegen gehen jetzt zur Schule. Zu Anfang scheint es, als warteten die Kinder noch auf die „Großen". Nachdem klar ist, daß Heribert und Daniel nicht mehr in den Kindergarten kommen, gibt es häufig Streitereien und Dominanzprobleme zwischen den nun ältesten Jungen. Grenzen werden neu abgesteckt. Schon nach zwei bis drei Wochen gibt es eine eindeutige Rollenverteilung. Carlo ist der allseits akzeptierte Wortführer und Initiator vieler Aktivitäten. Eine neue, relativ konstante Spielgruppe entsteht um ihn herum. Zunächst sind es die vier bis sechsjährigen Jungen, bald spielen häufig auch die Mädchen mit. Carlo mag Barbara, jetzt fünfeinhalb Jahre, sehr gern, außerdem Sophia, jetzt ebenfalls fünfeinhalb Jahre. Durch die Änderungen verschiebt sich auch Sophias Rolle. Sie verliert ihren Status als „Star" der Gruppe, ohne daß ihr dies viel auszumachen scheint. Sie bleibt voll in die Gruppe integriert, und die Kinder mögen sie sehr gerne. Neben ihr hat jetzt Barbara eine ähnliche Position.

Das Fehlen von Sven macht sich in der Gruppe als größte Veränderung bemerkbar. Durch ihn haben die Kinder ein sehr produktivkreatives Verhältnis zu einem behinderten Kind erfahren. Er war der Ruhepunkt, häufig Anlaufstelle und Vermittler für die Kinder. Ein Kind in ähnlicher Position gibt es jetzt nicht; Carlo allerdings greift sehr häufig auch vermittelnd ein, wenn es unter den Kindern Auseinandersetzungen gibt.

Das Bezugssystem um Claudia herum stabilisiert sich weiter. Mit der Zeit nehmen auch Patrik, ein dreieinhalbjähriger Junge, und Konrad, jetzt etwas mehr als vier Jahre, häufig Kontakt zu Claudia auf, spielen mit ihr, kümmern sich um sie. Einen Erzieherwechsel nach den Ferien — der Erzieher, der sich sehr stark um Claudia gekümmert hat, geht, eine neue Erzieherin kommt in die Gruppe — verkraftet Claudia nach anfänglichen Schwierigkeiten recht gut. In den ersten Tagen nach dem Wechsel läßt sie sich von anderen nur ungern füttern und ißt wenig; sie ist einige Tage in nörgelnder Stimmung. Doch bald wird sie der neuen Erzieherin gegenüber wesentlich offener. Die anderen Kinder scheinen mit dem Wechsel der Bezugsperson keine Schwierigkeiten zu haben, zumal ja eine der Erzieherinnen als konstante Bezugsperson schon seit Jahren in der Gruppe ist.

Die jüngeren Kinder sind zunächst noch etwas zurückhaltend, spielen nur einzeln oder mit Anleitung der Erzieherin zusammen. Dies ändert sich im Laufe des Jahres, doch kommt unter ihnen noch keine beständige (Spiel-)Beziehung zustande. Nicoles und Sabines Freundschaft wird noch enger; Sophia und Barbara schließen sich im Laufe des Jahres eng zusammen, immer wieder einmal unterbrochen von Phasen, in denen die Beziehung weniger dicht ist.
Sefra ist inzwischen auch zu einem selbstverständlichen, akzeptierten Gruppenmitglied geworden, auch wenn sie von den anderen Kindern nicht bevorzugt als Spielpartner gewünscht wird.

Insgesamt stellt sich die Gruppe am Ende unseres zweiten Beobachtungsjahres mit weniger dichten Beziehungen dar als das Jahr zuvor. Zwar gibt es nach dem Weggang Bettis, kurz vor dem zweiten Sommer, keinen ausgesprochenen Außenseiter mehr. Unter den Kindern der Gruppe gibt es jedoch einige jüngere, die sich von sich aus am Rande der Gruppe aufhalten, viel alleine spielen und sich durch zurückgezogenes Spielverhalten oder Streitereien bemerkbar machen. Ein weiterer Erzieherwechsel kommt hinzu, die neue Erzieherin geht bereits wieder im Frühjahr 1984. In dieser Zeit fühlen sich vor allem die Bezugspersonen sehr belastet. Die oben beschriebenen problematischen Verhaltensweisen, vor allem von einigen jüngeren Kindern, beanspruchen sie neben allen anderen pädagogischen Aufgaben besonders stark.

Darüber soll jedoch nicht die besonders positive Entwicklung einiger vier bis sechsjähriger Kinder vergessen werden, die sich von relativen Einzelgängern zu Mitgliedern der Kerngruppe entwickelt haben.

Während beider Jahre spielen die behinderten Kinder in der Gruppe ihre besonderen Rollen, ohne daß sich diese auf einen gemeinsamen Nenner bringen ließen. In der Struktur der Gruppe halten behinderte Kinder ein großes Spektrum möglicher Positionen besetzt — von der Außenseiterrolle, wie z.B. bei Betti, über eine dominante Position, wie z.B. die von Sven, zu einem starken emotionalen Bezugspunkt wie Claudia; mehr oder weniger stark tragen sie zur Entwicklung der Gruppe bei. Wesentlich erscheint daran, daß die Gruppe und das Gruppengeschehen zu keinem Zeitpunkt sehr von dem Unterschied zwischen behinderten und nichtbehinderten Kindern geprägt ist. Die Tatsache der Behinderung spielt außerdem — wenn überhaupt — für die Stellung eines Kindes in der Gruppe nur eine mittelbare Rolle; Betti z.B. erfährt Ablehnung von Kindern nicht wegen ihrer Behinderung, sondern weil die Kinder ihre Reaktionen und Äußerungen nicht verstehen oder fehlinterpretieren; weil Betti sich selbst abgrenzt und weil der Bezug aufeinander Probleme mit sich bringt, nicht weil Betti von vornherein abgelehnt wird.
Noch offensichtlicher bei Sven: Die Kinder mögen ihn wegen seiner Fröhlichkeit, seiner Ideen und seiner Ratschläge — daß er behindert ist, spielt darin keine Rolle.
Eine Ausnahme mag bei Sefra vorgelegen haben; die anfängliche Abwehr der Kinder ihr gegenüber kann durch ihr Äußeres stark bestimmt gewesen sein. Aber auch hier tritt anderes allmählich in den Vordergrund.

Offensichtlich ist allerdings auch, wie bedeutsam der Bezug der Erzieherinnen auf die Kinder war. Ihre emotionale Zuwendung auch zu Kindern, die innerhalb der Gruppe weniger beliebt sind, wie zunächst Sefra, oder die die Kinder in viele ihrer Aktivitäten gar nicht einbeziehen können, wie z.B. Claudia, hat für viele

Kinder eine starke Vorbildfunktion, zumindest wird darin die Akzeptanz dieser Kinder vermittelt.
Positiv ist sicherlich auch, daß die Erzieherinnen nie die Behinderung eines Kindes als Argument gebracht haben, weshalb dieses Kind in die Spiele anderer einzubeziehen wäre. Von daher wurden die Gruppenstrukturen wesentlich von den kindlichen Interessen geformt und nicht unter einer (moralischen) Verpflichtung von außen gebildet.

Daß in der Beschreibung der Gruppe insgesamt relativ wenig von den Bezugspersonen zu reden ist, halten wir für einen positiven Aspekt. Sie waren immer erreichbar für die Kinder, gaben emotionalen Halt, halfen in Auseinandersetzungen, gaben den Kindern Anregungen und Ideen, angefangen von Basteleien und Einzelförderung bis hin zu tagelang dauernden Gruppenprojekten. Bei allem jedoch setzten sie sich nicht als Zentrum der Gruppe, sondern ließen den Kindern Freiraum für deren Gestaltung. Ihre gruppendynamische Rolle bestand also gerade darin, die Kinder dazu anzuhalten, sich selbst für das Gruppengeschehen verantwortlich zu machen.

2.3.2 Gruppe II

Bezugspersonen in dieser Gruppe sind zwei Erzieherinnen und eine Praktikantin.
Eine Erzieherin ist erst seit Sommer 1982 in der Kindergruppe. Kurz nachdem wir, im Herbst 1982, in die Gruppe kommen, wechselt auch die andere Erzieherin, so daß sich die Gruppe und die Bezugspersonen erst einmal neu zusammenfinden müssen. Der Ablauf des Kindergartentages entspricht in etwa dem der Gruppe I.

In der Kindergruppe fällt zunächst auf, daß ein größerer Kreis von meist älteren Kindern sich häufig zu gemeinsamen Spielen zusammenfindet. Der Charakter dieser Kleingruppe ist höchst

gegensätzlich, obwohl sie im allgemeinen von den gleichen Kindern gebildet wird. Ist Achim, ein fünfeinhalb Jahre alter Junge, Initiator und bestimmender Teilnehmer, spielen die Kinder meist partnerschaftlich und mit eigenen Ideen zusammen. Achim ist dabei der beliebte und akzeptierte „Anführer", der jedoch selten seine Dominanz gegenüber den Kindern negativ ausspielt; er hat vor allem eine Vermittlerfunktion inne, wird gefragt, wenn die Kinder etwas wissen wollen; gegenüber schwächeren oder behinderten Kindern nimmt er häufig eine fürsorgliche Haltung ein. Planen die Kinder ein Spiel, wird Achim regelmäßig hinzugerufen. Des öfteren, vor allem, wenn Achim nicht dabei ist oder wenn er keine Lust hat, sich weiter zu engagieren, übernimmt Nina, ein sechsjähriges Mädchen, die Wortführung. Unter ihrem „Kommando" haben die Kinder keine Chance, die Aktivitäten mitzugestalten; Nina befiehlt, was und wie gespielt wird. Sie schreit mit den Kindern, droht auch schon einmal mit Schlägen für den Fall, daß jemand Widerwille zeigt, sich ihrer Anleitung unterzuordnen. Nur bei Achim und Catja stößt sie auf nennenswerten Widerstand. Achim läßt die Kommandos meist kommentarlos an sich abprallen oder wendet sich anderem zu; nur gelegentlich folgt er kurzzeitig Ninas Anweisungen.
Catja, viereinhalb Jahre, erhebt Einspruch, wenn sie sich von Nina herumkommandiert fühlt. Sie wendet sich dann meist — unbeeindruckt von Ninas Drohungen — einer anderen Tätigkeit zu. Alle anderen Mitspieler folgen Ninas Vorstellungen mit der Konsequenz, daß diese Spiele unter Ninas „Oberaufsicht" laut, hektisch und mit vielen Turbulenzen ablaufen und die Kinder kaum aufeinander eingehen. Außerdem zeigt diese Gruppe starke Abwehrtendenzen gegen Kinder, die sich später anschließen wollen bzw. die mehr oder weniger unbeabsichtigt in den Aktivitätskreis der Gruppe kommen.
Häufiger als sonst werden die Erzieher zu Hilfe gerufen oder greifen auf eigene Überlegung ein, um die oft entstehenden Konflikte zu entschärfen.
Bei Aktivitäten, die Nina nicht selbst organisiert, wird sie kaum von anderen Kindern zur Teilnahme aufgefordert.

Ansonsten gibt es unter den (anderen) Kindern keine festen Bezugssysteme. Sie beschäftigen sich meist einzeln, gemeinsame Spiele sind eher zufällig und kommen hauptsächlich auf Angebote der Bezugspersonen hin zustande; dann spielen z.b. die Kinder mit einer Erzieherin ein Brettspiel oder basteln Verschiedenes.

Einige Kinder nehmen dabei eine relativ konstante Stellung unter den anderen ein. Catja z.B., ein sehr sensibles, kreatives und eigensinniges Mädchen, ist bei jüngeren wie älteren Kindern sehr beliebt und wird von ihnen wechselnd zum Mitspielen gewünscht oder in Gespräche verwickelt. Tommy dagegen (dessen Entwicklung in Punkt 2.1.3 dargestellt wird) bleibt zunächst nicht nur ohne näheren Kontakt, sondern fällt in der Gruppe oft durch sein untätiges Herumsitzen oder -gehen auf. Er, wie noch einige jüngere Kinder, scheint noch nicht richtig zur Gruppe dazuzugehören. Dies gilt auch für Harry, fünf Jahre. Bei Harry wurden psychomotorische Rückstände diagnostiziert. Harry macht sich in der Gruppe durch sein unruhiges, unkonzentriertes und oft aggressives Verhalten bemerkbar. Sein meist unkontrolliertes Agieren läßt in vielen Fällen keinen Raum für verbale Verständigung. Harry gerät deshalb sehr häufig in Konflikte mit anderen Kindern, wenn er — für sie völlig unverständlich — sie boxt oder schlägt oder ihnen etwas wegnimmt. Einige schwächere Kinder reagieren ängstlich auf Harry, wenn er in ihre Nähe kommt. Durch all dies ist Harry in eine deutliche Außenseiterposition geraten; ihm wird oft die Funktion des „Buhmanns" der Gruppe zugeschrieben. Häufig müssen die Erzieherinnen eingreifen, wenn es zu harten körperlichen Auseinandersetzungen zwischen Harry und anderen kommt. Ansonsten bemühen sich die Bezugspersonen, Harry zunächst vorwiegend durch Einzelförderung zu unterstützen.

Ganz anders bei Thomas, einem vierdreiviertel Jahre alten Jungen mit Down-Syndrom (ein kurzer Abriß seiner Entwicklung in Punkt 2.1.1). Die Kinder mögen ihn gerne und sprechen ihn immer wieder an, wenn sie ihn auch nicht sehr häufig zum Mitspielen auffordern. Bei verschiedenen Tischspielen spielen sie selbstverständlich mit Thomas. Thomas selber spielt gerne alleine oder erzählt Bezugspersonen Geschichten aus dem Bilderbuch oder von Erlebnissen zu Hause. Wird es laut um ihn herum, zieht er sich auch räumlich aus der Gruppe zurück auf die Sofaecke (Matratze) oder in die Bauecke. Eine besondere Situation für die Gruppe ergibt sich regelmäßig beim Mittagessen. Thomas ist bis vor kurzem mit der Sonde ernährt worden und hat große Schwierigkeiten beim Essen. Er ißt nur Flüssiges und braucht viel Zeit dazu — manchmal eine Stunde — um mit einem kleinen Teller Brei o.ä. fertig zu werden. Dabei verliert er oft die Lust, weiterzuessen. Die Erzieher haben darauf zu achten, daß er genügend ißt (Thomas hat leichtes Untergewicht), so daß sich häufig recht unglückliche Situationen ergeben: Das gemeinsame Mittagessen wird nach einiger Zeit von der Sorge um Thomas dominiert; die Aufforderungen, er möge weiteressen und alle Versuche, ihn dazu zu motivieren werden gelegentlich zum vorherrschenden Aspekt am Tisch, und der Moment des gemeinsamen Essens tritt dahinter zurück.

Im Laufe unseres ersten Beobachtungsjahres zeigen sich bei fast allen Kindern deutliche Entwicklungsfortschritte. Die Gruppenstruktur dagegen ändert sich nur punktuell. Tommy freundet sich langsam mit einem etwa gleichaltrigen Jungen, Mirko, an und wird darüber erstmals richtig in das Gruppengeschehen einbezogen. Tommy und Mirko spielen einige Monate lang in enger Freundschaft; erst gegen Ende des Jahres öffnet sich diese Beziehung ansatzweise. Thomas und Mikis, ein Junge, etwa zwei Jahre jünger als Thomas, freunden sich näher an. Mikis wirkte bisher in der Gruppe recht verloren, war weinerlich und untätig. Von Thomas einige Male zu Tischspielen aufgefordert, spricht er bald auch selbst Thomas an und findet bei ihm Rückhalt. Thomas übernimmt die Rolle einer Orientierungsperson für Mikis. Mikis holt sich bei ihm Hilfe, Thomas spielt den älteren Bruder für Mikis. Beim gemeinsamen Mittagessen treten Thomas Probleme

allmählich etwas in den Hintergrund. Einerseits ißt Thomas besser, zum anderen haben sich die Erzieherinnen nach langen Überlegungen entschlossen, Thomas weniger zum Essen zu drängen.
Trotz der Veränderung hat sich die Gruppe als ganze nicht wesentlich enger zusammengeschlossen. Die Bedürfnisse und Interessen der Kinder sind sehr verschieden. Aktivitäten, in die alle oder ein großer Teil der Kinder gemeinsam einbezogen sind, kommen immer noch fast nur auf Initiative der Erzieherinnen zustande (gelegentliche Erzählkreise etc.).

Im Sommer 1983 bildet sich eine völlig neue Gruppe. Mit den Sommerferien scheiden die „Schulkinder" — unter anderem auch Achim und Nina — aus, andere rücken nach. Neun Kinder, mehr als die Hälfte, sind jetzt neu in der integrativen Gruppe.

Eines der neuen Kinder ist Lena, ein fünfeinhalbjähriges Mädchen mit frühkindlichem Hirnschaden. Mit ihr ist erstmals ein Kind in der Gruppe, das ganz auf andere angewiesen ist. Lena kann nicht sprechen und ist fast bewegungsunfähig. Sie sitzt angeschnallt in einem Wagen mit spezieller Sitzschale oder liegt auf der Matratze. Lena muß gefüttert werden, beim Schlucken hat sie große Probleme, sie spuckt vieles wieder aus. Lena kann lächeln, weinen oder schreien. Was sie versteht, ist schwer feststellbar. Wird sie mit ihrem Namen angesprochen und wendet sich ihr jemand zu, reagiert sie häufig mit Lächeln.
Die Kinder sind zunächst von Lena sehr beeindruckt. Sie fragen, weshalb Lena nicht laufen oder sprechen kann oder weshalb sie im Wagen sitzt und schauen zeitweise Lena genau zu. Die Erzieherinen erklären den Kindern, daß Lena so geboren ist und dies und jenes nicht kann, weisen die Kinder aber auch darauf hin, was Lena kann, mag oder nicht mag. Zunächst ist die Reaktion der Kinder zweigeteilt, schwankt zwischen Abwehr und Zuwendung. Einmal z.B. beim Frühstück, als eine Erzieherin mit Lena am Tisch sitzt und sie füttert, beobachtet ein Junge dies eine Weile. Dann wendet er sich an die Erzieherin: „Ist dies dein Kind? ... Gell, das ist deine? Die kannst du wider mit nach Hause nehmen."

Auf der anderen Seite gibt es Kinder, die von Anfang an eine positive Aufmerksamkeit für Lena entwickeln. Sie machen die Erzieherinnen auf Lena aufmerksam, wenn ihr etwas zu fehlen scheint, schieben sie mit ihrem Wagen beim Essen zum Tisch usw. Eltern berichten, daß ihre Kinder zuhause viel von Lena erzählen. Nach wenigen Wochen scheinen sich die Kinder an Lena gewöhnt zu haben.

Zwei weitere Kinder sind neu in der Gruppe: Rainer, sechs Jahre, und Martin, fünfeinhalb Jahre, zwei Jungen die wegen Entwicklungsverzögerungen als behinderte Kinder gelten. Sie finden sich sehr schnell in der Gruppe zurecht, sind zwar nicht bevorzugte Ansprechpartner der anderen Kinder, werden aber von allen akzeptiert.
Desweiteren fällt auf, daß auch die anderen, drei bis dreieinhalbjährigen „Neuen" kaum Eingewöhnungsschwierigkeiten haben. Im Gegenteil, etliche von ihnen sind von Anfang an sehr aktiv und nehmen schnell Kontakt zu anderen Kindern auf. Insgesamt ergibt sich eine zum Vorjahr völlig veränderte Gruppenstruktur:
Thomas, Harry, Catja und die neu hinzugekommen Martin und Rainer sind jetzt die ältesten Kinder. Auffallend ist, daß sich keine(r) von ihnen zum Wortführer in einem Kreis von Kindern macht und in diesem Sinn ähnliche Positionen einnimmt wie Achim und Nina im Vorjahr. Von den Interessen der Kinder her ist dies sehr verständlich; sie sind in anderen Beziehungsstrukturen besser aufgehoben:
Thomas bevorzugt Spiele mit einem, höchstens zwei weiteren Kindern. Wird der Kreis größer, zieht er sich regelmäßig zurück („Es wird mir zu laut."). War früher Mikis sein hauptsächlicher Spielpartner (neben seiner sehr häufigen Einzelbeschäftigung), so erweitert sich jetzt der Kreis seiner Ansprechpartner. Die Beziehung zu Mikis löst sich mehr und mehr; Mikis wird selbstbewußter und wendet sich jetzt auch anderen zu. Thomas wird häufig von Rainer und Martin zum Mitspielen aufgefordert. Sie mögen Thomas sehr, oft sind ihre Wünsche, mit Thomas zu spielen, größer als Thomas momentanes Interesse, mit ihnen

etwas zu machen. Er nimmt sich neben den gemeinsamen Tätigkeiten weiterhin die Zeit, auch alleine zu malen, zu puzzlen, etc. In diese Dreigruppierung hinein stoßen einige andere Kinder, die problemlos in die laufenden Aktivitäten aufgenommen werden; Kurt z.B. (drei Jahre) oder Judith (dreieinhalb Jahre) schließen sich gelegentlich an und bringen auch ihre eigenen Ideen mit ein. Wenn Thomas sich dann des öfteren aus den Spielen zurückzieht, ist dies keine Ablehnung dieser Kinder (s.o.). Er spielt zu zweit auch mit Judith oder Kurt Tischspiele, wenn er von ihnen dazu aufgefordert wird.

Im Laufe der Zeit spricht auch Tommy Thomas oft an und erzählt mit ihm. Tommy löst sich im zweiten Jahr immer mehr aus der ursprünglich sehr engen Beziehung zu Mirko. Er hat nun seine Ratlosigkeit und Untätigkeit ganz verloren, ist sicherer in seinen Beziehungen zu anderen Kindern geworden. Er traut sich, sie zum Spielen aufzufordern und wird umgekehrt selbstverständlich zu den gemeinsamen Aktivitäten hinzugezogen. Oft spielt er mit Mirko und Catja, im Laufe des Jahres nähert er sich sogar Harry. Harry anzusprechen und mit ihm zu spielen ist für Tommy ein großer Schritt, da er ursprünglich eher ängstlich auf ihn reagierte. Mit der Zeit scheint auch Lena Tommy immer mehr zu beschäftigen (siehe die Beschreibung von Tommys Entwicklung), ohne daß sich dies jedoch im unmittelbaren Gruppengeschehen bemerkbar macht (vgl. Tommys Entwicklungsverlauf, 2.1.3).
Harry ist nun etwas ruhiger geworden; er spricht inzwischen auch verständlicher. Seine Position als *der* negative Bezugspunkt der Gruppe hat er fast gänzlich verloren. Zwar steht er immer noch eher am Rande der Gruppe, doch seitens der anderen Kinder begegnen ihm wesentlich weniger Aversionen als früher. Dies ist zum einen durch die Vielzahl der „neuen" Kinder mitbedingt, die ihm vorbehaltsloser gegenübertreten als solche, die in der sehr aggressiven Zeit Harrys schmerzhafte Erfahrungen mit ihm machten. Aber auch die Kinder, die ihn schon länger kennen, spüren seine Entwicklung, akzeptieren ihn allmählich und gehen teilweise sogar auf ihn zu.

Eine besondere Rolle im Gruppengeschehen spielen Catja, zu Anfang unseres zweiten Beobachtungsjahres fünfeinhalb Jahre, und Judith, dreieinhalb Jahre. Beide Mädchen sind äußerst beliebt bei den Kindern, meist fröhlich, gelegentlich auch etwas ruhiger, als Spielpartner immer gern gemocht. Die beiden bringen vor allem durch ihre Initiativen und Ideen dynamische Elemente in die Beziehungsstrukuren ein. Catja ist dabei häufig auch in einer vermittelnden Position, sie macht Vorschläge, wie die Interessen verschiedener Kinder in einem Spiel zu integrieren sind. Um sie herum konzentrieren sich eher Spiele älterer Kinder — mit Mirko und Tommy z.B. — während sich Judith mehr im Kreis der jüngeren Kinder bewegt. Eine konstante Gruppe bildet sich jedoch nicht heraus; in vielen Beschäftigungen spielen auch verschiedene Kinder aus allen Altersgruppen zusammen.

Lena behält mit leichten Veränderungen — ihre besondere Position in der Gruppe. Zeichen starker Ablehnung, wie sie ganz zu Anfang von einem Kind deutlich geäußert wurden, sind im Gruppenalltag nicht mehr festzustellen. Es gibt etliche Kinder, die mit ihr allerdings nichts anzufangen wissen, auch nie etwas nachfragen, keinerlei Beziehung zu ihr zu haben scheinen. Andere fragen gelegentlich noch einmal, warum Lena nicht sprechen oder nicht laufen kann. Und ein Teil der Kinder nimmt allmählich eine jeweils spezifische nähere Beziehung zu ihr auf. Sie schauen gelegentlich nach ihr, schieben sie — wenn sie in ihrem Wagen sitzt — beim Frühstück zum Tisch oder beim Spielen im Freien an Stellen, an denen sich das Gruppengeschehen konzentriert. Judith widmet ihr besonders häufig ihre Aufmerksamkeit, ohne daß sie Lena dabei in die Babyrolle versetzen würde. Erwähnenswert ist noch Martins Bezug zu Lena. Martin mag offensichtlich Lena sehr gerne. Er geht mehrmals am Tag zu Lena, streichelt sie, spricht mit ihr oder zeigt ihr etwas. Lena freut sich deutlich darüber. Wenn Martin keine Lust hat, sich an den laufenden Gruppenaktivitäten zu beteiligen, oder wenn er nach einem längeren Spiel etwas angestrengt scheint, zieht er sich gerne zu Lena auf die Matratze zurück; er setzt sich dann neben sie und sucht den ruhigen, körperlichen Kontakt zu ihr. Lena ist für ihn offensichtlich ein Ruhepunkt im Gruppengeschehen. Neben diesen Einzelbeziehungen gibt es wenige Gelegenheiten, zu denen Lena über ihre bloße Anwesenheit hinaus in einen *größeren* Kreis von Kindern einbezogen werden kann. Die Erzieherinnen setzen sich z.b. häufig beim Vorlesen einer Geschichte zu Lena auf die Matratze, so daß sich die Kinder zum Zuhören um sie herum setzen. Lena gehört dann selbstberständlich dazu. Das Geschehen um sie herum gefällt ihr dann sehr. Sie streckt sich, lächelt und äußert alle Anzeichen von Wohlbefinden. Überhaupt scheint ihr der Aufenthalt in der integrativen Gruppe wohlzutun; sie ist wacher und fröhlicher geworden als zu Beginn. Für die meisten Kinder ist sie akzeptiertes Mitglied der Gruppe. Wenn Lena fehlt, fällt dies den Kindern mehr auf als bei jedem anderen Kind. Sie fragen nach ihr und erkundigen sich, wann sie wiederkommt. Die Erzieherinnen andererseits brauchen für die Betreuung Lenas viel Zeit. Allein schon der pflegerische Aufwand wie Wickeln und Füttern beansprucht Zeit und Anstrengung. Gelegentlich äußern sie Bedauern, daß sie darüberhinaus aufgrund ihrer sonstigen Beanspruchungen nicht genug zu Lenas Förderung tun können; allerdings sehen sie auch, daß Lena schon von der Gruppe an sich viel profitiert. Anzumerken bleibt noch, daß sich das Interesse der Kinder an Lena gegen Ende des Jahres etwas abschwächt. Dies gilt weniger für den engeren Bezug Judiths und Martins auf Lena als für die anderen Kontaktaufnahmen. Einerseits mag dies daran liegen, daß die Kinder deswegen weniger nach Lenas Behinderung fragen, weil sie die Antworten (zunächst) zufriedengestellt haben und der „Neuigkeitseffekt" mit der Zeit verlorengeht. Zum anderen könnten die Kinder sich mit der Zeit klarer darüber geworden sein, wieviel oder wie wenig sie mit Lena zusammen machen können. Auf jeden Fall deutet sich an, daß die Erzieher jetzt wieder stärker gefordert sind, Lenas Entwicklung zu unterstützen und für sie etwas zu initiieren.

Insgesamt wird bei der Beschreibung der Gruppenstruktur und ihrer Dynamik in unserem zweiten Beobachtungsjahr auffallen, daß von den dichten Untergruppen oder engen Freundschaften wie im ersten Beobachtungsjahr keine Rede ist. Die dargestellte Struktur ist jedoch Ausdruck einer aktiven, tragenden Gesamtgruppe, die sich bis zum Ende des Jahres entwickelt hat. Zu keinem Zeitpunkt gibt es ausschließende Beziehungsstrukturen; kein Kind dominiert die Gruppe mit seinen Interessen. Von daher finden die Aktivitäten in einer meist partnerschaftlichen Atmosphäre statt, in die sowohl die behinderten als auch die nichtbehinderten Kinder eingebunden sind. Als Gesamtgruppe, d.h. mit Spielen oder Aktivitäten, an denen (fast) alle Kinder beteiligt sind, treten die Kinder jedoch selten zusammen. Die Gruppe ist vielmehr der Raum, in dem sich verschiedene wechselnde Beziehungen zwischen den Kindern herstellen.

Für die Bezugspersonen der Gruppe haben die beiden Jahre stark wechselnde Anforderungen gebracht. Im ersten Jahr dominierte der Eindruck, eine Gruppe mit vielen ,,schwierigen'' Kindern zu betreuen und sich zudem erst noch gegenseitig kennenzulernen. Die Erzieherinnen wandten sich in dieser Zeit mehr den Kindern als einzelnen zu. Das zweite Jahr war geprägt einerseits von der intensiven Betreuung, die Lena benötigte, andererseits von der Entlastung, die die neue Gruppe in Form vieler partnerschaftlicher Eigenaktivitäten mit sich brachte. Die Erzieherinnen konnten gelassener den Aktivitäten der Kinder Raum geben. Insgesamt wurde deutlich, wie sehr die pädagogischen Möglichkeiten der Bezugspersonen von der jeweiligen Gruppe abhängen.

2.3.3 Gruppe III

Zu Beginn der Beobachtung, im Spätsommer 1982, wird die Gruppe von einer Gruppenleiterin und einer Jahrespraktikantin betreut. Beide können nach eigenen Angaben gut miteinander kooperieren. Im Herbst 1982 kommt noch ein Zivildienstleistender in die Gruppe, dessen legerer Stil zum Teil auf Ablehnung der beiden Mitarbeiterinnen stößt. Nach einer Eingewöhnungszeit, in der die Gruppenleiterin zum Teil mit sehr viel Humor darauf besteht, daß auch er darauf achtet, daß bestimmte Regeln eingehalten werden und er sich etwas anpaßt, entwickelt sich zwischen den drei Betreuern ein entspanntes Verhältnis.

Die Gruppe besteht im ersten Beobachtungsjahr aus zehn nichtbehinderten und sechs behinderten Kindern.

Zwischen 7.45 und 9.00 Uhr treffen die Kinder in kleinen Gruppen (wenn sie mit dem Bus kommen) oder einzeln ein. Sie werden begrüßt und beschäftigen sich alleine, mit anderen Kindern oder mit einer Betreuerin bis ca. 9.30 Uhr. Besonders jüngere Kinder bevorzugen den Morgen für Spiele mit den Erzieherinnen.

Um 9.30 Uhr wird gemeinsam gefrühstückt. Einmal pro Woche wird dieses Frühstück von der Gruppe oder einigen Kindern gemeinsam vorbereitet und gekocht. Dafür steht der Gruppe dann die Küche zur Verfügung. Es gibt etwa Waffeln, Nudeln, Pommes frites etc. Die Zeit nach dem Frühstück wird für verschiedene Aktivitäten genutzt.

Einmal in der Woche ist Kett-car-Tag. Sonst spielen die Kinder frei oder nehmen die von den Erzieherinnen angebotenen Beschäftigungen zu bestimmten Themen an, etwa jahreszeitlich bezogenes Malen oder Basteln.

Drei- bis viermal wöchentlich endet der Vormittag mit einem Stuhlkreis. Vor dem Essen, um 12.00 Uhr, werden die ersten Kinder, ca. die Hälfte der Gruppe, abgeholt. Die letzten Kinder werden um 14.45 Uhr abgeholt oder vom Bus heimgefahren.

Nach dem Essen schlafen die Kleineren in einem Turnraum, einige Größere und Kinder mit Eingewöhnungsproblemen bleiben als Kleingruppe zurück im Raum, wo sich die Erzieherinnen ihnen besonders widmen können.

Einige Kinder der Gruppe haben wichtige Rollen in der Gruppe inne.

Morgens gibt es eine bestimmte Begrüßungszeremonie für Uwe, einen schwer bewegungsbeeinträchtigten Jungen, der nur schwer verständlich spricht. Er wird morgens mit dem Bus gebracht und muß von der Busbegleiterin gleich auf den Schoß der Gruppenleiterin gesetzt werden, die ihn dann auszieht, bevor sie ihn in seinen Spezialstuhl setzen kann.
Sie begrüßt Uwe liebevoll, fragt nach dem vergangenen Tag, nach zu Hause, schäkert und lacht mit ihm. Andere Kinder kommen dazu und nehmen lebhaft daran teil. Sie helfen beim Ausziehen, beim Anlegen der Beinschienen, streicheln Uwe, fragen ihn, wie es ihm geht. Dabei erfahren sie durch Beobachtungen und Nachfrage, bei der die Erzieherin sprachlich vermittelt, was er kann, gerade lernt, im Moment gerade macht. Hier haben sie auch Gelegenheit von sich selbst und ihren eigenen Entwicklungsschritten zu erzählen. Mittelpunkt bleibt dabei aber immer Uwe. Diese Begrüßung dauert ungefähr 15 Minuten. Die positive Einstellung der Erzieherin überträgt sich sichtbar auf die Kinder. Auch wir als Beobachterinnen haben uns Uwe so genähert und mochten ihn sehr gern.

Ein ähnliches Zeremoniell ist die tägliche Beschäftigung mit Vera. Sie hat einen Hydrocephalus, ist blind, kann nicht laufen und sprechen. Da sie keinen Tag- und Nachtrhythmus hat und somit oft im Kindergarten schläft, findet die Beschäftigung mit ihr zu unterschiedlichen Zeiten statt. Auch hier beteiligen sich die Kinder rege und liebevoll und sehr zärtlich. Sie überlegen gemeinsam, wie man Vera eine Freude machen kann und wie man sie, die von allen am stärksten eingeschränkt ist, am Gruppengeschehen teilnehmen lassen kann. Auf Anregung der Kinder wird über Veras Matratze eine Spieluhr gehängt. Die Kinder zeigen Vera immer wieder diese Spieluhr, indem sie sie ihr in die Hand geben und daran ziehen, so daß Vera das Lied hört. Mit der Zeit lernt Vera, sich selbst aufzurichten, nach der Spieluhr zu greifen und fängt an zu lächeln, sobald sie die Musik hört.

Es zeigt sich deutlich, daß diese beiden, von den Erziehern so angenommenen Kinder für die Gruppe ein Bezugspunkt für Wärme, Geborgenheit und Zärtlichkeit sind. Es läßt sich immer wieder beobachten, daß Kinder zu den beiden gehen, ihnen Spielsachen bringen, schmusen, sie streicheln oder auch versorgen und hier einen Ruhepol finden (vgl. Ulrike/Vera). Bis auf eine Ausnahme (Holger, s. unten) nehmen alle Kinder Kontakt zu Vera und Uwe auf. Sobald einer von beiden fehlt, fragen die Kinder nach. Als Vera nach langem Fehlen infolge mehrmaliger Operationen am Ende des ersten Beobachtungsjahres stirbt, sind die Kinder traurig darüber, daß sie nicht mehr kommt und erwähnen Vera öfter, etwa indem sie sagen: ,,Das hat Vera gerne gehabt". Das Thema Tod wird aber von den Kindern nicht weiter aufgegriffen.

Gelegentlich kommen Außenseiter der Gruppe (vgl. Heide/Uwe) und versuchen über die beiden, etwas von der Wärme und Zärtlichkeit und dem Zugehörigkeitsgefühl, das ihnen zuteil wird, für sich zu holen. Dabei läßt sich beobachten, daß bei Kindern, die sich selbst zurückgesetzt und ungeliebt fühlen, das Versorgen der beiden Schwerbehinderten auch aggressive Untertöne erhält. Den Erzieherinnen gelingt es dabei meistens, die Behinderten aus dem Wirkungskreis dieser ,,Versorger" zu nehmen und dem anderen Kind eine neue Aktivität anzubieten.
Über Uwe und Vera gelingt es auch eher zurückhaltenden Kindern wie Ines und Gölsu, durch vorsichtigen Kontakt zu diesen beiden allmählich in die Gruppe zu wachsen.

Es gibt noch andere Kinder, die wichtige Rollen in der Gruppe innehaben und zentrale Bezugspunkte für einige oder alle Kinder sind und um die herum sich Untergruppen bilden.

Holger ist ein zierlicher, sechsjährige Junge mit leichten Sprachproblemen (Poltern), der eine Gruppe älterer Jungen anführt. Er ist dabei sehr dominant und bestimmend und wird von denen, die mit ihm spielen wollen, in dieser Position anerkannt. Er ist bei den Kindern beliebt und gerade die älteren Jungen sind stolz darauf, wenn sie bei ihm mitspielen dürfen. Diese Untergruppe liebt heftige Tobe- und Rollenspiele und Kämpfe. Holger stellt damit sozusagen einen Brennpunkt für ausgelassene und kämpferische Spiele dar. Etwaige Auseinandersetzungen zwischen den Kindern werden von ihm geschlichtet. Auch in diesem Bereich ist seine Autorität anerkannt. Holger äußert sich gelegentlich abfällig über Behinderte: ,,Iih, wie sieht der denn aus?", ,,Oh, ist die blöd!"; seine Haltung wird aber nicht von den anderen übernommen. Ganz anders verhält Holger sich gegenüber dem äußerlich sehr entstellten Moritz, den er zu seinem Freund, ein sehr begehrter Titel, erklärt, ohne daß Moritz darum geworben hätte (s. unten).

Neben Holger fallen noch drei ältere Kinder als wichtige Bezugspunkte in der Gruppe auf, diesmal für ruhige Spiele in Bau- oder Puppenecken, nämlich Ulrike, Gölsu und Victor. Um sie sammeln sich die jüngeren Kinder.

Ulrike (dreieinviertel) bastelt und puzzelt gerne und spielt Rollenspiele hauptsächlich in der Puppenecke. Gölsu, ein siebenjähriges türkisches Mädchen mit einer Entwicklungsverzögerung, ist sehr still, aber durchsetzungsfähig und selbstbewußt. Auch sie malt und bastelt viel und beteiligt sich gerne an Rollenspielen. Bei solchen Aktivitäten sind Ulrike und Gölsu tragende Bezugspunkte, denen sich die anderen Kinder anschließen. Ihre Spiele verlaufen meist partnerschaftlich, ruhig und harmonisch ohne langweilig zu werden. Gelegentlich kommt es zu Machtkämpfen, wenn einzelne Jungen versuchen, sich aggressiv und bestimmend einzuschalten. Gerade die beiden Mädchen setzen sich meist erfolgreich zur Wehr und lassen sich nicht dominieren. Eher zerfällt die Gruppe, um sich später wieder neu zusammenzufinden, oder sie holen sich Unterstützung bei den Erzieherinnen. Für die Gruppe sind Ulrike und Gölsu der Bezugspunkt für

Selbständigkeit, partnerschaftlichen Umgang und Beständigkeit. Victor ist ein sechsjähriger Junge mit Down-Syndrom, der eine ähnliche Funktion in der Gruppe hat. Er spielt oft in der Bauecke und ist hier und bei Rollenspielen als gleichwertiger Partner von allen Kindern akzeptiert. Wird ihm einmal der Kontakt zuviel, und braucht er eine Ruhepause für sich, sagt er „Laß' mich in Ruhe!" Das wird von den Kindern akzeptiert. Gelegentlich schließt er sich Holgers Tobespielen an und spielt einen wilden Löwen oder Hund. Dabei verliert er hin und wieder etwas die Kontrolle und beißt und verletzt auch gelegentlich ein Kind. Die Kinder nehmen ihm das aber nicht übel.

Um diese beiden Pole — wildere Spiele um Holger und ruhigere Spiele um Ulrike, Gölsu und Victor, sowie den Ruhepolen Uwe und Vera — sammeln sich die meisten Kinder der Gruppe. Daneben gibt es noch einzelne Kinder, die weniger in der Gruppe angenommen sind und sich nur gelegentlich einzelnen Untergruppen zuordnen.

Die sechsjährige Christa versucht, eine anführende Position aufzubauen, was ihr jedoch kaum gelingt. Zum einen sind Ulrike und Gölsu sehr attraktive Partner für die Kinder und können verhindern, daß Christa in ihrer Gruppe die Führung übernimmt, zum anderen ist Christa auch nicht besonders beliebt in ihrer etwas aufdringlichen und dominierenden Art. So erkauft sie sich hin und wieder das Mitspielen einiger Kinder, dabei auch eher wieder weniger beliebte wie Renate, mit Süßigkeiten. Diese Kleingruppe ist nie sehr beständig und zerfällt schnell wieder, wird von den anderen Konstellationen aufgesogen.

Einen konstanten Kontakt zu Christa hält jedoch Martin, ein sechseinhalbjähriger Junge, der bereits dreieinhalb Jahre im Kindergarten ist, aufrecht. Er mag Christa sehr gerne und spielt häufig mit ihr. Martin ist sprachbehindert und sehr unkonzentriert und nervös. In der Gruppe ist er beliebt, aber die Kinder suchen ihn nicht als Spielpartner, weil er eine große Unruhe in die Spiele bringt. Er hat auch eine besondere Beziehung zu Vera. Wenn er besonders unruhig und zappelig ist, sucht er Veras Nähe und setzt sich zu ihr auf die Matratze. Dann streichelt er sie und singt ihr ein Lied vor. Dabei wird er sichtbar ruhiger und ausgeglichener. Vera reagiert meistens mit Lächeln.

Renate, ein entwicklungsverzögertes Mädchen, wird öfters von den Spielen ausgeschlossen und versucht, durch Überreden, Schmeicheln oder kleine Geschenke aufgenommen zu werden. Es gelingt ihr, weniger beliebte Rollen zu übernehmen. Sie ist geduldet, aber als Partner nicht gesucht. Sie bezieht sich oft auf Behinderte, will ihnen helfen, sie bemuttern und dominiert die Kinder dabei oft.

Auch Ines, ein nichtbehindertes Mädchen, hat Schwierigkeiten in die Gruppe zu kommen und wendet sich besonders der Versorgung Behinderter zu. Dabei wird sie aber weniger von den Kindern abgelehnt, als daß vielmehr sie sich scheu zurückhält. Die Kinder mögen sie gern und versuchen immer wieder, Kontakt aufzunehmen. Mit der Zeit taut Ines auf und wird zu einem beliebten Mitglied der Gruppe, wobei sie meistens bei Spielen mit Ulrike und Gölsu zu finden ist.

Besonders schwierig ist es für Moritz, in die Gruppe zu wachsen. Er hat eine Kiefern-Gaumen-Spalte und spricht unverständlich. Sein Gesicht ist durch die Beeinträchtigung stark entstellt und stößt die Kinder ab. Die Erzieherinnen lassen ihn die erste Zeit nachmittags in der Kleingruppe bleiben, damit die Kinder mehr Zeit haben, sich auf ihn und er sich auf sie einzustellen. Die Kinder zeigen nach einem ersten Zurückschrecken Interesse an seiner Beenträchtigung und wollen sie sich ganz genau ansehen. Moritz läßt dies mit sich geschehen, ist aber sichtlich verstört. Die Kinder sind jedesmal, wenn Moritz operiert wurde, enttäuscht, daß sich wenig an seinem Aussehen ändert. Ganz allmählich findet Moritz seinen Platz in der Gruppe. Dabei hilft ihm vor allem Holger, der „King", der ihn zu seinem Freund erklärt und ihm so in der Tobegruppe einen respektierten Platz verschafft. Auch wenn die Kinder Moritz mögen, grenzen sie sich beim Frühstück und Essen von ihm ab. Sie mögen nicht neben ihm sitzen, weil er unappetitlich ißt.

Gegen Ende des Kindergartenjahres setzen sich die älteren Kinder zunehmend von den anderen ab. Sie fühlen sich zu groß für die Angebote der Erzieherinnen und finden die restlichen Kinder zu klein als Partner. Einige Schulkinder wie Martin und Victor werden auch stiller und in sich gekehrt. Man gewinnt den Eindruck, der bevorstehende Schuleintritt bedrücke sie etwas. So sind gerade Moritz und Martin jetzt zunehmend häufiger bei Vera auf der Matratze zu finden, wo sie sie streicheln und ihr vorsingen. Holger und Renate werden noch vor den Sommerferien abgemeldet, so daß die größere Jungengruppe auch ihren Anführer verliert. Man kann die Jungen jetzt öfter ziellos im Raum herumlaufen sehen.

Zwei neue, kleinere Kinder kommen dazu, Susi und Miriam (Down-Syndrom). Beide kleinen Mädchen werden von den älteren Mädchen etwas bemuttert. Beide verstehen es aber, sich dagegen zu wehren und werden beliebte Spielpartner; Miriam besonders für Rollenspiele, Susi auch für Spiele in der Bauecke, bzw. Regelspiele am Tisch.

Mit den Sommerferien wechselt auch die Praktikantin, daraus ergeben sich für die Gruppe aber keinerlei Probleme.

Nach den Sommerferien haben sechs Kinder die Gruppe verlassen (Martin, Victor, Heide, Ines, Moritz und Gölsu) und fünf neue kommen in die Gruppe. Nach dieser neuen Zusammenstellung brauchen die Kinder eine Weile, um wieder zusammenzukommen. Die neuen Kinder sind noch hauptsächlich damit beschäftigt, sich einzugewöhnen. Die älteren Kinder bilden zum Teil eine „Gang", die hauptsächlich von Volker, einen bis dahin zwar aggressiven und lauten, aber nicht allzu auffälligen Jungen, angeleitet wird. Volker gehörte zuvor zu Holgers „Gang", er versucht nun, Holgers Rolle zu übernehmen, ist aber nicht besonders beliebt, und die Kinder setzen sich immer wieder von ihm ab. Trotzdem gelingt es Volker, die Kinder anzustiften, die Kleineren in ihre Schranken zu weisen. Es entwickeln sich dann gelegentlich regelrechte Revierkämpfe zwischen Volker und Ditmar, einem neu dazu gekommenen vierjährigen Jungen, der auch von sich aus zu diesen Kämpfen anregt. Ditmar hat in seiner Straße zu Hause eine gewisse Anführerposition und will diese auch im Kindergarten durchsetzen. Die Kinder mögen ihn nicht besonders, vor allem wegen seines verwahrlosten Äußeren und seines zum Teil penetranten Uringeruchs. So muß die Erzieherin häufig eingreifen, um Ditmar vor den Älteren, besonders vor Volker zu schützen. Mit der Zeit verebbt die Polarisierung zwischen den Großen und Kleinen. Die Kleineren finden mit zunehmendem Selbstbewußtsein ihre Plätze in der Gruppe, wobei die Kinder jetzt häufiger in kleineren oder wechselnden Konstellationen spielen, so daß sich nicht mehr ohne weiteres Untergruppen zuordnen lassen.

Während dieser Zeit der Umstellung und Eingewöhnung verliert Uwe seine zentrale Position. Zum einen fehlt er oft infolge längerer Krankenhausaufenthalte, zum anderen sind die anderen Kinder so sehr mit Eingewöhnen bzw. Revierverteidigen beschäftigt, daß sie Uwe nicht so viel Beachtung und Interesse entgegenbringen. Aber auch die Erzieherinnen versuchen, Uwe nicht mehr so stark in die Beachtung der Kinder zu stellen, um ihn selbst zu mehr Aktivität anzuregen. Uwe beginnt dann auch in dieser Zeit, sauber zu werden und entwickelt ein kleines „Klo-geh-Ritual", bei dem er selbst vieles machen will: Licht an, Spülung drücken, Wasser an und zu, Hände waschen.

Einige ältere Kinder, besonders Renate, Ulrike und Andy, die zuvor Uwe gern versorgt haben und vereinzelt auch seine Bewegungen nachgemacht haben, beginnen Rollenspiele, in denen einer den behinderten Uwe spielt. Andere Kinder schließen sich

kurzzeitig an.
Die jüngeren Kinder spielen noch viel mit den Erzieherinnen, malen oder puzzeln.

Insgesamt fällt auf, wieviel Freiraum die Erzieher allen Kindern lassen, sich in der Gruppe zu entfalten. Durch ihre positive Hinwendung zu den Behinderten wurden Vera und Uwe für die Gruppe zu wichtigen Bezugspunkten, aber es wurde nie von den Erziehern ein besonderes Verhalten diesen Kindern gegenüber verlangt. Eine Einteilung der Gruppe in Behinderte und Nichtbehinderte war nicht zu beobachten. Kinder waren beliebt oder nicht beliebt, wobei andere Kriterien als Behinderung eine Rolle spielten. So wurden Kinder wie Renate, Christa oder Ditmar abgelehnt, weil sie sich nicht partnerschaftlich verhielten oder über ihren Geruch die Kinder abstießen. Etwas anders lag es bei Moritz, dessen Behinderung die Kinder abschreckte, der aber trotzdem in die Gruppe aufgenommen wurde und hier nur zeitweise partiell, etwa beim Essen, von den Kindern abgelehnt wurde.
Durch den großen Freiraum, den die Erzieherinnen den Kindern ließen, und indem sie hauptsächlich von außen die Gruppe durch bestimmte Angebote strukturierten und gelegentlich erklärten und schlichteten, rückten sie sich selbst eher an den Rand des Geschehens, was u.E. für ihre positive Funktion in dieser Gruppe sehr angemessen war.

2.3.4 Gruppe IV

Die Gruppe wird zu Beginn der Beobachtung von einer Erzieherin, einer Jahrespraktikantin und einem Zivildienstleistenden betreut. In den ersten beiden Monaten kommt es zu starken Spannungen zwischen den drei Mitarbeitern über den Erziehungsstil in der Gruppe. Da sich diese nicht angemessen lösen lassen, beschließen die Mitarbeiter und die Leiterin, den Zivildienstleistenden mit dessen Zustimmung einer anderen Gruppe zuzuteilen. Nach dieser Umschichtung gelingt es der Erzieherin und der Praktikantin, befriedigend zu kooperieren.

Während der Zeit der Spannungen zwischen den Mitarbeitern ist zu beobachten und wird auch von der Gruppenleiterin beklagt, daß die Kinder zum Teil recht chaotisch spielen. Man gewinnt den Eindruck, daß das Vakuum, das durch die Unstimmigkeiten der Betreuer gelegentlich entsteht, von den Kindern bemerkt wird und sie — die Betreuer dabei gegeneinander ausspielend — versuchen, diese zu provozieren, um Grenzen aufgezeigt zu bekommen, an denen sie sich orientieren können. Es gibt z.B. Vormittage, an denen einzelne Kinder mit der Gruppenleiterin alleine sind, während der Zivildienstleistende gegen den Willen der Leiterin einige Kinder um sich schart, um mit ihnen einkaufen zu gehen, und die Praktikantin — sich mit den restlichen Kindern verbündend — in der nahe gelegenen Werkstatt einen Drachen baut. Die Kinder entwickeln dann untereinander und gegenüber den Betreuern eine gewisse Konkurrenzhaltung („ätschi-bätschi, ich hab aber das gemacht"). Es ist auffallend für die Erzieher und Beobachter, wie sich die Gruppe nach Beendigung der Auseinandersetzungen beruhigt und zu kontinuierlichen und partnerschaftlichen Spielen findet.
Die Gruppe besteht aus 15 Kindern, zehn nichtbehinderten und fünf behinderten.

Die Kinder kommen zwischen 7.45 und 9.00 Uhr in den Kindergarten und können nach der Begrüßung Spielangebote der Erzieher aufnehmen oder frei spielen. Um 9.30 Uhr wird der Teewagen mit Geschirr, Tee und Kakao gebracht, und die Kinder können frei frühstücken. Einmal pro Woche ist ein gemeinsames Frühstück, das auch zusammen vorbereitet wird. Die Zeit bis 12.00 Uhr steht dann für die Teilnahme an Aktivitäten mit den Erziehern oder zum Freispiel zur Verfügung. Auch in dieser Gruppe ist einmal pro Woche Kett-car-Tag. Gelegentlich gehen die Kinder spazieren, einkaufen etc. Bei schönem Wetter spielt die Gruppe meistens im Freien. Ein Stuhlkreis wird ein- bis zweimal wöchentlich gegen Ende des Vormittags durchgeführt. Um 12 Uhr ist Mittagessen und die ersten Kinder gehen nach Hause. Etwa die Hälfte der Gruppe bleibt noch bis nachmittags. Um 14.45 Uhr gehen die letzten Kinder. Wie in den anderen Gruppen schlafen auch hier einige Kinder im Turnraum, eine Kleingruppe bleibt im Gruppenraum.

Zu Beginn der Beobachtung zeigt sich innerhalb der Gesamtgruppe eine Untergruppe stabil. Dazu gehören die älteren Mädchen Martina und Petra, Elisabeth, Madeleine und Christine. Diese Mädchen, nach Angaben der Erzieherin alle aus „besserem Haus", haben durch ihre Eltern auch nachmittags Kontakte; es ist zu beobachten, daß sie gelegentlich versuchen, „Unterschichtskinder" aus ihren Spielen auszuschließen und sich abfällig gegenüber ihnen verhalten. Die Mädchen spielen hauptsächlich Regelspiele am Tisch oder Rollenspiele in der Puppenecke, wobei sie öfters Kinder wie Marc (Down-Syndrom) bei Familienspielen als Babys dazunehmen. Es ist bezeichnend, daß alle Mädchen bis auf Martina jüngere Geschwister haben.

Besonders Elisabeth und Petra sind die ruhigen Kinder in dieser Konstellation und sorgen in ihrer ausgeglichenen Art für die Kontinuität der Spiele. Christine und Martina versuchen gelegentlich, stark bestimmend Einfluß zu nehmen und die anderen zu kommandieren, finden aber bei Elisabeth und Petra Partner, die sich gegen zuviel Dominanz wehren, indem sie sie bestimmt zurückweisen. So kommt es häufig vor, daß Christine oder Martina eine Zeitlang aus dem gemeinsamen Spiel aussteigen, versuchen eine andere Beschäftigung zu finden, um dann nach einer Weile wieder mit den anderen zusammen zu spielen.

Diese Mädchengruppe oder einzelne Mädchen spielen auch des öfteren in einer ähnlichen, von Jungen gebildeten Untergruppe. Ihr gehören Michael, Peter, Walter und Gerd an. Peter ist der Star dieser Gruppe und als Anführer anerkannt. Michael und Gerd, zwei ausgeglichene Jungen mit vielen Spielideen, lassen sich jedoch auch nicht allzuviel von Peter gefallen, so daß unter diesen Jungen ein partnerschaftliches Spielen vorherrscht. Diese Kinder kommen ebenfalls aus sogenannten „besseren" Elternhäusern und besonders Peter äußert sich abfällig über Kinder mit ungepflegtem Äußeren oder unsauberen Eßmanieren. Solchen Kindern teilt er, wenn er sie mitspielen läßt, unbeliebte Rollen zu und kommandiert sie herum. Er weigert sich etwa auch, von einem schon benutzen Teller zu essen; da seien Bazillen darauf, die könne man nicht sehen, aber die seien gefährlich.

Zwischen diesen beiden Gruppen stehen mehrere Kinder, die sich mehr oder weniger den vorgegebenen Konstellationen anschließen oder allein oder zu zweit spielen.

Klaus probiert für sich alle Kinder in Zweierkontakten aus, um sich dann besonders Walter zuzuwenden. Über Walter gelingt es ihm auch, sich der Jungengruppe anzuschließen und hier einen respektierten Platz zu erhalten.

Marc ist ein mongoloider Junge, der zu Beginn der Beobachtung noch viel allein oder mit den Erziehern spielt. Die Mädchen, besonders Elisabeth und Petra, beziehen ihn in ihre Gruppenspiele oder Zweierkontakte ein und versorgen ihn dabei besonders gerne. Marc hält sich von sich aus aber eher am Rande der Gruppe auf.

Carsten ist ein blinder, geistig behinderter Junge, der im Rollstuhl sitzt. Er kann nicht sprechen oder von sich aus in anderer Weise Kontakt zu anderen aufnehmen. Er macht häufig monotone, autoaggressive Bewegungen. Die Kinder interessieren sich für ihn und fragen nach seinen Fähigkeiten, nach seiner Behinderung, gehen oft zu ihm und streicheln ihn oder bringen ihm Spielsachen. Längere Kontakte aber kommen erst zustande, als Carsten in der Lage ist auf einem Stuhl am Tisch zu sitzen. Um die Balance zu halten, verringert er nämlich seine Bewegungen, so daß diese weniger heftig sind, und damit ist eine gewisse

Schranke zwischen ihm und den Kindern abgebaut. Wenn er fehlt, fragen die Kinder nach ihm. Eine besondere oder zentrale Rolle hat er aber in der Gruppe nicht. Die meisten Kontakte hat er zu und über Erzieher.

Ludie, ein siebenjähriges entwicklungsverzögertes Mädchen, spielt oft alleine, schließt sich aber auch gelegentlich den älteren Mädchen an und wird hier aufgenommen. Sie ist jedoch kein Spielpartner, dem sich die anderen zuwenden.
Durch Karl kommt eine starke Unruhe in die Gruppe. Er ist sieben Jahre alt und seit einem Jahr im Kindergarten. Die Diagnose seiner Behinderung ist unklar. Sein Verhalten ist den Erziehern zum Teil völlig unverständlich, es ist auch nicht vorhersehbar. So kommt es oft vor, daß er aus einer Spielsituation heraus ohne sichtbaren Grund Kinder schlägt, von Mord und Tod und Gott redet und Kinder z.B. anbrüllt: „Hast du denn keine Normen!" Karl läuft oft im Raum herum, nimmt Kontakt zu Einzelnen auf, wobei unklar ist, ob er wirklich zu dem aktuellen Partner Kontakt aufnimmt, oder aber er redet wild gestikulierend mit sich selber. Sein unberechenbares und nicht nachzuvollziehenden Verhalten und sein verwahrlostes Äußeres machen Karl für die Kinder zu einem Außenseiter, den sie an ihren Spielen nur ungern teilnehmen lassen.

Eine ähnliche Position hat Kurt. Er ist weniger aggressiv und verbringt die meiste Zeit vor sich hinlächelnd und träumend, scheint nicht am Gruppengeschehen interessiert. Nur gelegentlich nimmt er Marc oder Lucie an der Hand und geht mit ihnen spazieren. Fühlt er einen von beiden angegriffen, verteidigt er sie und schlägt andere Kinder. Anregungen der Erzieher nimmt er kaum wahr oder auf. Auch Kurt hat ein etwas verwahrlostes Äußeres, und ebenso wie Karl kommt er aus einem der unteren sozialen Schicht zugehörenden Zuhause. Besonders ihm und Karl gegenüber verhalten sich Kinder wie Peter und Christine abfällig.

Gegen Ende des ersten Jahres kommt noch Ludwig, Elisabeths kleiner Bruder, in die Gruppe, der von Elisabeth häufig bemuttert wird und sich erst abwartend verhält. Er ist ein Kind, das zwar bei allem einmal mitspielt und dabei akzeptiert wird, sich aber selbst noch nicht sehr stark einbringt.

Im Sommer findet ein großer Wechsel statt. Elf Kinder, Martina und Petra, Michael, Gerd, Peter, Karl, Lucie, Kurt, Christine, Elisabeth und Madeleine verlassen die Gruppe. Elf neue, zum Großteil dreijährige Kinder, kommen dazu.

Diese neuen Kinder brauchen eine lange Zeit, um sich einzugewöhnen. Ein Teil von ihnen benötigt auch noch pflegerische Hilfe und beschäftigt so die Erzieherin und den neuen Jahrespraktikanten stark. In dieser Zeit finden sich eher Zweierkonstellationen zusammen oder die Kinder spielen noch viel alleine.

Ingo ist ein anfangs ruhiger Junge, der partnerschaftlich mit einzelnen, immer wechselnden Kindern spielt. Er entwickelt zunächst keine festen Beziehungen zu bestimmten Kindern. Mit der Zeit versucht er dann, sich Markus und Friedrich anzuschließen. Die beiden lassen ihn aber nicht unbedingt mitspielen, und er beginnt, die Spiele der anderen zu stören. Schließlich gelingt es ihm, sich Carlo und Ludwig anzuschließen.

Carlo ist ein unkomplizierter Dreijähriger, der nach anfänglichen Eingewöhnungsproblemen viel mit Ludwig und Ingo spielt.

Markus und Friedrich sind zwei vierjährige Jungen, die von den andern sehr geschätzte Partner sind. Beide spielen oft zusammen, da sie sich auch privat kennen. Besonders Klaus und Walter schließen sich mit der Zeit mit ihnen zusammen. Klaus, nun der Ältere der Gruppe, übernimmt in dieser Konstellation häufig die Anführerrolle, leitet heftige Tob- und Kampfspiele an. Die Kinder spielen unter seiner Anleitung aber auch oft in der Bauecke. Auch Carlo, Ingo und Ludwig nehmen gelegentlich an diesen Spielen teil, akzeptieren dabei Klaus als Anführer.

Roger, ein fünfjähriger entwicklungsverzögerter Junge, der von sich noch in der dritten Person spricht, sucht keinen Kontakt zu anderen, sondern spielt lieber allein. Erst mit der Zeit beteiligt er sich gelegentlich an Rollenspielen oder schließt sich Klaus' Tobespielen an und wird von den Kindern auch geduldet.

Lukas ist ein dreijähriger Junge mit Koordinationsstörungen und Sprachbehinderung. Er wird öfters von Spielen in der Bauecke ausgeschlossen, weil er aufgrund seiner motorischen Behinderung viel kaputt macht und zerstört. Auf diese Ausschlüsse reagiert er oft aggressiv, schlägt und beißt, so daß die Erzieher eingreifen müssen und ihm dann eine neue Beschäftigung anbieten. Ansonsten ist er aber beliebt und kann an Rollenspielen teilnehmen. Mit der Zeit gewinnt er mehr Sicherheit in der motorischen Beherrschung seines Körpers und verbringt viel Zeit damit, begeistert auf dem großen Flur des Kindergartens auf- und abzulaufen. Die Erfahrung der Freude an der eigenen Bewegung ist ihm dann eine Weile wichtiger als Spiele mit anderen Kindern.

Martin ist ein Dreijähriger, der mit starkem Selbstbewußtsein in den Kindergarten kommt. Er mischt sich in alle Spiele ein, an denen er teilnehmen will und wird von den Kindern dabei mehr geduldet als akzeptiert. Da er öfters einen unangenehmen Geruch verbreitet, beschweren sie sich oft über ihn. Er selbst aber nimmt davon nicht sichtbar Notiz oder läßt sich davon beeindrucken. Er scheint, nach Angaben der Erzieherinnen, das unerschütterliche Selbstbewußtsein von ,,Mutters Wonneproppen'' zu haben.

Rosi ist ein fünfjähriges entwicklungsverzögertes Mädchen. Sie sitzt die erste Zeit nur unter dem Tisch und läßt sich auch von den Erzieherinnen kaum ansprechen. Zuerst schließt sie sich allmählich dem Praktikanten etwas an, dann nimmt Marc zu ihr Kontakt auf, und über ihn gelingt es Rosi, sich im Kindergarten freier zu bewegen und dann auch kleine Interaktionen mit den Kindern aufzunehmen.

In der Gruppe befinden sich außer ihr nur noch drei Mädchen, Margret, Sylvia und Ute (die beiden letzten dreijährig). Diese Drei spielen häufig zusammen, wobei Margret, die Vierjährige, eine Führungsrolle übernimmt. Gelegentlich schließen sie sich auch anderen Kindern an oder nehmen Kinder wie Lukas, Rosi oder Marc in ihre Rollenspiele mit auf.

Im Gegensatz zum ersten Jahr ist bei diesen Kindern keine so polare Aufteilung in Ober- und Unterschicht vorhanden. Die Schichtzugehörigkeit scheint ausgewogener.
Ungepflegtere Kinder (etwa Martin) werden zwar wegen ihres zeitweise unangenehmen Geruchs gelegentlich abgelehnt, aber es ist nicht zu beachten, daß Kinder sich abfällig über andere wegen deren Herkunft äußern.
Eine Ablehnung von Behinderten aufgrund der Behinderung alleine kommt im Beobachtungszeitraum nicht vor; im ersten Jahr treffen jedoch Behinderung und Verwahrlosung bei einigen Kindern zusammen, so daß hier die Ablehnung durch Kinder wie Christine und Peter Behinderte trifft. Sie würde aber auch andere „Unterschichtskinder" treffen und liegt nicht am Faktum Behinderung. Diese Polarisierung ist aber kein unüberwindbares Problem der Gruppe, sondern mehr eine Tendenz, die die Gruppenarbeit im ersten Jahr erschwert und Situationen entstehen läßt, denen die Erzieher immer wieder behutsam und einfühlsam begegnen müssen.

Zu Beginn des zweiten Jahres erschwert die große Anzahl kleinerer, relativ unselbständiger Kinder die Gruppenarbeit. Insgesamt hielten die Erzieher sich mit direkten Eingriffen und Einflußnahmen im Hintergrund. Sie gaben vorsichtig Strukturierungshilfen, Spielangebote und griffen gelegentlich erklärend ein, so daß den Kindern viel Freiraum blieb, sich untereinander zu arrangieren und zu entwickeln. Es gab darüber hinaus auch immer wieder für einzelne Kinder die Möglichkeit, sich besonders stark an die Erzieher anzuschließen, wenn dies für ihre Entwicklung wichtig war. Rosi verbrachte zeitweise etwa ganze Tage an der Hand und auf dem Schoß des Praktikanten, bis sie sich über Marc den Kindern anschließen konnte. So gelang es, daß die Kinder auf der Basis einer von den Erzieherinnen indirekt — mittels des Tagesablaufs, auf die Kinder zugeschnittener Angebote und einiger wesentlicher Regeln — erzeugten Struktur ihre Gruppe gestalten konnten.

2.3.5 Gruppe V

Die Kinder werden zu Beginn unserer Beobachtungen von einer Gruppenleiterin sowie einer Anerkennungspraktikantin und einem Zivildienstleistenden, die neu in der Gruppe sind, betreut. Die drei Bezugspersonen können sich gleichberechtigt einbringen. Zentraler Ansprechpartner für die Kinder und Eltern ist die Gruppenleiterin.
Die Kinder kommen zwischen 8.00 und 9.00 Uhr in den Kindergarten. Vor dem Frühstück spielen sie frei, die Bezugspersonen geben Hilfestellungen oder bieten etwas zum Basteln an, lesen vor, gehen auf Spielwünsche der Kinder ein.

Gegen 9.30 Uhr ist Frühstück, die Kinder bringen es von zu Hause mit. Einmal in der Woche bereitet eine Bezugsperson das Frühstück zu, Kinder können dabei helfen. Die Gruppe nimmt es gemeinsam in der Küche ein.
Der Verlauf des Vormittags wird neben den freien Angeboten von festen Vorhaben wie Turnen, Schwimmen, Ausflügen bestimmt. Wenn Kinder an diesen Aktivitäten nicht teilnehmen wollen oder können, steht es ihnen frei, in der Gruppe zu bleiben; bei Ausflügen können sie in eine andere Gruppe gehen. Ab und zu wird vor dem Mittagessen ein Stuhlkreis gemacht, in dem gespielt, gesungen, vorgelesen wird. Zum Einüben des Stillsitzens

und Zuhörens hat dieser Kreis besonders für die neuen Kinder eine wichtige Bedeutung.
Nachmittags sind weniger Kinder in der Gruppe, so daß eine intensivere Beschäftigung mit einzelnen möglich ist.

In der Gruppe sind 14 Kinder, davon fünf behinderte. Zu Beginn unserer Beobachtungen gibt es fünf Kinder im dritten Kindergartenjahr: Anna, Tilmann, Sigrid, Tom und Marei. Die ersten drei Kinder werden nächsten Sommer zur Schule kommen, während Tom und Marei noch ein Jahr zurückgestellt werden sollen. Für Ossi und Lisa — Zwillinge — beginnt das zweite Kindergartenjahr. Es werden sieben neue Kinder aufgenommen: Ali, Ulli, Ina, Akir, Peter, Karola und Olaf.

Anna hat von einer anderen Gruppe in diese gewechselt, da es für sie dort keine gleichaltrigen Kinder gibt. Nach anfänglichem Pendeln zwischen beiden Gruppen findet sie ihren Platz. Anna ist offen und kritisch, was manchmal für Kinder auch verletzend sein kann. Sie hat Kontakt zu Tilmann, die beiden können sich verbal gut austauschen, sind gleichrangige Partner. Sie macht aber auch viel alleine, fängt z.B. an zu schreiben, ,,Schule" zu spielen. Tilmann ist zu Beginn unserer Beobachtungen schwer zu motivieren, findet alles, was er nicht so gut kann, langweilig, außer Fußball. Das interessiert ihn, und er spielt mit Alex aus der Gruppe VI. Im Garten führt er ,,Banden" an, ist ein ,,Bestimmer", im Gruppenraum ist er eher an Erwachsenen als Spielpartner orientiert.

Sigrid (sechs Jahre acht Monate alt) ist nach dem Mainzer Entwicklungstest auf dem Entwicklungsstand einer Vierjährigen. Sie ist erst seit kurzem sauber; Kinder beschweren sich, daß sie riecht. Sie hat lange Zeit nicht auf Kinder zugehen können. Wenn sie angesprochen wurde, erstarrte sie sichtlich. Inzwischen spricht sie andere Kinder an und läßt sich ansprechen. Sie hat jedoch keine näheren Kontakte in der Gruppe, bei gemeinsamen Aktivitäten wie Turnen oder Kreisspiel konzentriert sie sich auf die Erwachsenen. Eine Freundschaft gibt es zwischen Sigrid und Almut aus der Gruppe VI.

Tom, ein hörbehinderter Junge, ist der Bruder von Lina in Gruppe VI. Er ist eigentlich schulpflichtig, bleibt aber noch ein Jahr länger im Kindergarten. Es ist schwer, ihn zum Sprechen zu motivieren. Dadurch hat er Schwierigkeiten in der Gruppe. Wenn er mit Kindern spielt, diese ihn ansprechen, reagiert er mit Gestik und oft unverständlichen Lauten. Seine Kontaktaufnahme zu Kindern ist meist nicht gerade zart und daher oft mißverständlich. Er schlägt auf den Rücken, kneift. Das irritiert besonders anfangs die Kinder. Tom orientiert sich stark an der Erzieherin, die sich auf seine Sprache einstellt. Er fängt langsam an, in der Bauecke mitzuspielen. Da er öfter für längere Zeit verreist ist, werden die Beziehungen zu anderen Kindern zusätzlich erschwert. Die Erzieherin versucht, Tom in Gruppenspielen zu helfen, eine ihm adäquate Rolle zu finden und durch ihr Spielverhalten auch den Kindern ein Vorbild zu sein für den Umgang mit ihm.

Marei ist das zweite Jahr in der Gruppe. Sie weinte anfangs viel und orientierte sich nur an Erwachsenen. Nachdem, auf Insistieren der Erzieherin, die Eltern ihrer Sehbeeinträchtigung nachgegangen sind und sie eine Brille hat, ist Marei sicherer und hat auch Kontakt zu Kindern. Weiterhin hält sie sich aber überwiegend an Erwachsene, und es ist immer wieder nötig, ihr deutlich zu machen, daß es genug Kinder gibt, mit denen sie etwas spielen kann. Bei Rollenspielen (z.B. Krankenhaus) ist Marei aktiv und hat sehr feste Vorstellungen von den Rollen der Mitspieler. Sie hat Olaf (s.u.) ins Herz geschlossen, auch mit Lia macht sie ab und zu etwas. Langsam fängt sie an zu basteln.

Lia hat von sich aus keine Schwierigkeiten in der Gruppe, kann sich gut beschäftigen, hat auch Kontakt zu anderen Kindern, Marei sowie Ina und später Olaf. Der Zwillingsbruder Ossi dagegen macht sehr wenig Konstruktives mit Kindern. Er streitet sich und weint dann, zeigt ein kleinkindhaftes Verhalten. Für Lia, die das alles registriert, ist das oft hemmend. Sie wären besser in getrennten Gruppen. Die beiden werden zum Ende des ersten Beobachtungsjahres vom Kindergarten abgemeldet, da die Eltern mit Ossis Entwicklung nicht zufrieden sind.

Ulli ist gerade erst drei Jahre alt, als er im September 1983 in die Gruppe kommt. Nach ,,normalen" Ablösungsproblemen — die Mutter bleibt anfangs länger — gewöhnt er sich schnell ein. Er ist zu Beginn, seinem Alter gemäß, mehr an Erwachsenen orientiert, spricht und macht viel nach. Zu den anderen gleichaltrigen Kindern findet Ulli bald guten Kontakt.

Akir ist ein türkischer Junge (Eltern Akademiker), dessen Schwester auch schon hier im Kindergarten war. Für Akir gibt es durch den islamischen Glauben bedingte Probleme: z.B. darf er nicht alles essen, muß als einziger beim Schwimmen eine Badehose anziehen. Akir möchte aber gerne so sein wie die anderen. Er spielt mit den altersgleichen Jungen, ist ziemlich temperamentvoll, was seine Annäherung an Karola z.B. meist vereitelt, und manchmal recht ichbezogen.

Ali, ein Pflegekind afrikanischer Herkunft, kommt einige Monate nach Beginn des Kindergartenjahres, mit gerade drei Jahren, in die Gruppe. Er hat eine Hämophilie und gilt als behindertes Kind. Oft ist er noch recht kleinkindhaft, lebhaft und dadurch anstrengend. Ali wendet sich bald Ulli und Akir zu, schließt sich aber auch besonders Ina an.

Für Ina ist diese Beziehung zu Ali und darüber zur Jungengruppe wichtig, da zur Zeit kein gleichaltriges Mädchen da ist. Ina bringt recht viel Kreativität ins Spiel dieser Jungen. Sie nimmt auch zu Karola Kontakt auf, von ihr läßt sich Karola als erste an der Hand nehmen.

Peter war bereits ein Jahr in einem anderen Kindergarten. Er wird wegen seiner Größe leicht überschätzt. Er hat lose Kontakte zu vielen Kindern. Peter geht in besonderer Weise auf Karola ein, ist liebevoll und fürsorglich. Auch mit Olaf spielt er viel, lädt ihn nach Hause ein.

Karola ist ebenfalls neu und — wie ausführlich beschrieben — im ersten Beobachtungsjahr auf Gegenstände fixiert. Sie benötigt die besondere Aufmerksamkeit der Erzieherin und ist für die Kinder als anders wahrnehmbar. Sie muß im Kreis anfangs festgehalten, bei Ausflügen an der Hand gehalten werden. Neben liebevollen Annäherungen von Ina und Peter kommt es auch zu mehr aggressiven oder verunglückten Kontaktaufnahmen z.B. von Tom und Akir.

Olaf, fünfeinhalb Jahre alt, ein behinderter Junge mit spina bifida, ist seit Oktober 1982 in der Gruppe. Er war vorher in einer Sonderkindertagesstätte. Olaf kann nicht gehen, ist aber sehr gewandt und beweglich beim Kriechen und geschickt im Umgang mit dem Rollstuhl. Er hat viel Kraft im Oberkörper. In der integrativen Gruppe wurde ihm seine Behinderung erstmals bewußt. Die Kinder fragten ihn neugierig und direkt, warum er nicht laufen könne, warum er Windeln trage. Die Erzieherinnen: „Das war für ihn sehr schwer und er hat für sich zu Hause trainiert und war nach den Weihnachtsferien trocken. Auch im Kindergarten war er nie wieder naß." Olaf ist gut in der Gruppe drin, hat besondere Kontakte zu Marei. Beim Rollenspiel spielt er sehr intensiv und durch sein Sozialverhalten und seine Kompromißbereitschaft ist er ein guter Partner für die Kinder. Olaf ist das erste Kind in der Gruppe, das nicht gehen kann. Durch seine Beweglichkeit wird das von Kindern auch manchmal vergessen.

Ulli fordert beim „Tanzbärspiel" Olaf auf, will ihn bei der Hand nehmen: „So komm doch mit." Ihm ist gar nicht klar, daß Olaf da nicht einfach aus seinem Rollstuhl aufstehen kann.

Olaf sucht Nähe zu Erwachsenen und Kindern. Da er nicht so gepflegt ist, hat die Erzieherin Probleme mit dem „Riechen". Die Kinder scheinen es nicht zu merken, sagen auf alle Fälle nichts.

Beim Wechsel von Kindern, Zivildienstleistendem und Praktikantin im neuen Kindergartenjahr bleibt durch die Gruppenleiterin und durch Teile der alten Gruppe die Kontinuität gewahrt. Die neuen Bezugspersonen können ihre persönlichen Schwerpunkte einbringen, wobei es der Praktikantin schwer fällt, sich auf den Erziehungsstil der Gruppe einzustellen. Wichtigster Ansprechpartner für Kinder und Eltern bleibt die Gruppenleiterin.
Für die Kinder, die eingeschult werden, und für die abgemeldeten Kinder, Lisa und Ossi, kommen sechs neue Kinder in die Gruppe: Franz, Simon, Judith, Hannes, Constanze und, Ende des Jahres 1983, Nana.

Franz war schon in einer privaten Kindergruppe. Er hat keine Umstellungsschwierigkeiten und schließt sich ziemlich schnell der Jungsgruppe um Ulli, Akir, Ali und Peter an.

Simon ist der Bruder von Lore in Gruppe VI. Er hat keine offensichtlichen Trennungsprobleme beim Weggehen der Mutter, geht aber oft in die Gruppe seiner Schwester. Simon ist anfangs sehr ruhig, fast schüchtern; er tut sich schwer mit Kontakten, orientiert sich an Karola, setzt sich häufig, beim Essen z.B., neben sie. Nach einem halben Jahr schließt er sich intensiv an Constanze an, will sie hochheben und tragen, ist zärtlich und fürsorglich. Constanze wehrt sich, wenn es ihr zuviel wird. Sie scheint Simon aber auch sehr gern zu mögen. Simon macht Versuche, in die Jungsgruppe hineinzukommen, hat eine ziemlich aggressive Phase zu Hause und im Kindergarten, in der er einfach drauflos schlägt. Nach einem dreiviertel Jahr ist er bei den Jungen anerkannt und kann sich verbal auseinandersetzen. Ende seines ersten Kindergartenjahres zeigt er eine Tendenz zu Ina und Judith.

Constanze (Down-Syndrom) hat keine Eingewöhnungsschwierigkeiten, sie nimmt distanzlos Kontakt auf, ist in der Gruppe jedoch überfordert, kann mit sich alleine nichts anfangen. Anfangs gibt es einen ständigen Wechsel von Dingen, mit denen sie zu spielen beginnt, und von Personen, die sie überrennt. Besonders wendet sich Constanze Karola zu, die einerseits von der Emotionalität überschüttet und überfordert wird und davor geschützt werden muß, andererseits davon profitiert.

Nana, die Schwester von Miriam (Down-Syndrom, Gruppe VI), die fünf Monate später im Kindergartenjahr in die Gruppe kommt, wird zeitweise von Constanze „verfolgt", sie nimmt ihr z.B. den heißgeliebten Schnuller weg. Nana hat anfangs Probleme, sich von der Mutter zu trennen. Nach zwei Wochen kann sie mit ihrer Schwester zusammen im Bus mitkommen. Sie hat guten Kontakt zu Ina, die sie „mütterlich betreut", geht auch von sich aus auf Kinder zu. Nana sucht aber noch sehr die Nähe zur Erzieherin, fragt viel.

Hannes hat eine lange Trennungsphase. Er kommt anfangs morgens schreiend in den Kindergarten. Durch seine Größe wird Hannes ständig überfordert. Anfangs nähert er sich Tom. Als dieser drei Monate verreist ist, sucht er Anschluß an die Jungsgruppe. Die Jungs treiben ihre „Spielchen" mit ihm, sperren ihn ein, machen ihm aus Spaß Angst. Hannes nimmt alles ernst, erschrickt, und die Jungs bringen ihn oft zum Weinen. Franz versucht Hannes zu erklären, daß alles nur Spiel sei, aber für Hannes ist es schmerzliche Realität.

Judith ist auch recht groß für ihr Alter. Sie hat keine offensichtlichen Probleme mit der Ablösung. Aber sie kommt nicht in die Gruppe hinein. Judith hält sich am Rande auf. Es dauert vier Monate, bis sie anfängt zu malen, zaghaft zu sprechen oder vor sich hinzusingen. Langsam kann man sie ansprechen, ohne daß sie sich erschrocken zurückzieht. Zu Hause ist sie die ganze Zeit aufgedreht und spielt ihre „Kindergartenerlebnisse" nach. Ina versucht Kontakt zu Judith zu bekommen.

> *Beim Frühstück spricht Ina Judith, die ihr gegenüber sitzt, an. Diese reagiert nicht, schaut sie nicht an, sondern blickt durch sie hindurch. Ina zur Beobachterin: „Die sagt nichts, die sagt fast nie etwas!" (Januar 1984)*

Langsam kann Judith den Erwachsenen näher kommen, sich einmal auf den Schoß der Erzieherin setzen. Nach einem halben Jahr kommt es zu Spielphasen mit Ina, die sich andauernd um Judith bemüht; vom Alter her passen die beiden gut zusammen. Mit Ina und Olaf gemeinsam kommt es oft zu bis zu anderthalb Stunden dauernden Spielen außerhalb des Gruppenraumes. Es beginnt eine enge Beziehung zwischen Olaf und Judith, die sehr stark von Olafs offensichtlicher Zuneigung geprägt ist, der Judith sich nicht entziehen kann. Für Ina wird es schwer, die Beziehung zu Judith ihren Bedürfnissen entsprechend auszubauen. Das geht soweit, daß Olaf Ina untersagt, Judith anzufassen, da sie doch seine Freundin sei.

> *Ina und Judith spielen intensiv miteinander im Garten. Olaf ist den ganzen Vormittag nicht im Kindergarten, mittags kommt er im Rollstuhl in den Garten gefahren, hält Ausschau nach Judith. Ina geht auf ihn zu: „Willst du zu Judith oder soll sie zu dir kommen?" Olaf fährt zu Judith und streichelt sie liebevoll. Judith scheint es etwas zu viel zu sein. Ina steht bzw. sitzt daneben und redet auf Olaf ein: „Mein Papi wollte dich auch mal mit zu uns nehmen. Ich glaub, er hat es vergessen, ich muß ihn daran erinnern." Ina erzählt noch eine Weile von einem Kleid, Olaf scheint zwar zuzuhören, ist aber eigentlich mit Judith beschäftigt.*

Judith tut die Fürsorglichkeit Olafs generell gut, und Olaf genießt es, stark zu sein. Sie kann sich auch mit der Zeit von ihm entfernen, wenn es ihr zu viel wird und nimmt zu anderen

Kindern Kontakt auf, wird zu einem begehrten Spielpartner. Ina muß also weiterhin die Zuwendung von Judith mit anderen Kindern teilen.

Für die Erzieher stellt sich immer wieder die Aufgabe, sich Kindern gegenüber abwartend zu verhalten und ihnen trotzdem die für ihr Wohlbefinden und ihre Entfaltung notwendige Hilfestellung und Zuwendung zu geben.

Einmal ist das bei Karolas Entwicklungsverlauf deutlich. Vor allem in der Beziehung zwischen ihr und Constanze, deren Impulsivität zeitweise über Karolas Kräfte geht, die aber offensichtlich für die Entwicklung von Karola eine große Bedeutung hat. Hierbei ist besonderes Feingefühl nötig und das Wissen darum, daß gerade auch schmerzliche Erfahrungen, bei empathischer Begleitung von seiten der Bezugspersonen, Fortschritte einleiten können.

Das Abwägen von Abwarten und Versuchen des Einbeziehens wird ebenso bei Judith aktuell. Hier erweist sich die Geduld und Zuversicht der Gruppenleiterin als angemessenes Erzieherverhalten, als nach fast einem halben Jahr Judith sich langsam in die Gruppe einfindet, indem sie eine enge Beziehung zu Olaf aufnehmen kann.

Gleichzeitig werden Inas Bemühungen um Judith und die Rivalität zwischen Olaf und Ina und Judith offensichtlich, und dies bedarf wiederum der Beobachtung und Gelassenheit, daß sich eine Lösung finden wird (die sich dann durch Olafs Schuleintritt einstellt).

Hannes und Simons Interesse an der Jungsgruppe ist für die beiden mit zeitweise frustrierenden Erfahrungen verbunden. Die Erzieher müssen ihnen beistehen und Zuwendung geben, andererseits den Erfahrungsspielraum nicht durch Überbehütung einengen.

Für Simon relativiert sich dieses anfänglich Abgewiesenwerden von der Jungsgruppe durch seinen emotionalen Zugang zu Constanze. Hannes hat es da schwerer und muß ohne eine enge

Bindung an ein Kind mit heftigen Enttäuschungen fertig werden. Es gelingt der Gruppenleiterin, hier für die Mitarbeiter ein Vorbild zu sein für ein Erzieherverhalten, bei dem die Kinder sich angenommen fühlen, und bei dem ihnen Erfahrungsmöglichkeiten offenstehen, die, wenn auch evtl. vorübergehend schmerzlich, doch zur eigenen Rollenfindung unverzichtbar sind.

2.3.6 Gruppe VI

Die Kinder werden zu Beginn unserer Beobachtung von einer Gruppenleiterin, die seit einem halben Jahr in der Gruppe ist, einer Anerkennungspraktikantin und einem Zivildienstleistenden, die neu in der Gruppe sind, betreut. Die Bezugspersonen können sich gegenseitig Hilfe und Entlastung geben, ihre jeweiligen Schwerpunkte einbringen, spezifische Beziehungen zu Kindern aufzubauen.
Die Gruppenleiterin hat eine zentrale Bedeutung für die Kinder und Eltern.

Die Kinder kommen zwischen 8.00 und 9.30 Uhr in den Kindergarten. Bis zum Frühstück ist freies Spielen, wobei die Bezugspersonen Angebote machen wie Basteln, Vorlesen und auf Spielwünsche der Kinder eingehen, ihnen Hilfestellung geben. Von 10.00 bis 10.30 Uhr ist gemeinsames Frühstück, das eine Bezugsperson oder zwei Kinder zubereiten.
Der weitere Verlauf wird von täglichen festen Vorhaben bestimmt, wie Ausflug zu Spielplätzen oder Parks, Turnen, Therapie für bestimmte Kinder, Anleitungen zum Aquarellieren, Schwimmen. Diese Angebote sind einerseits für alle Kinder verbindlich, andererseits besteht die Möglichkeit für einzelne Kinder, in eine andere Gruppe zu gehen, wenn sie z.B. keinen Ausflug mitmachen können oder wollen. Da beim Turnen und Schwimmen die Gruppe geteilt wird und die Kleingruppen zeitlich nacheinander stattfinden, können sich die Kinder auch hier frei entscheiden, ob sie teilnehmen wollen oder nicht. Zum Freispiel

machen die Bezugspersonen Spiel- und Bastelangebote zu ausgewählten Themen; bei gutem Wetter können die Kinder täglich im Garten spielen. Vor dem Mittagessen sammelt sich die Gruppe üblicherweise im „Märchenkreis". Es werden Märchen vorgelesen und nachgespielt, Lieder gelernt, Geschichten erzählt, Nüsse ausgeteilt. Nach dem Mittagessen, gegen 12.45 Uhr, werden die ersten Kinder abgeholt; nach 14.00 Uhr sind nur noch wenige Kinder da. Die Bezugspersonen können sich dadurch nachmittags mit einzelnen intensiver beschäftigen. Feste und Geburtstagsfeiern spielen eine wichtige Rolle in der Gruppe.

Zu Beginn unserer Beobachtungen, im September 1982, sind in der Gruppe 14 Kinder, davon fünf behinderte: drei „Schulkinder", also Kinder, die im dritten Kindergartenjahr sind, sieben Kinder, die das zweite Jahr zu der Gruppe gehören, vier Kinder kommen neu hinzu. Es kristallisieren sich verschiedene Gruppierungen heraus. Von den drei „Schulkindern" haben Gerda und Rosi (ein hörbehindertes Mädchen) besonderen Kontakt zueinander. Neben Rollenspielen aus dem Familienbereich (Vater/Mutter/Kind) spielen sie unter anderem auch Schule und machen „vorschulische Übungen". Alex ist überwiegend an Fußball interessiert und findet außerhalb der Gruppe in Tilmann (Gruppe V) einen Gleichgesinnten. Eine „Mädchengruppe" — Kinder, die auch über ihre Eltern private Kontakte haben und schon im zweiten Jahr da sind — kommt bei verschiedenen Aktivitäten, insbesondere auch bei Rollenspielen, zusammen: Lore, die sich zeitweise sehr an Gerda orientiert, Lina, die mit Lore befreundet ist und Sonja, die in diese Zweiergruppe von Lina und Lore stärker hineinzukommen versucht und dabei unterschiedlichen Erfolg hat. Sonja will gerne „bestimmen", und das führt für sie häufig zu Frustrationen, da sich die anderen Kinder dagegen wehren. Beim freien Spiel überwiegen in diesem Beobachtungsjahr die Zweiergruppierungen, die über gemeinsame Interessen entstehen. David, ein Junge ohne rechten Unterarm/Hand, der sich schnell eingewöhnt und anfangs sehr selbstbewußt auf Fragen nach seiner Behinderung reagiert („Ich bin so geboren.") und ohne die Hand weitgehend selbständig ist, macht häufig etwas mit Almut zusammen, wobei für eine längere Phase der Eindruck entsteht, David würde Almut zu aggressiven Handlungen anstiften, z.B. Björn zu ärgern. Die anderen Kinder frustriert Almut dadurch; ihr wird, nach Meinung der Erzieherin, in der Gruppe etwas „verbaut", da die Mädchen sie auch gerne auffordern, sie aber ziemlich auf David fixiert ist (vl. 2.1.5).

Die Kinder reagieren unterschiedlich auf Davids Behinderung. Sie fassen ihn grundsätzlich beim Guten-Appetit-Wünschen an seinem Armstumpf an. Es gibt aber auch abweisende Reaktionen wie z.B. von Lina, die zu Hause erzählt, daß sie das nicht mag, ihr das unangenehm ist. Wir beobachten, wie die Mädchen um Lina die Ärmel ihrer Jacken zusammenknoten und so durch den Garten gehen — „ohne Arme", oder wie Heiko David malt.

Rosi wendet sich vorübergehend — in einer „Ausflipp-Phase" — Paul zu, einem ziemlich aggressiven Jungen, der von den Kindern häufig benutzt wird, wenn es darum geht, etwas anzustellen. Auch Bert, ein Kind, das sich mit Kontakten in der Gruppe schwer tut, schließt sich Paul an. Dessen Kraft und Aggressivität scheinen ihn zu ängstigen und gleichzeitig anzuziehen. Bert selbst hat ziemliche Probleme mit seiner Aggressivität, was sich auch im Umgang mit schwächeren oder behinderten Kindern zeigt.
Zwischen Bert und Paul entsteht eine enge Beziehung, eine Art „Mackertum" wird agiert. Die Kontakte gehen privat weiter. Paul wird von Bert eingeladen.

Heiko (vgl. 2.1.4) hat über private Kontakte eine positive Beziehung zu Bert. Sie machen aber im ersten Beobachtungsjahr kaum etwas zusammen im Kindergarten. Heiko ist zu klein dafür, Bert hat eher „väterliche" Funktionen für ihn in der Gruppe.

Fabian, der ebenfalls neu in die Gruppe gekommen ist, leidet lange Zeit unter der täglichen Trennung von den Eltern, wirkt mogens oft noch unausgeschlafen und abwesend. Er nimmt sporadisch Kontakte auf, z.B. zu Heiko, auch zu Almut und David, wo er den „Stärkeren" spielen kann, ab und zu auch zu Bert.

Miriam, ein Mädchen mit Down-Syndrom, ist in diesem Jahr häufig krank. Wenn sie da ist, schaut sie oft Bücher an. Sie orienttiert sich stark am Zivildienstleistenden, der sie täglich mit dem Bus holt und nach Hause bringt. Über die Busfahrt kommt es auch zu Kontakten zwischen Miriam und Almut, die ihr dann manchmal morgens nach der gemeinsamen Ankunft „vorliest". Miriam hat im ersten Kindergartenjahr kaum Spielkameraden in der Gruppe.

Mit Björn kommt im Oktober 1982 erstmals ein schwerbehindertes Kind in diese Gruppe, das sich nicht selbst fortbewegen kann. Björn brüllt anfangs stundenlang, für die Eltern ist es schwierig gewesen, ihn abzugeben. Sie haben befürchtet, daß der Kindergarten zu anstrengend würde. Björn wird zu Beginn ab und zu aus dem Raum genommen, damit er mehr Ruhe hat. Die Erzieherin betreut ihn hauptsächlich. Die ersten vier Wochen ist die Mutter mit dabei. Die Erzieherin kannte ihn schon ein dreiviertel Jahr, bevor er in den Kindergarten kam und hält es für wichtig, daß Björn einen festen Bezugspunkt hat. Die Kinder fragen die Erzieherin nach seinen Fähigkeiten: „Kann er sprechen, kann er laufen, kann er sitzen?" Darauf muß, bedingt durch die Schwere der Behinderungen, immer mit „Nein", geantwortet werden. Auf die Frage: „Was kann er denn?", findet Heiko heraus: „Aber lachen kann er doch".
Die Kinder wenden sich Björn anfangs häufig in irgendeiner Form zu: für kurze Momente, indem sie ihm über den Kopf streicheln, „Hallo Björni" sagen, ihn anlächeln, oder aber sich zu ihm setzen, ihm etwas zeigen und ihn streicheln, an ihm zerren und auf diese Weise seine Reaktionen ausprobieren.

Dieses allgemein starke Interesse läßt nach dem ersten Monat deutlich nach, obgleich es auch weiterhin zu meist kurzen Kontakten kommt und schnell ersichtlich wird, daß Björn ein Mitglied der Gruppe geworden ist, eine Art Ruhepol:

> *Björn liegt im Garten auf einer Decke neben dem Planschbecken. Es ist früher Vormittag, mal sitzt die Erzieherin, mal die Jahrespraktikantin neben ihm, sie streichelt ihn, redet zu ihm. Im folgenden kommen immer wieder mal Almut, Lina, Paul oder Fabian zu ihm auf die Decke, streicheln ihn, sprechen kurz mit ihm, spielen mit seinen Händen und gehen wieder weg.*

Ein anhaltendes Interesse an Björn ist bei Almut, wie im Entwicklungsverlauf beschrieben, zu beobachten. Die Veränderung bei der Gruppe wird von der Erzieherin als natürlich und positiv eingeschätzt, da Björn anfangs mehr als Puppe behandelt wurde, und er sich an Unternehmungen der Kinder auch mit Hilfe der Bezugspersonen nur eingeschränkt beteiligen kann. Für die Bezugsperson ist es anstrengend, Björn lange zu halten, er ist sehr groß für sein Alter. Wenn Björn fehlt, vermissen die Kinder ihn, fragen nach ihm. Sie interessieren sich stark dafür, wie alt Björn ist, wann er denn sprechen oder gehen kann, wie sie ihm dazu verhelfen können. Solche Reaktionen sind sehr situationsabhängig, wie die Aussage Linas beim Schlittenfahren zeigt: ,,Der Björn hat es schön. Der kann die ganze Zeit auf seinem Schlitten sitzen bleiben." Nach einem halben Jahr hat sich Björn eingewöhnt, strahlt häufig, sein Vater meint, wenn Björn einmal einige Tage nicht im Kindergarten sei, dann fehle ihm das sichtlich.

Mit Eintritt der neuen Kinder, der neuen Praktikantin und kurz danach des neuen Zivildienstleistenden im zweiten Beobachtungsjahr müssen wieder stabile Verhältnisse für die Kinder und Bezugspersonen geschaffen werden, eine neue Orientierung an neuen Erwachsenen und neuen Kindern ist nötig.
Die Tradition der Gruppe wird von der Gruppenleiterin und den

Kindern an die „Neuen" weitergegeben und durch diese modifiziert.
Die Gruppenleiterin gewährleistet die Kontinuität der Betreuung und des Erziehungsstils, bleibt das Zentrum. Es gelingt aber auch im neuen Team, sich jeweils persönlich einzubringen und sich gegenseitig zu ergänzen und zu entlasten.

Für Gerda, Rosi und Alex, die jetzt zur Schule gehen, kommen drei neue Kinder in die Gruppe: Hans, der Bruder von Gerda, Mara, ein taubstummes Mädchen, und etwas später Tom.

Hans ist mit dem Kingergarten durch seine Schwester bereits vertraut. Ihm fällt die erste Zeit der Abschied von der Mutter noch recht schwer. Er hat Ängste, daß sie ihn beim Abholen nicht findet, wenn er z.B. im Garten oder beim Schwimmen ist. Anfangs speichert er seine Erlebnisse im Kindergarten und spielt sie zuhause nach. Er kann sich gut selbst beschäftigen, findet auch Spielpartner für kurze Phasen, fordert von sich aus Kinder auf, schließt sich aber noch keinem Kind in der Gruppe enger an.

Mara ist ein selbstbewußtes Kind ohne Trennungsschwierigkeiten. Da sie nicht sprechen kann, ist es für sie nicht einfach, sich anzuschließen. Manchmal gelingt es, Kontakt zu Almut und Björn zu haben. Im Beisein einer Bezugsperson kommt es auch zu Memoryspielen mit ihr und Heiko oder Almut. Dabei ist viel Geduld der Kinder nötig, sich auf ihre Behinderung einzustellen.

Tom hat es schwer, sich von seiner Mutter zu lösen. Sie ist in der ersten Zeit oft lange dabei. Er kann zwar grundsätzlich gut auf Kinder zugehen, ist aber im Kindergarten sehr auf die Erzieherin fixiert, wenn seine Mutter weggegangen ist, so daß die Kontakte zu den Kindern noch sporadisch sind.

Die Gruppe der Schulkinder steht zu Beginn des neuen Kindergartenjahres nicht ganz fest. Lore, Paul, Bert gehören sicher dazu, für Sonja, Heiko und Almut entscheidet es sich erst in den letzten Monaten des zweiten Beobachtungsjahres, daß sie eingeschult werden. Jedoch gehören alle sechs zu den ,,Großen'', was sich besonders bei Almut zeigt, die inzwischen manchmal mit den anderen großen Mädchen etwa spielen kann.

Miriam gewöhnt sich zunehmend ein und übersteht das Weggehen des Zivildienstleistenden, zu dem sie eine intensive Beziehung hatte, gut. Sie hat, außer den bereits erwähnten Kontakten zu Almut und Björn, keine neuen engeren Beziehungen. Björns Nähe sucht sie immer wieder.

> *Björn sitzt in einer Sitzschale. Miriam kommt vorbei, sie schaut Björn kurz an, geht weg und holt ein Bilderbuch. Damit läßt sie sich neben Björn plumpsen. Björn schaut sie an und lächelt. Miriam fängt wortreich und mit viel Gestik — Hände klatschen, Kopf schütteln — an, Björn etwas ,,vorzulesen''. Als Sätze sind die Worte nicht sinnvoll und verständlich, die sie zu den Bildern erzählt. Sie schaut zwischendrin immer wieder Björn an, als wolle sie sich vergewissern, daß er etwas mitbekommt. Miriam gibt Björn dann auch aus dem Mobile, das über ihm hängt, Dinge zum Anfassen, gibt ihm Bücher. Nach fünf Minuten geht sie wieder weg.*

Miriam wird von den großen Mädchen weiterhin als ,,Kleine'' bemuttert.

> *Am Frühstückstisch sitzt Miriam zwischen Lena und Lore. Nachdem sie gegessen haben, spielen sie mit Miriam. Die beiden schaukeln Miriam hin und her, setzen sie sich auf den Schoß. Hans, der zuschaut, will Miriam auch schaukeln. Die beiden Mädchen lassen ihn nicht. Miriam hat kein Mitspracherecht dabei.*

Fabian und Heiko machen jetzt häufiger etwas miteinander, insbesondere Rollenspiele.

Beide Kinder sind sehr kreativ. Das zeitweilige Heiko irritierende Verhalten („Ausflippen") von Fabian und das häufige Fehlen von Heiko verhindern das Wachsen einer engeren Beziehung.

Während seines ersten Kindergartenjahres sitzt Björn, wenn er mit am Tisch ist, auf dem Schoß einer Bezugsperson, ansonsten auf dem Boden in einer Sitzschale. Durch einen eigenen Stuhl wird es ihm nun im zweiten Kindergartenjahr möglich, länger und selbständiger bei den anderen zu sein. Das Sitzen auf gleicher Ebene mit Kindern ist seiner Entwicklung förderlich. Er wird lebhafter, scheint überhaupt viel „nur" durch das Dabeisein aufzunehmen.

Bert und Paul schließen sich enger zusammen. Zeitweise treten sie als richtige „Gang" auf, und es kommt zu den vergeblichen und teilweise schmerzlichen Versuchen Heikos, in dieser Zweiergruppe aufgenommen zu werden. Bert nimmt auch Kontakt zu Almut auf, z. B. beim Memoryspiel. Er hat dabei die Möglichkeit, Erfolgserlebnisse zu bekommen und nicht gefordert, sondern akzeptiert zu werden. Seine zumeist verdeckten Aggressionen brechen immer wieder durch:

> *Mara sitzt neben Bert am Frühstückstisch. Bert schaut herum, da fällt sein Blick auf Mara, er betrachtet sie kurz, dann tritt er heftig und verstohlen unterm Tisch auf ihren Fuß, mehrmals. Mara schaut mit offenem Mund erstaunt auf Bert. Der steht auf und tritt ihr noch einmal ganz fest auf den Fuß. Mara rückt erschrocken mit dem Stuhl zurück. Sie steht ebenfalls auf. Bert kann Maras Fuß nicht mehr erreichen. Er stößt jetzt nach Maras Knie. Sie wird böse, schaut Bert vorwurfsvoll an und wechselt den Platz. Bert fordert anschließend verschiedene Kinder auf mit ihm zu spielen. Keiner, außer David und der erst nach längerem Fragen, findet sich.*

Lore, Lina und Sonja sind im zweiten Beobachtungsjahr alle drei nun befreundet. Sonja ist dadurch ausgeglichener, weint nicht mehr so häufig. Almut kommt manchmal in diese Mädchengruppe hinein.

Sonja will mit Lore auf die Wippe. Lore wippt aber schon mit Lina. Da sagt Almut: „Ich schaukle mit dir." Almut klettert auf die Wippe von Sonja. Sonja wirkt nicht sehr begeistert, findet aber sonst niemanden. Die beiden wippen zusammen. Almut beginnt unbefangen ein Gespräch darüber, wie man am höchsten wippt. Sonja läßt sich darauf ein. Die beiden unterhalten sich freundschaftlich auf gleicher Ebene. Sonja spricht sie nach den ersten Minuten recht liebevoll mit Almi an, nach ca. 15 Minuten sagt Almut zu Sonja, daß sie aufhören möchte. Sonja, sehr verantwortlich, fürsorglich, gibt die Anweisungen, wie Almut am besten von der Wippe klettert, daß sie nicht herunterfällt.

Die Einbindung der behinderten Kinder in die Gruppe entwickelt sich weiter. Almut hat in David einen zuverlässigen Partner gefunden. Beide können mit anderen Kindern — auch nichtbehinderten — sporadisch oder intensiver im Laufe der Zeit Kontakte aufnehmen. Almut wird in der Gruppe nicht als behindert gesehen. Sie ist eben zeitweise anders als die anderen Mädchen, denen sie vom Alter her nahe steht. Dieses Anders-Sein hat ganz eindeutig auch soziale Hintergründe. Es kommt daher zwar zu keinen engeren Freundschaften, aber die Kontakte werden ausgewogener. Davids Körperbehinderung ist offensichtlich. Wenn Davids Äußeres akzeptiert werden kann, wenn also Ekel, Abwehr überwunden werden können bzw. gar nicht aufkommen, ist er, dank seiner Geschicklichkeit, ein gleichwertiger Spielpartner und vielen Unternehmungen der Kinder gewachsen. Natürlich kann er z. b. beim Seilziehen nur mit einer Hand anfassen, ist daher in dieser Situation nicht so stark und erlebt Frustrationen. Aber im Basteln oder Bauen ist er ungemein geübt.

Miriam ist die „Kleine", wird als Baby benutzt, zum Bemuttern und Betütteln; sie kann aber auch etwas „vorlesen", wie das Beispiel mit Björn zeigt, also Situationen aktiv gestalten. Mara hat es aufgrund ihrer Behinderung schwer, in die Gruppe zu finden. Es dauert besonders, da sie sich gegen das Hörgerät wehrt und auch sonst sehr eigenwillig ist. Die anderen Kinder können sie nicht so bemuttern. Es ist Geduld erforderlich und Eingehen auf ihre Eigenarten, um zu ihr Kontakt zu bekommen, was den Kindern allgemein im Kindergarten noch nicht möglich ist. Die Erzieherin ist hier besonders gefragt, z. B. im Sprachverhalten als Vorbild für die Kinder.

Björn „bekommt alles, ohne was dazu tun zu müssen". (Die Erzieherin meint, so empfinde es Almut zum Beispiel.) Er kann weniger als alle anderen Kinder selbst aktiv werden (außer weinen, schreien) und doch hat er eine starke Funktion in der Gruppe. Als Ruhepol kann man sich darauf verlassen, daß er da ist und in seiner Nähe meist auch eine Bezugsperson. Björn erfährt durch sein Dabeisein in der Gruppe eine Herausforderung und seine Grenzen. Manches wird mit ihm selbstverständlicher gemacht als in einem wohlbehüteten Zuhause.

Durch die direkten und offenen Fragen der Kinder nach Björns Anders-Sein und Entwicklungsmöglichkeit, wurden die Bezugspersonen immer wieder herausgefordert, Stellung zu nehmen und Antworten zu geben. Der Prozeß der Auseinandersetzung mit Behinderung und das Suchen nach Erklärungen, was Integration sein kann, gerade in Bezug auf ein schwerbehindertes Kind, wurde häufig durch die Kinder in Gang gebracht, ist durch sie lebendig geblieben.

Trotz der zentralen Rolle der Gruppenleiterin, die emotionaler Bezugspunkt ist, haben die Kinder großen Freiraum für Kreativitätsentfaltung und Selbstbestimmung. Die Betreuerinnen geben Hilfen und machen Angebote, stellen sich auf die Bedürfnisse der einzelnen Kinder ein, und die Gruppenleiterin koordiniert die verschiedenen Möglichkeiten und Ansprüche immer wieder so, daß auch gemeinsame Aktivitäten aller möglich werden.

2.4 Rückkopplungstagung mit den Erzieherinnen

Die in 1.4.3 beschriebene Rückkopplung der laufenden Beobachtungen mit den jeweiligen Gruppenleiterinnen ist in die Ausführungen zu den „Entwicklungsverläufen", den „Erscheinungsweisen der Interaktionen" und der „Struktur und Dynamik der Gruppe" bereits mit eingeflossen. Nach Abschluß der Beobachtungsphase und Auswertung der beobachteten Interaktionen wurde eine Rückkopplungstagung mit den beteiligten Praktikern durchgeführt. Das Treffen zum Zwecke einer dialogischen Konsensbildung sollte sich an den den „Erscheinungsweisen der Interaktionen" zugrundeliegenden Beobachtungssequenzen orientieren.

Das Anliegen der wissenschaftlichen Begleitung war es, mit den Beteiligten des Modellversuchs Ergebnisse zu diskutieren, gemeinsame Interpretationen zu finden und die Übereinstimmungen, Differenzen und daraus resultierenden Veränderungen und Ergänzungen abzuklären, um eine grundsätzliche Einigung über die Darstellung zu erzielen. Wir arbeiteten in Kleingruppen und im Plenum. Die Diskussion im Plenum wurde aufgenommen, das abgeschriebene Tonbandprotokoll ausgewertet. Dabei kristallisierten sich bei dem pädagogischen Austausch verschiedene Schwerpunkte heraus. Neue, weiterführende Gedanken wurden angeregt und thematisiert, die Einblick geben in grundsätzliche und praktische Fragen zu integrativer Erziehung sowie in die Erfahrungen mit wissenschaftlicher Begleitung und die Hoffnungen und Erwartungen, die daran geknüpft sind.

2.4.1 Unterschiede und Gemeinsamkeiten der integrativen Kindergartenarbeit

Erstes Anliegen der Praktiker war der Austausch der drei Kindergärten über ihre Arbeit und deren Bedingungen. Da ein Treffen in vergleichbarer Zusammensetzung bis dahin nie stattgefunden hatte, war das Bedürfnis sehr groß, Vorstellungen und Phantasien über die Arbeit der anderen Einrichtungen an konkreten Fragestellungen zur praktischen Arbeit zu überprüfen.

Die Kristallisationspunkte der Diskussion können zusammengefaßt werden unter dem Thema: Wie wirkt sich die weltanschauliche und strukturelle Ausgangslage einer Einrichtung auf deren Organisation und Anspruch an eine integrative Erziehung aus? Welche Unterschiede und Gemeinsamkeiten zwischen den Einrichtungen gibt es aus der Sicht der Mitarbeiter?

Die Praxis einer Einrichtung, behinderte Kinder, bevor sie in die integrative Gruppe kommen, ein Jahr in der Sondergruppe zu betreuen, wurde erörtert. Die Argumente für und gegen eine solche Regelung waren:

— ,,Bei dem bestehenden Personalschlüssel ist das Personal in den gemischten Gruppen nicht oder nur am Rande in der Lage, eine intensive Anfangsphase mit den (behinderten) Kindern durchzumachen, um einen individuellen Förderplan zu erstellen."

— ,,Wir müssen innterhalb der integrativen Gruppe Regelungen finden, um Einstiegsschwierigkeiten, die behinderte Kinder oder Gruppen haben, zu überwinden. Es gibt andere Möglichkeiten als die Sondergruppen. Für nichtbehinderte Kinder, die Einstiegsprobleme haben, sind auch keine besonderen Gruppen da, in denen sie gruppenfähig gemacht werden."

— ,,Es ist zwar gut, von Kollegen in der Sondergruppe zu wissen, was das behinderte Kind kann, was es gerne macht. Im Prinzip ist es aber für das Kind doch wieder ein neuer Einstieg, wenn es in die integrative Gruppe kommt, weil alles neue Kinder sind, eine große Gruppe und neue Bezugspersonen. Man weiß nicht, wie es dann sich verhalten wird."

— ,,Besser wäre es, in den integrativen Gruppen nicht an der starren Zahl zehn nichtbehinderte und fünf behinderte Kinder zu hängen und flexibler sein zu können."

Über die Frage nach Sinn und Zweck detaillierter Förderpläne kam es zu Klärungs- und Abgrenzungsversuchen der Begriffe „sozial-integrative Erziehung" und „Förderung":

— „Der soziale Aspekt des Lernens in integrativen Gruppen ist das Wichtigste, z. B. ist
Sich-Geborgenheit-holen auch Lernen."

— „Kinder lernen, wenn sie von ihrer Behinderung her in der Lage sind, viel eher von den anderen Kindern als vom Erzieher. Das ist wie in den Regelgruppen."

— „Die integrative Einrichtung hat die Richtlinien einer Sondereinrichtung zu erfüllen und dazu gehören auch spezielle individuelle Förderprogramme und Erziehungspläne sowie deren Durchführung."

— „Sozial-integrative Erziehung heißt nicht, keine Förderung, sondern sie beinhaltet ein Verständnis von Förderung, die sich zwar am Individuum orientiert, die aber innerhalb der Gruppe in den Erziehungsalltag einfließt. Die Förderung passiert nicht, indem der Erzieher zum Kind sagt: „Komm, wir laufen in die Küche und probieren, daß du das alleine schaffst." Es geht einfach so, daß, wenn die Kinder rausgehen, der Klaus eben nachlaufen will, weil er bei den anderen Kindern sein will, und ich als Erzieherin ihn dabei unterstütze. Es läuft selbstverständlichere Förderung."

— „Der Förder- und Erziehungsplan muß natürlich in den Köpfen der Erzieher sein. Die Reflexion geschieht durch Supervision, Team-Besprechungen."

— „Die pädagogische Förderung muß bei jedem Kind miteinbezogen werden. Die nichtbehinderten brauchen die Unterstützung ebenso in der ihnen gemäßen Form und auch Förderung wie die behinderten Kinder."

Ein Anspruch auf spezielle Förderung wurde in der Frage: „Was macht der Erzieher mit dem behinderten Kind in der integrativen Gruppe Besonderes?" zum Ausdruck gebracht. Für die Erzieherinnen, die davon ausgehen, sich jedem Kind entsprechend in ihrem Erziehungsverhalten einzustellen, gibt es diese Fragestellung so nicht, sondern eher umgekehrt die Frage: Muß denn überhaupt etwas Besonderes gemacht werden? Integration heißt doch gerade, nichts Besonderes zu sein. Aus den Erörterungen wurde schließlich eine entscheidende Erkenntnis gewonnen. Bei den unterschiedlichen Ausgangslagen der Einrichtungen treffen auch unterschiedliche Vorstellungen der Träger von Integration aufeinander, die sich dann auf die Praxis auswirken. Ist eine Einrichtung zum Zwecke der integrativen Erziehung von einem Träger gegründet und stimmen die Ziele des Trägers und die der Mitarbeiter grundsätzlich überein, ist ein gemeinsames Konzept erarbeitet und haben die Mitarbeiter Teil an der Entscheidung für neue Kollegen und die Gelegenheit zu Supervision, so gestaltet sich die integrative Praxis anders, als in einer Einrichtung, die ursprünglich auf Regelgruppen einerseits und Sondergruppen andererseits angelegt war.

Die Feststellung der wissenschaftlichen Begleitung, daß sich in den Beobachtungen der Interaktionen der Kinder keine Unterschiede ergeben haben, die für die Einrichtung spezifisch waren, wurde als wichtige Aussage gewertet. Es scheint danach so zu sein, daß unter bestimmten Grundvoraussetzungen, was Gruppengröße und Zusammensetzung sowie personelle Besetzung anbelangt, die Interaktionsprozesse in allen Gruppen, die beobachtet wurden, vergleichbar sind.
Die Unterscheidung der Einrichtungen — bspw. des Betriebsklimas oder des pädagogischen Selbstverständnisses — scheint sich aus der weltanschaulichen Orientierung zu ergeben. Der in dem Konzept einer Einrichtung verankerte Anspruch, integrative Erziehung als politisches, gesellschaftsveränderndes Handeln zu verstehen, die Normen wie Leistung und Normalität zu hinterfragen, verbindet Träger und Mitarbeiter in einer gemeinsamen

Utopie. Das ist nicht in allen Einrichtungen der Fall. Dennoch scheint allen Teilnehmern bewußt zu sein, daß pädagogisches Handeln immer auch politisches Handeln ist, da Erziehung Normen für den Umgang miteinander vermittelt. In diesem Zusammenhang wurde die Frage aufgeworfen, ob Integration nicht auch als reaktionäres Handeln gesehen werden könnte. Z. B. wenn es dabei um die Eingliederung unliebsamer Gruppierungen geht, um diese unter Kontrolle zu haben oder man sich eventuell nur dafür entscheidet, wenn es finanziell günstiger ist.

Es wurde mit viel Empathie füreinander herausgearbeitet, daß die jeweiligen strukturellen und institutionellen Bedingungen entscheidend das Verständnis der integrativen Arbeit bestimmen. Dabei müssen die realen Interaktionen der Kinder nicht unmittelbar von diesen Unterschieden betroffen sein, sie wirken sich eher auf das Team und dessen Selbstverständnis aus. Bei Uneinigkeit bzw. Skepsis der Trägerschaft kann sich eine gemeinsame Zielvorstellung schwerer entwickeln, es muß u.U. ohne diese Gemeinsamkeit gearbeitet werden und dies belastet stärker.

Integration wird von den Teilnehmern als Prozeß gesehn, nicht als etwas einmal Erreichtes und Fertiges verstanden. Aus den Erfahrungen des Modellversuchs sind es also verschiedene Ebenen, auf denen sich der Prozeß innerhalb einer Institution bewegen kann:

— Integrationsvorstellungen können unter strukturell desintegrierten institutionellen Bedingungen in Einigungsprozessen zwischen Eltern und Team realisiert werden. Es benötigt einen hohen Aufwand an Energie, um mit den starken Widersprüchen leben zu können. Zu inhaltlichen Auseinandersetzungen im Team fehlt daher oft die Kraft.

— Integrationsvorstellungen sind im Team als unbewußte Selbstverständlichkeit vorhanden. Der Träger hat oft äußerliche Gründe, Integration zu unterstützen, hält sich aus der pädagogischen Praxis heraus und gibt der Leitung eine starke Rolle für die inhaltliche pädagogische Orientierung des Teams.

— Integrationsvorstellung und Praxis entwickeln sich über offen ausgetragene grundsätzliche Einigungsprozesse zwischen Träger und Team. Das Team ist in diesem Fall bewußt beteiligt und reflektiert die gemeinsame Arbeit in gemeinsamer Fortbildung und Supervision.

2.4.2 Spezifische Situationen und spezifisches Erzieherverhalten

Durch die Tatsache, daß wir während der zweijährigen Beobachtungen in einem laufenden Rückkopplungsprozeß mit den Gruppenleiterinnen waren, gab es keine grundsätzlichen Differenzen bei den beobachteten Sequenzen in den von uns vorgelegten „Erscheinungsweisen der Interaktionen". Auch die phänomenologische Aufbereitung des Interaktionsmaterials wurde als eine rein auf der Wahrnehmungsebene zu verstehende Orientierung und Beschreibung akzeptiert.

Die Diskussion konzentrierte sich auf die „Komplexen Interaktionen" (2.2.4) und die „Gemeinsamen Aktivitäten mit der Erzieherin" (2.2.5).

Es wurde deutlich, wie wenig es gerade beim integrativen Erziehungsprozeß darum gehen kann, festgelegte, einmal gelernte Verhaltensmuster auf Abruf zur Verfügung zu haben und umzusetzen. Vielmehr wird die pädagogische Qualifikation darin gesehen, zwischen verschiedenen Möglichkeiten immer wieder diejenige auswählen zu können, in der die eigenen Bedürfnisse und die der Kinder oder der Gruppe adäquat aufgehoben sind.

Die Schwerpunkte der Ausführungen zu den einzelnen Erscheinungsweisen waren folgende:

Das Beobachten dessen, was Kinder, die sonst nie zusammen sind, im *zufälligen Miteinander* (vgl. 2.2.4.1) machen, kann für den Erzieher ein Anstoß sein, solche zufälligen Impulse aufzunehmen, um später auch ähnliche Situationen zu unterstützen oder zu initiieren. Auf diese Weise ergibt sich die Chance, daß Kinder sich mit Hilfe der Erzieherin aufeinanderzu entwickeln können.

Zuwendung, Nähe, Zärtlichkeit suchen/geben (vgl. 2.2.4.2) und *Versorgen* (vgl. 2.2.4.6) spielen in integrativen Gruppen eine große Rolle. Das Umgehen mit und das Zugehen auf behinderte Kinder ist oftmals mehr von körperlichem Kontakt geprägt als in einer Regelgruppe. Die Erzieherin kann in Zwiespalt geraten zwischen ihren persönlichen Empfindungen und einem von ihr pädagogisch als sinnvoll erachteten Handeln. Ein Austausch mit Kollegen oder Supervision können die Möglichkeit eröffnen, über die pädagogischen Grenzen in der Arbeit zu sprechen, um z. B. eigene Schwierigkeiten mit Zärtlichkeit zu bestimmten Kindern zuzulassen und Differenzen zwischen den pädagogischen Vorstellungen und den eigenen Bedürfnissen aushalten zu lernen.

Die Versorgungstendenzen der Kinder sollten auch als Signal genommen werden, das eigene Defizite der Versorgung anzeigt. Im Umschlagen vom Versorgen in aggressives Handeln wird dies z. B. ersichtlich.

Bei *Gemeinsamen Aktivitäten* der Kinder *mit Bezug auf die Bedürfnisse des anderen* (vgl. 2.2.4.3) spielt üblicherweise die Erzieherin im Interaktionsprozeß keine Rolle. Das sieht anders aus, wenn sie merkt, daß sich die Aktivität nicht oder nicht mehr auf die Bedürfnisse aller beteiligten Kinder bezieht (vgl. 2.2.4.4). Dann sollte sie strukturierende Hilfsangebote in Erwägung ziehen. In diesem Zusammenhang wird die Notwendigkeit der altersgemischten Gruppenzusammensetzung betont, um möglichst für alle Kinder gemeinsame Aktivitäten entstehen lassen zu können. Die Erzieherin muß bei Interaktionen, die den Charakter von *Ausweisen, Ausgrenzen, Abgrenzen* (vgl. 2.2.4.5) haben, einschätzen können, wann ein Kind wichtige, wenn auch schmerzliche Erfahrungen macht und seine Frustrationstoleranz erweitern kann und wann sie helfend eingreifen sollte. Hierbei muß sie auch sensibel sein für Spielprozesse, die nicht gestört werden dürfen und einem Kind u.U. die Erfahrung vermitteln, daß es nicht immer und überall mitspielen kann. In jedem Falle sollte sie abgewiesenen Kindern zeigen, daß sie von ihr wahrgenommen werden. Sie kann nicht von nichtbehinderten Kindern z. B. erwarten, daß diese die

Verantwortung für die Einbeziehung behinderter Kinder übernehmen.
Es wurde deutlich, wie sehr auch die Erzieherin sich davon freimachen muß, Integration als ständige Gemeinsamkeit zu verstehen. Weder in Familien noch im Regel- oder Sonderkindergarten sind alle Kinder immer in Interaktion miteinander.
Erzieherinnen haben häufig unterschiedliche Empfindungen, wenn ein behindertes oder ein nichtbehindertes Kind von anderen abgewiesen wird. Die angelernten Mitleidsgefühle Behinderten gegenüber sind schwer auszuschalten. Es besteht dadurch die Gefahr, behinderte Kinder wieder in eine Sonderstellung zu bringen, deshalb sollte sie sich um einen selbstverständlicheren Umgang mit Behinderten bemühen. *Gemeinsame Aktivitäten mit der Erzieherin* (vgl. 2.2.5) sind z. B. bei stark bewegungsbeeinträchtigten oder unruhigen und aggressiven Kindern sinnvoll. Die Erzieherin hat die Möglichkeit, ein Spiel etwa mit einem Kind zu initiieren, indem sie sich mit diesem Kind zurückzieht oder es so arrangiert, daß andere Kinder hinzukommen können. Sie kann sich aber auch mit einem Kind zusammen in eine Gruppenaktivität einbeziehen lassen oder u.U. sich selbst einfädeln:

> *"Constanze (vgl. 2.2.3.2 c)) spielt gern Memory. Sie geht zu den spielenden Kindern hinzu, will mitspielen, kann sich aber nicht an die Regeln halten, dreht dauernd alle Kärtchen um.*
> *Die Kinder sagen: "Du bist nicht an der Reihe!"*
> *Sie sind zwar einverstanden, daß sie mitspielt. Aber, da sie gegen die Regeln verstößt, die sich die anderen gegeben haben, schmeißt irgendein Kind dann mal alle Kärtchen aus Wut durcheinander und geht weg.*
> *Wenn ich so eine Situation sehe, gebe ich Constanze Hilfestellung und sage: "Kann ich auch mitspielen?" Und so wird das Spiel gemeinsam weitergeführt.*
> *Wenn die Kinder sagen: "Nein, wir spielen jetzt alleine!" dann versuche ich, Constanze etwas anderes anzubieten".*

"Claudia (vgl. 2.2.2.1 b)) kann alleine bei Tischspielen ja nicht mitmachen. Da muß jemand von den Erwachsenen dabei sein.
Ich hatte die Claudia auf dem Arm und die Kinder fragten mich, ob ich mitspiele — nur ich jetzt. Ich fragte, ob Claudia dann auch mitspielen könne. Sie überlegten eine Weile und sagten dann ja. Claudia würfelte und ich machte das andere.
Wenn die Kinder gesagt hätten, sie könne jetzt nicht mitspielen, hätte ich z.B. Claudia in ihren Stuhl setzen oder einer anderen Erzieherin geben können."

2.4.3 Austausch über die wissenschaftliche Begleitung und die Relevanz der Ergebnisse

Der Austausch über die wissenschaftliche Begleitung hat eine sehr spezifische Bedeutung für die an dem Projekt beteiligten Personen. Die Aussagen dazu sind aber auch von Interesse für die Frage nach der Rolle, die Forscher und Praktiker spielen. Die Zusammenarbeit der beiden wird immer auch von Verschmelzungswünschen oder entfremdet erlebten Situationen begleitet. Wie nahe kann oder darf ich dem anderen sein? Wann bin ich objektiv, wann bin ich nur Objekt? Was für einen Sinn hat Forschung? Solche Überlegungen kommen auf, selbst wenn oder gerade weil die wissenschaftliche Begleitung auf dem Wissen um Subjektivität eigener Wahrnehmung und dem Anspruch auf Achtung der Subjektivität des anderen basiert und einem kritischen handlungsorientierten Forschungsverständnis verpflichtet ist.

In der Feedbackrunde wurde zur wissenschaftlichen Begleitung folgendes zum Ausdruck gebracht:
Die Erzieherinnen:

> — ,,Ich fand die Beobachtungen deshalb so wichtig, weil ihr Kinder beobachtet habt, die wir oft ganz anders

gesehen haben. Für mich war das dann immer auch eine Motivation, neu auf das Kind zuzugehen und das Kind auch mal anders zu sehen."

— „Ich denke, es war ganz wichtig für mich, daß man ein Vertrauensverhältnis zu euch, die ihr bei uns in der Einrichtung wart, aufgebaut hatte. Da war es für mich dann wesentlich einfacher, mit dem Beobachten umzugehen und hinterher auch für mich Erfahrungswerte daraus zu ziehen."

— „Ich fand das auch wichtig, daß innerhalb der Einrichtung durch eure Personen keine Konflikte aufkamen."

— „Ich war am Anfang auch ein bißchen skeptisch mit der ganzen Sache. Ich habe mir gedacht, daß durch die Beobachterrolle die Situation der Kinder verändert wird und dann auch meine eigene, mein eigenes Handeln irgendwie beeinflußt wird. Gut fand ich, daß ihr so in den Hintergrund getreten seid. Nicht die Beobachterrolle jetzt im Gruppengeschehen ausgespielt, sondern mit den Kindern auch mal was gemacht habt und über Situationen beobachtet habt. Von daher war der Tagesablauf nicht verändert."

— „Ich hatte am Anfang ein bißchen Schwierigkeiten mit meinen Erwartungen. Vom Kopf her hatte ich den Wunsch nach Supervision. Da mußte ich ganz schön dran knabbern, daß es das eben nicht ist. Ansonsten war es auch so ein Anstoß zu schauen, mehr hinzuschauen. Jetzt nicht nur, wenn ihr da wart, sondern auch zwischendurch. Ich glaube, daß ich dadurch nicht ganz so schnell in einen Trott reingekommen bin."

Die Beobachterinnen:

> — „Es war ziemlich schnell klar, daß wir uns da verschätzt haben, inwieweit unsere Anwesenheit die besondere Aufmerksamkeit der Kinder erregt. Das war eigentlich sehr schnell erledigt. So nach dem zweiten dritten Mal. Da war nicht mehr der Überraschungseffekt. Die Kinder waren an Erwachsene gewöhnt."
>
> — „Was ich wesentlich schwieriger fand war, wenn man das Gefühl hatte, aktuell passiert was mit dem Kind, was vielleicht nicht gut für es ist. Da sich zurückzuhalten war schwierig. Wir haben das dann immer anschließend besprochen."
>
> — „Ich hatte mehr Schwierigkeiten mit dem Beobachten der Kinder in bestimmten Situationen. Ich spürte manchmal, eigentlich dürfte ich jetzt nicht schauen: das ist zu intim oder so. Oder ich merkte, daß Kinder merken, daß ich gucke. Das waren Situationen, in denen es mir manchmal peinlich war."
>
> — „Anfangs war es auch schwierig, wenn die Kinder fragten, was wir machen oder wenn ein Junge kam, den ich beobachtet hatte und sagte: „So, schreib jetzt mal auf, der Heiko hat gerülpst."
>
> — „Als wir mal die Augen zugebunden bekommen haben, war ich ziemlich irritiert."
>
> — „Schön war, daß ich immer das Gefühl hatte, willkommen zu sein.

Im Rückblick auf die Zeit der wissenschaftlichen Begleitung und mit den Überlegungen zu den Ergebnissen ist für die Teilnehmer die Frage verbunden, was dieses Forschungsvorhaben, das von ihnen als gemeinsames Anliegen von Wissenschaft und Praxis verstanden wird, über die persönliche und berufliche Erfahrung hinaus bewirken kann. Wir hatten glücklicherweise nicht den Auftrag, in einer Vergleichsunteruntersuchung zu beweisen, was nicht zu beweisen ist, nämlich daß Integration auf alle Fälle besser ist als getrennte Erziehung von behinderten und nichtbehinderten Kindern. Wir wissen aber, daß die Beweisfrage von Gegnern und Skeptikern der Integration immer wieder gestellt werden wird. Möglicherweise haben auch Träger der beteiligten Einrichtungen die Hoffnung, ihre Unsicherheit und Skepsis mit „Beweisen" aus dem Forschungsbericht verringern bzw. ausräumen zu können.

Wir haben Interaktionen zwischen behinderten und nichtbehinderten Kindern beobachtet, reflektiert, einzuordnen versucht und beschrieben und können sagen, daß es gemeinsame Prozesse des Lernens zwischen behinderte und nichtbehinderten Kindern gibt, und daß dies etwas Sinnvolles ist. Wem nutzen nun diese Ergebnisse? Neben Diskussions- und Argumentationsgrundlagen für integrative Erziehung auf allgemein gesellschaftlicher, bildungspolitischer und pädagogischer Ebene könnten sie ihre Wirkung auf Aus- und Fortbildung von Erziehern haben.

In diesem Zusammenhang wurde die Notwendigkeit betont, zukünftig nicht zwischen Sonder- und Regelausbildung zu unterscheiden — d.h. zu trennen statt zu integrieren — sondern *eine Erzieherausbildung* anzustreben.

Es wurde die Hoffnung ausgesprochen, Erzieherinnen auch theoretisch — über einen solchen Forschungsbericht — auf bestimmte Situationen, mit denen sie bei integrativer Erziehung zu tun haben werden, auf die Praxis vorbereiten zu können.

Große Bedenken gab es bezüglich des Mißverhältnisses zwischen Anspruch und Anforderung an die Qualitikation des Erziehers und der gesellschaftlichen Anerkennung dieses Berufes, was sich auch in der Dotierung ausdrückt.

Die Ausbildung wird immer umfangreicher, mittlerweile sind es fünf Jahre, d.h. zehn Semester. Wenn man aber das Gehalt der

Erzieherin mit dem eines Grundschullehrers vergleicht, verdienen Erzieherinnen die Hälfte. Bedenkt man dann noch die Arbeitszeit einer Erzieherin, so wird die Benachteiligung unübersehbar.

Es tauchte immer wieder das Anliegen der Erzieherinnen auf, mit den bereits in den vorläufigen Richtlinien für integrative Gruppen in Sonderkindergärten und Regelkindergärten im Lande Hessen enthaltenen Rahmenbedingungen flexibler umgehen zu können. Gerade im Zusammenhang mit den günstigen Bedingungen der Sondereinrichtungen sollte darauf geachtet werden, daß man nicht hinter das, was schon für die Behinderten im Elementarbereich erreicht worden ist, zurückgeht und Integration lediglich als Sparmaßnahme attraktiv ist. Die Gruppengröße mit zehn nichtbehinderten und fünf behinderten Kindern sollte nicht als starre Regelung gesehen werden. Die Möglichkeit, vorübergehend oder langfristig unter bestimmten Bedingungen, die unter Umständen zu begründen wären (wie besonders schwierige Kindergruppen oder/und Ablösungsprobleme), Gruppen mit nur zehn Kindern oder weniger einzurichten, muß gewährleistet sein.

Das Personal darf nicht direkt von der Zahl der Kinder bzw. der bislang festgelegten Relation Erzieher/Kinder abhängig gemacht werden. Mit der Frage, ob zwei oder drei Betreuer in der Gruppe sein sollten, wird nun gelassener und differenzierter umgegangen, als zu Beginn der Integrationsarbeit. Man sollte nicht das, was andere machen, kopieren wollen. Jede Einrichtung sollte ihren eigenen Erfahrungen, die sie aufgrund bestimmter persönlicher und institutioneller Bedingungen entwickeln konnte, entsprechende Regelungen treffen und diese Vorstellungen auch als veränderbar betrachten.

3 SCHLUSSFOLGERUNGEN

3.1 Integrative Prozesse auf psychischer Ebene

3.1.1 Kinder

Die Entwicklungsprozesse der Kinder und Gruppen geben deutliche Hinweise, wie sehr Integration von den individuellen Möglichkeiten der jeweiligen Beteiligten abhängig ist. Neben Kindern, die unbefangen auf andere, auch behinderte Kinder zugehen können, gibt es Kinder, die dazu zunächst einmal nicht in der Lage sind. Bei vielen der von uns beschriebenen Kinder ist ersichtlich, wie sehr die Akzeptanz oder weitergehend die Zuwendung zu und das Eingehen auf andere Kinder — also ihre Integration in das Bezugsfeld des jeweiligen Kindes — von dem Prozeß der eigenen Identitätsfindung abhängt. Damit ist gemeint, in wieweit die Kinder in der Lage sind, sich selbst zu akzeptieren, inwieweit sie fähig sind, mit ihren Bedürfnissen und Ängsten so umzugehen, daß sie zu einem gewissen Selbstwertgefühl und zu einer befriedigenden Position in der Gruppe finden können.

— Innerpsychische Integrationsprozesse im Zusammenhang mit Behinderungen bei anderen Kindern

Manche der drei- bis vierjährigen Kinder, die neu in den Kindergarten kommen, scheinen Behinderungen bei (anderen) Kindern nicht als bedeutsame Besonderheit zu bemerken. Sie selbst sind häufig in einer schwierigen Phase: der ersten längerdauernden Loslösung von den nächsten Bezugspersonen, u.a. der Mutter. Diese Phase wird oft von Verlassensängsten und Positionssuche begleitet.
Daraus kann sich ergeben, daß gerade sie die Nähe der behinderten Kinder suchen, weil sie deren Situation wie ihre eigene „interpretieren", d.h. eigene Emotionen mittels Projektion in dem behinderten Kind wiederfinden: Klein-Sein, Zuwendungsbedürftigkeit. In der (teilweisen) Identifikation mit dem behin-

derten Kind können sie einerseits evtl. von der Versorgung dieses Kindes durch die Erzieher profitieren oder sie können das behinderte Kind „instrumentalisieren", indem sie in enger Beziehung zu ihm die vermißte Geborgenheit suchen und finden. Zwar wird in einer solchen Beziehung nicht das behinderte Kind als *eigenständiger* Partner erlebt; ob es selber davon profitiert, wird sich erst in der je konkreten Situation entscheiden lassen. Wichtig ist uns hier der Hinweis, daß ein verunsichertes Kind in einer solchen Beziehung die Möglichkeit finden kann, sich über seine Position in der zunächst unvertrauten Lebenswelt sicher zu werden.

Mit wachsender Differenzierungsfähigkeit und deutlicher werdenden Entwicklungsabständen nehmen viele Kinder die Behinderung bei anderen allmählich als (bleibende) Besonderheit wahr. (Bei manchen Kindern ist dies bereits beim ersten Kindergartentag der Fall, bei manchen anderen Kindern ist es aber auch am Ende ihrer Kindergartenzeit für Außenstehende nicht ersichtlich, wieweit sie sich damit befassen.)

Die Erfahrung des Anders-Seins kann für Kinder eine Verunsicherung ihrer bisherigen Erlebniswelt bedeuten. (Sie kann, besonders bei einem noch stark egozentrischen Weltbild, zu angstmachenden Einbrüchen führen.) Viele Kinder suchen in dieser Situation nach Vorstellungen über das Funktionieren oder die Bedeutung des Anders-Seins, sie imitieren behinderte Kinder, probieren deren Rollen aus.
In der Identifikation mit dem anderen, unbekannten im behinderten Kind können so eventuell damit verbundene Ängste ausgelebt und aufgefangen werden und verunsichernde Erfahrungen in die eigene Erlebniswelt integriert werden. Auch ein anderer Umgang mit der eigenen Unsicherheit ist möglich: behinderte Kinder (auch aggressiv) zu provozieren, kann das Interesse am Kennenlernen ihrer Besonderheit zum Ausgangspunkt haben.
Bei einem Kind, das sich keiner prinzipiell gesicherten sozialen und emotionalen Basis vergewissern kann, können sich eigene

Identitätsprobleme in einem Ausmaß summieren, daß es sich gegen jede weitere Verunsicherung abschottet; Ignoranz oder Ablehnung von behinderten Kindern können unter Umständen seine einzige Möglichkeit sein, seine labile psychische Balance festzuhalten. Auf der anderen Seite ist jedoch auch gerade die Erfahrung größter individueller Verschiedenheiten ein Angebot, sich mit den eigenen Bedürfnissen auszusöhnen und darüber einer relative Selbstsicherheit zu gewinnen.

Über das hinaus, was Behinderung als eine *neue* Erfahrung bei Kindern (re)aktivieren kann, können *Besonderheiten* (behinderter) Kinder zum Spiegelbild eigener Anteile werden:

Ein Kind in relativer Unselbständigkeit kann von einem anderen Kind als die Repräsentation seiner eigenen Versorgungs- und Zuwendungsbedürftigkeit gesehen werden. Vielfach ist dies der Inhalt von „Baby"-Spielen mit einem behinderten Kind, in der das andere Kind als „Mutter" seine Versorgungsbedürfnisse in der Umkehrung auslebt. Zwar besteht in diesen Spielen sowohl die Gefahr, daß das Kind in der Mutterrolle Momente der Selbständigkeit des behinderten Kindes unterdrückt, als auch sich in seiner eigenen Versorgungsbedürftigkeit umso fester etabliert. Andererseits können solche Spiele jedoch auch die Chance bieten, daß zum einen das verpflegte Kind sich gegen einen Angriff auf seine Eigenständigkeit wehren lernt, zum anderen kann das versorgende Kind darin die eigene Bedürftigkeit in befriedigender Weise ausleben und verarbeiten, vielleicht darüber offener für andere Weisen der Zuwendung werden.

Ein Kind, das z.B. durch seine Behinderung die besondere Pflege und Betreuung der Erzieher auf sich zieht, kann sich für ein anderes, emotional zuwendungsbedürftiges Kind auch als unmittelbares Identifikationsobjekt darstellen. Die Antwort darauf kann sowohl der enge Anschluß an das behinderte Kind sein, um von der ihm zugewandten Aufmerksamkeit (stellvertretend) mitzuprofitieren. Es können aber auch Aggressionen gegen das behinderte Kind entwickelt werden; ein Kind kann die Wut auf seine emotional versagende Umgebung an dem emotional Versorgten, d.h. an dem eigenen, nicht erfüllten Wunschbild auslassen. Dies wird zum Teufelskreis, wenn eine strafende Umgebung eine immer größere Entfernung zur erwünschten emotionalen Bedürfnisbefriedigung schafft. Die Aggressionen des Kindes können jedoch auch in positivem Sinne gewendet werden, wenn das Kind im Ausleben seiner unterdrückten Wut verstanden wird; dann besteht die Chance, daß es bisher abgespaltene Anteile aufnehmen kann und im ausgelebten Gegensatz zu der unbefriedigenden Umwelt die eigene Stärke finden kann, die ihm eine Entwicklung hin zu größerer Durchsetzungsfähigkeit und Unabhängigkeit erlaubt.

Möglicherweise führt auch die Identifikation mit dem umsorgten Kind zur offenen Regression eines anderen, emotional bedürftigen Kindes — „offen" in dem Sinne, daß das Kind im Extremfall in die „Baby"-Rolle, allgemein auf eine Stufe der Unselbständigkeit zurückfällt, die bereits einmal überwunden war oder schien. Kann diese Regression zugelassen werden — gerade in einer integrativen Gruppe, in der das sogenannte Normale weniger Gültigkeit hat — dann können unbewältigte psychische Krisen jener Phase (z.B. Trennungserfahrungen und ähnliche Vertrauenskrisen) ausgelebt und neu bearbeitet werden. Auf diese Weise besteht die Möglichkeit, die Regression im Dienste des ICHs positiv zu bewältigen und verdrängte oder verleugnete Erfahrungen zu integrieren; die bisherige Abspaltung nicht gewürdigter Anteile kann mit dem Erleben, daß sie weder verpönt sind noch bestraft werden, aufgehoben werden. Im Rahmen emotionaler Sicherheit ist so die Regression des Kindes die unmittelbare Vorstufe seines nächsten Entwicklungsschrittes.

In einer solchen oder ähnlichen, auch nur teilweisen Identifikation mit einem behinderten Kind kann sich auch die Ambivalenz gegenüber dem eigenen Wachstum geltend machen: Neben der Befriedigung und dem Stolz auf das eigene Stärker- und Selbständig-Werden, das größere Freiräume verschafft, steht die Trauer um die sich verflüchtigende Phase der ohne die eigene Anstrengung gewährten Zuwendung und Bedürfnisbefriedigung. In der Aufmerksamkeit, die einem besonders betreuungsbedürftigen Kind gegeben wird, kann ein anderes Kind jedoch nicht nur seinen Wunsch nach „kleinbleiben" wiederfinden. Es kann auch aus den meist gegebenen Entwicklungsabständen zwischen ihm und dem behinderten Kind die Erfahrung ziehen, daß die Selbständigkeit, die ihm von seinen Bezugspersonen zugewiesen wird, im Zutrauen auf seine wachsenden Fähigkeiten gründet. Von daher kann sich aus der Ambivalenz gegenüber dem eigenen Wachstum heraus eine größere, dominanter werdende Wertschätzung der eigenen Selbständigkeit entwickeln.

Gelegentlich, besonders wenn in der sozialen Umgebung eines Kindes Behinderung mit Krankheit gleichgesetzt wird, löst die Wahrnehmung von Einschränkungen eines anderen bei dem Kind Beschädigungsängste aus. In der Vorstellung über „Ansteckung" z.B. wird die Behinderung eines anderen Kindes als Bedrohung erlebt. Vermeiden und Abstoßen des behinderten Kindes können die Schutzreaktionen gegen diese Beschädigungsängste darstellen. Es besteht jedoch selbst in dem bloßen Nebeneinander der Kinder die Chance zu erfahren, daß ein behindertes Kind die eigene Unversehrtheit nicht angreift, so daß die Angst vor Beschädigung auch wieder verarbeitet und abgebaut werden kann.

Wird ein Kind stark mit wie auch immer gearteten Leistungsforderungen konfrontiert oder erlebt es eine außerordentliche Idealisierung von Größe und Sträke, kann sich bei ihm auch ein negativer Bezug auf jegliche Form der Schwäche einstellen. Es wird die Seite seines (Noch-)Nicht-Könnens als Minderwertigkeit seines selbst erleben, wird sie negieren. Andere Kinder in relativer Unselbständigkeit können diesen Bezug auf eigene Anteile des Kindes in besonderem Maße aktivieren, wenn das Kind im anderen, behinderten Kind, seine eigene Schwäche repräsentiert sieht. Die Wut auf eigenes Unvermögen (Reaktion auf die narzistische Kränkung, sich als schwach zu erleben) kann sich von daher gegen das behinderte Kind wenden. Es besteht jedoch gerade in einer integrativen Gruppe die Möglichkeit, die eigene Schwäche, verkörpert in der Person eines anderen Kindes, als akzeptabel zu erfahren und sie sich zugeben zu können. Denn die positive Aufmerksamkeit für ein behindertes Kind kann bezeugen, daß schwachsein kein Grund ist, ein Kind abzulehnen.

Der eben beschriebene Mechanismus kann sich auch in allgemeinerem Sinne bemerkbar machen, wenn ein (behindertes) Kind all das zeigt, was das andere Kind im Zuge seiner Sozialisation gerade verlassen hat oder abzulegen gezwungen wurde.
Ein Kind, das durch ein anderes seine gerade erworbenen Normen verletzt sieht (Sauberkeitsvorstellungen, Tischmanieren, Regeln gemeinsamer Spiele und sonstiger Betätigungen), kann besonders aggressiv oder besonders regelhaft fixiert dem die „Ordnung" störenden Kind gegenübertreten. Es kann dies eine Schutzreaktion gegen die Destabilisierung seines ohnehin noch nicht sehr fest etablierten Über-Ich-Gebäudes sein, der Schutz davor, mit dem anderen Kind in eine gerade verlassene Entwicklungsstufe zurückzufallen. Andererseits kann ein Kind durch das Erleben anderer, weniger den Normen entsprechender Kinder auch instand gesetzt werden, flexibler mit den eigenen Normvorstellungen umzugehen; es kann ihm helfen, sich eigene, verpönte Anteile zugestehen zu können, ohne dies gleich als sein Versagen zu erleben.

Kinder, die sehr zu sozial angepaßtem Verhalten angehalten werden, sehen häufig in behinderten Kindern die Aufforderung zu Mitleid, Hilfe, Versorgung. Sie werden in den behinderten Kindern der Gruppe jedoch nicht nur hilflose Objekte der Versorgung finden, sondern auch häufig deren Zurückweisung erleben. Sowohl diese Zurückweisung als auch die Erfahrung, daß in der integrativen Gruppe kein Zwang zum Helfen existiert, kann es den Kindern erleichtern, ein bereits früh entwickeltes „Helfer-

Syndrom" abzubauen; die Akzeptanz und Durchsetzung eigener Bedürfnisse ermöglicht es erst solchen Kindern, die Balance zwischen Distanz und Hilfe zu finden, also in ein angemessenes Verhältnis zu den eigenen Über-Ich-Forderungen zu treten. Nur auf dieser Basis wird auch die Beziehung zu einem behinderten Kind auf die Dauer befriedigend sein.

— Innerpsychische Integrationsprozesse im Zusammenhang mit eigener Behinderung

Die bisher thematisierten psychischen Prozesse k ö n n e n bei Kindern stattfinden, abhängig von deren Entwicklungsstand und psychischen Verfassung. In diesem allgemeinen Sinn gilt es für alle Kinder. Bei Kindern mit Behinderung treten besondere psychische Belastungen hinzu, die die Konstitution und Akzeptanz der eigenen Identität erschweren können. Für uns Außenstehende ist es ungleich schwieriger, diese Prozesse zu beschreiben, zumal dann, wenn wir nur eingeschränkte Verständigungsmöglichkeiten mit einem behinderten Kind finden.
Viele behinderte Kinder zu Beginn des Kindergartenalters scheinen ihre Besonderheit als selbstverständliche Gegebenheit zu betrachten, scheinen sie weder als außergewöhnlich noch als besondere Einschränkung zu erleben. Dies stimmt mit der entwicklungspsychologischen Auffassung überein, daß Kinder, soweit sie noch mehr oder weniger einem egozentrischen Weltbild verhaftet sind, sich selbst, so wie sie sind, als den unzweifelhaften Bezugspunkt ihres Selbsterlebens im Verhältnis zur Außenwelt setzen.

Mit erweiterten kognitiven Fähigkeiten, mit sich häufenden Erfahrungen, der Schwächere zu sein, u.a. aber auch mit differenzierterer Wahrnehmung der (verbalisierten oder nichtverbalisierten) Mitteilungen anderer über die eigene Person und der wachsenden Erfahrung gesellschaftlicher Normen ändert sich die Selbstwahrnehmung dieser Kinder. Vielen wird der Unterschied zu anderen Kindern jetzt schmerzhaft deutlich. Für Kinder, die ihre Behinderung als einschränkende Besonderheit, als Unterschied

zur „Normalität" erfahren, besteht wohl größte psychische Belastung in der schweren narzistischen Kränkung, die sie damit erleben. Die eigene Person muß ihnen, gemessen an den geltenden Maßstäben, die sie in ihrer Sozialisation selbst teilweise verinnerlicht haben, als ungenügend erscheinen.
Die Auseinandersetzung damit ist der grundlegende Faktor für die Identitätsfindung dieser Kinder. Die Integration der (zunächst) schwer zu akzeptierenden individuellen Besonderheit in ein befriedigendes Selbstkonzept ist das „ideale" Ziel einer solchen Auseinandersetzung, die immer wieder stattfinden muß.

Für den Kindergartenalltag erscheinen uns diese Hinweise wichtig, weil viele als ungewöhnlich oder extrem erscheinende Verhaltensweisen mancher behinderter Kinder unter dieser grundlegenden Problematik verständlich werden.
Eine als narzistische Kränkung erlebte Behinderung kann sich als Trauer über das eigene „Unvermögen", als Scham über die „Beschädigung" und „Schwäche" geltend machen. Darin ist die — mehr oder weniger ausgebildete — Vorstellung eines idealen Selbst eingeschlossen, die zu einem emotionalen Zwist mit sich selbst führen kann, soweit sie die Herabwürdigung der eigenen Person beinhaltet.
Dies kann sich in Wut auf sich selbst ausdrücken, wie sie in Selbstaggression sichtbar werden kann. Aggressionen gegen andere Kinder können auf den gleichen Ausgangspunkt zurückzuführen sein, sofern das behinderte Kind im anderen Kind sein eigenes, unerreichbares ideales Selbst angreift. Die psychische Verletztheit eines Kindes kann sich auch als ihr anscheinendes Gegenteil ausdrücken; Kinder, die z.B. in Spielen Rollen übernehmen, in denen sie ihre „Einschränkungen" verbergen, können sich als ihr ideales Selbst imaginieren, können auf diese Weise eine Form des „ungeschehen Machens" suchen, in der sie sich partiell mit sich selbst versöhnen können. Sie können aber auch gerade in solchen Rollen die Erfahrung machen, daß sie *mit* ihrer Behinderung alle oder manche Beteiligungsmöglichkeiten an gemeinsamen Aktivitäten haben, die anderen Kindern offen stehen.

Häufige Regelverletzungen oder extreme Anpassung an die Normen können weitere Erscheinungsweisen der ambivalenten Stellung mancher behinderter Kinder zu sich selbst sein; die geltenden Normen für sich außer Kraft zu setzen oder sich ihnen besonders gewachsen zu zeigen, kann auf das gleiche Bemühen zurückgehen, in dieser Form einen Weg der Selbstachtung zu finden.
Vielfach ist auch der Umgang mit der Zuwendung bedeutsamer Bezugspersonen auf diese innere Auseinandersetzung zurückzuführen. Sowohl die extreme Vergewisserung von Zuwendung als auch ihre Zurückweisung können ausdrücken, wie ein Kind nach der Bestätigung seiner Wertigkeit bzw. Selbständigkeit sucht.

Wir möchten hier ausdrücklich daran erinnern, daß dies keine notwendigen, sondern mögliche Strategien eines Kindes sein können, in denen es die Erfahrung eigener Schwäche austragen kann. Von daher wird auch ersichtlich, daß es darin keine Scheidelinie zwischen behinderten und nichtbehinderten Kindern gibt, sondern daß das auslösende Moment in eben der jeweiligen Selbsterfahrung liegt; der Unterschied liegt darin, daß behinderte Kinder härter und häufiger auf Einschränkungen stoßen.
Uns ist es wichtig, die exemplarisch aufgeführten Verhaltensweisen von Kindern als mögliche Schutz- und Bewältigungsreaktionen verständlich zu machen, die auf eine grundlegende psychische Auseinandersetzung zurückgehen: der Verarbeitung des „Übels", das ein Kind bei sich selbst wahrnimmt.

Jede dieser Bearbeitungsstrategien beinhaltet die Chance, daß sich das Kind zu akzeptieren lernt. Im Ausleben seiner Beschränkung und Wut können sich psychische Blockaden auflösen. Die Erfahrung seiner Grenzen an einer Stelle kann gleichzeitig der Ansatzpunkt sein, sich in anderen Bereichen kompetent zu machen. Die (hoffentlich möglichen) Erfahrungen, daß andere Kinder und die Bezugspersonen seine Behinderung so berücksichtigen, daß keine prinzipielle Aussonderung erfolgt, sondern es seinen Möglichkeiten nach in gemeinsame Spiele und Tätigkeiten einbezogen wird, kann dem Kind zu einer gewissen „Sicherheit"

verhelfen, daß es selbst (nicht ein imaginiertes ideales Selbst) angenommen wird.
Solche Erfahrungen können das Annehmen eigener Schwächen im Vertrauen auf andere Fähigkeiten erleichtern. Daraus können zunehmende Ich-Stärke, die Integration bisher verpönter Eigenanteile bei Erhalt oder Stärkung des Selbstwertgefühls erwachsen. Erst in dieser Entwicklung kann das Kind sich als Gesamtperson in interpersonelle Bezüge einbringen und auch andere in ein nicht durch Angst vor Enttäuschungen dominiertes Bezugssystem einbauen.

3.1.2 Erzieher

Erzieher haben eine Vielzahl von zum Teil auch widersprüchlichen Normvorstellungen verinnerlicht, die sie als eine Voraussetzung in ihre Arbeit miteinbringen.
Aus dem Bereich allgemein-gesellschaftlicher Normen haben sie die verschiedenartigsten Vorstellungen bezogen, wie z.B. diejenigen über Leistung, Ästhetik und soziales Verhalten. In ihrem berufsspezifischen Bereich gilt als oberste Norm, die Kinder zu ihrem „Besten" zu erziehen (bei allen Interpretationsspielräumen, die darin offengelassen werden).

Sie haben von daher eventuell ein Bewußtsein über die Fragwürdigkeit gewisser gesellschaftlicher Normvorstellungen entwickelt, was die Förderung eines Kindes zu seinem Besten betrifft. Sie haben pädagogische Ansprüche verinnerlicht, bezüglich einer zu erreichenden Gruppensolidarität, dem Zulassen der Lebensäußerungen der Kinder, dem einfühlsamen Eingehen (auch) auf behinderte Kinder, der Vorbildfunktion, die sie als Erzieher für die Kinder einnehmen.
Weiterhin sind ihre eigenen Normen, d.h. ihre Idealvorstellungen über ihre Person, ihre pädagogische und gesellschaftliche Aufgabe durch ihren individuellen Lebensweg geprägt und spezifiziert. Sie haben ihre jeweiligen Sympathien und Antipathien gegenüber an-

deren Personen, also auch den Kindern. Sie haben ihre privaten Erlebnisse und evtl. Schwierigkeiten. Sie haben ihre eigene je besondere Betroffenheit in der Erfahrung von „Normalität" und „Behinderung". Sie befinden sich in je aktuellen psychischen Verfassungen.

Aus alledem resultieren verschiedene und widersprüchliche Anforderungen an die eigene Person, die den größtenteils verinnerlichten Normvorstellungen entspringen, z.B.: Ich weiß als Pädagoge, daß starker Leistungsdruck dem Kind schadet. Aber ich weiß auch, Leistung muß sein, um in der Gesellschaft zu bestehen. Oder: Aggressionen darf man nicht umstandslos verurteilen, man muß sie zulassen können. Gleichzeitig: Die Kinder sollen sich gegenseitig akzeptieren, friedfertig zusammenleben.

Diese Anforderungen sind keinesfalls Besonderheiten, die nur für Erzieher in Gruppen mit behinderten und nichtbehinderten Kindern gelten. Es sind die eigenen Anforderungen, die in *jeder* Erziehungsarbeit (und nicht nur da) zu bewältigen sind.
Mit der institutionellen Vorgabe einer integrativen Gruppe wird der Aspekt des Umgangs mit den verschiedenen eigenen Anteilen jedoch mehr in den Mittelpunkt der Aufmerksamkeit gerückt. Zum einen gibt es weniger „legitime" Ausweichmöglichkeiten vor der Konfrontation mit den eigenen Ansprüchen; in einer integrativen Gruppe kann sich eine Erzieherin z.B. bei Schwierigkeiten mit einem Kind kaum mit dem Argument distanzieren, das Kind gehöre „eigentlich" zu einer Sondergruppe.
Zum anderen werden die Erzieher auch von außen her aufgrund des (noch) „neuen" Arbeitsbereichs „integrative Gruppe" stärker auf ihre persönliche Beteiligung hin befragt, als es bei dem zur Zeit üblichen Erzieherberuf im Regel- oder Sonderkindergarten der Fall sein mag.
Gleichzeitig bietet die integrative Gruppe aber auch eine große Chance zur persönlichen Weiterentwicklung in dieser Arbeit.

Ein bedeutsames Element der pädagogischen Arbeit in einer Kindergruppe ist die Spontaneität und Unbefangenheit, mit der sich viele Betreuer auf die Kinder einlassen können. Auch die Umsetzung eigener Lebenserfahrungen kann äußerst produktiv für die Arbeit der Erzieher sein.
Wenn wir im folgenden über mögliche problematische Aspekte reflektieren, dann nicht deswegen, um jede Unbefangenheit zu problematisieren — im Gegenteil. Wir möchten Erzieher ermuntern, auch ein Stück ihrer Spontaneität in die Gruppe hineinzutragen.

Falls jedoch Schwierigkeiten auftauchen, ist der Erzieher genötigt, sich immer wieder Klarheit über die eigene Situation zu verschaffen. Dies heißt zunächst zu versuchen, sich seiner eigenen widersprüchlichen Anteile bewußt zu werden und damit umgehen zu lernen; sie zunächst zu akzeptieren und eventuell — in ihrer Reflexion und in dem praktischen Umgang mit den Kindern — sie zu verändern. Es heißt nicht, daß das Erkennen der Widersprüche ihre Auflösung bedeutet; gerade dieser Anspruch mit seiner Unerfüllbarkeit führt mit Sicherheit zu Versagensängsten und Ohnmachtsgefühlen, zur Kapitulation vor eigenen Ansprüchen. Die eigenen Größenphantasien und Allmachtsvorstellungen — wie z.B., sich allen Kindern gleichermaßen zuwenden zu können, ihre gesellschaftliche Integration schon allein durch die Kindergartenerziehung bewältigen zu können — als solche zu erkennen, ist also die erste Vorbedingung, eigene Bedürfnisse, Ansprüche, Schwächen und Stärken auch im widersprüchlichen Nebeneinander sich zugeben zu können. Inwieweit sie als relativ beständig akzeptiert werden können (bewußt oder unbewußt) oder zu bearbeiten, zu verändern oder aufzulösen sind, um ein befriedigendes Selbstwertgefühl zu erreichen, wird von der je individuellen Befindlichkeit abhängen. Wir können allgemein nur auf (psychische) Situationen hinweisen, in die ein Erzieher in seiner Arbeit mit behinderten und nichtbehinderten Kindern geraten k a n n, auf m ö g l i c h e eigene Anteile, die positiv oder negativ an einer Situation beteiligt sein k ö n n e n .

In der unmittelbaren Konfrontation mit behinderten Kindern k a n n eine erste Reaktion von Erziehern sein: „Behinderung verunsichert mich." Die bisherige Isolation Behinderter in vielen gesellschaftlichen Bereichen fördert geradezu eine solche Reaktion. Neben der Frage, wie der Zugang zu dem Kind gefunden werden kann, beinhaltet die eigene Unsicherheit möglicherweise Elemente tieferer Betroffenheit. Verunsichernd kann es sein, in einem Kind alles andere als das eigene Idealbild von Stärke und Ästhetik zu erfahren. Verunsichernd kann es sein, die Möglichkeit eigener Behinderung oder Behinderung der eigenen Kinder vor Augen zu sehen. Diese Erfahrung kann sich in dem (unbewußten) Gefühl der Bedrohung zusammenfassen oder in dem der Hilflosigkeit, wenn das Kind das Konzept der Erzieher über mögliche Individualität durchbricht. Gerade dort, wo Kinder nicht ausgesondert werden, liegt umgekehrt jedoch auch die Chance, das Spektrum möglicher Individualität als „normal" zu erfahren. In der Reflexion, was in der eigenen Person durch das Kind angesprochen wird, können bisher unbewußte Ängste formuliert und bearbeitet werden. Es kann die Begrenztheit bisheriger (Ideal-) Vorstellungen erkannt werden; Konzepte möglicher Lebensrealitäten können revidiert und erweitert werden. Dies kann die Voraussetzung zu größerer Akzeptanz allgemein anderen gegenüber werden.

Gegenüber schwächeren oder behinderten Kindern stellt sich bei Erziehern häufig schnell die Haltung ein, „das Kind braucht intensive Betreuung und Zuwendung; es muß vor den anderen geschützt werden".
So notwendig dies in Einzelfällen sein mag, sind vielfach noch andere Faktoren als die Bedürftigkeit des Kindes für solche Zuwendungen verantwortlich. Die „Bemutterungs"-Disposition im Erwachsenen kann durch die relative Unselbständigkeit aktiviert werden und das Kind als Objekt eigener Helfer- und Versorgerphantasien gesetzt werden.
Möglicherweise verbergen sich darin auch Anteile eigener Aggressionen gegen das, was vielleicht unbewußt als Bedrohung, als

„Übel" aufgenommen wird — Aggressionen, die nicht eingestanden werden dürfen, weil sie verpönt sind, und deshalb in Überbehütung verkehrt werden müssen.
Das (behinderte) Kind vor (vorweggenommenen) Aggressionen anderer Kinder schützen zu wollen, enthält möglicherweise das gleiche Moment: die (hier stellvertretende) Abwehr eigener psychischer Reaktionen auf das Kind.
Falls ein Erzieher mit solchen Anteilen an der Beziehung beteiligt ist, wird ihre Bewußtmachung ebenso wie die praktische Erfahrung der tatsächlichen Bedürftigkeit des Kindes zu mehr Klarheit bezüglich der eigenen Person führen; die Sicherheit über eigene Bedürfnisse und Ängste kann zu einer innerpsychischen Balance verhelfen, die zwischen schützen wollen und loslassen können liegt.

Bei Kindern, die ungewohnte Verhaltensweisen zeigen, bei Kindern, die eventuell durch organische Beeinträchtigungen manchen Sauberkeitsvorstellungen widersprechen (z.B. Kinder mit starkem Speichelfluß) oder auch schlicht bei Kindern, denen der Erzieher keine spontane Sympathie entgegenbringen kann, geraten Erzieher gelegentlich in großen Widerspruch zu ihrem selbstgesetzten Anspruch: „Abneigung, Ekel, Ärger und Wut Kindern gegenüber darf ich eigentlich nicht spüren und nicht zeigen, erst recht nicht behinderten Kindern gegenüber." Sich diese Gefühle eingestehen zu können, ist bereits ein erster Schritt weg von der schuldhaften Unterdrückung und eventuell Verlagerung solcher Empfindungen. Die Reflexionen, welche eigenen Anteile auf das Kind projeziert werden, können helfen, das Kind differenzierter zu sehen; sie können helfen, zwischen den Anlässen zu unterscheiden, die Aversionen gegen das Kind auslösen und die eigene Beteiligung darin klarer fassen. Von daher ergibt sich möglicherweise eine andere Gewichtung der bisher abgelehnten Seiten des Kindes. Für den Erzieher kann dies umgekehrt heißen, im Rahmen einer generellen Akzeptanz des Kindes zu den Gefühlen partieller Ablehnung stehen zu können, ohne sich schuldig fühlen zu müssen.

Wendet ein Erzieher viel Zeit und Aufmerksamkeit für ein Kind auf oder verspürt er zumindest eine starke Verpflichtung dazu, führt dies gelegentlich zu der Konsequenz: „Das (behinderte) Kind entzieht mir die Kraft für micht selbst und für andere Kinder."
Gerade bei den Anforderungen des Erzieherberufes liegt tatsächlich die Gefahr sehr nahe, daß jede neue Aufgabe eine Belastung darstellt. Umso nötiger erscheint es, die Bedürfnisse des Kindes und die dafür notwendige Aufmerksamkeit zu erfassen und von eventuell vorhandenen eigenen psychischen Dispositionen zu unterscheiden, die zusätzlich damit zusammenhängen können. Mögliche psychische Belastungen eines Erziehers, wie sie beispielhaft bereits auf den vorangegangenen Seiten benannt worden sind, kosten zum Teil nicht weniger Energie als tatsächlich nötige praktische Hilfen und Zuwendungen für ein Kind. Von daher k a n n es möglich sein, daß die unmittelbare Belastung durch das Kind größer erscheint, als sie ist. Die Auffassung, das *Kind* sei zu anspruchsvoll, k a n n die Rationalisierung eigener Abwehrmechanismen sein; d.h. diese Auffassung kann die Form sein, in der man ohne schlechtes Gewissen auf Distanz zu dem Kind gehen kann. In Reflexion der eigenen psychischen Verfassung kann ein Erzieher zumindest diesen Teil der als persönliche Belastung empfundenen Anforderungen angehen. Er kann sich um Klarheit darüber bemühen, welche eigenen Schwierigkeiten möglicherweise mit dafür verantwortlich sind, daß die Situationen mit dem Kind als zu anstrengend erscheinen. Er kann also solche schwierigen Situationen auch als Chance begreifen, mehr über sich selbst zu lernen. Er kann die neu „entdeckten" eigenen Anteile bewußt akzeptieren oder auch — wenn sie als unbefriedigend erfahren werden — bearbeiten und auf ihren Abbau zielen.

Es kann auch vorkommen, daß Erzieher auf die Reaktionen der Kinder auf sie selbst besonders aufmerksam werden. Zwei Auffassungen k ö n n e n die beiden Pole ihres diesbezüglichen Wahrnehmungsbereiches bilden:
„Das Kind macht mir Schwierigkeiten durch seine Unzugänglich-

keit oder Zurückweisung." Und: „Das Kind ist mir sehr sympathisch. Es ist dankbar und anhänglich."
Unbestritten ist, daß eine Zurückweisung durch das Kind die Beziehung erschwert; unbestritten ist auch, daß die Zuwendung eines Kindes für die Erzieher ein Grund zur Freude ist. Worauf wir hier aufmerksam machen wollen ist, daß es in beiden Fällen nötig sein kann, die Beziehung auf die eigene Beteiligung zu hinterfragen.
Es k a n n möglich sein, daß die beiden gegensätzlichen Situationserfahrungen auch oder vor allem von der psychischen Betroffenheit des Erziehers verursacht sind und weniger von dem Verständnis für die Äußerungen des Kindes. Beide Situationserfahrungen können wesentlich davon geprägt sein, daß ein Erzieher seine eigene Wertigkeit in den Reaktionen des Kindes repräsentiert sieht. Dies an sich ist nicht problematisch; schwierig für den Erzieher und das Kind kann es dann werden, wenn ein Erzieher bezüglich seines Selbstwertgefühls in Abhängigkeit zu dem Kind gerät; wenn er seine Zurückweisung als narzistische Kränkung erlebt, umgekehrt seine Anhänglichkeit als Bestätigung des eigenen Größenselbst erfährt *und* darüber (was nicht notwendig erfolgen muß) reflexionslos die Bedürfnisse des Kindes ablehnt oder bestärkt.
Um das eigene Selbstwertgefühl zu stabilisieren und weniger an unmittelbare Bestätigung von außen (hier: durch die Kinder) anzubinden, wird es einem Erzieher helfen, wenn er sich seine Betroffenheit bewußt macht. Die Zurückweisung durch ein Kind z.B. kann ihm Anlaß sein, sein Ideal beispielsweise des „guten" und von allen Kindern geliebten Pädagogen auf seine realistische Verwirklichungsmöglichkeit hin zu überprüfen. Ein Harmonieideal, extrem verbildlicht in einer nahezu symbiotischen Beziehung von Erzieher und Kind, kann auf seine entwicklungsfördernde oder -hemmende Wirkung für beide Beteiligten hin reflektiert werden. Mit solchen Bewußtseinsprozessen kann ein Erzieher aus beiden oben genannten Beziehungen zu einem Kind gestärkt hervorgehen. Er kann seine Beziehungen zu den Kindern also auch als Chance wahrnehmen, sich über sein eigenes Selbstkonzept sicherer und damit unabhängiger zu werden.

Gelegentlich macht die Abhängigkeit, manchmal sogar extreme Distanzlosigkeit eines Kindes einem Erzieher mehr Schwierigkeiten als Freude. Neben der faktischen Belastung der Arbeit durch solches Verhalten eines Kindes, neben der Belastung, die dieses Verhalten in dem beständigen Einbruch in die Privatheit des Erziehers darstellen kann, k ö n n e n auch tieferliegende psychische Momente eines Erziehers angesprochen worden sein. Die extreme Nähe des zuwendungssuchenden Kindes rührt möglicherweise bei dem Erzieher eigene Bedürfnisse nach Versorgung und Zuwendung an; aus Angst vor Regression *mit* dem Kind kann Ablehnung des Kindes resultieren. Ein Erzieher kann eine solche Situation jedoch auch als Angebot aufnehmen, sich seine Bedürfnisse einzugestehen und mit ihnen umzugehen lernen. Die Integration bisher abgespaltener, weil verpönter Anteile kann die Angst vor der Destabilisierung seines psychischen Gleichgewichts (durch die Repräsentation eigener Bedürfnisse in einem Kind) reduzieren.

Erzieher stehen häufig vor der Frage der Therapiebedürftigkeit eines Kindes, des öfteren auch vor der Frage, ob das eine oder andere behinderte Kind nicht doch besser in einer Sondergruppe aufgehoben sei. Die Stellungnahmen von Erziehern bewegen sich zwischen zwei Seiten: Die eine Seite, ,,das Kind braucht Therapie" oder ,,das Kind gehört eigentlich doch in eine Sondergruppe"; die andere Seite, ,,das Kind braucht keine Therapie, meine Erziehung ist die beste Förderung; das Kind ist allein in der integrativen Gruppe gut aufgehoben." (In der Praxis sind solche Extreme selten. Wir haben zur Kennzeichnung beider Pole der möglichen Einschätzung bewußt extreme Formulierungen gewählt.)
Wir wissen, daß Erzieher einer integrativen Gruppe fast immer gerade in diesen Fragen große Auseinandersetzungen haben, sich viele Überlegungen machen und teilweise inzwischen auf längere Erfahrungen zurückgreifen können. Gerade wegen der Bedeutung dieser Fragen in der Diskussion um integrative Erziehung wollen wir auf m ö g l i c h e Elemente einer weitergehenden eigenen Betroffenheit von Erziehern hinweisen. Neben der unbestrittenen Therapiebedürftigkeit vieler (behinderter) Kinder k a n n die

Einschätzung der Erzieher durch ihre eigenen Reaktionen auf das Kind mitverantwortlich für die Forderung nach Therapie sein.
Entwickelt ein Erzieher Versagensängste bezüglich der Entwicklung und Förderung eines Kindes, kann sich das eigene imaginierte „Unvermögen" im Ruf nach Therapie als Nicht-Zuständigkeit ausdrücken: „Wenn das Kind einen besonders ausgebildeten Therapeuten braucht, kann man von einem Erzieher keine ähnliche Förderung erwarten." Ebenso: „Wenn das Kind eigentlich in eine Sondergruppe gehört, kann man nicht erwarten, daß es sich in der integrativen Gruppe optimal entwickelt." Es wird also für einen Erzieher wichtig sein zu lernen, seine eigenen Ansprüche auf seine eigenen Fördermöglichkeiten zu beziehen, ohne dabei Schuldgefühle zu entwickeln, wenn er Grenzen entdeckt; ein Erzieher hat **andere** Förderungsmöglichkeiten als ein Therapeut. Sich seine Grenzen einzugestehen heißt eben nicht, unvermögend zu sein.
Möglicherweise werden aber auch bei einem Erzieher andere Empfindungen aktiviert. In Konfrontation mit einem behinderten Kind k a n n ein Erzieher sich der Nähe zu dem „Schwachen" ausgesetzt sehen, eventuell sogar zu dem „Übel", das Aggressionen aktiviert. Beides kann Schuldgefühle erzeugen, kann den Abwehrmechanismus des Ungeschehenmachens in Gang setzen: Therapie kann als die (annäherungsweise) Aufhebung der Behinderung imaginiert werden.
Auch hier wird die Bewußtmachung der eigenen Beteiligung bei der einzuschätzenden Therapiebedürftigkeit eines Kindes zu einem objektiveren Urteil verhelfen. Auf der anderen Seite kann ein Erzieher bei solchen oder ähnlichen Auseinandersetzungen aber auch viel für sich selbst gewinnen: Neben einem besseren Blick für die Bedürftigkeit des Kindes können ihn solche Auseinandersetzungen veranlassen, sein eigenes Verhältnis zu Behinderung immer wieder zu überdenken, sich eigene Vorbehalte oder Ängste bewußt zu machen und auf ihre Auflösung zielen. Gerade der Umgang mit der eigenen Individualität kann ihn dabei unterstützen, die Individualität eines (behinderten) Kindes verstehen zu lernen.

Er wird dann auch besser einschätzen lernen, was seine Erziehung bei dem Kind bewirken kann und was eventuell besser anderen Personen vorbehalten bleibt. Ob die eigene *Erziehung* die beste Förderung für das Kind ist, ob es eine zusätzliche oder andere Unterstützung braucht, wird in manchen Fällen nicht leicht zu entscheiden sein. Auch hier wird ein Erzieher die Beteiligung eigener Anteile bedenken müssen. Neben allen berechtigten Gründen, weshalb ein Kind gerade in der jeweiligen integrativen Gruppe am besten aufgehoben sein mag und hier vom Erzieher die beste Förderung erfährt, sind m ö g l i c h e r w e i s e vorhandene pädagogische Allmachtsphantasien abzuwägen — pädagogische Allmachtsphantasien, in denen die eigene Erziehungsweise als allein seligmachende gilt. Hierin kann das Kind als befriedigendes Objekt des eigenen Selbstwertgefühls fungieren, als Beleg verdienter Wertschätzung. Ein Erzieher kann jedoch gerade die Frage nach dem besten Aufgehobensein des Kindes als Möglichkeit nutzen, sich (subjektiv) zu vergewissern, was er dem Kind geben kann. Er kann sich bewußt machen, daß weder seine Person noch seine Förderung der Kinder an Maßstäben einer alles heilenden Erziehung zu messen sind; er kann lernen, sich mit seinen Fähigkeiten, seinem Können und seinen Grenzen zu akzeptieren, ohne sich geringzuschätzen; er kann Anhaltspunkte seiner Weiterentwicklung entdecken.

3.1.3 Eltern

Für die Lebensrealität eines Kindes und seiner Eltern ist es von wesentlicher Bedeutung, ob das Kind in den Kindergarten geht oder nicht, ob es eine Regel-, Sonder- oder integrative Einrichtung besucht. Noch ist es aber für Eltern keine gesellschaftlich vorgezeichnete Normalität, ihr Kind in einen integrativen Kindergarten zu geben. Dies ist schon durch die gegenwärtige Anzahl integrativer Kindergärten für viele Eltern nicht möglich, ganz abgesehen davon, welche innere, immer wieder notwendige Umorientierung ein solcher Schritt für die meisten Eltern bedeutet.

Besucht ihr Kind eine integrative Gruppe, können jedoch auch die Eltern darin eine Unterstützung erfahren: Sie können ihr Kind und andere Kinder, Normalität und Behinderung aus neuem Blickwinkel sehen; sie können dies als Möglichkeit wahrnehmen, ihr Verhältnis dazu neu zu reflektieren.

In unserer Untersuchung wurden diese Aspekte nicht näher erforscht. Aus Gesprächen mit Eltern und Erziehern können wir Hinweise geben, welche Bedeutung die Tatsache, daß ein Kind eine integrative Gruppe besucht, für seine Eltern haben kann — und welche Entwicklungsschritte Eltern *mit* ihrem Kind dabei vollziehen können.

Eltern behinderter Kinder haben eine mehrjährige, mehr oder weniger bewußte Auseinandersetzung mit der Behinderung ihres eigenen Kindes hinter sich. Die Geburt eines behinderten Kindes bzw. die allmähliche Erkenntnis, daß ihr Kind ,,anders als die meisten anderen Kinder'' ist, bedeutet für die Eltern die Konfrontation mit einer meist unerwarteten, auf jeden Fall gefürchteten, angstbesetzten Situation.
Schwierig ist eine solche Situation nicht nur dadurch, daß sich die Eltern oft selbst noch nicht mit Behinderung vertraut gemacht haben. Schwierig ist eine solche Situation vor allem auch darin, daß die Eltern die Ablehnung ihres Kindes durch die Gesellschaft antizipieren, unter deren Maßstäben von ,,gut'', ,,stark'', ,,schön'' ihr Kind zu leiden haben wird. Die Befürchtung, daß sie ihr Kind davor nicht bewahren werden können, kann zum Anlaß elterlicher Schuldgefühle werden, möglicherweise sogar bis hin zur Wendung gegen das Kind. Von daher geraten manche Eltern behinderter Kinder in eine widersprüchliche Gefühlssituation: Es ist *ihr* Kind, dem sie sich emotional zuwenden und *in* diesem Kind lehnen sie diejenigen Anteile ab, die mit den gängigen Kategorien der gesellschaftlichen Anerkennung in Widerspruch geraten.
Die Verarbeitung der neuen Lebenssituation ist getragen von diesem emotionalen Konflikt, in dem die Trauer bearbeitet werden muß und spontane Zuwendung oder ein schuldbewußter Zugang

auf das Kind letztlich die Oberhand gewinnen können, vielfach jedoch auch nebeneinander bestehen bleiben.

Für die Eltern selber (und damit für die Versöhnung mit dem Kind) ist es entscheidend, wie sie ihre Eigenbeteiligung in dieser schwierigen Situation fassen.

Mit dem Gedanken: „Hätte ich die Behinderung des Kindes verhindern können?", wird in etlichen Fällen eine Schuldfrage aufgeworfen, die nicht selten positiv ausgeht. Die Antwort: „Ja, vielleicht; es liegt an mir.", kann zum Ausgangspunkt von Schuldgefühlen werden, mit denen (unterdrückte) Aggressionen oder eine überversorgende, alles am Kind vereinnahmende, aufopferungsvolle Zuwendung in Gang gesetzt werden kann. Auch eine resignierende, mit eigenen Minderwertigkeitsgefühlen behaftete, eventuell ablehnende Haltung kann dadurch erzeugt werden. Dies kann nicht nur die Entwicklungsmöglichkeiten der Kinder eingrenzen, sondern auch den Blick der Eltern noch verstärkt auf die Behinderung lenken, hinter der alle anderen Anteile des Kindes zurücktreten. Die Schwierigkeiten der Eltern selbst können sich dadurch weiter potenzieren.

Nicht selten finden Eltern in der Verleugnung des Anders-Seins ihrer Kinder den Ausweg, ihre eigene neue Lebenssituation zu ertragen. Fatal wird diese Strategie dadurch, daß die Auseinandersetzung auf einen späteren Zeitpunkt hinausgeschoben wird, der dann alle Beteiligten umso härter trifft.

Welche Bedeutung kann der integrative Kindergarten für die Eltern behinderter Kinder haben?

Für einige Eltern kann er möglicherweise eine günstige Bedingung darstellen, das Anders-Sein ihres Kindes zu verleugnen (gegenüber sich selbst und der Umwelt). Das Zusammensein mit nichtbehinderten Kindern *kann* so der Aufrechterhaltung der Illusion dienen, ihr Kind sei nicht unterschieden von allen anderen Kindern; die Auseinandersetzung mit der Behinderung ihres Kindes und seinen Lebensperspektiven kann hinausgeschoben werden. Diese Gefahr kann nicht bestritten werden, jedoch stellt der integrative Kindergarten in vielfacher Hinsicht für die Eltern eine weitaus größere Chance da, ihr Verhältnis zur Behinderung positiv zu bearbeiten.

Für etliche Eltern ist die integrative Einrichtung eine Hilfe auf dem Weg, ihrem Kind eine Lebensumwelt zu sichern, in der es in Gemeinschaft mit allen Kindern (d.h. weg von der isolierenden Lebenswelt einer Sondereinrichtung) aufwachsen kann und zumindest in diesem Bereich nicht von vornherein zum Mitglied einer „Randgruppe" wird. Diese Tatsache kann unmittelbar auf die psychische Situation auch der Eltern zurückwirken. Sie kann sie von Angst und Schuldgefühlen entlasten; sie kann ihnen auch darin weiterhelfen, selber das Kind immer besser zu akzeptieren und eigene, möglicherweise verborgen vorhandene Aussonderungstendenzen abzubauen. Oft wird bei den Eltern selbst die schmerzliche Erfahrung der Probleme ihrer Kinder (re)aktiviert, wenn sie andere Kinder im Kindergarten erleben. Jedoch bietet gerade diese Erfahrung und das Gespräch mit den Eltern anderer Kinder auch die Gelegenheit zur positiven Bewältigung solcher schmerzhafter Erfahrungen, die ja nicht nur im Kindergarten auftreten. Eltern behinderter Kinder können bei einer integrativen Gruppe erleben, daß die „Normalität" eben auch bedeuten kann, daß Kinder oder Eltern Schwierigkeiten haben können, daß dies keine Sache ist, die behinderten Kindern vorbehalten bleibt. Insofern kann ihnen auch der Blick dafür geöffnet werden, daß ihr Kind vielleicht in vielen Bereichen sich von anderen Kindern nicht so sehr unterscheidet. Sie können darin ihre eigenen Ideal-Vorstellungen, z.B. eines liebenswerten und „lebenstüchtigen" Individuums reflektieren und gegebenenfalls auf eine realistischere Basis zurückführen.

In Gesprächen mit Eltern behinderter und nichtbehinderter Kinder können die Eltern eines behinderten Kindes auch selbst Akzeptanz und Wertschätzung erleben. In vielen gesellschaftlichen Zusammenhängen trifft die Diskriminierung die Eltern des Kindes ja mit der gleichen Wucht wie das Kind selbst. Ein eventuell zum Teil verlorengegangenes Selbstwertgefühl von Eltern eines behinderten Kindes kann im Kontakt mit anderen Eltern also auch wieder gestärkt werden.

Der Austausch mit den Erzieherinnen der Gruppe kann die Eltern in besonderem Maße unterstützen. Ohne daß die Erzieherinnen sich als Therapeuten der Eltern verhalten müssen, kann ihre Mitteilung, wie sie das Kind erleben, bei den Eltern neue Gesichtspunkte eröffnen. Sie können Fähigkeiten und Möglichkeiten ihres Kindes erfahren, die vielleicht in der bisherigen familiären Umgebung verborgen geblieben sind. Sie können lernen, ihr Kind vorbehaltloser zu sehen und manche Befürchtungen relativieren. Dies kann ihnen helfen, auch sich selbst wichtiger zu nehmen: Sie können z.B. lernen, ihrem Kind mehr zuzutrauen und sich darin entlastet zu fühlen; sie können sich so vielleicht mehr Zeit für sich selbst zugestehen. Auf der anderen Seite können sie erfahren, daß die sicher weiter notwendige Unterstützung des Kindes anerkannt wird und eine wichtige Funktion für das Kind hat, auch und gerade dann, wenn es von der elterlichen Umgebung weg in eine Gruppe mit anderen Kindern kommt. Beides kann den Eltern helfen, auch ihr Recht auf Eigenständigkeit wahrzunehmen, ohne Schuldgefühle zu entwickeln. Es kann ihnen helfen, sich ihrem behinderten Kind zuzuwenden, ohne ihre eigene Lebensperspektive völlig aufzugeben.

Eltern nichtbehinderter Kinder entscheiden sich zum großen Teil bewußt für die Betreuung ihres Kindes in einer integrativen Gruppe. In bezug auf die soziale Stellung Behinderter in unserer Gesellschaft und in kritischer Reflexion eigener Vorbehalte und Ängste haben sich viele dieser Eltern entschlossen, sich für die soziale Eingliederung behinderter Kinder zu engagieren und ihrem Kind eine Lebenswelt zu geben, in der nicht von Anfang an Vorurteile aufgebaut werden.
Soziales Lernen in Gemeinschaft behinderter und nichtbehinderter Kinder hat für diese Eltern einen hohen Stellenwert. Das bedeutet nicht unbedingt, daß diese Eltern keine Probleme mit behinderten Kindern und gemeinsamer Erziehung aller Kinder haben. Eigene Ängste, ein schlechtes Gewissen darüber, selber (teilweise) unfähig zu sein, mit behinderten Kindern unbefangen

umgehen zu können, bilden ebenso einen latenten Konfliktstoff wie die Besorgnis, ihr Kind könne sich vielleicht doch angeblich Negatives bei behinderten Kinder, „abschauen" oder werde vielleicht nicht so sehr in Richtung „Lebenstüchtigkeit" gefördert, was immer sich auch darunter vorgestellt werden mag.

Manche Eltern scheinen sich von der integrativen Gruppe auch deswegen eine besonders adäquate Förderung ihres Kindes zu erhoffen, weil sie sich unsicher über die Fähigkeiten ihres Kindes oder unsicher über ihre eigenen Fördermöglichkeiten sind. In der Befürchtung, daß ihr Kind vielleicht nicht so „lebstüchtig" ist oder wird, wie sie es sich vorstellen, können sie in der integrativen Gruppe einen Mittelweg zwischen der Regel- und einer besonderen Betreuung sehen.

Die (realistische) Hoffnung, daß ihr Kind lernt, besser mit Behinderung umzugehen, als sie es selbst können oder als die sonstigen gesellschaftlichen Bedingungen es ermöglichen, scheint jedoch der am häufigsten vorkommende Aspekt bei den Eltern zu sein. Solche Überlegungen beinhalten bereits Reflexionen über die eigene Stellung zu Behinderung bzw. behinderten Menschen. Durch die integrative Gruppe, in der behinderte und nichtbehinderte Kinder bedeutend unbelasteter als Erwachsene miteinander umgehen, können Eltern angeregt werden, ihr Verhältnis zur Behinderung klar zu fassen oder zu verändern; die Angst vor dem „Anders-Sein" kann bearbeitet werden, mögliche Aussonderungstendenzen können reflektiert und abgebaut werden.
Die Erfahrung der integrativen Gruppe kann Eltern also gerade darin helfen, eine möglicherweise bestehende Diskrepanz zwischen dem theoretischen Anspruch auf Akzeptanz von Behinderung einerseits und entgegenlaufenden affektiven Momenten andererseits (annäherungsweise) aufzulösen.

3.2 Integrative Prozesse in der Gruppe und ihre Bedeutung für das Erzieherverhalten

Um integrative Gruppenprozesse wahrzunehmen und diese unterstützen und fördern zu können, ist es neben dem Wissen um innerpsychische und interpsychische Vorgänge notwendig, sich über weitere Wirkungszusammenhänge, die den Alltag in integrativen Kindergartengruppen prägen, Klarheit zu verschaffen. In diesem Kontext sind die folgenden Überlegungen zu sehen. Der Rolle des Erziehers sowie dem gestalterischen Aspekt seiner Erziehungsarbeit und dessen Einfluß auf die integrativen Prozesse in der Gruppe wird in den Ausführungen besonderes Gewicht gegeben.

3.2.1 Wandel der Gruppenstruktur: Tradition und Rhythmus

Ein bedeutendes Merkmal, das sowohl die Struktur als auch den Wandel einer integrativen Kindergartengruppe bestimmt, ist ihre **heterogene Zusammensetzung**. Mit der altersgemischten Gruppenstruktur verbindet sich bekanntlich die Hoffnung, über die jeweils altersspezifische Individualität hinaus eine Bandbreite von Entwicklungsmöglichkeiten und Prozessen in den Erziehungszusammenhang einzubinden, um den Beteiligten einen größeren Spielraum, ein breiteres Spektrum von möglichen Entwicklungsverläufen zu eröffnen. Die Struktur begünstigt somit die für die Integration Behinderter notwendige grundsätzliche Akzeptanz des Individuums. In einer solchen Gruppierung ergeben sich erweiterte Beziehungskonstellationen wie z.B. selbstverständlichere Kontaktaufnahme oder Wahrnehmung von jüngeren und älteren bzw. entwicklungsgleichen und unterschiedlich weit entwickelten Kindern oder Nachahmen älterer Kinder. Diese Struktur hat sich in der Praxis als sinnvoll und bereichernd erwiesen. Die Konzeption der integrativen Gruppe zielt im Kindergarten auf eine ausgewogene altersheterogene Zusammensetzung. In der Realität entwickelt sich die Verteilung oft sehr unterschiedlich.

Da nicht immer der Wunsch nach gleichmäßiger Altersmischung entscheidend sein kann, sondern Anmeldungen in ihrer Reihenfolge und Dringlichkeit bei der Gruppenzusammenstellung berücksichtigt werden müssen, ergeben sich oft unmerklich Verschiebungen. Dies ist keine wünschenswerte Entwicklung, da es im Extremfall zu „Einzelkindern" oder unverhältnismäßig vielen gleichaltrigen Neuaufnahmen in einer Gruppe kommen kann, woraus sehr hohe zusätzliche Anforderungen an Kind und Erzieher erwachsen und das als wichtig erachtete breitere Spektrum in einer Gruppe wieder eingeengt wird.

Grundsätzlich hat jede heterogene Gruppe im Laufe eines Kindergartenjahres ihre sich immer wiederholende und gleichzeitig unterschiedliche Eigendynamik. Im Zusammenhang von *Einbindung* der Kinder in die Gruppe, der *Positionsfindung* und verläßlicher Zugehörigkeit zur Gruppe sowie *Abschied* vom Kindergarten gestalten sich die über Annäherung und Abgrenzung sich vollziehenden Einigungen der Gruppenmitglieder als integrative Prozesse. Die Gruppenstruktur und -dynamik wird neben den und innerhalb der bereits ausgeführten psychischen Vorgänge des beteiligten Individuums — sei es Erzieher oder Kind — einerseits durch die Neuaufnahme von Kindern, durch das Vorhandensein einer Kerngruppe sowie durch die Tatsache bestimmt, daß immer ein Teil der Kinder sich bereits auf die Schule hin orientiert. Andererseits verändert sich im Kindergarten regelmäßig die Zusammensetzung des Teams durch neue Mitarbeiter, meist Praktikanten und Zivildienstleistende. In diesem sich ständig wandelnden Prozeß bleibt der Gruppenleiter die „konstante" Bezugsperson. Gemeinsam mit der jeweiligen Kerngruppe — den Kindern, die bereits ein bis drei Jahre im Kindergarten sind — werden den „Neuen" Tradition und Rhythmus vermittelt; dies geschieht z.B. über Rituale wie Gestaltung des Frühstücks, Stuhlkreise, Feste, die Art des Spielens und der Regeln in der Gruppe. Die Konstanz des Gruppenleiters darf dabei keinesfalls als etwas Festgelegtes verstanden werden. Auch er befindet sich, wie bereits beschrieben, ständig in indi-

viduellen Veränderungen und beruflichen Wandlungsprozessen, die sich aus der Auseinandersetzung mit Kollegen und Kindern vollziehen.
Für den Erzieher ist eine heterogene Gruppe Anforderung und Entlastung zugleich. Er muß den unterschiedlichen Altersgruppen mit differenzierten Angeboten gerecht werden. Die Kinder übernehmen aber auch z.b. selbstverständlich untereinander Modellfunktionen und können sich durch Nachahmung bzw. Imitation entwickeln.

In Ergänzung zum familiären Lebenszusammenhang werden den Kindern durch *Eintritt in den Kindergarten* üblicherweise in verstärktem Maße tägliche Veränderungen durch Bindung und Trennung (Annäherung/Abgrenzung) vergegenwärtigt.
Für die *Gestaltung der Anfangsphase* hat die Beziehung des Kindes zur Mutter (wir sprechen in der Folge von Mutter, wenn wir die engen familären Bezugspersonen meinen) eine große Bedeutung, insbesondere die Fähigkeit beider, sich lösen zu können, d.h. Abgrenzung nicht als Entfremdung und Annäherung nicht als Verschmelzung gestalten zu müssen bzw. zu erleben. Es gibt Kinder, denen die Trennung für einen Kindergartentag von Anfang an keine wahrnehmbaren Schwierigkeiten macht. Andere Kinder brauchen mehr oder weniger lange, um sich einzugewöhnen. Bei manchen Kindern kommt es zu länger andauernden schwierigen Phasen, bis sie den Kindergarten positiv erleben und sich selbst einbringen können. In den vorangegangenen Beschreibungen der Entwicklungsverläufe und Gruppen ist immer wieder die Rede von Kindern, denen unabhängig davon, ob sie behindert sind oder nicht, der Einstieg in den Kindergarten schwerfällt. Es wird dabei auch deutlich, wie sehr die Ablösung als wechselseitiger Prozeß zwischen Mutter und Kind und Erzieher zu sehen ist. Das gilt für alle Kinder. Es konnte nicht festgestellt werden, daß behinderte Kinder besonders starke *Ablösungsprobleme* haben.
Bei deren Müttern scheint dies eher der Fall zu sein. Die Mutter eines Kindes mit hoher Pflegebedürftigkeit z.B., die sich jahre-

lang ausschließlich ihrem Kind gewidmet hat, kann es als große Anforderung empfinden, sich von ihm zu trennen und es dem Erzieher anzuvertrauen. Einmal kann die Befürchtung bestehen, es könnte dem Kind etwas zustoßen. Hinzukommt, daß der Erzieher durch seine Rolle nun einen bedeutenden Anteil an der Entwicklung des Kindes hat. Er kann es gefühlsmäßig an sich binden. Hierüber kann es zu bewußten oder unbewußten Rivalitäten zwischen Mutter und Erzieher um das Kind kommen. So bringt auch die Mitteilung an die Mutter, das Kind fühle sich in der Gruppe wohl, oft keine unmittelbare Entlastung für diese. Die aus Schuldgefühlen oder erlebter bzw. antizipierter Ablehnung und damit verbundener Ausgrenzung ihres Kindes entstandene Überversorgung führt häufig dazu, sich jahrelang kein Eigenleben zu gestatten. Diesen Müttern kann es zu Beginn schwerfallen, die Zeit, die ihr Kind nun im Kindergarten vor bringt, für sich zu nutzen. Sie lernen erst langsam, wieder an sich zu denken.

Von seiten der Kinder scheint in solchen Fällen dagegen die Trennung meist schnell zu einer günstigen Entwicklung zu führen, wenn sich der Bezugskreis erweitert, neue Eindrücke auf sie zukommen, Anforderungen, vor denen sie zuhause „behütet" wurden, von Kindern und Erwachsenen im Kindergarten an sie gestellt werden.

Es gibt für den Erzieher unterschiedliche Möglichkeiten, mit Ablösungsproblemen umzugehen, die nicht alleine bei behinderten Kindern relevant sind, sondern allgemein im Kindergarten. Wir können aber davon ausgehen, daß bei behinderten Kindern eher umfassendere Gestaltungsüberlegungen notwendig sind. Von Hausbesuchen der Erzieher, Besuchen von Mutter und Kind im Kindergarten vor Beginn des Eintritts über Dabeisein der Mutter während der Anfangsphase gibt es viele Stufen für Mutter und Kind und Erzieher, sich gemeinsam mit dem Neuen vertraut zu machen, um gegen das Gefühl der Mutter: das Kind in fremder Umgebung zurückzulassen und des Kindes: in fremder Umgebung zurückzubleiben, geschützt zu sein. Der Erzieher sollte sich bei mehreren Neuaufnahmen überlegen, ob er eine längere Aufnahmephase anbietet, damit nicht alle neuen Kinder gleichzeitig beginnen.

Dem Erzieher gibt diese Aufnahmephase Gelegenheit, die Interaktionsweise von Mutter und Kind kennenzulernen und zu verstehen. Er kann sich auch mit behinderungsspezifischen Dingen wie pflegerischer Hilfe vertraut machen und für sich grundsätzlich klären, wie er mit dem Kind umgehen kann, ob eine andere Bezugsperson im Team dafür besser geeignet ist. Dies ist bei intensiv pflegebedürftigen Kindern besonders wichtig.

Der Erzieher sollte bedenken, wie sich die Anwesenheit von Mutter und Kind auf andere Kinder seiner Gruppe auswirkt und welche individuellen und gruppendynamischen Folgen dies hat. Hier sei auch erwähnt, welche Wirkungen es haben kann, wenn sich unterschiedlich intensive Beziehungen zwischen Mutter und Erzieher schon alleine aus der Tatsache heraus ergeben, daß manche Kinder persönlich gebracht und andere, meist die behinderten, mit dem Bus gefahren werden. Abgeholt und heimgebracht zu werden ohne Mutter ist gerade für neue Kinder in besonderem Maße eine Anforderung an ihre Selbständigkeit und sollte in der Praxis entsprechend eingeleitet werden. Es sei aber auch bedacht, welche Möglichkeit eine gemeinsame Busfahrt erschließt, um zu Kindern und Erziehern Kontakt aufzunehmen.

Mit dem partiellen Ablösungsprozeß vom familären Bezugssystem einer geht die *Einbindung* des Kindes in die Kindergruppe, wobei meist der Erzieher eine Übergangsfunktion anstelle der Mutter zu übernehmen hat. Diese Hilfe wird von den Kindern unterschiedlich intensiv und verschieden wahrnehmbar gefordert oder benötigt. Oft reicht alleine die Anwesenheit des Erziehers im Raum, eine Möglichkeit, ihm ab und zu etwas zeigen zu können, etwas zu fragen oder nur einen Blick auf ihn zu werfen. Es gibt auch Bedürfnisse nach Nähe, wie auf dem Schoß sitzen, neben dem Erzieher stehen oder sitzen, an die Hand genommen werden wollen. Bei behinderten Kindern, von denen sich manche ihre Befriedigung nicht holen können, weil sie etwa bewegungsbeeinträchtigt sind oder sich gar nicht selbst fortbewegen können, muß der Erzieher in seiner Aufmerksamkeit dieser Tatsache Rechnung tragen und selbst aktiv werden. Es können über solche Bedürfnisse und deren Befriedigung emotionale Zentren entstehen, in denen einmal auf Wünsche nach Zuwendungen von Erwachsenen eingegangen werden kann, dann aber auch sich die ersten Kontakte zwischen Kindern anbahnen können.

An dieser Stelle sei ein wichtiger Aspekt eingefügt, der sich auf das Erzieherverhalten in allen Situationen bezieht. Um die Entwicklung der Kinder förderlich und unterstützend begleiten zu können, ist das Wissen um die in 3.1 beschriebenen psychischen Vorgänge, der eigenen und der bei den Kindern und deren Wechselwirkung, nötig. Im Gegensatz zu den Kindern, die mehr oder weniger unkontrolliert mit Zuneigung und Ablehnung andere Kinder oder Erwachsene konfrontieren, sollte der Erzieher beim Zulassen seiner Gefühle um *selektive Authentizität* bemüht sein. Damit meinen wir die Fähigkeit, Zuneigung oder Ablehnung nicht verleugnen zu müssen, jedoch als Erwachsener die Verantwortung für seine Gefühle und deren Wirkung auf das Geschehen in der Kindergruppe zu übernehmen und dem psychischen Entwicklungsstand des Kindes entsprechend seine Empfindungen „dosiert" zu zeigen.

Verschmelzungswünsche der Kinder in Bezug auf die Erwachsenen können abgebaut werden, wenn die Erzieher die ersten aufkommenden Anzeichen von Interesse der Kinder aneinander gestalterisch zu nutzen wissen und Anregungen geben, was gemeinsam gemacht werden könnte. Zwar ist bei Dreijährigen die Gegenstandsorientierung vorherrschend, sie sollen ja erst lernen, mit anderen Kindern zu spielen. Es können aber z.B. Objekte, die von zuhause mitgebracht werden, Anlaß sein, aufeinander oder auf ein bestimmtes Kind aufmerksam zu werden. Erzieher wissen oft, wer von den gleichaltrigen Kindern zu wem „paßt", können gemeinsame Unternehmungen arrangieren, wie Einkaufen, können das Nebeneinandersitzen bei den Mahlzeiten unmerklich begünstigen.

Es erfordert Geduld und Selbstbewußtsein, sich nicht von den Widerständen eines Kindes entmutigen zu lassen, von Abweisungen nicht gekränkt zu sein, sondern das Kind in seiner individuellen Entwicklung zu sehen und zu verstehen. Von manchen Eltern ist zu erfahren, wie Kinder, die schwer in Gruppen hineinkommen, zuhause ganz anders sind. Sie spielen dort Situationen aus dem Kindergarten nach, sind lebhaft oder gar trotzig und verarbeiten auf diese Wiese ihre täglichen Erfahrungen, die sie nicht im Kindergarten ausleben können, sowie die Frustrationen über sich im Umgang mit der Gruppe. Über solche Informationen wird die Bedeutung des „nur" Zuschauens klar.

Die häufig zwischen zurückhaltenden Kindern mit Ablösungsproblemen und pflegebedürftigen Kindern oder anderen behinderten Kindern, die bereits länger in der Gruppe sind, entstehenden ersten Kontakte sind recht hilfreich zur Einfindung in die Gruppe. Dabei lassen sich solche Beziehungen nicht nur mit der Behinderung begründen. Es sind immer bestimmte Anziehungen zwischen Kindern, die ein Aufeinanderzugehen auslösen, die nicht unbedingt mit der spezifischen Behinderung alleine zu tun haben.

Die *„Kerngruppe"*, die innerhalb der Gesamtgruppe für die neuen Kinder *Orientierungswirkung* hat, setzt sich wie in den Gruppenbeschreibungen dargestellt, aus unterschiedlichen, zum Teil ständig wechselnden, zum Teil über einen längeren Zeitraum andauernden Konstellationen oder Beziehungs- und Aktionszentren zusammen, wie z.B. emotionaler Ruhepol, ruhige Bastelgruppe, Gruppe, die Rollenspiele präferiert, Gruppierungen für wilde oder aggressive Spiele. Die neuen Kinder können die unterschiedlichen Aktionen von weitem beobachten, sich ihnen unverbindlich nähern oder spontan Zugang finden. Sie werden auch von größeren Kindern hinzugezogen für Rollen des Kleinen, beispielsweise als Baby. Die Aktivitäten der Großen mobilisieren bei den neuen Kindern ambivalente Gefühle: Neugier und Dabeisein-wollen ist mit Angst und Überforderung gekoppelt. Sie werden mit Nähe und Distanz, Zuneigung und Abneigung ungeschützt konfrontiert, Kinder in diesem Alter können aufeinander noch keine besondere Rücksicht nehmen.

Auch die Großen erleben Herausforderungen durch die Aufmerksamkeit, die den neuen oder behinderten Kindern zwangsläufig von den Erwachsenen geschenkt wird. Ebenso kann das durch das Entwicklungsniveau der Kleineren bedingte Verhalten Bereiche aktualisieren und problematisieren, die von ihnen bereits überwunden geglaubt sind. Beispielsweise hat ein Kind gerade so zu essen gelernt, wie es von ihm erwartet wird und ein neues behindertes oder nichtbehindertes Kind beschmiert sich beim Essen das ganze Gesicht, oder Kinder müssen gewickelt oder gehalten werden. Durch die begleitende Aufmerksamkeit des Erziehers kann die Verunsicherung der eigenen Rolle und die Unsicherheit den anderen gegenüber besser überwunden werden. Gleich einem *Hilfs-Ich* sollte er, der Ich-Stärke des Kindes entsprechend, präsent sein und aktiv werden. Beispielsweise ist es Kindern, die nicht sprechen, sehen oder gehen können, nicht möglich, in diesem Bereich ohne Unterstützung Abgrenzungserfahrungen zu machen. Sie wären verloren, wenn sie sich selbst überlassen blieben. Dies gilt natürlich grundsätzlich immer für alle Kindergartenkinder, wird aber bei bestimmten Behinderungen noch deutlicher.

Da Behinderung von Kindern nicht in der alle zukünftigen Probleme antizipierenden Weise der Erwachsenen betrachtet wird und sie daher neugierig und unbefangen nachfragen, was ein behindertes Kind kann und was es nicht kann, hat der Erzieher die Möglichkeit, vom Umgang der Kinder mit Behinderung zu lernen. Integrative Prozesse gibt es somit auch zwischen Kind und Erzieher als gegenseitige Befruchtung und Erweiterung der Handlungsspielräume. Unser Verständnis von Integration als Einigungsprozesse durch die Balance von Annäherung und Abgrenzung bedeutet für den Erzieher ständiges Abwägen zwischen Unterstützung oder Hilfestellung und vertrauensvollem Loslassen.

Die Tradition der Gruppe wird zwar an die neuen Kinder weitergegeben, diese bringen aber auch Bewegung in die Gruppe, indem bestimmte Dinge von ihnen nicht akzeptiert oder modifiziert werden, neue Themen entstehen, ältere, vergangene wieder neu aufleben.

Die *"Schulkinder"* als Gruppe derjenigen, die nach Ende eines Kindergartenjahres abgehen, haben neben ihrer Zugehörigkeit zur Kerngruppe eine zusätzliche Verbundenheit untereinander. Diese wird äußerlich dadurch dokumentiert, daß sie als "Schulkinder" von den Erwachsenen angesprochen werden, Schulen werden ausgesucht, Aufnahmevorbereitungen getroffen, bestimmte Erwartungen und Hoffnungen in sie gesetzt. Vom Kindergarten her laufen Aktivitäten wie Besuche von Schulen, Besuche der Lehrer im Kindergarten. Die *Ablösungsprozesse* zwischen Kind und Erzieher beginnen. In der integrativen Kindergartengruppe ist daher dieser immer präsente Übergang zur Schule ein ständiger Anlaß, *Abschied* vorzubereiten und zu erleben und mit der ausgrenzenden Realität konfrontiert zu werden, d.h. auch mit Begriffen wie Leistungsdruck, Normalsein, Behindertsein, Regelschule, Sonderschule.
Die für die integrativen Gruppen getroffene Entscheidung, keine herkömmliche Vorschulerziehung zu machen, reduziert den Leistungsdruck. Über Eltern kommt jedoch häufig dennoch der Anspruch nach Vorschulerziehung, unabhängig von der anfangs geteilten Einstellung des Kindergartens. Die Eltern wollen sich vergewissern, daß ihre Kinder trotz integrativer Erziehung genauso weit sind wie andere.
Es sind den Ablösungsprozessen zwischen Mutter und Kind vergleichbare Vorgänge, die sich zwischen Erzieher und Schulkind am Ende der Kindergartenzeit abspielen. Dabei ist die Sorge über den "Ernst des Lebens" in der Grundschule in der derzeitigen bildungspolitischen Situation berechtigt.

3.2.2 Spezifische Konstellationen in integrativen Gruppen

Innerhalb integrativer Gruppen bilden sich häufig spezifische Konstellation heraus, in denen einzelne Kinder bestimmte Positionen innehaben. Kinder geben dabei durch besondere Merkmale und Fähigkeiten Impulse, die von anderen aufgenommen werden. Diese Impulse können auch von einer Aktivität zwischen mehreren Personen ausgehen, der sich andere Kinder anschließen. Inwieweit solche Anstöße von anderen aufgegriffen werden, hängt sowohl von der Positon des impulsgebenden Kindes ab als auch von der Befindlichkeit und den Bedürfnissen der anderen Gruppenmitglieder.
Dementsprechend kann eine spezifische Konstellation die ganze Gruppe oder auch nur einige Kinder umfassen; innerhalb der Kindergartengruppe können parallel mehrere Konstellationen auftreten.
Da sich im Laufe der Kindergartenzeit die Befindlichkeit und Bedürfnisse der Kinder gemäß ihrer Entwicklung verändern, ist es selbstverständlich, daß Kinder unterschiedliche Positionen innehaben können, sich immer wieder neue Konstellationen finden, andere sich auflösen.
Auch wenn diese aufgrund der jeweiligen Ausgangslagen der beteiligten Kinder und deren Entwicklung einer gewissen Eigendynamik unterliegen, haben die Erzieher hier, bewußt oder unbewußt, hemmenden oder fördernden Einfluß und können damit die Struktur der Gruppe entscheidend mitbestimmen.

Es ist immer wieder zu beobachten, daß besonders wahrnehmungs- und bewegungsbeeinträchtigte Kinder, die auf Hilfe angewiesen sind, innerhalb ihrer Gruppe zu *Bezugspunkten für Wärme und Zärtlichkeit* werden. Andere Kinder kommen auf sie zu, um sie zu streicheln, Körperkontakt zu suchen und zu schmusen. Dies liegt einerseits darin begründet, daß diesen Kindern von seiten der Erzieher besonders viel Aufmerksamkeit zukommt. Das Interesse der übrigen Kinder wendet sich dann über das Interesse an der Beziehung zwischen Erzieher und behindertem

Kind dem Behinderten zu. Hier gehen also die Impulse von der Interaktion Erzieher — Kind aus.

Darüber hinaus sind stark beeinträchtigte Kinder oft nicht im gleichen Maße wie nichtbehinderte Kinder auf der sprachlichen bzw. audiovisuellen Ebene ansprechbar und zusätzliche Kommunikationshilfen müssen hinzutreten. Kinder sind dann schnell in der Lage zu erkennen, daß hier körperliche Mitteilungen einen Kontakt ermöglichen oder zumindest unterstützten. Über die Form der Kommunikation eröffnet sich dann ganz besonders die Möglichkeit, zärtliche Gefühle, den Wunsch nach Nähe und Wärme auszudrücken. Von der Behinderung des Kindes geht hier also auch ein Impuls, der zur Annäherung führt, aus.

Ein mit der zärtlichen Zuwendung eng verbundener Aspekt ist das *Versorgen* des Anderen. Kinder beobachten auch hier die Erzieher, übernehmen deren Verhalten und finden selbständig empathisch neue Möglichkeiten, stark beeinträchtigten oder kleineren Kindern zu helfen und sie zu versorgen.

Darüber hinaus stellen einzelne auch *Ruhepole* für andere dar. Kinder sind gelegentlich überfordert oder aufgedreht und wollen sich zurückziehen und Ruhe finden. Sie finden diese sowohl bei behinderten Kindern, deren Bewegungsäußerungen eingeschränkt sind, und die deshalb etwa auf einer Matratze liegen, und auch bei stillen und ausgeglichenen Kindern. Das Ruhebefinden variiert dabei je nach Bedürfnissen vom einfachen Danebensitzen oder -liegen mit oder ohne Kontakt bis hin zu Spielen, in denen Kinder ihr Spiel um ein ruhiges Kind gruppieren und dieses mehr oder weniger intensiv einbeziehen.

Die mögliche Bedeutung all dieser Bezüge — emotionale Nähe, Versorgen, Ruhe — für die einzelnen Kinder wurde bereits im vorherigen Kapital behandelt. Sieht man nun diese Geschehnisse im Zusammenhang der Gruppe, wird deutlich, daß noch eine für alle Kinder gemeinsame Bedeutung — und dies gilt auch für alle weiteren erwähnten Konstellationen — hinzukommt. Kinder können in einem Kind einen gemeinsamen Bezugspunkt finden — sei es auch aus noch so unterschiedlichen Beweggründen — dies als Gemeinsamkeit erfahren und damit an der Gemeinschaft partizipieren. Für das Kind im Mittelpunkt einer solchen Gruppierung bedeutet diese Position ein starkes Einbezogenwerden und Dazugehören sowie die Möglichkeit zu erleben, selbst liebenswert zu sein. Das zeigt, daß nicht der Erzieher, der die Gruppe leitet, alleiniger Bezugspunkt der Gruppe ist. Kinder können sich auch als Gruppe oder Untergruppe auf andere Kinder beziehen und darüber definieren. Dadurch können sie gleichzeitig Dazugehörigkeit vermitteln und erfahren.

Damit wird eine wesentliche Bedeutung der Gruppe für die Entwicklung der Kinder deutlich. Sie bietet Kindern Gelegenheit und Anreiz, sich zunehmend aus den Zweierbeziehungen Erwachsener — Kind zu lösen und sich auf andere Kinder zu beziehen. Dem Erzieher fällt dabei die Aufgabe zu, zuzulassen, daß Kinder sich von ihm lösen und Selbständigkeit erlangen, wobei er gleichzeitig präsent sein sollte, wenn sie seine persönliche Nähe und Zuwendung, seinen Schutz, Hilfe oder Trost brauchen. Hier wird auf der interaktionellen Ebene zwischen Erziehern und Kindern die Notwendigkeit sichtbar, mittels Abgrenzung und Annäherung Einigungen herzustellen.

Konzentrieren sich die Aufmerksamkeit und Aktivität der Kinder zunehmend auf die Gruppe, ist es Aufgabe des Erziehers, die Prozesse der Gruppe und deren Bedeutung für einzelne im Auge zu behalten, gegebenenfalls einzugreifen. Das bedeutet, daß für ein Kind, dem andere gerne helfen oder es versorgen, zu bedenken ist, inwieweit diese Zuwendung und Hilfe der anderen ihm psychische Stabilität oder Zugehörigkeitsgefühle geben und seine Entwicklung fördern, oder ob sie seine Entwicklung hemmen, weil eine notwendige Konfrontation mit den eigenen Grenzen fehlt, die Energien zu deren Überwindung oder Weiterfassung mobilisieren könnte. Die Hilfs- und Versorgungsangebote der Kinder müssen ebenfalls in Verbindung mit deren eigener Entwicklung gesehen und eingeschätzt werden.

Es sollte beispielsweise darauf geachtet werden, daß Kinder nicht in reine Helferrollen hineinwachsen. Es kann auch vorkommen, daß einige Kinder sich der Konstellation anschließen und dem

Kind im Mittelpunkt mit stark bemutterndem oder überbehütetem Verhalten, das auch aggressive Züge annehmen kann, gegenüberzutreten; d.h., sie beziehen in ihr Verhalten nicht die tatsächlichen Bedürfnisse des Gegenübers mit ein. Nicht immer kann das versorgte Kind sich alleine dagegen wehren, bzw. vielleicht läßt es die Bemutterungen auch aus ambivalenten Gefühlen gegenüber dem eigenen Wachstum und der damit verbundenen Selbständigkeit zu (vgl. 3.1.1).

Die Erzieher sollten im Auge behalten, daß sich nicht alle Kinder einer eben beschriebenen Konstellation anschließen. Manche haben vielleicht im Moment andere Intersssen, sind in andern für sie relevanten Konstellationen eingebunden und wollen nicht beteiligt sein. Dies muß respektiert werden. Es gibt aber auch Kinder, die sich nicht beteiligen können und die die Zentrierung anderer um einen emotionalen Bezugspunkt und die daraus resultierende Gemeinsamkeit als Ausschluß der eigenen Person erleben. Diese Kinder kommen so in Außenseiterpositionen (vielleicht haben sie die Disposition dazu schon in den Kindergarten mitgebracht), die dazu führen können, daß sie sich aggressiv dem Kind im Mittelpunkt nähern oder aber, daß sie seine Existenz negieren.

Das heißt, daß, falls in einer tatsächlichen oder antizipierten Interaktion eine Einigung nicht zustande kommt, es zu einer Verschmelzung kommen kann, die sich in Überversorgung auf der einen Seite und in zunehmender Abhängigkeit auf der anderen Seite ausdrückt.

Das andere Extrem wäre die Entfremdung, die sich darin ausdrückt, daß das Kind im Mittelpunkt zärtlicher Zuwendung oder Versorgung zum Aggressionsobjekt von Außenseitern wird oder, daß seine Existenz ignoriert wird.

Für den Erzieher bleibt zu entscheiden, inwieweit er einzelnen Kindern Hilfe anbietet oder vielleicht durch die Einbringung seiner Person die Gruppe umstrukturiert. Da es sich gezeigt hat, daß die Zuwendung der Kinder sich meist der Zuwendung des Erziehers zu einem bestimmten Kind anschließt, ist es für Erzieher möglich, über eigenes Zurücknehmen oder stärkeres Einbringen die Position eines Kindes zu beeinflussen. Das beinhaltet auch, daß er über stärkeren eigenen Bezug zu einem Kind diesem eine zentralere Position in der Gruppe zukommen lassen kann.

In der Regel kommt es im Laufe der Zeit zu einer allmählichen Umschichtung der Konstellation, bei der es passieren kann, daß das Kind im Mittelpunkt seine Position verliert. Dies kann an einer Interessenverschiebung der anderen Kinder liegen; möglicherweise ist eine vorläufige oder dauerhafte Sättigung der mit dieser Konstellation verbundenen Bedürfnisse eingetreten, ohne daß bisher neue Kinder darin nachgewachsen sind.
Es kann aber auch ein Anzeichen dafür sein, daß der Erzieher sich bereits vorher von dem Kind im Mittelpunkt zurückgezogen hat und damit ein wichtiger Impuls wegfällt. Hier kann eine Reflexion der eigenen Einstellung zum betreffenden Kind dem Erzieher Klarheit und Entscheidungshilfe für sein weiteres Vorgehen verschaffen.
Wichtig dabei ist in jedem Fall, die eigene Befindlichkeit und die der Kinder zu akzeptieren. Es mag schmerzlich sein, wenn ein behindertes Kind geliebter Mittelpunkt war und Kinder sich dann abwenden. Für die Kinder kann es aber ein notwendiger Entwicklungsschritt sein. Hier ist jetzt die Person des Erziehers als Partner für das zurückgelassene Kind stark gefragt. Er muß dem Kind zur Verfügung stehen, um zu verhindern, daß das Kind sich völlig verlassen fühlt. Falls ihm die notwendige emotionale Verbundenheit fehlt, fällt diese Aufgabe der Zweitkraft zu. Möglicherweise kann das Kind über den Erzieher auch wieder Anschluß finden, ohne unbedingt selbst Mittelpunkt zu sein. Dies kann dem Kind neue Entwicklungsanreize bieten.

Kinder gruppieren sich auch um andere Kinder und schließen sich diesen an, weil sie im Moment *interessante Aktivitäten* durchführen, über *bestimmte Fähigkeiten* verfügen oder *relevante Themen* anschneiden.

Es gibt vielleicht ein Kind oder mehrere Kinder in einer Gruppe, die besonders gerne am Tisch malen, basteln oder puzzeln und darin gewisse Fertigkeiten erlangt haben. Neben Kindern, die dazu kommen oder mit oder ohne Kontakt die gleiche Tätigkeit selbständig ausführen, schließen sich manche Kinder an, um durch Abschauen und Nachahmen, vielleicht ein gelegentliches Helfenlassen, auch diese Fähigkeit zu erwerben.

Ein anderes Kind ist vielleicht ein gesuchter Partner für Rollenspiele, weil es anregende Ideen hat, wichtige Themen anspricht, sich partnerschaftlich verhält.

Manche Kinder wiederum werden zu Anführern bei Tobe- und Kampfspielen, andere werden aufgesucht, weil sie gerecht schlichten oder gut ausgleichen können.

Auch diese Konstellationen unterliegen Veränderungen und die Zugehörigkeit zu einer schließt nicht unbedingt die zu einer anderen aus. Ebenso können sich Untergruppen zu gemeinsamen Aktivitäten zusammenschließen. Der Umgang miteinander innerhalb solcher Untergruppen reicht je nach Befindlichkeit und Möglichkeit der betreffenden Kinder von partnerschaftlichem Spiel bis hin zu hierarchisch gegliederten Gruppen mit Anführern. Die Beziehungen der Kinder liegen dabei zwischen innigen Freundschaften und engem Aufeinanderbezogensein bis zu distanziertem unverbindlichem Dabeisein.

Das Gemeinsame der aufgeführten Konstellationen ist in diesem Zusammenhang die Zentrierung der Gruppe auf ein Kind oder vielleicht mehrere Kernkinder.

Es wurden hier nur exemplarisch einige zentrale Konstellationen, in denen Kinder Kinder anleiten oder sich anschließen, aufgezeigt. Es ist ein wesentliches Merkmal altersheterogener integrativer Gruppen, daß eine sehr weitgefaßte Bandbreite von Fähigkeiten, Interessen und Bedürfnissen vorhanden ist. Dies bietet die Möglichkeit eines differenzierten Einbringens und Anschließens. Darin liegt für alle Kinder und gerade für behinderte im Unterschied zu separierter Erziehung ein großer Vorteil. Kinder können sich — sehr eng oder eher unverbindlich — anschließen, teilhaben, durch Auseinandersetzung oder Imitation Erfahrungen machen. Sie lernen dabei von Kindern und im aktuellen Lebenszusammenhang; sie können sich sozusagen das „abholen", was für sie gerade bedeutsam ist. Zeitlich parallel oder versetzt kann vielleicht ein Kind, das sich in einem Bereich anleiten läßt, eigene Fähigkeiten in einem anderen Bereich weitergeben, selbst anleiten oder Vorbild sein und damit seine Kompetenz und seine Bedeutung für die Gruppe erfahren. Dieses Anleiten und Anschließen wird zudem von beiden Seiten als Gemeinsamkeit erfahren und stellt eine wesentliche Erweiterung des Lebens- und Lernbereiches dar.

Probleme entstehen, wenn Kinder ungewollt außerhalb solcher Konstellationen stehen, Untergruppen so hierarchisch gegliedert sind, daß Kinder sich gegenseitig in ihrer Entwicklung behindern oder sich Untergruppen rivalisierend gegenüberstehen. Auch kann es vorkommen, daß Kinder kaum zu Gruppen zusammenfinden. Für die Gestaltung von Gruppenprozessen ist es daher wichtig zu sehen, daß Kinder im Mittelpunkt einer Konstellation einen strukturierenden Einfluß auf ihre Untergruppe haben. Sie sind durch ihre Position stärker als die anderen in der Lage, Kinder einzubeziehen oder auszuschließen. So können sie ein Kind, das außen steht, als Partner wünschen und ihm damit einen auch von den anderen akzeptierten Platz in der Untergruppe vermitteln. Das wirkt sich auch auf die Gesamtgruppe aus. Das Gegenteil ist genauso möglich, wenn das Kind im Zentrum ein anderes abweist oder ihm eine ungeliebte Rolle zuweist.

Es kann daher sinnvoll sein, neue Kinder und Außenseiter in engen Kontakt mit Kindern im Mittelpunkt zu bringen, etwa in der kleineren Gruppe am Nachmittag oder in der Mittagspause. Andererseits sollte man im Auge behalten, inweiweit ein Kind vielleicht Außenseiter wird, weil ein Kind im Zentrum des Gruppengeschehens es ablehnt und die Ablehnung sich dann auf die anderen überträgt. Hier kann eine Anbindung des Kindes an andere Kinder und die damit verbundene Distanz zum „Gegner" dem Kind eine ganz andere Position in der Gruppe verschaffen. Auch kann der Erzieher, indem er die Kompetenzen eines Kindes für einen bestimmten Bereich selbst betont und sich darauf bezieht, ein Kind interessant für andere werden lassen.

Sind Untergruppen hierarchisch gegliedert, kann dies zeitweise für die Kinder eine Notwendigkeit sein. Es ist vielleicht ein wichtiger Schritt im Prozeß der Einigung. Eine Hierarchie kann aber auch die Entfaltung der Kinder beeinträchtigen, so daß der Erzieher eingreifen muß, etwa indem er versucht, den Anführer zu neutralisieren. Hier kann der Erzieher — und dies ist auch sinnvoll für Kindergartengruppen, die nicht zusammenfinden — Themen vorgeben, um die sich ein Spiel gestaltet und anhand dessen sich neue Strukturen bilden können. Bei solchen Themen ist es wichtig, darauf zu achten, daß es für alle Kinder die Möglichkeit gibt, sich adäquat einzubringen, bzw. die Spiele können sogar auf spezifische Rollen und Problembereiche zugeschnitten sein. Ebenso lassen sich Außenseiter einbinden. Dies kann heißen, daß der Erzieher überlegen muß, in welcher Form es möglich ist, etwa einem Kind mit einer entstellenden Mißbildung, die die anderen Kinder zunächst abstößt, eine Rolle in einem Spiel zu geben, in der diese Mißbildung erst einmal zurücksteht. Beide Seiten können sich dann unbefangener nähern und diese Annäherung vielleicht auch in anderen Situationen zulassen oder suchen. Ebenso kann ein bewegungsbeeinträchtigtes Kind eine zentrale Position zugewiesen bekommen, der alle anderen sich im Spiel zuwenden müssen.

Es ist sinnnvoll und für ein Kind sehr wichtig, daß es gemäß seinen Fähigkeiten und Interessen eine von der Gruppe geachtete und von ihm selbst auch wahrgenommene Rolle hat. Es ist jedoch darauf zu achten, daß Kinder nicht starr auf eine Position festgelegt werden, um zu gewährleisten, daß sie ihren sich wandelnden Bedürfnissen und Fähigkeiten gemäß Entwicklungsspielräume haben, die nicht zu eng gefaßt sind und der Dynamik kindlicher Persönlichkeitsentwicklung Rechnung tragen können. Ansonsten besteht die Gefahr, daß Kindern durch Erwartung und Haltung der anderen früh in ihrer Entwicklung eine bestimmte Rolle zugewiesen wird.

Dies gilt in besonderem Maße auch für *das sich aggressiv verhaltende Kind.* Wir gehen davon aus, daß der Wunsch nach erfreulichen, emotional befriedigenden Beziehungen untereinander in einer Kindergartengruppe ein allgemein geteiltes Anliegen ist oder werden sollte. Zur Realisierung dieses Wunsches stehen den Gruppenmitgliedern unterschiedlich entwickelte Fähigkeiten zur Verfügung, welche dieses Anliegen fördern bzw. es erschweren oder ihm sogar scheinbar entgegenwirken, wie z.B. aggressives und ausgrenzendes Verhalten.
Nach unserem Verständnis manifestiert sich auch in aggressiven und ausgrenzenden Verhaltensweisen, die zum Kindergartenalltag gehören und häufig als belastend und anstrengend erlebt werden, die Suche nach Möglichkeiten, miteinander in Kontakt zu kommen. Aggressive und ausgrenzende Umgangformen der Kinder sind also auch als Annäherungsversuche zu verstehen. Da sie nicht unmittelbar als solche wahrnehmbar sind, bieten sie Anlaß zu Mißverständnissen.

Der Erzieher sollte daher mit abweichenden Verhaltensweisen empathisch umgehen können und die frustrierenden, weil immer wieder vergeblichen Bemühungen mancher Kinder um andere Kinder mit Geduld begleiten. Die Erfahrung: sie können es noch nicht, aber sie werden es täglich besser können, die aus der Arbeit mit Kindern erwächst, könnte ihm die nötige Sensibilität für Fortschritte und Gelassenheit bei Regression geben. Können die aus Enttäuschung der Kinder bei ihren Versuchen im Umgang mit anderen Kindern erwachsenen aggressiven Handlungen und Reaktionen im Zusammenhang mit den individuellen Entwicklungsverläufen gesehen werden, wird eher eine von Akzeptanz geprägte Gruppenatmosphäre entstehen.

Es gibt ganz unterschiedliche Anlässe, über die es zu solchen aggressiven Kontaktaufnahmen kommt, bzw. aus denen heraus

das Interesse an einem anderen Kind „umschlägt" in Aggression, Ausgrenzung, Ablehnung.
So kann es der Wunsch eines Kindes sein, sich einem anderen Kind anzuschließen oder es in Gruppenaktivitäten einzubeziehen. Bei erfolglosen Bemühungen kann es zu durch Enttäuschung ausgelöstem aggressiven Verhalten kommen. Die Bedeutung einer solchen interaktion für den Gruppenzusammenhang ist abhängig von der Position der an den Bemühungen um ein solches Kind beteiligten anderen Kindern. Das außenstehende Kind kann eventuell von mehreren Kindern aggressiv aufgefordert oder weiterhin noch stärker ignoriert und darüber zum Außenseiter werden, wenn diese eine besonders bedeutende Rolle in der Gruppe spielen.
Der Erzieher muß hier unterstützend wirken. Er sollte das Kind zu Aktivitäten auffordern, Vorschläge machen, ohne es zu etwas zu zwingen. Auf diese Weise gibt er ein Beispiel für mögliches positives Verhalten und es besteht die Chance der Annäherung. Das außenstehende Kind hat einen zuverlässigen Bezugspunkt in dem Erzieher, an dem es sich orientieren kann, auf den es sich, wenn auch eventuell erst nach längerer Zeit, einlassen kann. Bei den anderen Kindern wird durch die akzeptierende Haltung des Erziehers möglicherweise eine Aufwertung des Kindes erreicht. Sie können etwa mit Hilfe des Erziehers das Anderssein akzeptieren lernen als vorübergehende oder auch länger andauernde Erscheinung.
Es gibt bei jüngeren Kindern gelegentlich Wünsche, in bereits bestehende Gruppierungen aufgenommen zu werden. Solchen Annäherungen liegen Bedürfnisse zugrunde wie dazugehören und an der Stärke und Macht einer Kleingruppe oder auch eines bestimmten Kindes innerhalb der Gruppe zu partizipieren. Vielfach scheitern solche Bemühungen daran, daß sie von den auserwählten, begehrten Kindern gar nicht wahrgenommen oder ignoriert werden. Auch da kann es zu versteckten oder offenen Aggressionen über das eigene Unvermögen oder die vermutete bzw. erlebte Ablehnung kommen. Häufig führen solche Kinder aussichtslose Kämpfe um Anerkennung bei den „Großen".

Aggressionen werden auch stellvertretend an anderen unbeteiligten Kindern ausgelassen in gewaltsamen Handlungen wie beißen, kratzen oder schlagen. In der Überforderung durch die eigenen Ansprüche, die aus der Konkurrenz zu den Großen entsteht, werden gelegentlich Aggressionen auch gegen sich selbst gerichtet.

Eine besondere Anziehung geht auch unter Umständen von einzelnen als aggressiv geltenden Kindern auf aggressionsgehemmte Kinder aus. Sie werden manchmal als Delegationsobjekte für aggressive Wünsche ausgewählt. Den anderen stellvertretend agieren zu lassen, sich hinter dem ,,bösen" Kind verstecken zu können und es gleichzeitig dazu anzustiften, ,,Böses" zu tun, könnten unbewußte Motive dieser aggressionsgehemmten Kinder sein.

Die daraus entstehenden Beziehungen sind für beide Seiten auf Dauer recht unbefriedigend. Zwar scheinen die Kinder sich eng zusammenzuschließen, treten als ,,Gang", als ,,Mackertypen" auf, aber wirkliche Nähe entsteht nicht. Auch zur Einbindung eines Außenseiters in die Gruppe dienen solche Konstellationen selten, da der aggressive Außenseiter von verschiedenen Kindern meist regelrecht ,,benutzt" wird, um ihre aggressive Seite besser ausleben zu können und sich darüber seine Rolle eher verfestigt. Solche Kinder befinden sich in einem Teufelskreis, wenn sie wegen ihrer Aggressivität zum Außenseiter werden und sich ihnen dann wegen dieser ,,Fähigkeit" andere Kinder annähern und diese verstärken. Der Kreis kann nur mit Hilfe der Erzieher durchbrochen werden, indem sie versuchen, andere Anteile des Kindes wahrzunehmen und Gruppenaktivitäten gestaltet, in denen diese mobilisiert werden können.

Es kann auch über mißverständliche Interaktionen zu Aggressionen auf Kinder kommen, die durch ihre Behinderung beeinträchtigt sind, z.B. nicht oder nur eingeschränkt hören, sprechen, sehen können, deren physische Kräfte gering sind, oder die sich nicht oder nur unsicher bewegen können. Selbst wenn den anderen Kindern diese Beeinträchtigungen bekannt sind, sei es, daß sie unübersehbar sind oder sie bereits darauf aufmerksam gemacht worden sind, werden sie häufig im Spiel wieder vergessen oder es wird ihnen nicht die nötige Beachtung geschenkt. Dies geschieht beispielweise beim Spielen, wenn sich ein Kind einem anderen mit bestimmten Intentionen nähert. Dabei sind seine Erwartungen auf ihm bekannte und geläufige Reaktionen ausgerichtet wie z.B., daß das andere Kind sich auf die Aufforderung einläßt, sie versteht oder sich abweisend, ablehnend verhält. Kinder erleben Irritationen, wenn sie unverständliche Reaktionen begegnen, wenn das behinderte Kind selbstbezogen weiterspielt und anscheinend gar keine Notiz von den Annäherungen nimmt, selbst wenn sie zunehmend massiver und auch aggressiver werden. Es ist ebenfalls frustrierend, wenn auf verbale Spielvorgänge oder Hilfsangebote nicht eingegangen werden kann. Diese in den Anfängen fast unmerklich ablaufenden Annäherungsversuche werden für den Erzieher meist erst wahrnehmbar, wenn sie in Aggressivität umschlagen, andere Kinder Aggressionen übernehmen und das behinderte Kind oder das Gruppengeschehen belasten.

Eine wichtige Aufgabe besteht für den Erzieher darin, Aggressionen als Folge frustrierender Erfahrungen und nicht als festgelegte Elemente einer Beziehungsaufnahme bzw. -struktur zu sehen. Er sollte Interpretationshilfe leisten, indem er dem behinderten Kind Schutz bietet vor den Aggressionen, die dieses Kind oft völlig überrollen, und dem anderen Kind oder den Kindern Erklärungen geben zur Situation des behinderten Kindes über Beschreibung dessen, was dieses wahrnehmen kann und was nicht.

Die in den Gruppen laufenden Annäherungs- und Abgrenzungsversuche münden immer wieder in Extreme, die wir als „Fehlverhalten" im Sinne von Verschmelzung und Entfremdung bezeichnen. Wie nahe diese beiden Pole beieinanderliegen und wie häufig mangelnde Abgrenzungsfähigkeiten zuwendende Interaktion in Aggression umkippen läßt, wird besonders deutlich bei jüngeren Kindern, die gerade beginnen, das Zusammensein mit anderen Kindern zu lernen und größere Kinder und Erwachsene als Regulativ fehlen, oder bei Kindern, die eine gewisse Distanzlosigkeit zeigen.

Wie wir beobachten konnten, sind die aggressiven und ausgrenzenden Beziehungsstrukturen aber nicht nur anstrengend und belastend. Sie können in einer Gruppe für die Entwicklung einzelner Kinder und den Verlauf der Gruppenprozesse fördernde Wirkung haben. Dies ist jedoch abhängig von der Einstellung der Erzieher zur Aggression. Können sie in einer Atmosphäre grundsätzlicher Akzeptanz Aggressionen zulassen, wird es auch zu Grenzerfahrungen kommen können. Gerade sehr behinderte Kinder haben solche Erfahrungen zuhause meist nicht machen können.

Erzieher haben im Gegensatz zu Eltern die nötige Distanz zuzulassen, daß ein Kind auch schmerzliche Erfahrungen machen kann. Um ein Kind bei Grenzerfahrungen begleiten zu können, muß der Erzieher die Grenzen des Kindes genau kennen und in der Lage sein, ihm auf dieser Gratwanderung die Sicherheit zu vermitteln, daß es auf alle Fälle „gehalten" wird.

Aggressives Verhalten kann auch als Auseinandersetzung und Versuch von Annäherung und Abgrenzung eines Kindes mit dem Erzieher beobachtet werden. Das Ausprobieren des Kindes, wie weit es gehen kann, wie lange es der Erwachsene trotz allem akzeptiert, kann z.B. ausgelöst werden durch das Erleben einer intensiven Beziehung des Erziehers zu einem behinderten Kind mit meist hoher Pflegebedürftigkeit und daraus folgender starker Identifikation.

Eine solche Auseinandersetzung kann zeitweise eine Gruppe sehr belasten. Da sich die Herausforderung akzentuiert an den Erwachsenen richtet, ist eine beobachtende distanzierte Haltung des betroffenen Erwachsenen manchmal nicht mehr möglich. Der Erzieher muß sich unter Umständen so abgrenzen, daß er während der Auseinandersetzung mit dem Kind die Zuständigkeit abgeben wird.

Dies zeigt, wie wichtig weitere Erwachsene in einer Gruppe sind. Mit der begleitenden Hilfe eines anderen Erwachsenen können sich Einigungsprozesse zwischen Erzieher und Kind über Annäherung und Abgrenzung vollziehen, ohne daß das Kind dem Erwachsenen gegenüber benachteiligt wäre oder der Erwachsene seine Betroffenheit verleugnen müßte.

3.3 Integrative Prozesse auf institutioneller und gesellschaftlicher Ebene

„Wenn man mal so ein ganz naives Rechenexempel machen würde, wenn in jedem Wohngebiet, in dem behinderte Kinder wohnen, die Regelkindergärten diese behinderten Kinder aufnehmen würden, sagen wir mal: zwei nehmen je drei Kinder auf, so sind die beiden Kräfte aus der Sondereinrichtung frei und könnten in je eine dieser Einrichtungen gehen. So einfach wäre das. Oder auch die ganze Sondereinrichtung könnte sich öffnen mit ihren optimalen räumlichen Bedingungen. Aber das wird nicht gemacht."

Aus dieser Aussage der Leiterin eines integrativen Kindergartens aus dem Jahre 1982 spricht die Hoffnung, daß sich integrative Prozesse auf der institutionellen Ebene durchsetzen, aber auch die Schwierigkeiten dieses Weges. Es gibt institutionelle Bedingungen, die für die integrative Betreuungsform einschränkende Wirkungen haben und die nur langfristig über Entwicklungen in den Institutionen aufzulösen sind.

3.3.1 Institutionsspezifische Einstellungen

Die Betreiber von pädagogischen Einrichtungen, z.B. Kindergärten und Schulen, vom Personal bis zu den Spitzenmanagern bzw. -beamten, unterliegen leicht der „Betriebsblindheit". Der — auch berechtigte — Stolz auf die Aufbauleistung erzeugt eine Identifikation mit der Einrichtung in der Form, wie sie im Moment besteht. Hinzu kommen handfeste Interessen am Erhalt der Einrichtung und der dort existierenden Arbeitsplätze.
Bei den Trägern der Regelkindergärten, sowohl den kirchlichen als auch den kommunalen, fehlt oft die Reflexion dar-

über, was die Erziehung in Sonderkindergärten für Eltern, Kinder und Erzieher bedeutet: Nämlich ausgeschlossen zu sein vom normalen gesellschaftlichen Leben. Oft lassen sie sich von einzelnen engagierten Erziehern oder Eltern motivieren und zeigen dann Beschreitschaft, behinderte Kinder aufzunehmen. Dies bedeutet jedoch nicht, daß sich mit einer solchen Entscheidung alle verantwortlichen Personen integrativen Prozessen öffnen. Die Umstellung auf integrative Gruppen erfordert von dem Träger, daß eine bessere Ausstattung geschaffen wird, daß vermehrt pädagogische Anforderungen sowie Mitwirkung des Personals und der Eltern die Personal- und Sachmittelentscheidungen beeinflussen. Beginnt der Träger einer Regeleinrichtung, sich auf integrative Gruppen einzulassen, so begibt er sich damit in einen pädagogischen Innovationsprozeß.
Nicht anders verhält es sich bei den Trägern von Sondereinrichtungen. Sondereinrichtungen definierten oft den Sinn ihrer Tätigkeit über die Notwendigkeit zur Segregation. Hieran sind mitunter Positionen und Ideologien geknüpft, die nicht ohne weiteres preisgegeben werden. Die Segregation als Möglichkeit der besonderen Förderung für Behinderte hatte immer auch den Anspruch, für die behinderten Kinder langfristig verbesserte Lebensbedingungen zu schaffen. Oft wurden jedoch die isolierenden Auswirkungen der Aussonderung während der Kindheit nicht mit bedacht. Ohne die Anstrengungen der Sondereinrichtungen geringschätzen zu wollen, muß auch der Einwand bedacht werden, daß sich unter dem Deckmantel der besonderen Anstrengungen für die Behinderten auch die Tendenz verbergen kann, daß Menschen von Institutionen und Betreuern abhängig gemacht werden. So bringt die Öffnung für integrative Gruppen für die Träger von Sondereinrichtungen oft eine Umorientierung der verbandseigenen Ideologie mit sich und beinhaltet damit auch die Chance, den Anschluß an neue pädagogische Fragestellungen zu finden.
Auf der institutionellen Ebene verlangen integrative Prozesse daher zuallererst, daß die Institutionen aufhören müssen, sich über ihre Spezialisierung für eine bestimmte Kindergruppe zu definie-

ren. Auch die Selbsteinschränkung auf sogenannte normale Kinder, wie sie im Regelkindergartensystem oft vorkommt, bedeutet eine Spezialisierung auf eine künstliche, in der Realität kaum einzugrenzende Gruppe von Kindern und zugleich eine Ausgrenzung all der Kinder, deren Erscheinung im Einzelfall jeweils beliebig als nicht „normal" definiert wird. Ebenso liegt bei der ausschließlichen Zweckbestimmung der Versorgung behinderter Kinder eine künstliche Spezialisierung vor. Dies hat zur Folge, daß die allgemeine und jede pädagogische Institution verbindende Aufgabe der grundlegenden Erziehung in den Hintergrund tritt und statt dessen spezialisierte Pädagogiken, etwa die Behindertenpädagogik oder die Vorschulpädagogik, an deren Stelle treten.

Bei dem Zusammenschluß eines städtischen Kindergartens und eines Lebenshilfe-Kindergartens konnten wir integrative Prozesse in die Richtung beobachten, daß in der Arbeit immer mehr die gemeinsame Aufgabe der grundlegenden Erziehung gegenüber den Spezialaufgaben für einzelne Untergruppen in den Vordergrund rückte. Dies wurde dadurch begünstigt, daß es institutionell möglich war, daß ein Träger federführend die Zuständigkeit für administrative, konzeptionelle und personelle Fragen übernahm.

Auf der anderen Seite konnten wir beobachten, daß der Dialog zwischen zwei Trägern, die ihre jeweilien spezialisierten Interessen im Vordergrund behielten, nicht zustande kam. Integrative Prozesse auf der Ebene der Zusammenarbeit von zwei Trägern erfordern einen intensiven Austausch, so daß das gemeinsame Dritte, die gemeinsam getragene Einrichtung, als eigenständige Kraft entstehen kann. Gelingt dies nicht, so wird das deutlich an völlig unangemessenen bürokratischen Schwierigkeiten, die zu Stolpersteinen werden, aber letzlich nur ein Symptom des mißlungenen Dialogs der Träger sind: So etwa an Schwierigkeiten der Verantwortungsverteilung in der Leitung, an der Aufsichtspflicht, an der Raumbenutzung usw. Hier könnte eine Kräftevergeudung des Personals eintreten, durch die der integrative Prozeß möglicherweise beeinträchtigt wird.

3.3.2 Zur Definition des Klientels

Findet durch integrative Prozesse eine Umstrukturierung des Kindergartens weg von der Spezialisierung auf bestimmte Untergruppen statt, hat dies auch zur Folge, daß der Begriff „Behinderung" an Bedeutung verliert.
Die Spezialisierung einer Einrichtung auf eine Untergruppe läuft über die Definition dieser Untergruppe als einer speziellen. Dazu diente in der deutschen Sonderpädagogik der Begriff Behinderung. Betrachtet man diesen Begriff jedoch unter pädagogischen Gesichtspunkten, so verliert er an Aussagekraft. Die Definition einer umfassenden und langfristigen Beeinträchtigung der Entwicklung, die den Begriff erhärten soll, kann nämlich in vielen Einzelfällen nicht abgegrenzt werden. Ist etwa ein Kind mit einem anderen kulturellen Hintergrund, das im vierten Lebensjahr noch kein Wort deutsch spricht und völlig verschüchtert den Kindern in der Kindergartengruppe gegenübertritt, nicht umfassend und langfristig beeinträchtigt? Wo sind die Grenzen zu ziehen bei einer Entwicklungsretardierung? Eine besondere Problemgruppe stellen die sogenannten verhaltensgestörten Kinder dar, deren Verhaltensweisen oft weder verstanden noch in eine gängige Kategorie eingereiht werden können. Die Biologisierung der Begrifflichkeit wird daran deutlich, daß in solchen Fällen die Neigung besteht, den Begriff Behinderung anzuwenden, wenn eine organische Mitbeteiligung — berechtigter oder unberechtigter Weise — vermutet wird.
Noch unhaltbarer wird die sonderpädagogische Begrifflichkeit, wenn nach Einfach-, Mehrfach-, Schwer- oder Schwerstbehinderung unterschieden werden soll. Im Einzelfall ist fraglich, was klassifiziert werden soll:

— Die Schwierigkeiten, die das Individuum, das Kind, mit seinen Beeinträchtigungen erfährt? Oder die Schwierigkeiten der Umgebung, der Betreuungspersonen, mit dem Kind?

— Welche Schwierigkeiten werden als mehr oder weniger schwergewichtig eingestuft — körperliche, psychische, soziale Probleme oder alle drei? Oder die pädagogische Hilflosigkeit einer Erzieherin?

Solche Überlegungen sollen deutlich machen, daß es ein fataler Fehler wäre von einem objektiv, feststellbaren Ausmaß der Behinderung eines Kindes zu reden. Diese Betrachtungsweise ist legitim bei dem rein medizinischen Aspekt einer organischen Schädigung — selbstverständlich kann z.b. die Sehkraft quantifiziert werden; natürlich kann ein Herzfehler mehr oder weniger akut sein. Nur: Das Ausmaß der organischen Beeinträchtigung ist nicht identisch mit der Betroffenheit eines Kindes als Gesamtperson, nicht identisch mit psychischen und sozialen Problemen. Und vor allem: Gerade in diesem Bereich kann der Vergleich verschiedener Beeinträchtigungen hinsichtlich eines Schweregrades nur auf rein subjektiven Kriterien beruhen. Anders gesagt: Wer kann oder will sich für kompetent erklären, darüber zu entscheiden, was gewichtiger wäre:

— Bewegungsbeeinträchtigung oder
— Wahrnehmungsstörungen oder
— Beziehungsprobleme?

Mehr Aufschluß über Art und Ausmaß einer Behinderung und mögliche Förderansätze in integrativen Gruppen ergibt sich über eine Beschreibung der Aktivitäten und Teilnahmemöglichkeiten des Kindes, aus der hervorgeht, womit das Kind Schwierigkeiten hat und welche Schwierigkeiten andere (z.B. Erzieher, andere Kinder) mit ihm haben. Häufig werden Kinder auch als schweroder schwerstbehindert bezeichnet. Wir halten es im Zusammenhang mit pädagogischen Fragen für sinnvoller, von Kindern zu sprechen, die eine intensive Betreuung benötigen. Dieser Begriff weist eher auf die Problematik hin, die sich hier ergibt, nämlich die Gewährleistung ausreichender Betreuung für die Kinder. In diesem Zusammenhang wird sehr oft die Frage nach den Grenzen der Integration gestellt, d.h. konkret, ob es nicht doch eine ganze

Reihe von Kindern gäbe, die grundsätzlich nicht in integrative Kindergartengruppen untergebracht werden können.
Nach unserer Erfahrung kann jedes Kind, das einen Sonderkindergarten besuchen kann, *unter entsprechenden Umständen* auch eine integrative Einrichtung besuchen.

Die Integrierbarkeit eines Kindes hängt in erster Linie *nicht* von Art und Ausmaß seiner Behinderung ab, sondern kann nur im Zusammenhang mit den Rahmenbedingungen des Kindergartens gesehen werden. Es hat sich gezeigt, daß *bei ausreichenden personellen und sächlichen Ausstattungen* auch die Kinder in integrative Gruppen aufgenommen werden können, die durch ihre Behinderung auf intensive Betreuung und Hilfe eines Erwachsenen angewiesen sind, etwa weil sie nicht alleine sitzen, greifen oder essen können und in ihren Wahrnehmungs- und Ausdrucksmöglichkeiten so beeinträchtigt sind, daß sie von sich aus nicht oder nur eingeschränkt Kontakt zu anderen aufnehmen können.
Damit ist natürlich nicht ausgesagt, daß es nicht auch Situationen geben kann, in denen Kinder wegen schwerwiegender Erkrankungen oder Störungen nicht in Gruppen betreut werden können. In unserer Untersuchung sind derartige Fälle, die zweifelsohne existieren, nicht vorgekommen. Bei diesen Kindern stellt sich jedoch nicht die Alternative zwischen einer Sonderkindergartengruppe und einer integrativen Gruppe, sondern hier ist die Einzelbetreuung die einzige Möglichkeit. Auch hier halten wir die Anbahnung von Kontakten zu anderen Kindern im Rahmen einer integrativen Gruppe für erforderlich.
Es wäre eine gravierende Fehlentwicklung, wenn eine neue Kategorisierung nach „integrationsfähig" und „nicht integrationsfähig" entstünde.
Ein Ergebnis integrativer Prozesse auf der institutionellen Ebene ist es, daß der Begriff Behinderung und alle seine Unterbegriffe und weitere Klassifikationen aus dem pädagogischen Sprachgebrauch allmählich verschwinden. Es stellt sich jedoch eine unüberbrückbare Schwierigkeit ein. Da die bevorzugte Förderung bestimmter Kinder — im Vergleich zu dem, was anderen Kindern

zugebilligt wird — über deren Etikettierung als Behinderte zustande kommt und so nach dem Bundessozialhilfegesetz stets noch die Behinderung als Voraussetzung für die Mittelzuweisungen festgestellt werden muß, muß gleichzeitig am Sprachgebrauch „Behinderung"/„behindert" festgehalten werden. Das Problem ist nicht zu lösen — wir müssen hinnehmen, daß diagnostisch und verwaltungstechnisch mit Begriffen hantiert wird, die wir pädagogisch für nicht mehr brauchbar erachten. Ein Indikator der stattfindenden Veränderungen auf der institutionellen Ebene scheint uns zu sein, daß dieses Problem in Gesprächen mit Erziehern, Kindergartenleitungen und den Trägern, die sich besonders für die integrative Erziehung einsetzen, immer wieder angesprochen wird.

3.3.3 Personelle Bedingungen integrativer Prozesse

Für eine sinnvolle Integration ist es zunächst erforderlich, daß die Erzieher genügend Zeit zur Verfügung haben, um dem Kind beim Essen, Wickeln, Fortbewegen und ähnlichem ohne Zeitdruck zu helfen. Die personelle Besetzung muß ermöglichen, daß eine Bezugsperson auch ein einzelnes Kind zeitweise so unterstützt, daß es zu anderen Kindern Kontakt aufnehmen oder erwidern bzw. an Gruppenaktivitäten teilnehmen kann. Dabei muß die ausreichende Betreuung der restlichen Gruppe ebenfalls gewährleistet sein. Das bedeutet, daß in integrativen Gruppen die grundsätzlich mit zwei Bezugspersonen ausgestattet sind, auch eine dritte qualifizierte Kraft notwendig werden kann. Dies richtet sich danach, welches Ausmaß an Betreuung und Anleitung die gesamte Gruppe benötigt. Es kann auch erforderlich sein, die Gruppengröße von 15 Kindern auf 14 oder 13 zu reduzieren. Dabei muß beachtet werden, daß die Erwachsenen-Kind-Relation nicht zu sehr ins Ungleichgewicht gerät. Es erscheint uns angebracht, nicht mehr als ein Kind, das besonders intensive Betreuung benötigt, in einer Gruppe zu integrieren.

Die integrative Arbeit, wie wir sie in den untersuchten Kindergartengruppen beobachten konnten und in diesem Bericht beschrieben haben, erfordert ein hohes Maß von Eigenaktivität des Personals, Flexiblilität des Einsatzes und Entscheidungssicherheit in konkreten Situationen. Ebenso ist die Fähigkeit, im Team auch bei kritischen pädagogischen Fragen zusammenzuarbeiten, erforderlich. Es wurde bereits darauf hingewiesen, daß dieser Umstand von den Trägern verlangt, daß sie geeignete Bedingungen für eine Teamarbeit herstellen und der Leitung und dem Team Entscheidungskompetenz in pädagogischen Fragen überlassen.

Wir konnten feststellen, daß regelmäßige Supervision eines außenstehenden Fachmanns dabei eine entscheidende Stütze sein kann. Aus der Rückmeldung zu unserer eigenen Tätigkeit schließen wir, daß non-direktive Gesprächsangebote einen reflexiven und stützenden Effekt haben. Die von den Erzieherinnen geäußerte Vermutung, daß der integrative Arbeitsauftrag auch eine integrative Arbeitsweise innerhalb des Personal mit sich bringt, wird durch unsere Erfahrungen bestätigt.

3.3.4 Der integrative Kindergarten im Kontext gesellschaftlicher Wertvorstellungen

Bereits der Widerspruch zwischen dem politischen Erfordernis der Verwendung des Begriffs „behindert" und dessen pädagogischer Fragwürdigkeit weist darauf hin, daß integrative Prozesse auf der gesellschaftlichen Ebene nicht ohne weiteres zu erwarten sind.
Im gesellschaftlichen Kontext stellt sich Behinderung als nur eine von mehreren Einschränkungen dar und die Schwierigkeiten, integrative Prozesse zu initiieren, beschränken sich nicht auf den Bereich Behinderung. Auch in unseren Beobachtungen wurde deutlich, daß neben Unterschieden durch behinderungsspezifische Einschränkungen auch Unterschiede des sozialen Herkommens

bedeutsam sind. In einer der beobachteten integrativen Kindergartengruppen ergab sich eine soziale Mischung der Zusammensetzung dadurch, daß einige Kinder aus dem Einzugsbereich einer Stadt, andere Kinder, vornehmlich die behinderten, aus dem weiteren Bereich eines ländlichen Einzugsgebietes kamen. Bei der letzteren Gruppe waren auch einige Kinder, die — aus einem ungünstigen häuslichen Milieu stammend — sich in ihrer äußeren Erscheinung und ihrem sozialen Verhalten von den Kindern aus eher mittelschicht-orientierten Familien unterschieden. Unsere Beobachtungen ergaben, daß im Zusammenleben der Kinder diese soziale Zusammensetzung der Gruppe ein größeres Gewicht hatte als behinderungsspezifische Unterschiede. Starke Ausgrenzungstendenzen stellten sich dann ein, wenn das äußere Bild einer leichten Verwahrlosung mit einer Behinderung zusammenfiel und die stärker leistungsorientierten Kinder sich davon absetzten.

Damit wird deutlich, daß die Normen der Anpassung und Tüchtigkeit auch in den integrativen Gruppen weiter gelten, auch wenn Erscheinungsweisen von Behinderung aus dieser Normenanwendung ausgeklammert bleiben. Das heißt jedoch, daß die Vorannahmen über den Wert der eigenen Tüchtigkeit und den Wert anderer Personen eine gesellschaftlich vorgegebene Realität sind. Auch die integrative Erziehung kann den Widerspruch zwischen der individuellen Wertschätzung unterschiedlichster Menschen und ihre Beurteilung nach Kriterien wie Anpassungsbereitschaft und Leistungsbereitschaft nicht aufheben. Einzelne Ereignisse, auch bei sehr engagierten und tüchtigen Erzieherinnen, machen darüber hinaus deutlich, daß diese gesellschaftlichen Vorannahmen nicht nur bei den Kindern existieren, sondern auch bei uns aufgeklärten Erwachsenen, die wir integrative Erziehung betreiben wollen.

So ist es z.B. möglich, daß eine Erzieherin durch das Männlichkeitsgehabe eines Jungen dessen vorsichtige und rücksichtsvolle Annäherungsversuche an Schwächere übersieht. Das gesellschaftliche Problem der Geschlechterdifferenzierung schränkt hier den Blick für integrative Prozesse ein. Im Verhältnsi von Kindergarten und Elternhaus kann es vorkommen, daß Schichtunterschiede eine Barriere für beide Seiten darstellen: Von der Seite der Unterschichtsfamilie kann sich dies in Zurückhaltung bis zur Unzugänglichkeit gegenüber dem pädagogischen Anspruch der Erzieher zeigen. Die Erzieher können dadurch die Vorstellung entwickeln, das Kind werde im eigenen Elternhaus nicht hinreichend versorgt, ohne daß diese Annahme begründet sein muß.

Derartige Probleme wurden uns von Erzieherinnen berichtet, die mit großer Offenheit ihre „blinden Flecken" zu bearbeiten suchten. Wir sind der Annahme, daß Berichte dieser Art darauf hinweisen, daß außerhalb dessen, was wir beobachten konnten, weitere Dimensionen integrativer Prozesse existieren. Diese hängen mit gesellschaftlich vorgeprägten Wertvorstellungen zusammen, die durch die Problematik „Behinderung" noch nicht angesprochen sind. Normvorstellungen z.B. über Leistungsfähigkeit und die dazugehörigen Ausgrenzungen verändern sich nicht allein durch das Bemühen, die Isolation behinderter Kinder aufzubrechen. Es wird jedoch deutlich, daß die gemeinsame Erziehung behinderter und nichtbehinderter Kinder über den engeren Bereich der Integration behinderter Kinder hinaus für derartige Fragen sensibilisiert. Das gesellschaftliche Legitimationssystem, den Zugang zur Arbeitswelt nach Schulabschlüssen zu konditionieren, wird z.B. dann in Frage gestellt, wenn die Weiterführung der integrativen Erziehung in Schulen gefordert wird und die formalen schulischen Leistungsnachweise und Abschlüsse als nachrangig gegenüber der individuellen Bildung erkannt werden.

So schafft der integrative Kindergarten eine Lebensrealität, die auch Veränderungen von Normen und Wertvorstellungen nach sich ziehen kann. In der Zusammenarbeit von Kindergarten und Elternhaus sehen wir hier die bedeutsame Aufgabe, den integrativen Prozeß auf der gesellschaftlichen Ebene voranzutreiben.

Oft ist es spürbar, daß Eltern eine Beratung benötigen. Dennoch halten wir ein quasi-therapeutisches Beratungsverhältnis zwischen Kindergarten und Elternhaus für falsch. Vielmehr ist eine partnerschaftliche Zusammenarbeit im Interesse einer gemeinsamen

Sache anzustreben. Der Dialog zwischen den Kindergärten und den Eltern sollte auf einer gleichberechtigten Ebene laufen. Der Austausch von Beobachtungen zum Verhalten des Kindes und von persönlichen Reaktionen und Absprachen über bestimmte Maßnahmen haben hier genauso einen Platz wie die Mitwirkung und Mitverantwortung der Eltern für die Lebensrealität integrativer Kindergärten. Eine Übernahme der Funktionen einer Erziehungsberatung — die zweifelsohne von anderer Seite angeboten werden muß — würde diese partnerschaftliche Zusammenarbeit empfindlich stören. Es ist anzustreben, daß das Element einer gemeinsamen gesellschaftlichen Aufgabe, die von verschiedenen Rollen und Positionen her wahrgenommen wird, in den Vordergrund tritt. Diese zielt auf die Lebensumwelt zum Zwecke der Aufhebung der Isolation Behinderter.

Auch wenn immer mehr Eltern und Pädagogen für diese Aufgabe eintreten, sind wir gegenüber Hoffnungen, daß sich über die integrative Erziehung ein grundlegender gesellschaftlicher Wandel im Verhalten gegenüber Ausgegrenzten und Minderheiten durchsetzen ließe, sehr zurückhaltend. Wir sehen eher eine Entwicklung zu der Tendenz, die Ausgrenzungen gegenüber definierbaren Gruppen der Behinderten, stufenweise zurückzunehmen oder zu mildern.

An die integrative Erziehung dürfen nach unseren Schlußfolgerungen keine überhöhten therapeutischen und gesellschaftsverändernden Erwartungen gerichtet werden. Die Wirkung des Lebens im Kindergarten findet ihre Grenze an dem erzieherischen Potential des Elternhauses und an dem gesellschaftlichen Kontext, in dem Menschen nach wie vor nach ihrer Verwertbarkeit beurteilt und einsortiert werden. Das Erkennen dieser Grenzen heißt nicht, sie so wie sie sind zu akzeptieren. Das Erkennen der Grenzen ist jedoch Voraussetzung dafür, an ihrer Veränderung zu arbeiten.

LITERATURVERZEICHNIS

BACH, H.: Soziale Integrationstendenzen im vorschulischen und schulischen Bereich angesichts vorliegender geistiger Behinderung. In: Sonderdruck aus „Geistige Behinderung", H. 3, 1982

BERNHARD, M.: Der menschliche Körper und seine gesellschaftliche Bedeutung. Bad Homburg v.d. Höhe 1980

BETTELHEIM, B.: Die Geburt des Selbst. München 1977

BLEIDICK, U.: Metatheoretische Überlegungen zum Begriff der Behinderung. In: Zeitschrift für Heilpädagogik, Jg. 27, H. 7, 1978, S. 408 - 415

BLEIDICK, U.: Pädagogik der Behinderten. Berlin 1983 (4. Aufl.)

BLEIDICK, U. (Hrsg.): Theorie der Behindertenpädagogik (Bd. 1 des Handbuchs der Sonderpädagogik). Berlin 1985

bmbw Werkstattberichte 40: Ein Kindergarten für behinderte und nichtbehinderte Kinder. Bonn 1982

BRACKEN, H. v.: Vorurteile gegen behinderte Kinder, ihre Familien und Schulen. Berlin 1981

BUBER, M.: Reden über Erziehung. Heidelberg 1960

BUCH, A.; HEINECKE, B. u.a.: An den Rand gedrängt. Was Behinderte daran hindert, normal zu leben. Hamburg 1980

CHRISTOPH, F.: Krüppelschläge. Gegen die Gewalt der Menschlichkeit. Reinbek 1983

COHN, R.C.; FARAU, A.: Gelebte Geschichte der Psychotherapie — Zwei Perspektiven. Stuttgart 1984

DEPPE-WOLFINGER, H. (Hrsg.): Behindert und abgeschoben. Weinheim 1983

DEPPE-WOLFINGER, H.: Tutti uguali — Tutti diversi. Oder: Die gemeinsame Schule für behinderte und nichtbehinderte Kinder in Italien. In: Demokratische Erziehung. Jg. 11, H. 2, 1985, S. 16 - 19

DEPPE-WOLFINGER, H.; PRENGEL, A.; REISER, H.: Zwischenbericht an die Deutsche Forschungsgemeinschaft zum Forschungsvorhaben: Konzepte der Integration im Primarbereich. Unveröffentlichtes Manuskript, Frankfurt 1985

DEPPE-WOLFINGER, H.: Die gemeinsame Erziehung von behinderten und nicht behinderten Kindern — Überlegungen zur bildungsökonomischen Funktion integrativer Schulversuche. In: Behindertenpädagogik, Jg. 24, H. 4, 1985, S. 392 - 406

Der Bundesminister für Bildung und Wissenschaft (Hrsg.): Ein Kindergarten für behinderte und nichtbehinderte Kinder. Werkstattbericht Nr. 40. Bonn 1982

Der Senator für Schulwesen, Jugend und Sport: Unveröffentlichter Abschlußbericht der wissenschaftlichen Begleitung des Modellversuchs Kindertagesstätte Adalbertstraße 23b, Berlin-Kreuzberg, Juni 1982

Deutscher Bildungsrat (Hrsg.): Empfehlungen der Bildungskommission: Zur pädagogischen Förderung behinderter und von Behinderung bedrohter Kinder und Jugendlicher. Bonn 1973, Stuttgart 1979 (3. Aufl.)

Deutsches Jugendinstitut München, Arbeitsgruppe Vorschulerziehung, Anregungen I: Zur pädagogischen Arbeit im Kindergarten. München 1973

Deutsches Jugendinstitut München, Arbeitsgruppe Vorschulerziehung, Anregungen II: Zur Ausstattung des Kindergartens. München 1974

Deutsches Jugendinstitut München (Hrsg.): Gemeinsam leben. Periodicum. München ab 1980

Deutsches Jugendinstitut München, Projektgruppe Integration von Kindern mit besonderen Problemen (Hrsg.): Gemeinsame Betreuung behinderter und nichtbehinderter Kinder im Elementarbereich. München 1981

Deutsches Jugendinstitut München: Ein Kindergarten für behinderte und nichtbehinderte Kinder. München 1984

Deutsches Jugendinstitut München (Hrsg.): Projekt „Integration von Kindern mit besonderen Problemen" — Abschlußbericht. München 1985.

DILTHEY, W.: Plan der Fortsetzung zum Aufbau der geschichtlichen Welt in den Geisteswissenschaften (-Erleben, Ausdruck, Verstehen-). In: Gesammelte Schriften, VII, Stuttgart/Göttingen 1958 (2. Aufl.)

EBERWEIN, H.: Fremdverstehen sozialer Randgruppen/Behinderter und die Rekonstruktion ihrer Alltagswelt mit Methoden qualitativer und ethnographischer Feldforschung. In: Sonderpädagogik, Jg. 15, H. 3, 1985, S. 97 - 106

ERIKSON, E.H.: Kindheit und Gesellschaft. Stuttgart 1965

ETTL, Th.: Ausflug ins Überschwemmungsgebiet. In: Kindheit, Jg. 4, H. 4, 1982, S. 297 - 320

ETTL, Th.: Wer nicht hören will muß fühlen. In: Leber, A. u.a.: Reproduktion der frühen Erfahrung. Frankfurt 1983

Evangelisch Französisch-Reformierte Gemeinde Frankfurt/Main (Hrsg.): Schriftenreihe Lernziel Integration. Heft 1: Erfahrungen bei Einrichtung und Führung eines integrativen Kindergartens. Bonn 1982

Evangelisch Französisch-Reformierte Gemeinde Frankfurt/Main (Hrsg.): Schriftenreihe Lernziel Integration. Heft 2: Wissenschaftliche Begleitung des Geschehens in einem integrativen Kindergarten. Zwischenbericht. Bonn 1983

Evangelisch Französisch-Reformierte Gemeinde Frankfurt/Main (Hrsg.): Schriftenreihe Lernziel Integration. Heft 3: Wissenschaftliche Begleitung des Geschehens in einem integrativen Kindergarten. Endbericht. Bonn 1984

FASTNACHT, G.: Systematische Verhaltensbeobachtung. München 1979

FERENCZI, S.: Bausteine zur Psychoanalyse. Bern/Stuttgart 1964

FEUSER, G.: Beiträge zur Geistigbehindertenpädagogik. In: Feuser, G. (Hrsg.): Behindertenpädagogik in Theorie und Praxis, Bd. 2, Solms-Oberbiel 1981

FEUSER, G.: Integration = die gemeinsame Tätigkeit. In: Behindertenpädagogik, Jg. 21, H. 2, 1982, S. 86 - 105

FEUSER, G.: Stellungnahme zu den „Vorläufigen Richtlinien für integrative Gruppen in Sonderkindergärten und Regelkindergärten im Lande Hessen". In: Behindertenpädagogik,

Jg. 22, H. 4, 1983, S. 365 - 369

FEUSER, G.: Gemeinsame Erziehung behinderter und nichtbehinderter Kinder im Kindergarten. Zwischenbericht. Diakonisches Werk Bremen (Hrsg.), Bremen 1984

FEUSER, G.: Gemeinsame Erziehung behinderter und nichtbehinderter Kinder (Integration) als Regelfall?! In: Behindertenpädagogik, Jg. 24, H. 4, 1985, S. 354 - 391

FEUSER, G.; WEHRMANN, I.: Informationen zur gemeinsamen Erziehung und Bildung behinderter und nichtbehinderter Kinder (Integration) im Kindergarten, Kindertagesheim und Schule. Diakonisches Werk Bremen e.V. Landesverband für Evangelische Kindertagesstätten in Bremen, 1985

FREUD, A.: Psychoanalyse für Pädagogen. Bern/Stuttgart/Wien 1971

FREUD, A.: Anwendung psychoanalytischen Wissens auf die Kindererziehung und andere Schriften. In: Freud, A.: Die Schriften der Anna Freud. Bd. VII, München 1980

FREUD, A.: Wege und Irrwege in der Kinderentwicklung. In: Freud, A.: Die Schriften der Anna Freud. Bd. VIII, München 1980

FREUD, A.: Psychoanalytische Beiträge zur normalen Kinderentwicklung. In: Freud, A.: Die Schriften der Anna Freud. Bd. X, München 1980

FUCHS, W.: Biographische Forschung. Eine Einführung in Praxis und Methode. Opladen 1984

GOFFMANN, E.: Stigma. Über Techniken der Bewältigung beschädigter Identität. Frankfurt 1967

GOTTSCHALK-SCHEIBENPFLUG, I.: Zwischen Parteinahme und Auftragsforschung — Zum Dilemma engagierter Wissenschaft. In: Institut für Soziale Arbeit (Hrsg.): Sozialpädagogische Begleitforschung, Münster 1983, S. 67 - 72

GUTBERLET, M.; KLEIN, G.; KREIE, G.; KRON, M. u. REISER, H.: Integrierte sonderpädagogische Betreuung bei Lern- und Verhaltensstörungen in Grundschulen — Ergebnisse eines Schulversuchs in Frankfurt/Main. In: Sonderpädagogik, Jg. 13, H. 3, 1983, S. 114 - 120/H. 4, 1983, S. 165 - 188

HÄUSLER, J.: Kein Kind zum Vorzeigen? Reinbek 1979

HELLBRÜGGE, Th.: Unser Montessori-Modell. Erfahrungen mit einem neuen Kindergarten und einer neuen Schule. München 1977

HENTIG, H. v.: Aufwachsen in Vernunft. Kommentare zur Dialektik der Bildungsreform. Stuttgart 1981

HERTL, M. u. HERTL, R.: Kranke und behinderte Kinder in Schule und Kindergarten. Stuttgart 1979

HÖSSL, A.: Integration behinderter Kinder in Schweden. München 1982

HOPF, C. u. WEINGARTEN, E. (Hrsg.): Qualitative Sozialforschung. Stuttgart 1979

HRON, A.: Qualitative Verfahren: fokussiertes und narratives Interview. In: Huber, G.L. u. Mandl, H. (Hrsg.): Verbale Daten. Weinheim, Basel 1982, S. 128 ff.

HRON, A.: Praktisches Beispiel: Gesprächsstrategien im fokussierten Interview. In: Huber, G.L. u. Mandl, H. (Hrsg.): Verbale Daten. Weinheim, Basel 1982, S. 133 - 136

HUBER, G.L. u. MANDL, H. (Hrsg.): Verbale Daten. Weinheim, Basel 1982

HUNDERTMARCK, G. (Hrsg.): Leben lernen in Gemeinschaft. Freiburg, Basel, Wien 1981

JANTZEN, W.: Sozialisation und Behinderung. Gießen 1974

JANTZEN, W.; Konstitutionsprobleme materialistischer Behindertenpädagogik. Lollar 1977

JANTZEN, W.: Sozialgeschichte des Behindertenbetreuungswesens. München 1983

KANTER, G.O.: Die Sonderschule regelschulfähig, die Regelschule sonderschulfähig machen — Perspektiven aus Modellversuchen. In: Zeitschrift für Heilpädagogik, Jg. 36, H. 5, 1985, S. 309 - 325

KELLER, M.: Kognitive Entwicklung und soziale Kompetenz. Stuttgart 1976

Kinderhaus Friedenau Berlin: Integrative Erziehung von Kindern mit und ohne Behinderung. In: Internationales Jahr der Behinderten 1981, Dokumentation 6, Integration.

KLEE, E.: Behinderten-Report I. Frankfurt 1974

KLEE, E.: Behinderten-Report II. Frankfurt 1976

KLEE, E.: Behindert. Frankfurt 1980

KLEIN, G.: Normal ist die gemeinsame Erziehung. Leben und Lernen in integrativen Gruppen. In: Welt des Kindes, Jg. 63, H. 3, München 1985, S. 196 - 200

KNIEL, A. u. KNIEL, C.: Behinderte Kinder in Regelkindergärten. Eine Untersuchung in Kassel. DJI, München 1984

KOBI, E.: Praktizierte Integration. Eine Zwischenbilanz. In: Vierteljahreszeitschrift für Heilpädagogik und ihre Nachbargebiete (VHN), Jg. 52, H. 2, Luzern 1983, S. 196 - 216

KÖNIG, R.: Das Interview. Formen, Techniken, Auswertung. Köln, Berlin 1965

KOHLI, H.: „Offenes" und „geschlossenes" Interview: Neue Argumente zu einer alten Kontroverse. In: Soziale Welt. Zeitschrift für sozialwissenschaftliche Forschung und Praxis, Jg. 37, H. 1, 1981, S. 1 - 25

KREIE, G.: Integrative Kooperation. Über die Zusammenarbeit von Sonderschullehrer und Grundschullehrer. Weinheim, Basel 1985

KÜHL, J.: Medizinische Aspekte der gemeinsamen Erziehung behinderter und nichtbehinderter. München 1983

LEBER, A.; REISER, H. (Hrsg.): Sozialpädagogik, Psychoanalyse und Sozialkritik. Neuwied, Berlin 1972

LEBER, A.: Heilpädagogik — was soll sie heilen? In: Schneeberger, F.: Erziehungserschwernisse. Luzern 1979, S. 59 - 77

LEBER, A.: Rückzug oder Rache — Überlegungen zu unterschiedlichen milieuabhängigen Folgen früher Kränkung und Wut. In: Leber, A.: Reproduktion der frühen Erfahrung. Frankfurt 1983

LECHLER, P.: Kommunikative Validierung. In: Huber, G. L. u. Mandl, H. (Hrsg.): Verbale Daten. Weinheim, Basel 1982, S. 243 ff.

LORENZER, A.: Zur Begründung einer materialistischen Sozialisationstheorie. Frankfurt 1972

LORENZER, A.: Die Wahrheit der psychoanalytischen Erkenntnis. Frankfurt 1974

LORENZER, A.: Zur Dialektik von Individuum und Gesellschaft. In: Leithäuser T./Heinz, W. (Hrsg.): Formen des Alltagsbewußtseins. Frankfurt 1976

LORENZER, A.: Sprachspiel und Interaktionsformen. Frankfurt 1977

LORENZER, A.: Die Analyse der subjektiven Struktur von Lebensläufen und das gesellschaftlich Objektive. In: Baacke, D./Schulze, Th.: Aus Geschichten lernen. München 1979

LORENZER, A.: Kindheit. In: Kindheit, Jg. 1, H. 1, 1979, S. 29 - 36

LORENZER, A.: Sprache, Lebenspraxis und szenisches Verstehen in der psychoanalytischen Therapie. In: Psyche, Jg. 37, H. 2, 1983, S. 97 - 115

MANNONI, M.: Das zurückgebliebene Kind und seine Mutter. Olten/Freiburg 1972

MERTON, R. K. u. KENDALL, P. L.: Das fokussierte Interview. In: Hopf, C. u. Weingarten, E. (Hrsg.): Qualitative Sozialforschung. Stuttgart 1979, S. 171 - 203

MIEDANER, L.: Leben wie andere — Behinderte Kinder in Dänemark. Deutsches Jugendinstitut. München 1982

MILANI COMPARETTI, A.: Integration — Wunsch und Wirklichkeit. In: Buch, A., Heinecke B. u.a.: An den Rand gedrängt. Hamburg 1980

MILANI COMPARETTI, A.: Grundlagen und Ziele der Integration. Unveröffentlicher Vortrag an der Universität Frankfurt am 15.5.1985

MINDERMANN, R.: Zur Bedeutung von Supervision in einem integrativen Kindergarten aus der Sicht eines Supervisors. In: Deutsches Jugendinstitut. Gemeinsam Leben, Jg. 5, H. 10, Juni 1984, S. 27 - 31

Ministerium für Soziales, Gesundheit und Umwelt — Rheinland-Pfalz: Behinderte Kinder im Kindergarten. Unveröffentlicher 1. Zwischenbericht: Entwicklung und Förderung behinderter Kinder im Kindergarten und nichtbehinderter Kinder im Sonderkindergarten. 1984

MITTELMANN, G.: Konzept für eine integrative Grundschule. Unveröffentlichtes Manuskript, Frankfurt 1981

MÜRNER, Chr.: Normalität und Behinderung. Weinheim-Basel 1982

OERTER, R. u. MONTADA, L. (Hrsg.): Entwicklungspsychologie. München/Wien/Baltimore 1982

PARMENTIER, M.: Frühe Bildungsprozesse. Zur Struktur der kindlichen Interaktion. München 1979

PELLER, L. E.: Modelle des Kinderspiels. In: Flitner, A. (Hrsg.): Das Kinderspiel. München 1978 (4. Aufl.)

PIAGET, J. u. INHELDER, B.: Psychologie der frühen Kindheit. In: Katz, D.: Handbuch der Psychologie. Basel 1951, S. 275 - 313

PIAGET, J.: Das moralische Urteil beim Kinde. Zürich 1954

PIAGET, J.: Die Bildung des Zeitbegriffs beim Kinde. Zürich 1955

PIAGET, J.: Nachahmung, Spiel und Traum. Stuttgart 1969

PIAGET, J.: Psychologie der Intelligenz. Zürich, Stuttgart 1970 (4. Aufl.)

PIAGET, J.: Sprechen und Denken des Kindes. Düsseldorf 1972

PIAGET, J.: Die Äquilibration der kognitiven Strukturen. Stuttgart 1976

REISER, H.; GUTBERLET, M.; KLEIN, G.; KREIE, G.; KRON, M.: Sonderschullehrer in Grundschulen. Ergebnisse eines Schulversuchs zur integrativen Betreuung bei Lern- und Verhaltensstörungen. Weinheim, Basel 1984

REISER, H.: Behinderte und nichtbehinderte Kinder in Kindergartengruppen. Pädagogische Voraussetzungen. In: Theorie und Praxis der Sozialpädagogik, Jg. 92, H. 2, 1984, S. 102 - 106

REISER, H.; KLEIN, G.; KREIE, G.; KRON, M.: Integration im Kindergarten. In: Lehrbrief der Fernuniversität Hagen, Kurs 3986 aus Baukasten 40, SS 1985

RITTELMEYER, Ch.; BAACKE, D.; PARMENTIER, M.; FRITZ, J.: Erziehung und Gruppe. Reihe: Grundfragen der Erziehungswissenschaft. München 1980

ROTHMAYR, A.: Integration — Supervision. Ein Aspekt der Weiterbildung im Team — als Teammitglied — aus der Sicht der Leiterin eines integrativen Kindergartens. In: Deutsches Jugendinstitut. Gemeinsam Leben, Jg. 5, H. 10, Juni 1984, S. 32 - 37

SASSE, S.; TAUBE, A. v.; ULLNER, K.: Zu unserer Arbeit mit behinderten und nichtbehinderten Kindern. Aus den beiden Häusern des „Kindergarten Pasing" e.V. in München. Sonderdruck Febr./März 1980. In: Praxis der Kinderpsychologie und Kinderpsychiatrie, Jg. 29, H. 2, 1980

SAURBIER, H.: Rechtliche und finanzielle Grundlagen der Integration behinderter Kinder im Kindergarten. Deutsches Jugendinstitut. München 1982

Senator für Schulwesen, Jugend und Sport, Berlin: Berliner Beiträge zur Kindergartenerziehung. Dokumentation zur 2. Berliner Fachtagung für die Kindergartenpraxis vom 14. – 16.1.1981

Sonderpädagogik 1: Behindertenstatistik, Früherkennung, Frühförderung. In: Deutscher Bildungsrat (Hrsg.): Gutachten und Studien der Bildungskommission, Bd. 25, Stuttgart 1975

SCHLETT, C.: Krüppel sein dagegen sehr. Wuppertal 1970

TRESCHER, H.-G.: Sozialisation und beschädigte Subjektivität. Frankfurt 1979

WATZLAWICK, P.; BEAVIN, H.-J. u. JACKSON, D.: Menschliche Kommunikation. Bern, Stuttgart, Wien 1974

WILSON, Th.P.: Qualitative „oder" quantitative Methoden der Sozialforschung. In: Kölner Zeitschrift für Soziologie und Sozialpsychologie, Jg. 34, 1982, S. 487 - 508

WINNICOTT, D.W.: Warum Kinder spielen. In: Flitner, A. (Hrsg.): Das Kinderspiel. München 1978 (4. Aufl.)

WOLFHEIM, N.: Psychoanalyse und Kindergarten. München 1975

WULF, Chr.: Theorien und Konzepte der Erziehungswissenschaft. München. 1978

ZELDITCH, M.: Methodologische Probleme in der Feldforschung. In: Hopf, C. u. Weingarten, E. (Hrsg.): Qualitative Sozialforschung. Stuttgart 1979, S. 119 - 136

ZILLER, H.: Behinderte und nichtbehinderte Kinder in integrativen Kindergartengruppen. Rechtliche und finanzielle Grundlagen. In: Theorie und Praxis der Sozialpädagogik. Jg. 92, H. 3, 1984, S. 154 - 156